高等学校新商科交叉融合课程教材

互联网商业模式

ONLINE BUSINESS MODEL

Theories, Methods and Cases

理论、方法与案例

刘子龙 郭晓姝 / 主编
刘晓丹 景秀丽 / 副主编

东北财经大学出版社
Dongbei University of Finance & Economics Press
大连

图书在版编目（CIP）数据

互联网商业模式：理论、方法与案例 / 刘子龙，郭晓姝主编. —大连：东北财经大学出版社，2023.3

（高等学校新商科交叉融合课程教材）

ISBN 978-7-5654-4768-6

Ⅰ. 互… Ⅱ. ①刘… ②郭… Ⅲ. 互联网络-商业模式-高等学校-教材 Ⅳ. F713.36

中国国家版本馆CIP数据核字（2023）第018882号

东北财经大学出版社出版

（大连市黑石礁尖山街217号　邮政编码　116025）

网　址：http：//www.dufep.cn

读者信箱：dufep@dufe.edu.cn

大连永盛印业有限公司印刷　东北财经大学出版社发行

幅面尺寸：185mm×260mm　字数：404千字　印张：19.25

2023年3月第1版　2023年3月第1次印刷

责任编辑：孙晓梅　吴　奂　责任校对：孙　平

封面设计：冀贵收　版式设计：原　皓

定价：48.00元

教学支持　售后服务　联系电话：（0411）84710309

如有印装质量问题，请联系营销部：（0411）84710711

前言

随着大数据、人工智能、云计算等IT技术的快速发展和渗透，互联网商业模式创新层出不穷，风云变幻。曾经受到资本疯狂追捧的“中国新四大发明”之一的共享单车，短短几年间全行业开始衰退；曾经在创立之初遭受无数嘲讽和抨击的拼多多，在短短的四年后在美国纳斯达克上市，市值一度超越了成立十余年的京东。这些新兴的互联网商业模式成功抑或失败背后的商业逻辑是否有规律可循？有没有一个科学的理论和工具可以客观地分析评价一个商业模式未来发展的潜力？这些商业模式成功的背后蕴含着哪些制度优势、文化传承、人文精神、家国情怀、使命担当？

互联网商业模式的快速创新与变革导致学术界对其背后规律的探寻与总结相对滞后。目前市面上相关的教材多专注于商业模式类型的划分和案例分析，缺乏对商业模式背后的理论基础、技术基础和科学分析工具的探寻。本书的编写团队根据多年来科学研究和一线教学经验的总结，试图基于互联网理论基础和IT技术基础来总结商业模式创新背后的通用性规律，试图基于PEST工具来分析商业模式创新的宏观环境影响、基于SWOT工具来分析商业模式创新的行业竞争影响、基于商业模式画布工具来分析商业模式企业内部的运行规律。本书结合互联网商业模式创新的实践，系统地对商业模式的类型进行了分类，并采用上述理论基础、技术基础和分析工具，对一些新兴热点商业模式背后的规律进行了案例分析，试图发现并总结其背后的科学规律；通过案例中融入思政元素，来探寻这些规律背后蕴藏的我国的制度优势、文化传承、人文精神、家国情怀、使命担当。

全书分为两大篇，具体安排如下：

第一篇　互联网商业模式理论与方法，共4章。

第1章商业模式的概念、框架与挑战。该章主要介绍商业模式的定义、商业模式的维度组成、建模原则、适用范畴和主要功能，以及商业模式创新过程中常见的一些挑战与谬见。

第2章互联网商业模式创新的理论基础。该章主要介绍互联网商业模式创新背后的常见理论基础以及其在商业模式创新中的作用，主要包括摩尔定律、吉尔德定律、梅特卡夫定律、马太效应、长尾理论、蓝海战略等。

第3章互联网商业模式创新的技术基础。该章主要介绍互联网商业模式创新产生背后的技术支撑，主要包括移动互联网、社会化媒体、云计算、大数据、区块链、物联网、人工智能和数字孪生等新兴IT技术。

第4章互联网商业模式的分析方法。该章主要介绍互联网商业模式的分析工具，其中包括宏观环境分析工具PEST、行业竞争分析工具SWOT、企业分析工具商业模式画布。

第二篇　互联网商业模式案例，共4章。

第5章基于参与主体特征的互联网商业模式。该章按照互联网商业模式参与主体特征对商业模式进行了分类，并按照上述理论基础、技术基础和分析工具分析了代表性案例背后的商业逻辑和思政元素。内容主要包括B2C、C2C、B2B、C2B、多边平台和众包等商业模式。

第6章基于渠道通路特征的互联网商业模式。该章按照互联网商业模式渠道通路特征对商业模式进行了分类，并按照上述理论基础、技术基础和分析工具分析了代表性案例背后的商业逻辑和思政元素。内容主要包括O2O、社交电商和直播电商等商业模式。

第7章基于盈利模式特征的互联网商业模式。该章按照互联网商业模式盈利模式特征对商业模式进行了分类，并按照上述理论基础、技术基础和分析工具分析了代表性案例背后的商业逻辑和思政元素。内容主要包括免费+广告、免费增值、诱饵模式和共享经济等商业模式。

第8章基于核心资源特征的互联网商业模式。该章按照互联网商业模式核心资源特征对商业模式进行了分类，并按照上述理论基础、技术基础和分析工具分析了代表性案例背后的商业逻辑和思政元素。内容主要包括大数据商业模式、人工智能商业模式和区块链商业模式等。

本书适用于大数据管理与应用、信息管理与信息系统、电子商务等相关专业的本科生、研究生以及MBA、MEM等专业硕士相关课程，也可以为相关领域学者提供参考。

本书使用的案例涉及的企业有腾讯（及其旗下腾讯视频）、拼多多、京东、百度、字节跳动（及其旗下抖音、今日头条）、北京摩拜科技有限公司、美团、ofo、柯达、索尼、佳能、尼康、摩托罗拉、诺基亚、苹果、微软、谷歌、硅图、海尔、阿里巴巴（及其旗下淘宝、支付宝、闲鱼、菜鸟）、吉列、惠普、雀巢、小米、饿了么、仙童半导体、英特尔、四川航空、如家、五谷道场、OpenBazaar、Synereo、深圳市远望谷信息技术股份有限公司、美的、科大讯飞、西门子、宝洁、亚马逊、红领集团、尚品宅配、VIPKID、大疆创新、耐克、eBay、慧聪网、猪八戒网、一品威客、快手、小猪短租、极光、天河国云、菲住布渴及Groupon网站。编者通过对中国管理案例共享中心中案例的学习，了解案例撰写方法，参考了以上企业的官网及前瞻产业研究院、百度百科、中国电子商务研究中心、阿里云研究中心、百度文库、道客巴巴、CSDN技术社区、维基百科、知乎、搜狐网、百度知道、简书、百度指数、央视经济网、中国经营报等网站，总结分析后进行了案例的编写，在此一并表示感谢。

本书由刘子龙教授负责总体设计。其中第1章、第4章由刘子龙教授，硕士生李佳宁、李彦君负责编写。第2章由刘晓丹博士、硕士生王靖涵负责编写。第3章由景秀丽副教授、硕士生吴鑫颍负责编写，刘煜昊、魏智纯参与编写。第5、6、7、8章由郭晓姝副教授、硕士生丁义哲负责编写。

本书后所附参考文献是本书重点参考的论著。在此，特向在本书中引用和参考的教材、专著、报刊、文章的编者和作者表示诚挚的谢意。本书在出版时，得到了东北财经大学本科教材建设项目的资助，在此深表谢意。

本书虽经几次修改，但由于编者能力所限，不足之处在所难免，敬请专家读者批评指正。

编　者

2022年10月

于东北财经大学劝学楼

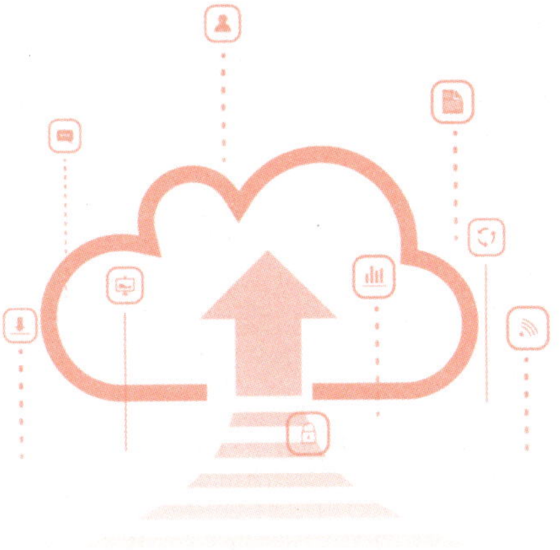

目录

第一篇　互联网商业模式理论与方法

第二篇　互联网商业模式案例

第一篇　互联网商业模式理论与方法

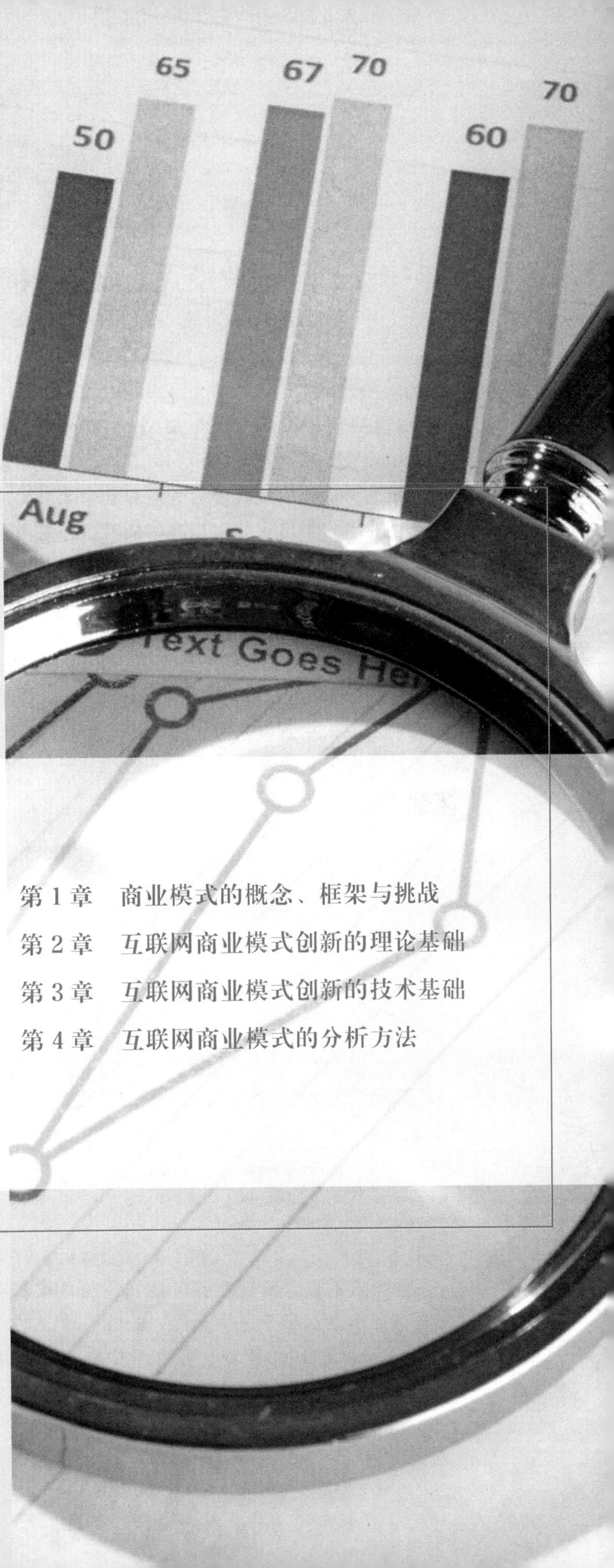

第1章
商业模式的概念、框架与挑战

1.1　商业模式的定义

近年来，商业模式屡屡成为业界和学术界关注的热点问题之一。在业界，商业模式是创业者口中出现频率最高的词汇，也是考量风险投资企业的核心判断标准之一。2005年，《经济学人》信息部进行的一项调查表明，半数以上的企业高管认为，企业要获得成功，商业模式创新比产品和服务创新更为重要。2008年，IBM公司对一些企业的首席执行官的调查结果也与上述观点一致。在国内，商业模式这一概念也被广为关注，百度指数2011—2021年的数据（如图1-1所示）显示以商业模式为关键字的搜索日均达到了1 049次。大家都相信好的商业模式是企业成功的关键因素之一，然而商业模式的确切定义是什么？什么是好的商业模式，无论是管理者还是学者都众说纷纭，莫衷一是。

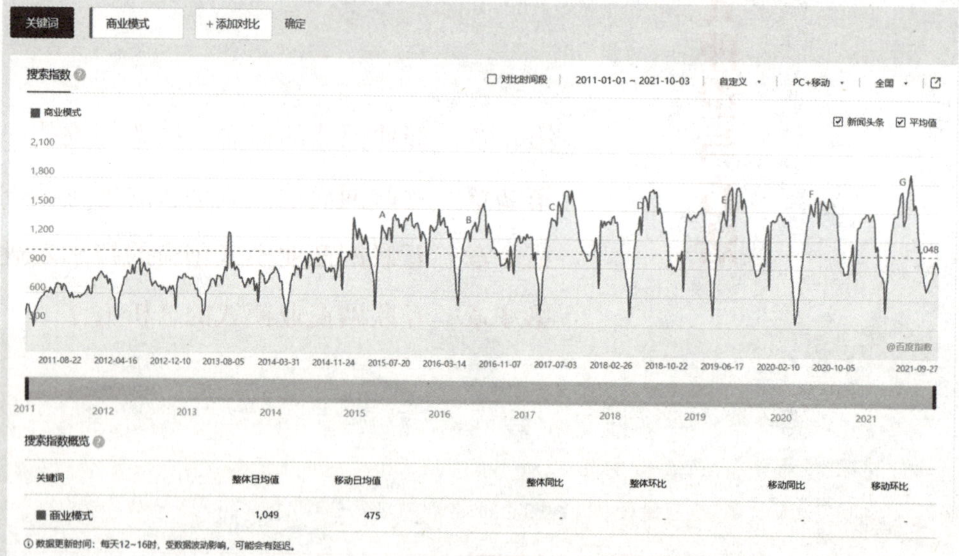

图1-1　商业模式的百度指数

商业模式的概念及其发展与1998—2001年新经济的兴起相关。然而，“商业模式”一词的出现远早于这个时代。Bellman等人在1957年的一篇文章中首次使用了该术语。Jones在1960年的一篇文章中首次将其用在论文的标题和摘要中。实际上，这个概念的起源可以追溯到20世纪70年代中期，当时，该术语主要用于商业建模。直到20世纪90年代初，商业模式一词主要用于科学文献中，通常与计算机和系统建模领域的术语有关，例如计算机模型、计算机辅助建模和信息系统。因此，可以得出商业模式在概念上起源于信息建模和信息生产。

从1990年到1995年，信息技术的日益发展导致人们对商业模式越来越感兴趣。虽然人们仍然主要聚焦于计算机和系统建模领域，但也有其他领域开始影响人们对商业模式的理解。商业模式这一术语越来越多地用于战略环境中，与收入模式或关系管理等术语一起使用。随着互联网的建立，商业模式概念成为企业关注的焦点。在电子商务兴起的同时，出版物中对这一术语的使用大大增加。虽然当时商业模式的概念主要出现在专业文献中，但公司和媒体对此概念越来越感兴趣。新经济公司及其投资者将商业模式视为公司的核心方面，经济杂志中的报道也反映了与新经济相关的商业模式概念的重要性。与此同时，科学文献也开始更加关注商业模式。在过去20年中，科学文献中使用商业模式一词的频率大幅增加。

随着商业模式概念的广泛应用，人们一直在不断理解和描述这个概念。例如，一些学者试图界定这一概念，还有学者探索其与信息系统和其他业务概念的关系，如公司战略和业务流程建模，或者了解其构成要素。

研究人员也在不同领域的背景下研究了商业模式概念。信息系统领域中对商业模式的研究大多数与电子商务有关，有人提出了电子商务模型的定义、组成部分和分类。一些研究人员将商业模式概念应用于企业管理和战略领域，电信行业，包括移动技术及其服务，软件行业，以及电子政务。

尽管商业模式的概念十分重要且被广泛引用，但目前人们对这一概念仍然缺乏共识。迄今为止，商业模式仍然被认为是一个定义不清的概念。Porter认为商业模式概念是模糊的。其他人认为，这一概念尚不成熟。此外，商业模式概念有时被误解为企业战略、业务流程等概念的替代品。根据Al-Debe和Avison于2010年发表在EJIS上的一篇综述来看，从1998年到2008年，学术期刊上就有22种不同的商业模式定义。其认为导致其概念不明确的三个主要原因如下：

（1）商业模式相关研究仍不成熟。商业模式的研究真正引起学者们的关注也就是最近的20年，相对于战略或者运营等传统的企业管理领域，其还是一个年轻的、尚不成熟的领域。

（2）商业模式概念来源于不同的学科，如电子商务、信息系统、战略、商业管理、经济和技术。不同领域的学者从不同的视角，对商业模式这一概念进行了阐释。多学科、多视角的诠释使我们更全面地理解了“商业模式”这一新兴概念，同时也使得它很难形成一个统一的、被广泛接受的定义。

（3）商业模式领域的持续创新，也使得学者们不断地重新审视商业模式的内涵。尤其是近年来社会化媒体、大数据、云计算、物联网、人工智能等新兴IT技术不断创新，也催生了众多新兴的商业模式。传统商业模式的边界和内涵不断被突破和扩展，也导致商业模式的概念不断被重新修订。

原磊认为商业模式的定义总体上是从经济，向运营、战略和整合递进的。

经济类的定义将商业模式描述为企业的经济模式，其本质内涵为企业获取利润的逻辑。魏炜、朱武祥、林桂平在《商业模式的经济解释》一书中，将商业模式定义为利益相关者的交易结构。Rappa认为商业模式概念是公司产生收入的经营方法。Magretta在《哈佛商业评论》上指出："事实上，商业模式都是一些故事——说明企业如何运作的故事。如同一个好故事，一个好的商业模式包含准确刻画的角色、可信的动机以及洞悉价值的故事情节。商业模式还回答了一些基本问题：我们在这项业务中如何赚钱？潜在的经济逻辑——解释我们如何能够以合理的价格为顾客提供价值——到底是什么？"

运营类的定义把商业模式描述为企业的运营结构，重点在于说明企业如何通过内部流程和基本构造设计来创造价值。Hedman和Kalling将商业模式概念用于描述特定业务的关键组成部分。Gassman等在《商业模式创新设计大全》中将商业模式定义为"谁是你的客户、你卖什么产品、你如何生产产品，以及你的公司为什么能够盈利"。Timmers将商业模式定义为表示产品、服务和信息流的架构，内容包含对不同商业参与主体及其作用、潜在利益和获利来源的描述。Mahadevan认为商业模式是参与主体之间的价值流、收入流和物流的特定组合。

战略类的定义把商业模式描述为对不同企业战略方向的总体考察，涉及市场主张、组织行为、增长机会、竞争优势和可持续性等。李东在《商业模式构建》一书中认为商业模式是以企业为核心的利益相关体完成的"创造顾客价值"和"获取企业利益"这两大基础任务的样式。Venkatraman与Henderson将该概念描述为反映虚拟组织架构的战略，Janssen等人将商业模式理解为组织向客户提供产品和服务的一种方式，Andersson等人将商业模式描述为一种机制，使业务参与者的关系更加明确。Bouwman的商业模式要素是参与者（客户、合作伙伴和供应商）及其角色、关系和通信流。

整合类的定义通过对企业经济模式、运营模式和战略方向的整合与提升，以提供一个全局的视野来描述商业系统运行的本质逻辑。Morris等在考察众多商业模式定义的基础上，给商业模式下了一个整合定义：商业模式是一种简单的陈述，旨在说明企业如何对战略方向、运营结构和经济逻辑等方面一系列具有内部关联性的变量进行定位和整合，以便在特定的市场上建立竞争优势。Osterwalder等在对众多概念进行比较研究的基础上指出，商业模式是一种包含了一系列要素及其关系的概念性工具，用以阐明某个特定企业的商业逻辑，通过这一工具来阐述企业如何创造价值、传递价值和获取价值的基本原理。在本书中主要采用Osterwalder基于整合视角的定义来阐述商业模式。

除了学术界，业界商业领袖也对商业模式给出了自己的理解，在2014年出版的《穿布鞋的马云》一书中，马云认为"模式是什么？模式是把成功的经验取出来，放到其他地方可以拷贝和尝试。今天的互联网没有成功的模式，只有失败的模式，现在任何一个网络公司都不能说成功的模式，世界上没有最好的模式，只有最适合自己的模式”。马云虽然没有对商业模式进行明确的定义，但是从其实践经验来看，商业模式的目的是提炼其成功的背后商业逻辑以便更好应用在其他企业或领域。但是，简单的复制与拷贝并不能保障企业的成功，更多的是需要企业结合自己的特点和优势，创新性地设计出适合自己的商业模式。

目前全球化进程加剧、创新周期缩短、商业交易的数字化转型以及经济一体化加速，使市场变得更加活跃、更有竞争力、更加复杂。企业如何成功应对这种高度动态和复杂的竞争？商业模式能很好地回答这个问题。数字时代意味着信息和知识的可用性已成为企业成功的关键。随着企业的业务领域、流程和技术在环境日益复杂的世界中发生变化，企业需要进行适应，才能生存和成功。商业模式是一切组织的基础。这是因为商业模式为理解、分析和管理业务和技术涉众之间的战略导向选择提供了方法，在当今复杂动荡的环境中能发挥重要作用。企业可以采用合适的商业模式，通过提高其快速响应环境变化的能力和高质量的业务决策来增强其竞争力。

明确清晰地认识商业模式的概念变得十分重要，因此，在下一节中将介绍Al-Debei与Avison建立的商业模式综合概念框架。

1.2 商业模式的框架

为了更全面地理解商业模式概念，Al-Debei和Avison通过对之前22个不同视角的商业模式定义的内容分析，提出了一个整合的商业模式框架，如图1-2所示。该框架从商业模式的构成维度、建模原则、适用范畴和功能四个方面，全面阐述了商业模式的构成及其之间的相互关系，以及和其他相似管理框架之间的区别与联系。

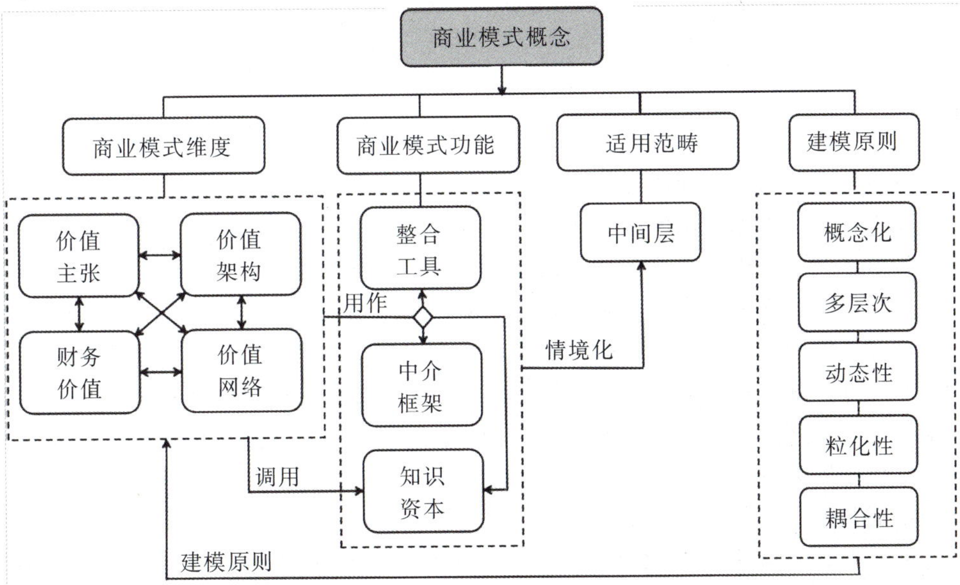

图1-2　商业模式整合框架

1.2.1 商业模式的维度

商业模式的维度即商业模式的本体结构，是指商业模式的主要组成部分，描述了在设计、分析和评估商业模式时要关注的主要要素。Al-Debei和Avison通过22篇文献中不同视角的商业模式定义的内容分析，提出了商业模式的四个价值维度（V^4 Dimension）：价值主张（Value Proposition）、价值架构（Value Architecture）、价值网络（Value Network）和财务价值（Value Finance）。这种以价值为核心的划分分类方式，意味着每一个细分维度都是通过向市场提供产品或服务来实现其价值的传递，从而获得更好的经济价值回报。商业模式本体结构如图1-3所示。

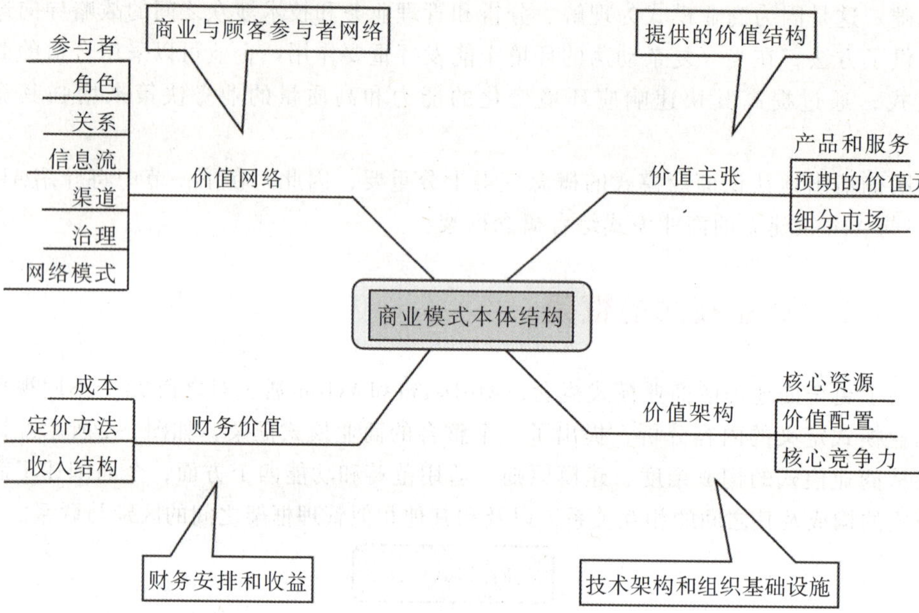

图1-3 商业模式的本体结构

1.价值主张

价值主张是指组织如何通过提供产品或服务满足细分目标客户潜在需求来为客户以及利益相关者创造价值的商业逻辑。

价值主张这一维度意味着商业模式的概念中应该包含三个部分：

（1）组织现在能够或者未来计划提供的核心产品或服务。

这意味着商业模式不仅可以用来描述现有组织商业逻辑，还可以用来规划未来的商业计划。这一点对互联网商业组织尤为重要，很多互联网商业模式在创业初期可能仅提供1到2项核心产品或者服务，但随着用户规模的不断扩张，其可能在未来提供更多服务。而这些未来的服务往往可能是盈利点。

» 微案例1-1

微信是腾讯公司于2011年推出的一个移动端通信服务免费应用程序，在创立初期其核心服务就是为用户提供一个社交互动的通信工具。随着微信快速、广泛地被人们应用，2013年1月，微信用户数突破3亿，成为全球下载量和用户量最多的通信软件。2013年8月5日，财付通与微信合作，正式推出微信支付，借助微信用户平台，其规模在短短的三年内实现用户突破3亿，现接入门店超过30万家。截止到2017年12月，微信用户数已经达到8亿，用户可以使用微信支付来购物、就餐、旅游、就医、交水电费等。企业、商品、门店、用户已经通过微信连在一起。可以看出，随着微信的用户规模的快速扩张，微信不仅仅是一个社交工具，更成为移动互联网时代的一个流量入口。其能够提供的产品和服务，不仅仅局限于社交工具，而是扩展到了以移动支付为核心的各个方面。因此，对于互联网商业模式的价值主张的设计，不仅仅要关注现有的核心产品或服务，同时也要关注未来的产品或服务。

研讨：微信核心服务是什么？其产品和服务在不同时期发生了哪些变化？为什么微信服务可以成功扩展到这些延伸服务？

（2）产品和服务能够满足目标客户的潜在需求，从而为客户创造价值。

企业的商业模式应该有明确的目标客户群体，并能够通过满足其现有的或者潜在的需求来为客户创造价值。任何一个商业模式都不可能覆盖所有的用户群体，清晰明确的目标群体的定位，才能够更好地分析用户的潜在需求，设计或创造出具有竞争力的产品或服务，从而创造好的商业模式。

» 微案例1-2

成立于2015年的拼多多是一家专注于C2M拼团购物的第三方社交电商平台。在拼多多创立之初，国内已经形成了以淘宝和京东为代表的两大电子商务平台绝对垄断局面。其他的互联网巨头都曾经尝试在电子商务平台领域分一杯羹，但都以失败告终。搜索引擎巨头百度于2008年推出了以搜索技术和社区资源为引流基础的电子商务购物平台，社交巨头腾讯也在2010年推出了以社交资源为引流基础的QQ商城。然而这些平台无一例外以失败告终，因此2015年拼多多这一以团购为主要方式的社交电商平台的推出，早期并不被大众所看好。一方面，电子商务平台领域的垄断局面，使人很难相信还有一个新的平台可以从淘宝和京东手里再分一杯羹；另一方面，经历了千团大战的互联网行业中，团购也不是一个新鲜的概念。然而，拼多多以两大主流平台忽略的三四线及以下城市的对价格敏感的有空闲时间的群体为目标客户群体，通过C2M的方式直接对接消费者和生产者，为其提供低价、质量尚可的产品。这一清晰的目标群体的定位，弥补了当时市场的空白，满足了这一部分群体的潜在需求，迅速受到了消费者的欢迎。拼多多的用户规模迅速得到扩张，成立一年之后，用户规模即突破1亿，单日成交额也突破1亿元。成立三年之后，拼多多就正式登陆美国纳斯达克。2018年12月4日根据央视经济网报道，拼多多新一季度交易额增长586%，收入增长率高达697%，在年度活跃用户方面则达到了3.855亿人，超过成立了10余年的京东（3.052亿）成为中国第二大电商平台。

研讨：拼多多目标用户群体有什么特征？为什么拼多多能够在两大电商平台夹缝中取得成功？

（3）商业模式不仅为顾客创造价值，同时也为商业模式的参与者创造价值。

一个好的商业模式，不仅仅是为客户创造价值，同时也应该为商业模式所有利益相关者创造价值。商业模式的利益相关者不仅包括商业模式的核心组织，也包括所有参与这一商业模式的其他组织（例如，供应商合作伙伴等）。以拼多多为例，其不仅满足了目标消费者群体对于低价、"高质"产品的需求，同时也为众多农户、中小型企业积压产品解决了销路问题，同时也有可能为中小企业品牌的塑造创造机会。

2.价值架构

商业模式的价值架构是指组织供给产品或服务，以及传递信息所需要的技术架构和组织基础设施。架构（Architecture）一词源于建筑学，其主要是指建筑物的结构或者风格，之后这一概念被引申到计算机领域，主要是指软件的体系设计结构。而在商业模式这一领域，"价值架构"一词，主要是指组织商业模式所拥有的核心资源以及如何配置这些资源。

资源观理论（Resource-Based View，RBV）认为企业是各种资源的集合体，其具有不同的有形和无形的资源，这些资源可转变成独特的能力，资源在企业间是不可流动的且难以复制；这些独特的资源与能力是企业持久竞争优势的源泉。Hedman和Kalling指出，任何商业组织要有效地为市场服务，都需要投入人力资源、物力资源和组织形式的资源。他们还认为，这些资源需要以适当的方式进行配置，以便在市场中形成具有竞争力的价值主张。资源配置展示了一个组织的能力，让该组织能够整合各种组织的技术资产和资源，高效地推出其产品和服务。数字企业的经济价值取决于其吸收通信技术资源并将其与现有资源结合起来，然后将其用于各项组织活动中的能力，这些活动应该用比竞争对手更低的成本和/或更高的质量来为组织创造价值优势。因此，商业模式还需要表示组织的资源、配置以及由此产生的核心竞争力。

基于资源观理论，商业模式的价值架构就是指企业能够实现其价值主张所需要的资源以及如何配置这些资源。商业模式的价值架构包括技术架构和组织基础设施两大类别。其中技术架构主要是指企业拥有的核心技术资源，核心技术对于企业尤其是互联网企业是其持续创新的源泉，也是其商业模式的护城河，能够有效地防止其他企业的模仿。例如，对于百度等搜索引擎网站，搜索技术是其核心竞争力，对于今日头条这样的资讯类网站，新闻的抓取与推荐技术是核心竞争力。组织的基础设施主要包括企业的品牌与文化、人力资源、企业组织形式等有形与无形的组织资产。对于不同类型的商业模式而言，不同类型资源的重要性也不同。例如，对在线教育平台来说，人力资源（优秀的师资）可能是其最重要的价值架构，而对于微信这样的社交平台其所拥有的用户的社交关系是腾讯在互联网行业中立于不败之地的最重要的价值架构。

对企业而言，有效地整合组织和技术资产是其企业能力的重要体现。数字化商业模式的经济价值主要体现在企业如何吸收信息技术，并把它与现有资源相整合，以高性价比的方式将自己的产品和服务提供给潜在的目标客户，从而实现其价值主张。这种整合能力，能够使得企业在与行业对手的竞争过程中占据优势。因此，企业的价值架构，不仅仅包括企业拥有的技术和组织资源，还取决于其整合和配置资源的能力。

» 微案例1-3

北京字节跳动科技有限公司成立于2012年3月，是最早将人工智能应用于移动互联网场景的科技企业之一。字节跳动旗下产品有通用信息平台（今日头条）、短视频社交平台（抖音、Tik Tok）、中视频社交平台（西瓜视频）、汽车信息与服务平台（懂车帝）、问答社区（悟空问答）等。虽然这些平台可能面向的是不同类型的用户群体，但本质都是信息服务平台，其背后的基于人工智能技术的用户偏好的识别与预测算法、文字和视频内容的标识与分类算法，以及推荐算法是类似和可以共用的。人工智能技术是字节跳动公司在中国乃至全球移动互联网领域取得卓越表现的关键因素之一。各个平台所提供的差异化的服务，带来的不同用户群体的流量是字节跳动的无形资本。字节跳动公司采用技术架构后台统一服务、平台流量前台相互引流的方式来配置和整合其资源。在后端，基于人工智能的推荐算法为所有平台提供通用的技术支持，实现了技术价值的最大化和成本的最小化。在前端，各个平台之间又相互嵌套和引流，例如在今日头条中，引入抖音和火山视频，在抖音的搜索功能中又引入了今日头条的新闻资讯。字节跳动对于其核心资源的配置方式，有助于不同平台间的相互助力，使得其在各个细分领域表现优越，发展势头迅猛。

研讨：字节跳动公司的核心技术架构和基础设施架构是什么？其如何配置和优化这些资源？

3. 价值网络

价值网络是商业模式概念的第三个维度。该维度描述了商业模式的跨公司或跨组织视角。随着社会分工的细化，任何一个企业都不太可能拥有全部的资源和能力来完成商业模式价值链创造的全过程。尤其是对于互联网的商业模式，更多的企业是处在一个生态系统中，通过和不同企业或组织的合作来完成产品或服务的生成和传递过程。一些学者将商业模式这一概念定义为通过各方、多家公司和利益相关者之间的协调与合作实现交易的一种方式。根据这一定义，商业模式是对组织在价值体系中的地位及其与不同利益相关者关系的描述。价值网络维度中的参与者一词已经被广泛地使用。该术语一般用于描述商业组织行为体，他们参与与产品相关的一些主要职能，例如价值创造、营销和交付。其中包括供应商、合作伙伴、营销人员、分销商和中介机构。从更广泛的角度来看，参与者也包括竞争对手以及政府机构等公共组织。鉴于前面提到的所有参与者都是某种类型的组织，我们可以将所有参与者都归类为组织参与者。然而，客户也是价值网络中的参与者。因此，价值网络最好被视为多方利益相关者网络。

价值网络还涉及与网络相关的合作模式，即价值网络是开放的还是封闭的。在开放的价值网络中，任何参与主体都可以提出建议和提供创新，而在封闭的价值网络中，只有特定的主体才能够参与其中。例如，Google APP商店就是一个开放的价值网络，任何APP的开发者都可以参与其中，并发布其应用程序，从而获得经济利益。在这样一个价值网络中，Google就处于主导的地位，而各个APP的开发者就处于从属位置。而海尔的B2B电子商务平台是一个封闭的价值网络，只有其上下游供应商才能够参与，并且按照海尔的订单需求来完成商业价值的共创。在这样的价值网络中，海尔就处于绝对主导的地位，其拥有对上下游供应商整合的能力，甚至可以创新其他商业模式，例如，海尔的供应链金融商业模式也是基于这样一个价值网络的主导地位生成的。

4.财务价值

商业模式是组织创造收入的一种方式。商业模式看似与组织内部的经济和财务设计密切相关，实际上财物价值仅代表商业模式概念的一个维度。财务价值维度描述了与成本计算、定价方法和收入结构相关的信息，并且与另外三个维度相联系，尤其是价值主张维度。

由于商业模式是对企业现在或者未来价值创造的一种描述，其收入结构可以是企业现在的盈利方式，也可以是未来的潜在的收入方式。这一点对互联网行业尤其重要，由于互联网行业马太效应的存在，在很多细分领域往往赢者通吃。因此，很多互联网行业的商业模式在创立初期，往往是通过不计成本的投入迅速占领市场，在实现马太效应后，才开始考虑盈利。但是对于任何一个企业而言，只有持续盈利才能够保障其长久地生存下去，因此如果一个互联网商业模式即使在未来也没有一个清晰的盈利模式，其注定是失败的。

在确定了商业模式概念的主要维度及其构成要素之后，我们需要明确的是这四个维度及其要素是相互关联和相互依赖的，在设计商业模式时需要平衡四个维度及其要素中产生冲突的设计需求。

» 微案例1-4

共享单车一度被网友戏称为“中国新四大发明”之一，然而根据中国经营报2016年12月的新闻报道《共享单车之殇：成本高企　盈利受困》，无论是资产相对较重的摩拜，还是资产相对较轻的ofo，都面临着高成本和低收益的困境。

作为共享单车公司，成本构成主要有两大板块：单车和运营；收入主要是每小时租赁单车收到的金额。市场较大的两家公司在运营上均有短板：资产较重的摩拜为了降低运营成本而提升单车的制作成本，但因此单车变重降低了用户体验，盈利周期较长。因此，摩拜一代在产品设计阶段就使用了防爆轮胎、轴传动和自发电等手段，使其坚固耐用，希望通过提高单车技术含量降低维护成本。摩拜通过车身锁内集成的嵌入式芯片、GPS模块和SIM卡，随时监控自行车在路上的具体位置。车辆投放到市场后，解决了如何进行运营和维护的问题。但这也使得摩拜单车的成本居高不下。而ofo虽然资产较轻，但运营成本较高，没有GPS导致用车的有效半径降低，单车使用率降低。如果车辆已损坏，导致后续无法持续性经营，就算用户规模再大也只会带来源源不断的亏损，无法实现正向盈利，产品的质量问题是重中之重。ofo单车的运营费用是每车每天0.2元。据记者计算，仅北京市场ofo的运营费用一天就要2万元，而实际运营成本可能比ofo官方的说法更高。据了解，ofo车辆投放主要依靠人工，有报道称，仅在北京西二旗区域，ofo就雇用了30多位单车搬运工，月薪5 000多元，每月仅搬运工的工资支出就达15万元。

然而共享单车的盈利模式较为单一，ofo在全北京投放城市单车6万辆，投放学校单车4万辆，城市单车使用率为每车每天6到9次，学校单车使用率为每车每天9.6到10次，ofo每辆车的盈利周期可以缩短到两个月内。而摩拜单车方面，每辆车每天使用率是6到9次，盈利周期预计是一年半左右。虽然通过单车的租金，ofo和摩拜单车回本可期。但在整个企业运营中，还有高额的管理、运营维护成本，仅仅依靠单一的租金收入很难带来可观的利润，也很难维持长久发展。盈利模式的探索依旧是共享单车行业的难题。这也导致了摩拜单车于2018年被美团收购，2021年8月，企查查APP显示，ofo的上海拜克洛克网络科技有限公司、北京拜克洛克科技有限公司深圳分公司分别于7月6日、8月9日相继注销，状态均为企业已依法注销营业执照，丧失法人资格。

研讨：摩拜和ofo共享单车商业模式的收入和成本结构主要包括什么？其商业模式的主要缺陷在哪里？

1.2.2 商业模式建模原则

在明确了商业模式概念的本体结构之后，我们在本节讨论指导商业模式建模过程的原则。

1.耦合性

商业模式的本体结构是一个整体性的概念框架，它全面地描述了企业的商业逻辑。商业模式提供了特定业务的整体视图，这不仅让我们更好地理解其内部结构和功能，还有助于了解组织如何与其外部环境连接和互动。

商业模式的四个维度之间是一个相互影响、相互渗透的整体。例如，企业的价值主张即企业所能够提供的产品和服务是在企业的核心资源即价值架构上设计和开发的，同时受到其在价值网络中位置的影响。而财务价值的大小又和其价值主张高度相关，因此在设计商业模式时应该从整体综合地考虑商业模式的不同维度，这样才能更全面地理解和分析商业模式的特点。

2.概念化

商业模式对商业逻辑的描述是抽象的，是一种概念工具或蓝图，仅涵盖关键业务组件，因此被认为是业务现实的简化。因此，在设计商业模式时不要纠结于过于具体的业务运营细节，更重要的是把其抽象为更为关键的业务逻辑。

3.粒化性

商业模式是一个粒度概念，其组成部分可以分解为不同的维度，这些维度也可以继续细分为不同构成元素。因为商业模式的概念很全面，涵盖了广泛的业务，因此粒度概念有重要的意义。商业模式本身是一个整体性概念，其可以划分为价值主张、价值架构、价值网络和财务价值四个维度，而每一个维度下又可以继续划分为不同的子元素。例如，价值架构下面又包含了技术架构和基础设施架构两个元素。这种粒度缩放的属性可以更好地理解商业模式的运行规律。

4.多层次

商业模式是一个多层次的概念，其可以用于理解不同层次的业务逻辑：首先，其可以用来分析单个组织。其次，商业模式可以用来分析组织的一部分，如业务单位、产品/服务和产品/服务包。这一点在互联网行业内尤为突出，很多互联网巨头往往同时横跨不同的细分领域。商业模式也可以用来分析组织内某一部分的业务，比如分析字节跳动公司旗下的今日头条。最后，商业模式还可以用来分析多个组织组成的商业网络。例如，菜鸟网络是由阿里巴巴公司牵头的，整合了多家快递企业的一个商业网络。

5.动态性

在以通信技术为基础的现代商业世界中，商业模式也应该具有活力，以便更有效地适应环境的变化。商业模式的动态性之所以如此重要，主要是因为当今许多行业正在经历技术创新、全球化和市场变革推动的持续革命。事实上，商业环境已经发生了巨大的变化。与以稳定和低水平竞争为特征的传统商业世界不同，数字商业世界是复杂、动态的，具有高度的不确定性和竞争压力。因此，在更复杂、更独特的数字商业中，商业模式需要更明确、更灵活。

近年来在移动互联网、云计算、物联网等一系列新兴IT技术支持下，社会化媒体、虚拟服务、协同创造等新兴商业模式持续扩展着人们创造、传播和利用信息的范围与方式。新冠肺炎疫情的全球性暴发，国际政治关系的风云变幻，都使得商业世界面临着高度的不确定性。这些外部环境的剧烈变化也使得商业模式的迭代不断加速。曾经受到资本疯狂追捧的“中国新四大发明”之一的共享单车，短短的几年间全行业开始衰退；曾经创立之初遭受无数嘲讽和抨击的拼多多，在短短的四年间在美国纳斯达克上市，市值一度超越了成立十余年的京东。曾经风光无限的在线教育培训行业，在“双减”政策出台后，面临着全行业的转型和调整。因此，商业模式并不是一成不变的，需要根据IT技术的发展、社会环境的变化而适时地做出修正和改进。

1.2.3 商业模式范畴

商业模式概念边界的界定可以明确其适用范畴以及和其他相似概念的区别与联系。与商业模式类似的概念有业务流程（Business Process）和商业战略（Business Strategy）。

业务流程是指为产生产品或服务而设计的一系列的活动，主要包括管理流程、运营流程和支持流程等。对于商业模式和业务流程的差异，学者们已经有了一些共识。尽管两者建模的总体目标都是支持决策活动，但业务流程建模的目的是支持运营决策，而商业模式建模的目的更多的是支持战略决策。

商业战略是指组织为了实现其长期目标而采取的一系列的活动和资源配置的规划与决策。商业模式和商业战略之间的差异尚不明确。一些研究人员认为它们是相同的，并且可以互换使用这些术语。例如，Leem等人和Kallio等人将商业模式组件描述为一组业务战略。还有些学者认为商业模式不是一种战略，但他们将战略和/或其部分要素（如使命等）包含在商业模式组成部分中。另外，一些研究人员提出了另一种看待商业模式概念的方法。他们认为，尽管这两个概念是相关的，但它们代表不同层次的信息，用于不同的目的。他们将商业模式视为商业战略和业务流程（包括其信息系统）之间的接口或中间理论层。Magretta认为，商业战略解释了组织如何比竞争对手做得更好，而商业模式则描述了企业各部分如何整合在一起。

实际上，对于以上问题没有达成共识的主要原因是商业世界经历了从传统商业方式向数字商业新方式的转变。从如图1-4所示的传统商业环境与数字商业环境对比中可以看到：数字商业方式中组织面临着高度复杂和快速变化的外部环境，使得其业务流程和商业战略之间的缺口越来越大，商业模式从而在其中起到了桥接的作用。

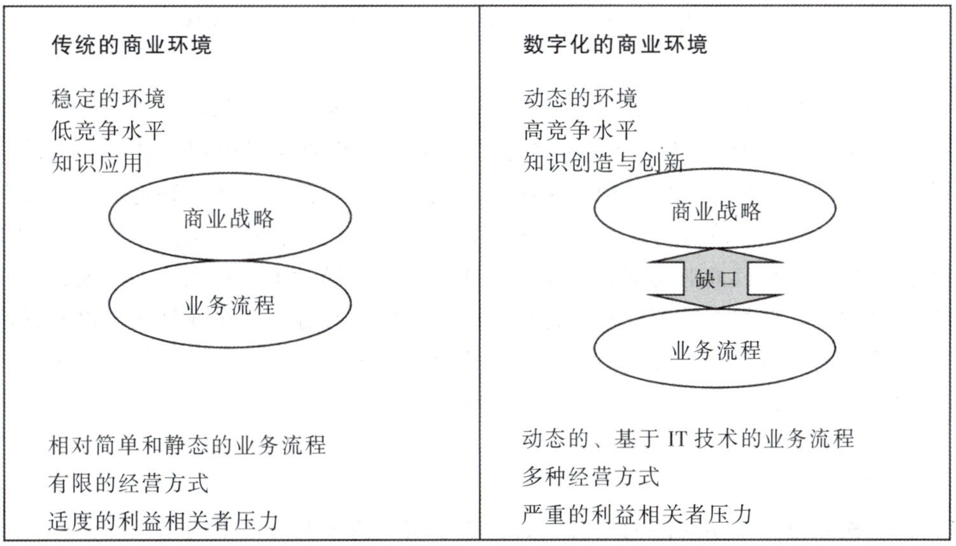

图1-4　传统商业环境与数字商业环境的对比

商业模式不是独立存在的，它与商业战略以及IT赋能的业务流程交叉融合。因此，它创建了独特的战略、运营和技术组合。图1-5中两个交叉点代表了组织必须遵循的两个关键过渡点。

1.从商业战略到商业模式

在图1-5中表示为第一个交叉点。根据Porter的观点，商业战略是组织通过采用以下通用战略之一在其行业内定位自己的一种方式：成本领先战略、差异化战略和集中化战略。在这一阶段，企业将其广泛的战略转化为实现企业战略目标所需的

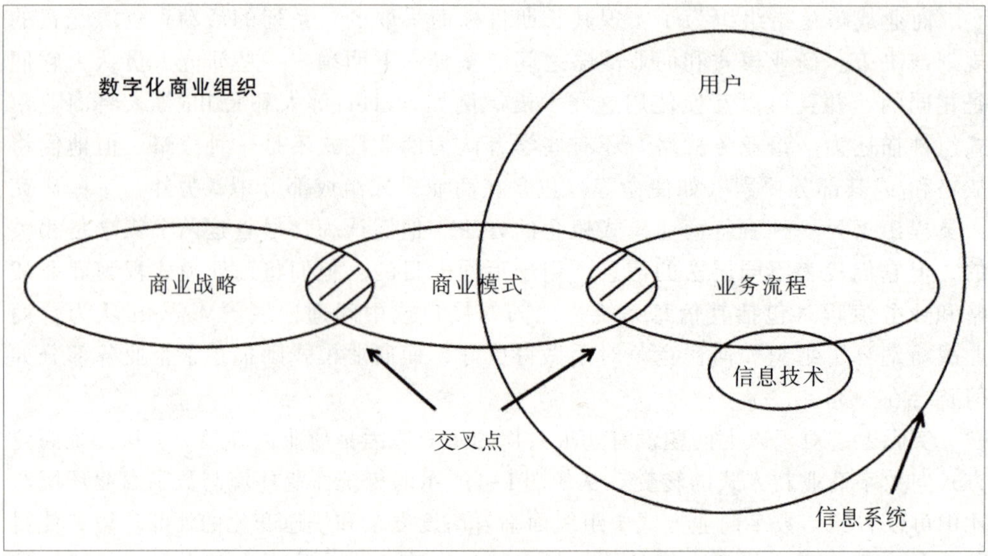

图1-5　商业模式交叉点

更具体的业务架构、合作、价值主张和财务安排。此外，这时的商业模式依赖于业务战略，并从中衍生出来。商业模式的设计依赖并服务于商业战略的目标。

2.从商业模式到业务流程

在图1-5中表示为第二个交点。在此阶段，商业模式充当基础系统，从中可以导出详细的、可操作的IT赋能的业务流程模型。尽管业务流程和信息系统的设计都源于组织的商业模式，但是信息系统并不能够精确地描述企业在特定情境下所有的业务流程。因此，在业务流程的实施过程中，用户可以依赖于信息系统（如ERP等）的功能来实现其商业功能，但是用户并不是完全局限于信息系统的功能，可以在使用过程中根据组织的实际情况进行适应性的使用和调整。企业甚至可以根据自己的需要来重新设计和修订信息系统或者优化其业务流程，从而实现信息系统与业务流程的匹配，进而实现其商业模式的目标。

1.2.4　商业模式的功能

商业模式是一个多功能的概念，其在数字组织内主要有以下三个功能：

1.整合的概念工具

相对于传统的商业环境，在互联网商业环境下将商业战略转化为业务流程变得更具挑战性。互联网商业模式的业务流程主要是由信息技术支持和驱动的。此外，当今的商业环境更具活力，其特点是持续的快速变化和利益相关者的严重压力，所有这些都增加了以通信技术为基础的现代企业的管理复杂性。因此，商业模式作为一种整合的概念工具，其重要性日益凸显。商业模式填补了商业战略和业务流程（包括其信息系统）之间的差距，并在这些组织层之间提供关键的协调。为了企业的生存和成功，业务战略、商业模式和业务流程及其信息系统应被视为一个和谐的整体。组织应该对整体中不同部分之间的关系持续进行关注和修订，确保其与外部环境以及利益相关者的利益保持一致。

2.中介框架

商业模式是信息技术创新与战略目标实现之间的桥接构件。Chesbrough和Rosenbloom认为："成功的商业模式创造了一种启发式逻辑，将技术潜力与经济价值的实现联系起来，并且商业模式从技术中释放潜在价值。"类似地，Kamoun认为"商业模式是企业从新服务、产品或创新中创造和获取价值的蓝图"。Yuan和Zhang认为，技术应用本身并不是成功的关键，而是技术工件背后的商业模式使高科技公司能够实现其战略目标。商业模式作为中介框架，为设计、评估和管理不同技术及其相关产品和服务提供系统的方法。

3.以战略为导向的知识资本

商业模式描述了商业系统的基本逻辑，展示了执行业务和实现战略目标的方式以及高层次的业务规则和实践。尽管如此，组织的商业模式很少被明确地表述或定义。大多数情况下，商业模式作为一种隐性知识存在于组织内的一位或几位关键管理者的头脑中，它代表了一种默契，而很少能够显性地、结构化地展示出来。

清晰准确地描述商业模式对于组织至关重要。一个清晰的商业模式为管理者提供了合适且必要的关键信息，这使得管理者更好地控制业务流程，从而增强竞争力。商业模式隐性知识显性化的过程有助于组织适应性地优化和调整其组织战略、商业领域、业务流程和信息系统，以适应复杂的、不确定的、快速变化的数字化环境。

明确描述商业模式可以积极调动组织知识资本，有助于增强战略决策能力，同时可以更好地在实践中运用商业模式。明确的商业模式可以形成一种关键的组织资产或资源，有望为数字化组织提供最持久的竞争优势。

值得注意的是，商业模式概念的这三个主要功能并不相互排斥，它们可以同时用于组织内的不同目的。随着以信息技术为中心的业务出现，商业模式的重要性及其功能的实现解释了商业模式研究兴起背后的意义。

1.3 商业模式创新的挑战

商业模式创新的概念与商业模式的发展密切相关。随着新经济泡沫的破灭，许多公司被迫重新考虑其商业模式，并不得不做出一些根本性的改变。商业模式创新带来的可持续性和竞争优势有助于创造巨大价值。美国波士顿咨询公司的一项研究显示，在为期五年的时间里，商业模式创新者比同一时期产品和工艺创新者要多获得超过6%的利润。然而，在传统的商业模式被外部创新击垮时，为什么还是有很多企业不去探索新的商业模式？最直接的答案是，企业在商业模式创新实践方面面临着巨大的障碍。

根据Gassman、Frankenberger和Csik的《商业模式创新设计大全》一书中的研究，公司在面临商业模式创新时会遇到以下3个核心挑战：

1.3.1 挑战1：跳出本行业的主导逻辑进行思考

一家企业过往的辉煌很容易阻碍新创意的产生。即使是思想非常开明的领导者在突破自己行业的主导逻辑时，也可能会困难重重，主要有以下两个原因：

首先，主导行业的丰厚利润使企业不愿意冒险走出舒适区。企业现行的商业模式依旧能够持续盈利，甚至某些公司由于占据行业的主导地位，还能够获得丰厚的收益。颠覆性创新产生矛盾的根源不是公司无法研发颠覆性技术，而是在于现有技术已经建立的商业模式与利用新兴颠覆性技术可能需要的商业模式之间的冲突。商业模式的新颖性、锁定互补性和效率作为商业模式创新的关键方面，可能与公司资产的传统配置相冲突，公司资产的管理者可能会抵制威胁公司持续价值的试验。例如，一个现场销售组织的副总裁可能会强烈反对同一产品的在线销售试验，不管试验是否成功。新的商业模式面临较大的不确定性和较高失败的风险，同时又需要企业投入额外的资源和精力。大多数人在面临较大的风险时，往往表现出风险厌恶的倾向，导致了企业管理者不愿意走出舒适区去尝试新的商业模式。即使新的商业模式具有较好的前景时，企业家们也往往由于现状偏见而裹足不前。现状偏见是一种认知偏差，它使人们倾向于事物保持不变，或者说如果必须改变的话，人们会尽可能少地改变。例如，在汽车行业，虽然所有的企业都认为未来一定是智联网、新能源汽车的发展趋势，但很多企业由于在汽车行业的传统优势，迟迟不愿意进行改革和创新，反而许多新科技企业如美国的特斯拉以及中国的蔚来、小鹏和理想率先起步，后来居上。

其次，在本行业的主导优势会使得企业产生路径依赖。企业在本行业内长期投入了大量的资源、积累了丰富的经验，从而产生了对本行业的路径依赖。路径依赖形成后，企业的思维模式会受限于主导行业的价值体系，导致很难突破原有行业的禁锢。已建立的商业模式的成功极大地影响了后续公司的决策。这是基于Prahalad与Bettis早期的“主导逻辑”概念。在日常业务活动中，这种逻辑有助于企业评估哪些信息是重要的。在早期研发阶段，技术潜力和市场潜力都高度不确定，这一逻辑有助于组织在混乱的环境中运作。但在商业模式试验方面，同样的主导逻辑可能会起到双刃剑的作用——过于盲目地遵循这一逻辑可能会导致企业在明显不合适的商业模式中失去技术使用的潜在价值。因此，管理者可以识别出正确的商业模式，但其发展可能会受到抵制，因为它与主流商业模式冲突，或者与支持主流模式的基本资产配置形成冲突。然而，随着信息技术的快速变革，传统商业模式不断受到挑战和颠覆，很多企业的失败并不是被本行业其他竞争对手击败，而是受到其他行业跨维度的打击。例如，曾经风靡一时的方便面行业由于互联网外卖平台的兴起而全面衰退；曾经具有超额利润的电信行业由于微信的兴起而全面下滑；曾经不可一世的ATM机行业由于移动支付的兴起而逐渐衰落。数字化商业模式的跨界降维打击，使得企业不得不跳出现有行业的思维局限，而引入企业外的创意是管理者突破思维定式最具前途的方式。

》微案例1-5

曾经在摄影、胶卷领域独步全球的美国柯达公司于2012年1月申请破产保护。柯达公司始创于1880年，是世界上最大的影像产品及相关服务的生产和供应商，业务遍布150多个国家和地区，全球员工约8万人。该公司在影像拍摄、分享、输出和显示领域一直处于世界领先地位。回顾柯达100多年来的沉浮历史，柯达曾经取得了辉煌的成就。1883年，公司创始人伊士曼发明了胶卷，引发了摄影行业的革命性变化。随后在1888年，伊士曼推出了柯达照相机，奠定了摄影大众化的基础。其生产的胶卷曾占有全球70%的市场份额。1999年柯达全年销售额为141亿美元，市值在300亿美元，全球拥有超过14万名员工，拥有1万多项专利技术。然而数字化时代的到来，引发了摄影行业的巨变，这样一个曾经辉煌的巨头企业也无法幸免。

其实柯达早在1976年就开发出了数字相机技术，并将数字影像技术用于航天领域；1991年柯达就有了130万像素的数字相机。然而柯达公司在传统胶卷行业的主导优势和丰厚的利润，使得公司高层坚信柯达的胶片摄影不会受到数码相机的影响，也不希望投入过多的资源和精力来削弱其主导行业的收益。1999年，当数码相机的技术席卷市场时，由于数码相机在发展初始阶段成像质量一般无法和传统的胶片相机媲美，柯达公司预测数字摄影技术不会成为主流，在10年内绝对不会超过市场份额的5%。然而数码相机技术的快速发展超出了所有人的预测，2009年95%的市场份额被数码相机所占据。柯达也于2008年用烈性炸药炸毁了位于罗切斯特的研发中心，宣布停止胶卷的生产。而柯达昔日的对手索尼、佳能、尼康等相继进入数码相机领域，形成了先发之势。柯达在面临转折的关头，依然固守胶卷业务，不去发展数字业务，就此错过转型的最佳时机。

柯达公司失败的案例并不是特例，手机行业中曾经的巨头如摩托罗拉、诺基亚重复上演这样的故事，而目前的汽车行业，新能源汽车公司正在强势向传统汽车制造企业发起挑战。

研讨：柯达公司为什么在技术领先的情况下，错失了市场先机？柯达的案例对现在的汽车行业有什么启发？

1.3.2 挑战2：过度痴迷技术和产品忽略了商业模式的创新

在数字化商业时代，IT技术的快速发展与迭代是商业模式创新的重要驱动力。然而，一些企业对于新技术的过度痴迷可能会阻碍其商业模式创新。对新技术的过度追求可能会忽略其潜在顾客的现实需求，导致技术的经济价值无法实现。作为中国的IT龙头企业华为在国内外取得了令人瞩目的成绩，华为的技术研发投入占比每年都超过10%，高居世界前五，但其“八不”中的第一条就是“不做无价值的创新”，即做先驱不要做先烈，领先一步是先驱，领先三步是先烈。而这里的“价值”并不是狭义地指这个创新的技术能够短期内就带来收入，而是指这个技术能不能引领或者满足用户的需求，能不能为相关利益主体创造价值。

»微案例1-6

李开复毕业于世界知名的卡内基梅隆大学计算机科学与技术专业，毕业后留校任教，后来先后任职于美国苹果公司、微软中国研究院，曾任微软全球副总裁、谷歌全球副总裁兼大中华区总裁等。2009年，李开复成立了“创新工场”，开辟了中国风险投资和创业的一个新的模式。1996—1998年李开复在硅图（Silicon Graphics）公司就职。这是一家做视算技术起家的跨国公司，曾推出过很多优秀的服务器产品，比如Indigo系列。在美国硅图公司时，李开复研发了一款产品叫作3D浏览器。他和研发团队想要在浏览器里建一个3D世界。他曾表示过，这个产品完全是科学家在脑海里的构想。比如，他们希望这个3D世界能够实现导航，物体可自由移动，并能制作非常酷炫的广告。这就是类似现在Facebook公司所倡导的“元宇宙”。这在当时是非常超前的创新，但是在20世纪90年代末，无论是计算机的硬件配置，还是网络带宽都不足以支持这个技术的大规模推广，虽然他们的团队研发成功了，3D浏览器在前期运行得相当不错。李开复对自己研发的这款高科技产品相当自信，认为它有着世界上最好的VR技术，必然也有充足的市场需求。当他们去市场上推销这款3D浏览器时，发现没人愿意购买它，最后不得不以很便宜的价格把它转让出去。然而，20多年后的今天，“元宇宙”的概念兴起，说明这项技术本身是没有任何问题的，只是在当时过于超前。

研讨：3D浏览器失败的原因是什么？技术和商业模式的关系是什么？

1.3.3 挑战3：系统性工具的缺乏

无论是学术界还是企业界对于商业模式的定义都没有达成统一的认识，那么对于如何采用系统性的工具来设计和分析商业模式就更为缺乏了，这也是业界面临的第三大挑战。目前学术界对于商业模式的分析工具并没有统一共识，例如奥斯特瓦尔德提出的商业模式画布的九要素模型，加斯曼提出的商业模式创新的“神奇三角”三要素模型，魏炜和朱武祥提出的“魏朱六要素商业模式”，李东提出的商业模式构建的五要素锚状流程。在本书中，我们将以商业模式画布九要素模型为主要分析工具来分析商业模式的构成部分。

虽然商业模式很好地分析了企业内部商业模式构成，但是其忽略了企业所处宏观环境、行业环境、政策制度、文化环境的影响，本书将采用PEST分析模型来分析商业模式所处的宏观环境、采用SWOT分析模型来分析企业所处行业的竞争优势和劣势。具体内容介绍详见本书第4章。

1.3.4 商业模式谬见

对于商业模式定义的不清晰和系统性分析工具的缺乏，导致了人们在讨论商业模式时更多地依据经验和直觉来判断，无法全面客观地揭示商业模式的核心价值。

Gassman、Frankenberger和Csik的《商业模式创新设计大全》一书中总结了七大商业模式谬见（如图1-6所示）。

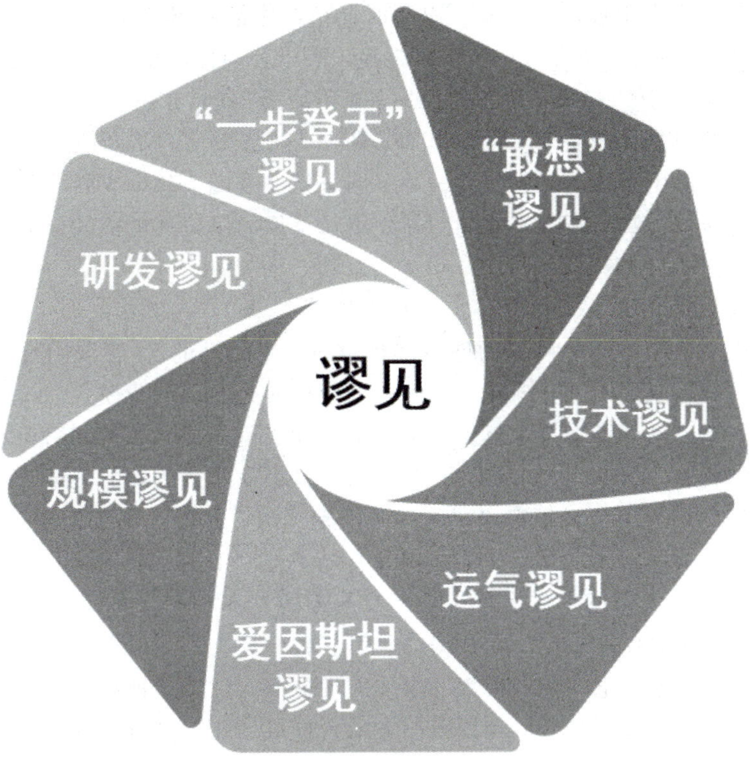

图1-6　商业模式谬见

1. "一步登天"谬见

这种观点认为商业模式成功是始于前所未有的创意。事实上，并不是所有的商业模式都是原创的，还有相当多的成功的商业模式是从其他行业借鉴的。剃刀与刀片商业模式（也称为诱饵模式）是指那种基本产品的价格较低，甚至处于亏损状态出售，而与之相关的消耗品或者服务的价格则较为昂贵，可以充分为厂家赚取利润的定价模式。吉列公司较早采用这一模式，其免费或低价向消费者出售剃须刀，但与之匹配的刀片售价非常昂贵。这一商业模式在刀片行业取得了巨大的成功，也因此被命名为"剃刀与刀片"模式。后来这一模式在其他行业被发现并广泛应用，惠普公司出售便宜的打印机，但是其匹配的原装墨盒价格很昂贵，雀巢公司出售相对便宜的咖啡机，但是与之匹配的一次胶囊咖啡价格远高于普通的研磨咖啡。这种成功的跨行业应用说明商业模式的创新并不一定是完全原创，也可以是从其他行业商业模式中借鉴而来。

2. "敢想"谬见

互联网公司的巨大成功和IT技术对传统商业模式的颠覆，使得"敢想"谬见广受认同。这种观点认为商业模式的创新都是颠覆式的创新，总是激进和新颖的。

事实上，商业模式的创新也可以是渐进的。这一点在互联网行业其实也很常见和突出，很多新的商业模式在创立初期并没有特别完善的模式，而是在之后不断改进，最后在实践中摸索出成功的经验。以即时通信起家的腾讯公司在PC时代最成功的产品之一就是QQ。当进入移动互联网时代，腾讯公司推出微信这一新的社交工具，同时推出了移动版的QQ。其实早期的微信和移动版QQ在主要功能上并不是很强大，很多用户早期由于惯性更习惯于使用QQ。随着微信的不断改版，其界面的设计更简洁，更适用于移动端的使用，并不断丰富朋友圈、移动支付、公众号、小程序等创新功能，这些不断渐进式的创新使得微信取得了巨大的成功，成为中国活跃度最高的社交平台。

3.技术谬见

这种观点认为“商业模式的创新都是由新技术驱动的”。互联网行业的巨大成功也使得这一观点深入人心。新的技术的发展确实是驱动商业模式创新最主要的动力，但并不是说离开了新技术就无法进行商业模式创新了。如何利用新的技术结合商业模式创新发挥技术的经济潜力和价值，才是商业模式成功的关键。电子商务模式现在已经发展成消费者不可或缺的一种消费渠道，然而在出现初期却饱受质疑。由于我国当时的信用体系并不完善，也没有电子支付工具，电子商务模式发展陷入了瓶颈中，即先支付还是先发货。由于交易双方的不信任，电子商务模式只是在B2C类的图书行业有较好的发展。2013年第三方交易工具支付宝的推出，彻底突破了这个瓶颈，加速了电子商务模式的爆发式发展。支付宝这种第三方支付工具的工作流程是：买方选购商品后，使用第三方平台提供的账户进行货款支付（支付给第三方），并由第三方通知卖家货款到账、要求发货；买方收到货物，检验货物，并且进行确认后，再通知第三方付款；第三方再将款项转至卖家账户。这种第三方支付工具从技术上并没有太高的难度和创新，但是从商业模式上完美解决了信用问题，从而加速了电子商务行业整体的发展。

4.运气谬见

这种观点认为商业模式的成功只关乎运气，不能系统地进行。小米的创始人雷军曾经说过“站在风口上，猪都能飞起来”。商业模式的成功固然需要一定的运气，但是并不是说其成功的关键因素只有运气，事实证明曾经站在行业风口的众多企业，并没有飞起来。2010年是互联网行业公认的“团购元年”，当年何止是“百团大战”，简直就是“千团大战”。一份市场调查报告显示，到2011年8月份市场上共存的团购类企业共计5 058家，因为团购市场门槛很低，当时一套团购系统只要4 000元，加上支付系统、短信服务等总体成本也就1万元，然而风口过后也只有美团等几个企业坚持到了最后。

5.爱因斯坦谬见

这种观点认为商业模式的成功都是由天才想出来的。不可否认商业模式的成功离不开商业领袖的卓越的见识和不懈的坚持，但是我们大多关注了他们成功的光环，没有看到他们在失败中的坚持。美团创始人王兴这么多年的互联网创业生涯可用跌宕起伏四个字来表达。他做过多个SNS项目，经历过校内的资金链断裂不得不售出，也经历过饭否的无奈关闭，但最后依靠美团强势成功。小米的创始人雷军也是经历了三色公司的惨败、金山公司的隐退，最后才成功地创建了小米公司。这些商业领袖的经历说明，即使这些优秀的商业领袖也有失败的时候。今天，商业模式的成功越来越少地完全依赖于个人策划，跨领域的团队合作才是成功的保障。

6.规模谬见

这种观点认为只有投入大量的资源才能有大的创新和突破。事实上，很多优秀的商业模式都是从小型初创公司孕育而出的。外卖平台饿了么最早是由上海交通大学大学生团队张旭豪、康嘉、汪渊、叶峰、曹文学等成立的，共享单车平台ofo最早是由北京大学学生戴维创立的以平台共享方式运营校园自行车业务的互联网科技公司。由于本行业的主导逻辑，越来越多的大企业开始意识到自己内部孕育出创新的商业模式的局限性。这些大公司开始加大投资初创企业的力度，寄希望于从外部引入新的创意。2018年阿里巴巴以95亿美元的价格全资收购了饿了么，而腾讯持续投资入股美团，截止到2020年底，持股17.73%成为美团第一大股东。

7.研发谬见

这种观点认为研发部门是重要创新的源头。事实上，商业模式的创新是跨学科的。技术只有与商业模式结合起来才能发挥重要的作用。在企业内部，不仅是研发部门的技术创新，其他部门如战略部门、市场部门、物流部门等的创新也都可以带来商业模式上的改进。

本书的目的是清晰地界定商业模式的概念、系统地总结影响商业模式创新的理论基础和技术基础，介绍商业模式分析工具，并在这些基础上对不同类型的商业模式案例进行剖析。

本章小结

尽管人们已经意识到商业模式对一个组织成功的重要性，但对于其概念的理解仍然模糊。商业模式概念相对较新颖，但已在各种环境中使用。一些学者从不同视角看待这一概念，而从业者是根据其组织的环境和文化来理解这一概念的。达成对商业模式概念的共识至关重要，因为它代表了一个框架或一个理论基础，研究者可以在不同的背景下应用于不同的行业，从业者也可以将其作为业务绩效分析的参考指标。

本章介绍了商业模式概念的完整本体结构，表明价值主张、价值网络、价值架构和财务价值是商业模式的主要维度。另外，本章还揭示了商业模式的耦合性、概念化、粒化性、多层次和动态性建模原则。

此外，商业模式是数字商业中一个重要的整合概念工具。它可以被描述为业务战略和通信技术支持的业务流程之间的中间层，以填补复杂的数字化环境中的缺失环节。商业模式直接来源于业务战略，业务流程和其信息系统基于该战略而产生。

本章还表明，使商业模式更加明确有助于数字组织评估其业务中无形资产的价值，因为商业模式提供的信息调动了支持组织战略决策的知识资本。此外，这种调动的知识是一种组织资产，使数字企业能够在其市场上获得可持续的竞争优势。

最后，本章探讨了三个商业模式创新的挑战，以及七种商业模式的谬见。

思考与实践题

1. 淘宝网的价值主张、价值架构、价值网络和财务价值分别是什么？
2. 分析谷歌公司成功的因素。

课程思政讨论

儒家思想中有“君子喻于义，小人喻于利”。同时儒家曾造就出了中国儒商第一人子贡。他人品正直，光明磊落，主张贫而无谄，富而不骄。他善于辞令，长于外交。不仅如此，他还特别善于经商，做生意“臆则屡中”，预见之精准也算是出神入化了。商道就是人道，就是人心之道。儒家“仁”的思想，“恕”的智慧，“中庸”的境界，都是值得我们当代人认真学习和实践的。试想，损人害人的商业行为会持久健康发展吗？唯我独尊而不懂得满足别人需求的经营行为和产品能够为企业带来发展吗？做事走极端，不能把握做事的分寸和做人的尺度，生意能够做得长久吗？

研讨：对比分析西方商业模式概念与中国传统文化中关于商道理念之间的异同之处，探讨中国传统文化中的社会责任与家国情怀。

第2章 互联网商业模式创新的理论基础

2.1 摩尔定律与商业模式创新

2.1.1 摩尔定律的概念

1.摩尔定律的一般描述

摩尔定律又被称为计算机第一定律，是由英特尔创始人之一戈登·摩尔（Gordon Moore）经过长期的观察和总结提出来的。其具体内容为：当价格不变时，集成电路上可容纳的晶体管数目约每两年翻一番[①]。换言之，每1美元所能买到的电脑性能，将每隔24个月提升1倍以上（如图2-1所示）。摩尔定律本质上描述了半导体行业的基本商业模式。

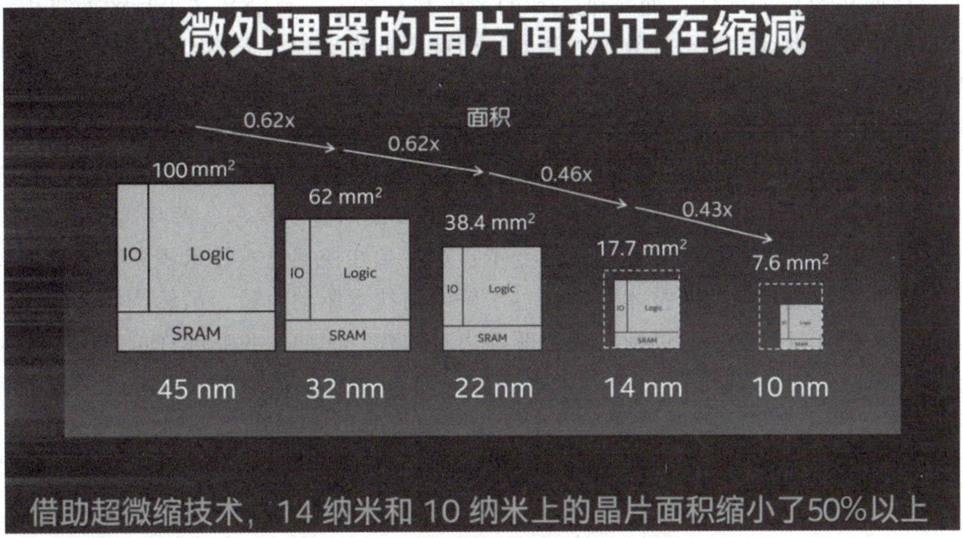

图2-1 微处理器晶片面积进化历程

图片来源 佚名. 摩尔定律已死？英特尔怒吼以正视听［EB/OL］.（2017-09-20）［2022-08-29］. https://www.sohu.com/a/193413300_668810.

摩尔定律并非自然科学定律，它是对现象的观测或对未来的推测，并在一定程

① MOORE G E. Cramming more components onto integrated circuits［J］. Proceedings of the IEEE，1998，86（1）：82-85.

度上揭示了信息技术进步的速度。人们还发现这一定律不仅适用于对存储器芯片的描述，也精确地描述了处理器性能和磁盘存储容量的发展速度。因此，该定律也成为许多工业行业对于性能预测的基础。

2. 摩尔定律的提出背景

戈登·摩尔1929年出生在美国加州的旧金山。他曾获得加州大学伯克利分校的化学学士学位，并且在加州理工学院获得物理化学博士学位。20世纪50年代中期他和集成电路的发明者罗伯特·诺伊斯一起，在威廉·肖克利半导体公司工作。后来，诺伊斯和摩尔等8人集体辞职并就职于史上有名的仙童半导体公司(Fairchild Semiconductor)。

1959年，仙童半导体公司推出了平面型晶体管，紧接着于1961年又推出了平面型集成电路。这种平面型制造工艺是在研磨得很平的硅片上，采用一种所谓“光刻”技术来形成半导体电路的元器件，如二极管、三极管、电阻和电容等。只要“光刻”的精度不断提高，元器件的密度也会相应提高，从而具有极大的发展潜力。因此平面工艺被认为是“整个半导体的工业键”，也是摩尔定律问世的技术基础。

1965年时任仙童半导体公司研究开发实验室主任的摩尔应邀为Electronics杂志35周年专刊写了一篇题为“Cramming more components onto integrated circuits”的评论报告。在这篇报告中摩尔提出了他的一个惊人发现：“每个新芯片大体上包含其上一代两倍容量的元件，而每个芯片的产生都是在上一代芯片产生后的两年内。”如果这个趋势继续，那么计算能力相对于时间周期将呈现出指数增长的趋势。摩尔的观察资料，就是现在所谓的摩尔定律，其阐述的趋势一直延续至今，且仍超乎寻常地准确。

在过去的50多年里，英特尔凭借着摩尔定律不仅在半导体芯片制造技术等方面不断创新，同时这个巨头也正快速渗透通信、太阳能、汽车、医疗等关键领域。而这背后，正是一种新的商业模式的变革：英特尔在挖掘已有技术积累，将价值最大化，而不再过度依赖新技术驱动。过于鲜明的技术驱动力量，虽然依然在发挥巨大作用，但正日益被一种商业创新的驱动力量取代。因此，我们或许可以说，摩尔定律正从一个技术规律转向一个商业规律，创新永无止境，摩尔定律也仍将继续前行。

2.1.2 摩尔定律的影响力

科技行业日新月异，其背后有一只看不见的手，准确地预测着科技行业的发展速度，这就是著名的“摩尔定律”。经过50多年的历程，微处理器已经由最初的Intel 4004发展到先进的Intel Core i5/i7/i9、AMD R7/R9等高端型号，目前最高端的微处理器晶体管数量已经达到1 140亿个，这是在Intel 4004时代根本无法想象的。

在摩尔定律被提出50周年，也就是2015年的时候，著名市场分析机构IHS从“全球化、连接性、可持续发展”三个方面揭示摩尔定律的影响力，进而解释了摩尔定律推动世界发展的伟大之处[①]。摩尔定律的影响有多大？当时IHS做了一个大胆的猜想，设想一下如果摩尔定律的周期不是24个月，或者每一个环节都放缓一点，使得行业发展翻倍的时间延长至36个月。那么可以很遗憾地告诉你，科技将会倒退17年，现在我们还处在1998年。这一年Google刚刚创立；Facebook创始人扎克伯格还只有14岁；苹果公司还在继续研发牛顿掌上电脑（Apple Newton），这一年距离智能手机出现还有9年时间。世界上没有智能手机，没有我们现在看到的社交网络，社会发展还没有到达一个高度，甚至中国距离世界工厂还有一段时间。

50年的发展让通信技术获得了长足的进步，摩尔定律的应验使得微处理器性能越来越强，而其体积和成本则越来越小（如图2-1与图2-2所示），这是如今移动互联网设备能够风靡全球的主要推手。1965年电话还只能作为通信工具，而到2015年全球已经有68亿手机用户，他们每天使用智能手机购物、出行、娱乐、社交等，通信业的高速发展成为支撑全球经济的重要一环。先进计算技术和通信科技的融合促进了互联设备的快速增长，数量剧增的设备互联，以及人人互联，这是摩尔定律带来的最直观的效果。从1998年不足0.1%的家庭接入宽带，到现在已经有40%的家庭享受着高速网络的便利。移动互联网的势头正旺，大多数数据传输现在都由手机等移动设备产生，这在根本上改变了人们的生活。

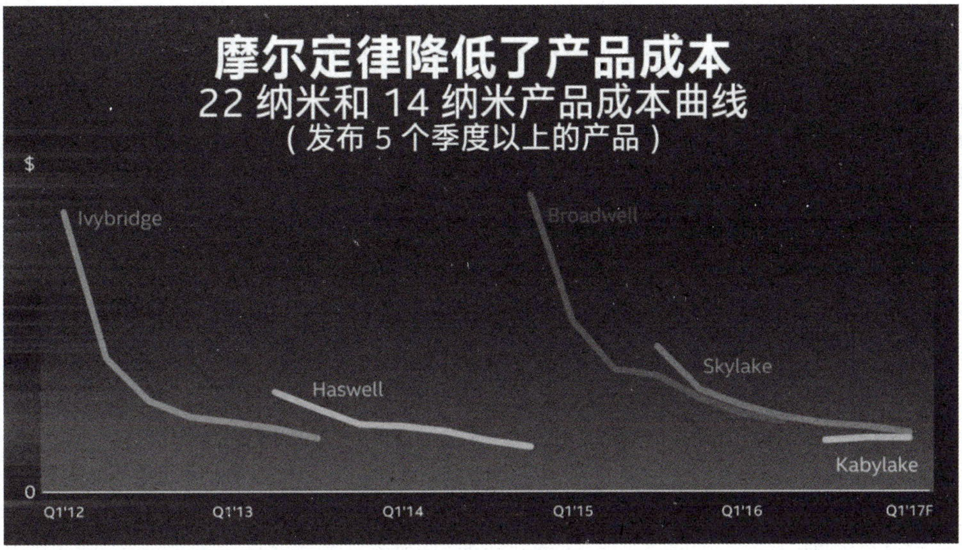

图2-2　处理器产品成本的摩尔定律曲线

图片来源　佚名．摩尔定律已死？英特尔怒吼以正视听［EB/OL］．（2017-09-20）［2022-08-29］．https：//www.sohu.com/a/193413300_668810.

摩尔定律在全球化方面也起着重要的作用，由摩尔定律驱动的科技革新在新智力资本、更高效的全球产业链和全球范围内的工业经营实现的生产力提升方面继续发挥着重要作用。三者的结合导致了新的资本结构和经济增长。技术创新已经成为

① 中关村在线．时间追赶科技　摩尔定律50周年那些巨变［EB/OL］．（2016-02-15）［2022-09-28］．https：//www.jiemian.com/article/538224.html.

驱动劳动生产力和资本生产力迅速提升的催化剂。生产力提升、成本下降和新机遇的出现，都在刺激经济增长。

摩尔定律也为全球的可持续发展做出了不可磨灭的贡献，全球二氧化碳排放在2021年超过363亿吨，无论是智能系统还是智能网络，由摩尔定律推动的先进科技在经济活动的五个领域的环境改变中扮演着重要角色。比如智能家居、超级电脑、电动汽车、新型发动机以及可再生能源系统的发展等都有摩尔定律的身影。

时至今日，摩尔定律在科技行业依然没有被打破，科技行业还在沿着摩尔定律的发展轨迹快速增长，过去我们从摩尔定律中获益颇丰，未来摩尔定律仍将成为指导行业发展颠扑不破的规律，我们可以预见未来的科技将呈现一种欣欣向荣的场景。

2.1.3 摩尔定律与互联网商业模式创新

摩尔定律揭示了计算机和互联网是人类目前找到的最快速的增长动力，给千家万户的生活带来巨大变化。性能和成本是技术发展的两个主要推动因素。随着晶体管体积的越来越小，处理性能的提升和能耗的改善，最终用户付出的成本也越来越低。此项发展不但振兴了现有行业并提高了生产力，还延伸到了由便宜、强大的计算机助力的全新行业。摩尔的观察推演将计算机从珍稀、花费不菲的冒险转变成了普及、经济的必需品。我们熟悉和享用的所有现代计算技术均源于摩尔定律奠定的基础。从计算机到移动智能设备，从互联网到大数据，所有这些创新都直接源于摩尔定律的应验。

1.金融业的“互联网+”模式

计算机和互联网的迅速发展，尤其是移动智能设备的普及直接推动了商业模式的创新。在“互联网+”时代，商业模式已从营销驱动升级到技术驱动、互联网驱动，互联网工具被普遍应用，其高效、精准、实时、锁定、低成本等价值优势凸显。传统的商业模式在与互联网结合之后也发生了质的变化。例如，消费金融嫁接“互联网+”后，尤其是第三方支付、区块链、人脸识别等互联网金融科技颠覆了传统运作模式。微信支付和支付宝等移动互联网支付手段已经成为当今中国居民的主流支付方式。

此外，以消费贷款为例，银行等传统金融机构主要通过线下获客，难以标准化，效率低下，用户覆盖率不高，也造成了消费金融长期不受传统金融机构待见，远不如机构业务热门。然而，腾讯和阿里巴巴利用互联网与金融科技的融合正在急速颠覆传统金融模式，以更小的团队规模和更少的营业网点实现了信贷工厂。

腾讯控股的国内首家互联网银行微众银行旗下的现金贷产品微粒贷，自2015年上线以来一直依赖微信和手机QQ这两大“国民级”社交平台作为获客渠道。截至2019年年末，“微粒贷”已向全国31个省、自治区、直辖市近600座城市超过

2 800万客户发放超过4.6亿笔贷款，累计放款额超过3.7万亿元。截至2020年12月底，微粒贷金融扶贫项目已正式落地全国42个贫困县（其中国家级32个），项目总计为贫困地区贡献增值税税额约14.53亿元，有效助力当地脱贫攻坚。

阿里巴巴旗下的蚂蚁借呗成立于2015年4月，根据支付宝公开数据，2017年4月，蚂蚁借呗累计服务用户超过1 200万人，累计放款超过3 000亿元。可以看出，相比传统金融，互联网金融具有覆盖面广、公平性、可获得性等特点，可以降低交易成本，有效消除海量用户之间的信息不对称现象，推动解决普惠金融面临的困难等问题。

2.零售业的电子商务模式

摩尔定律的应验使得微处理器的性能越来越强、体积越来越小、价格越来越低，这些基础科技条件的持续发展促进了移动智能设备的迅速普及。如今，智能手机、平板电脑等移动互联网设备已经融入了每个人的日常生活中，我们已经习惯了用手机进行支付、用手机进行购物等。这也是如今电子商务能在我国乃至全球成为主流零售模式，甚至超越传统线下零售业的根本原因。我国由于人口基数大，移动互联网设备普及率高，电子商务企业在我国的发展尤为迅速，涌现出一大批知名企业，淘宝、京东、拼多多等电子商务企业得到了空前的发展。

2003年5月10日，由阿里巴巴集团投资创办的淘宝网正式成立。同年10月阿里巴巴推出第三方支付工具“支付宝”，以“担保交易模式”使消费者对淘宝网上的交易产生信任。2003年淘宝全年成交总额3 400万元。2005年，淘宝网超越美国的eBay和日本的雅虎，成为亚洲最大的网络购物平台。2005年，淘宝网成交额破80亿元，超越沃尔玛。如今的淘宝网已经发展成综合型网络购物平台，包括沿袭原C2C业务的淘宝网和平台型B2C电子商务服务的天猫商城等。调查数据显示，每天有近8 000万人在淘宝上“逛街”，淘宝的成功说明了互联网不仅仅是作为一个应用工具存在，而且它已经构成人民生活的基本要素。

2.2 吉尔德定律与商业模式创新

2.2.1 吉尔德定律的概念

吉尔德定律（Gilder’s Law）又称为胜利者浪费定律，在20世纪90年代末期被提出，提出者是被称为“数字时代三大思想家”之一的乔治·吉尔德。吉尔德定律被描述为：“在未来25年，主干网的带宽每6个月增长1倍，其增长速度是摩尔定律预测的CPU增长速度的3倍，并预言将来上网会免费。”乔治·吉尔德认为正如20世纪70年代昂贵的晶体管，在现如今变得如此便宜一样，主干网如今还是稀缺资源的网络带宽，有朝一日会变得足够充裕，那时上网的代价也会大幅下降（如图2-3所示）。

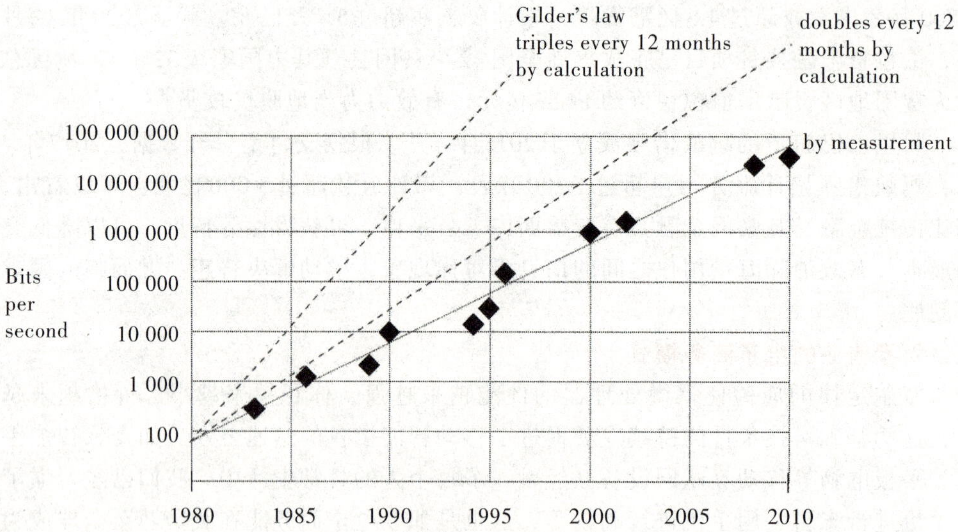

图 2-3　吉尔德定律

图片来源　佚名. 吉尔德定律［EB/OL］.（2022-06-08）［2022-08-29］. https：//pic.baike.soso.com/ugc/baikepic2/7237/20220507025252-706768964_jpeg_1024_768_63956.jpg/0.

网络带宽是指在单位时间（一般指的是1秒钟）内能传输的数据量。网络和高速公路类似，带宽越大，就类似高速公路的车道越多，其通行能力越强。网络带宽作为衡量网络特征的一个重要指标，日益受到人们的普遍关注。它不仅是政府或单位制定网络通信发展策略的重要依据，也是互联网用户和单位选择互联网接入服务商的主要因素之一。

吉尔德定律的另一种表述是，最为成功的商业运作模式是价格最低的资源将会被尽可能地消耗，以此来保存最昂贵的资源。在蒸汽机出现的时代，因为蒸汽机的成本已经低于当时传统的运输工具马匹，因此聪明的商人开始了蒸汽机的使用。如今最为廉价的资源就是电脑及网络宽带资源，通过网络将手机、电脑等许多电子设备以有线和无线的方式连接起来，能够创造巨大的价值，就像利用便宜的晶体管可以制造出价格昂贵的高档电脑一样，只要将廉价的网络带宽资源充分利用起来，也会给人们带来巨额的回报，未来的成功人士将是那些更善于利用带宽资源的人。Google公司董事长兼CEO埃里克·施密特评价乔治·吉尔德说："就我所知，乔治是第一个把无线宽带对世界的影响看作与微处理器一样的人。从根本上看，他的预见已经被证明非常正确。"而吉尔德定律是现在互联网低价模式、免费模式等新商业模式的理论根源。

2.2.2　吉尔德定律与移动通信技术

2022年3月28日GSMA发布的年度报告《2022中国移动经济发展》显示，中国5G市场持续发展，预计到2025年，中国5G连接总数将从2021年的4.88亿增至8.92亿。到2025年，中国超过半数的移动连接将使用5G。目前，中国有超过10.4

亿人使用移动互联网服务，预计到2025年，这一数字会进一步增加1.46亿，联网人口占总人口的比例会升至80%。可以说，移动网络已融入社会生活的方方面面，深刻改变了人们的沟通、交流乃至整个生活方式。

根据吉尔德定律对带宽增长速度的预测，移动通信延续着每10年一代技术的发展规律，已历经1G、2G、3G、4G的发展，再到最新的5G。每一次代际跃迁，每一次技术进步，都极大地促进了产业升级和经济社会发展。从1G到2G，实现了模拟通信到数字通信的过渡，移动通信走进了千家万户；从2G到3G、4G，实现了语音业务到数据业务的转变，传输速率成百倍提升，促进了移动互联网应用的普及和繁荣。4G网络造就了繁荣的互联网经济，解决了人与人随时随地通信的问题，随着移动互联网的快速发展，新服务、新业务不断涌现，移动数据业务流量爆炸式增长，4G移动通信系统难以满足未来移动数据流量暴涨的需求，于是便有了下一代移动通信（5G）系统。

第五代移动通信技术（简称5G）是具有高速率、低时延和大连接特点的新一代宽带移动通信技术，是实现人机物互联的网络基础设施。国际电信联盟（ITU）定义了5G的三大类应用场景，即增强移动宽带（eMBB）、超高可靠低时延通信（uRLLC）和海量机器类通信（mMTC）。增强移动宽带主要面向移动互联网流量爆炸式增长，为移动互联网用户提供更加极致的应用体验；超高可靠低时延通信主要面向工业控制、远程医疗、自动驾驶等对时延和可靠性具有极高要求的垂直行业应用需求；海量机器类通信主要面向智慧城市、智能家居、环境监测等以传感和数据采集为目标的应用需求。

5G作为一种新型移动通信网络，不仅要解决人与人通信问题，为用户提供增强现实、虚拟现实、超高清视频等更加身临其境的极致业务体验，更要解决人与物、物与物通信问题，满足移动医疗、车联网、智能家居、工业控制、环境监测等物联网应用需求。最终，5G将渗透到经济社会的各行业各领域，成为支撑经济社会数字化、网络化、智能化转型的关键新型基础设施。同时，全新的5G时代对大数据的发展以及商业模式的创新也将产生深远影响。

现在的社会是一个高速发展的社会，科技发达，信息流通，人们之间的交流越来越密切，生活也越来越方便，虽然目前接入互联网并不是免费的，但是从20世纪90年代末期以来，以K计算的网络速度发展到今天以M计算、以G计算的速度，也体现出了吉尔德定律预言的准确性。伴随着网速的不断提高，数据也在迅速膨胀，截至2012年，数据量已经从TB（1 024GB=1TB）级别跃升到PB（1 024TB=1PB）、EB（1 024PB=1EB）乃至ZB（1 024EB=1ZB）级别。全球知名咨询公司麦肯锡认为“数据已经渗透到当今每一个行业和业务职能领域，成为重要的生产因素。人们对于海量数据的挖掘和运用，预示着新一波生产率增长和消费者盈余浪潮的到来，同时也预示了大数据时代的到来”。

信息技术的全面发展和数据的爆发式增长揭示着大数据时代的全面到来，而大数据对企业的商业模式创新会产生直接影响。创新是所有企业的生命力，尤其在这个日新月异的时代，更是逆水行舟不进则退。一家创新型企业从无到有、从有到强的崛起速度是传统企业无法企及的，而衰落的速度也同样迅速，一旦决策有偏差，耽误战机，可能导致所有业务在短时间内受到很大影响。因此，当下的企业要想获得长久持续的发展，必须不断创新。而真正能产生价值的创新，一方面来自敏锐的需求洞察，另一方面则来自可靠的数据基础。互联网大数据是一类重要的大数据，基于互联网大数据的创新具有自己的独特特征。大数据既包含“海量数据+复杂数据类型”的成分，也包含分析预测的成分，因此通过分析大规模数据预测可以做到的事情，往往是基于小规模数据无法做到的。

2.2.3 吉尔德定律与互联网商业模式创新

吉尔德定律的出现为现代社会开辟了一条信息化高速公路，而大数据是信息技术发展的必然产物，更是信息进程的新阶段，其发展推动了数字经济的形成与繁荣。随着大数据影响的不断深入，大数据已经渗透到当今每一个行业和业务职能领域，成为重要的生产因素。大数据需要依赖全量、多维、实时的数据和相应的分析方式才能发挥其巨大的价值，商业模式的变革和创新也必须适应时代的发展要求。在大数据时代，商业模式无法避免大数据带来的影响，基于大数据的商业模式创新是商业模式的未来发展方向。

1.基于大数据传输的网络直播模式

2019年全球实时流媒体市场报告的数据显示，2019年全球直播市场规模达到426亿美元，中国在全球网络直播行业的平台型企业十强中占据了4席，占市场价值的比重达46%。上述数据说明，网络直播产业在我国乃至全球的经济发展中日益扮演重要角色。网络直播的大数据应用利用后台前置的技术建构了跨越时空的多重虚拟场景，将多元场景整合变成新场景，解决了时间与空间的限制性，改变了传统的社交方式，增强了使用者的代入感和真实感。通过互动和真实的体验拉近与受众之间的关系，实现了大数据技术和网络直播的充分融合。因此，基于大数据应用的网络直播商业模式创新正成为优质直播平台的关键创新路径选择。

大数据既是一种信息分析工具，又是一种新型战略资源。一方面，大数据技术作为一项信息分析工具可以对商业运营要素进行合理优化，提高企业的平台运营效率；另一方面，作为企业的重要战略资源，大数据应用还能帮助决策者洞察直播市场环境的变化，并针对这些变化提供切实可行的应对方案，推动企业商业模式的创新。优质网络直播平台应注重大数据技术在用户的参与程度、主播与用户之间的互动程度以及流量变现能力等方面的应用挖掘。对用户需求的极致把握往往将为直播平台带来源源不断的资金流入，并创造理想收益。因此，直播平台应紧紧抓住用户的心理，紧扣消费者的关注点，充分利用大数据带来的便利，掌握用户的基本分类和关键特征。

首先，平台应以差异化直播内容缓解内容的同质化恶性竞争。优秀、独特的直播内容往往最能引起用户的热烈回应，也是留住用户资源的最重要的工具。通过特色的直播内容建立起自己的专属用户群，不仅可以降低用户流失程度，并且利于搭建和维护平台口碑，获得更高的品牌溢价。其次，平台应以产业融合的经营理念突破盈利瓶颈。过度单一的盈利模式是当前网络直播商业模式最亟待解决的问题，因此直播企业应该加强跨平台、跨产业合作，构建跨平台、跨产业合作的"直播+"盈利模式。最后，平台应以用户价值为关键抓手平衡价值网络。整个价值网络中应该始终关注用户需求的变化，特别在社会的快速发展中，人们的需求转换更加快速，因此直播平台应善用大数据技术以挖掘和推荐符合用户偏好的个性化内容。

2.基于大数据分析的物联网智能家居模式

物联网智能家居是基于物联网和人工智能发展起来的新型家居类型，在居民住宅中，照明、空调、冰箱、电视机、洗衣机等电气设备都可以通过物联网技术互联起来，同时借助人工智能技术智能化地提供服务，满足用户更加多元化的需求，提高用户使用的便利程度。除了家用电器，窗帘、燃气灶等家居设施也可以实现万物互联和智能化。目前，国内的智能家居市场一片火爆，各大互联网企业和通信企业都在争先恐后地研发智能家居，物联网智能家居已经逐渐走进普通家庭。物联网智能家居改变了人们的生活方式，构建了高效的住宅设施与家庭日程事务的管理系统，提升了家居安全性、便利性、舒适性、艺术性，并实现了环保节能的居住环境。

大数据时代的到来为物联网智能家居提供了新的技术支撑和发展方向，与大数据结合之后的物联网智能家居将在智能上更进一步，更加深入剖析使用者的生活习惯、个人偏好和消费需求，从而为使用者提供定制的个性化服务，以提高其使用效用。

首先，大数据技术通过搜集整合用户在互联网上留下的一切足迹，分析用户的消费记录、生活记录、个人爱好等所有在互联网上传达出来的内容，形成用户个人专属的数据库，并且伴随着用户生活不断更新数据、完善数据，以达到对用户更加精准的画像。这种用户画像通过互联网传递到物联网智能家居的计算机处理器中，依靠其先进的人工智能算法，就能够实现对用户需求的全方位分析。以智能电视为例，大数据搜集到用户在网络上观看的所有影视资料，包括电影、电视、动漫、短视频等，形成用户的观影偏好画像，然后将这个画像数据和搜集到的影视资料数据传递给智能电视，智能电视就可以根据数据内容为用户精准推送作品，吸引用户观看。比如某用户热衷于国产青春电影，在其观影记录中有着大量该类型题材的作品，那么在用户打开电视的时候，电视机就会自动推送大量该类型的影视作品，甚至提供该类电影的购票渠道，实现对用户需求的高度满足。

其次，大数据对物联网智能家居的作用还体现在对用户生活便利性的提高。大数据搜集到的用户数据和用户画像，传递给智能家居之后，智能家居可以根据用户的需求提供更加便利的服务。用户对生活便利性的追求就是无须自己动手，智能家居就可以按照用户的意愿提供用户所需要的服务。比如智能热水器，大数据可以根据用户驾车的定位，或者搭乘地铁公交的时间，推算用户到家的时间，或者根据用户以往的热水使用情况，提前为用户烧好热水，让用户回到家就可以洗澡，或在需要洗澡时，就已经准备好热水，而不需要用户自己动手烧水，这就能够提高用户生活的便利性。

最后，物联网智能家居依靠的是万物互联的物联网技术，而大数据为万物互联提供了数据支撑，让互联方向更加明确，所以结合大数据的物联网智能家居就能为用户提供更加多元化的服务。相比传统家居只能够提供单一服务的弱势，物联网智能家居可以实现全屋互联，即家中所有智能家居设备连接在一起，形成系统。而后根据大数据获取的用户需求画像，实现全屋智能共同协调。比如大数据分析用户下班到家的时间，智能家居提前开始运作，空调开始调整室温，空气净化器开始净化空气，热水器开始烧水，电饭煲开始煮饭等，当用户到家时，感受到的就是极其舒适的家居环境，所有智能家居一起为用户提供多元化的服务，保障用户生活的舒适度。

随着科学技术的进一步发展和我国对现代住宅改造的推进，物联网智能家居的发展前景会越来越广阔，大数据与物联网智能家居的结合是我国互联网技术发展的必然，也是促进智能家居发展的有力措施，大数据能够使智能家居更高效地满足用户需求，为用户提供更加多元化、便利性的服务，其带给用户的使用体验也会越发成熟和完善，真正实现高智能家居。

2.3 梅特卡夫定律与商业模式创新

2.3.1 梅特卡夫定律的概念

梅特卡夫定律（Metcalfe's Law）是一个关于网络价值和网络技术发展的定律，由乔治·吉尔德于1993年提出，但以计算机网络先驱、3Com公司的创始人罗伯特·梅特卡夫的姓氏命名，以表彰他在以太网上的贡献。梅特卡夫定律的具体内容是：网络的价值等于网络节点数的平方，网络的价值与联网的用户数的平方成正比。也就是说，网络使用者越多，价值就越大[①]。

20世纪90年代以来，互联网络不仅呈现了这种超乎寻常的指数增长趋势，而且爆炸性地向经济和社会各个领域进行广泛的渗透和扩张。计算机网络的数目越多，它对经济和社会的影响就越大。换句话说就是，计算机网络的价值等于其节点数目的平方。梅特卡夫定律揭示了互联网的价值随着用户数量的增长而呈算术级数增长或二次方程式增长的规律（如图2-4所示）。

① SADOWSKI B. Information rules: a strategic guide to the network economy [J]. Telecommunications Policy, 2000, 24 (5): 457-459.

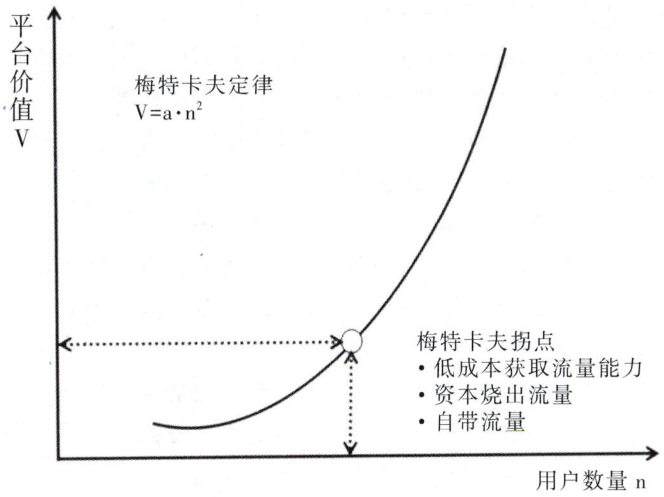

图 2-4 梅特卡夫定律：用户数量与平台价值的关系

图片来源 Tony. 科技进步扭转美股熔断？IPFS 与 Filecoin 造就新后浪［EB/OL］.（2020-06-30）［2022-08-29］. https：//www.sohu.com/a/404946883_100217347？_trans_=060005_xxhd.

梅特卡夫定律是一条关于网上资源的定律，该定律由新科技推广的速度决定，所以网络上联网的计算机越多，每台电脑的价值就越大。新技术只有在有许多人使用它时才会变得有价值。使用网络的人越多，这些产品就越有价值，因而越能吸引更多的人来使用，最终提高整个网络的总价值。一部电话没有任何价值，几部电话的价值也非常有限，成千上万部电话组成的通信网络才把通信技术的价值最大化。当一项技术已建立必要的用户规模，它的价值将会呈爆炸性增长。一项技术多快才能达到必要的用户规模，这取决于用户进入网络的代价，代价越低，达到必要用户规模的速度也越快。有趣的是，一旦形成必要用户规模，新技术开发者在理论上可以提高对用户的价格，因为这项技术的应用价值比以前增加了，进而衍生为某项商业产品的价值随使用人数增加而增加的定律。有的博客门户网站根据这条定律计算它的价值，并以此作为计算博客参与该门户网站获得股权的测算依据。

信息资源的奇特性不仅在于它可以被无损耗地消费，如一部古书从古至今都在“被消费”，但不可能“被消费掉”，而且信息的消费过程很可能同时就是信息的生产过程，它所包含的知识或感受在消费者那里催生出更多的知识或感受，消费它的人越多，它所包含的资源总量就越大。互联网的威力不仅在于它能使信息的消费者数量增加到最大限度（全人类），更在于它是一种传播与反馈同时进行的交互性媒介，这是它与报纸、收音机和电视机等传统媒介最不一样的地方。所以，梅特卡夫断定，随着上网人数的增长，网上资源将呈几何级数增长。

2.3.2 梅特卡夫定律与网络外部性

1.梅特卡夫定律的网络外部性解读

梅特卡夫定律背后的理论解读，即所谓的网络外部性。网络外部性是指连接到一个网络的价值取决于已经连接到该网络的其他人的数量，即规模越大，单个存量用户获得的效用越大。随着新节点的接入，网络价值非线性增长，对原来的节点而言，从网络获得的价值也会更大。一般的资产是分享者愈多，个体所得愈少。网络则不同，使用者愈多对原来的使用者而言，不仅其效果不会如一般经济财产那样人愈多分享愈少，反而其效用会愈大。根据梅特卡夫定律，由于网络价值与用户数的平方成正比，价值增幅超过节点数增幅，所以，网络系统内节点越多，单个节点可以分享到的价值反而越大。

网络外部性分为直接外部性和间接外部性。直接网络外部性是通过消费相同产品的用户数量变化所导致的经济收益的变化，即由于消费某一产品的用户数量增加而直接导致商品价值的增大；间接网络外部性是随着某一产品使用者数量的增加，该产品的互补品数量增多、价格降低而产生的价值变化。比如，当使用计算机的消费者的数量更多时，厂商会更乐意去研发互补品（如软件和硬件），因此会出现各种各样的定价更低的互补品，使得消费者更倾向于购买计算机，从而间接地提高计算机的价值。从上述研究者的观点来看，直接网络外部性是由网络的需求侧引起的，而间接的网络外部性是由网络的供给侧引起的。

网络外部性可以从不同的角度来理解，主流的观点倾向从市场主体中的消费者层面来认识。这种观点给出了一个明确的定义："当一种产品对用户的价值随着采用相同产品或可兼容产品的用户增加而增大时，就出现了网络外部性。"也就是说，由于用户数量的增加，在网络外部性的作用下，原有的用户免费得到了产品中所蕴含的新增价值而无须为这一部分的价值提供相应的补偿。以购买办公软件为例，随着使用Office软件的用户增多，该产品对原有用户的价值也相应增大，因为你可以与更多地使用Office产品的用户实现信息兼容与共享，从而提高办事效率。

其他许多数字产品也有网络外部性。例如，如果很多人玩某个电脑游戏，它就会被更多的人所了解，在选择游戏软件的时候，顾客往往偏向选择有名气的游戏。当使用Java语言（一种因特网的编程语言）的人越多时，我们在电脑上使用Java从网上下载的可能性就越大。更一般的例子是通信和社交网络如E-mail或微信。如果没有人用E-mail或微信，它的价值就比较低；但如果大家都用它，它的价值就大得多，而且较早采用这种通信方式的人所获得的利益将随着使用者的增多而增加，因为他可以通过这种方式和更多的人进行联系了。

诸如此类的现象在我们现实的经济生活中并不少见，只是在不同的领域中体现的规模和重要性有所不同。我们可以发现在它们之间存在着某些共同之处，无论是客户形成的销售网络还是通信网络，网络的价值都随着网络用户数的增加而增大，规模大的网络价值相对较大。同时，网络用户所能得到的价值分为两个不同的部分：一个部分叫作"自有价值"，是在没有别的使用者的情况下，产品本身所具有的那部分价值，有时这部分“自有价值”为零（设想一下如果世界上只有一个人使用E-mail的情况，这时E-mail不具有任何价值）；另一部分叫作“协同价值”，就是当新的用户加入网络时，老用户从中获得的额外价值（因为他们通过网络可以到达的节点增多了）。在没有实现外部性的内在化之前，用户是无须对这部分价值进行相应支付的。这部分“协同价值”就是网络外部性的经济本质。

2.网络外部性对企业战略决策的影响

（1）企业面临兼容性策略选择

兼容性是指一种产品与其他产品兼容、适用的程度。在网络经济中，选择兼容与否是每一种产品推向市场时都要考虑的问题。若是选择与市场标准相互兼容，一方面，可以保证产品的适用性，还可以降低消费者被锁定的风险，减少搜索成本，提高产品价值，有利于新产品开拓市场，促进企业发展；另一方面，兼容会导致产品的同质性提高，降低产品的差异化程度，市场竞争加剧。若是选择不兼容，则是以牺牲市场规模的代价换取企业在差异化产品市场的竞争优势。同时还涉及消费者的预期，当企业被认为是正反馈的“弱者”时，会影响消费者的购买需求，阻碍产品市场的发展。

企业采取什么策略往往与其在市场中的地位有关。处于行业领先的企业已经有较大规模的用户基础，若选择与其他产品兼容，固然可以扩大自身的市场规模，但所得收益有限。此外，兼容还会让市场的后入者拥有与领先者相同规模的市场，这会减弱领先者的竞争优势。而新进入的企业如果选择兼容，虽然可能面临高额的兼容成本，如专利费用或谈判费用等，但也能在领导企业已建立的市场基础上快速渗透，发展自身，由于网络外部性的存在，收益常高于付出。因此，领导企业通常倾向于不兼容，而从属企业倾向于兼容。

（2）消费者的预期成为影响市场竞争的重要因素

理性的消费者在做出购买决策之前，会对产品及其互补产品的市场前景进行预测。在网络经济中对一种技术的投入存在被锁定的风险，例如，WPS的用户想将文件转换到Office上使用时，会遇上两种软件不兼容的限制。当主流群体只使用Office时，使用WPS的用户势必会在信息交互上受到限制。若是从使用WPS转为Office成本过大而无法转换，其中包括购买软件的费用，学习软件的时间和人力成本以及WPS上已有的文档，此时认为用户已被锁定在WPS上。正是因为存在被锁定的风险，因此预期在消费者决策中起着很重要的作用。在网络外部性很强的情况下，被预期前景光明的企业会成为正反馈中的强者，甚至存在因为预期成功而成功的案例。所以企业需要对消费者预期进行理性分析和科学管理，若能够引导消费者预期为己用，就能够在市场竞争中建立优势。

（3）企业之间的合作进一步加深

因为直接网络外部性的存在，使用人数越多，产品价值越大，企业合作成为扩大市场规模的重要途径。网络经济中企业创新合作方式，通过建立战略联盟或是虚拟企业提升产品适用性、建立产业链。因为间接网络外部性的作用，产品价值在一定程度上取决于互补品的种类与数量，因而推动企业合作从同行业企业之间向生产互补品的上下游企业间发展。例如，著名的微软与英特尔的联盟，就是生产互补品企业合作的典型。

（4）以顾客为导向成为企业核心

因为网络外部性的存在，消费者越多，产品价值越大，所以企业应以消费者为中心，在价值创造环节树立起以顾客为中心的原则。这不同于过去传统企业提出的“顾客是上帝”的口号，在传统经济中因为缺乏物流网络及信息交互的平台，企业受地域限制，面对的市场需求有限。此外，因为存在信息不对称，存在着诸如虚假广告、价格歧视等现象，提出的口号并未被落实，因此传统企业的商业模式是以生产为导向的。互联网的普及和电商平台的建立扩大了市场需求，解决了信息不对称问题，消费者握有主动权，为了突破临界容量，成为正反馈中的强者，企业需要在生产、定价、服务等环节上以消费者需求为纲，例如采取免费模式，提供定制化服务。

2.3.3 梅特卡夫定律与互联网商业模式创新

1.基于网络外部性的付费模式创新

（1）免费模式

免费模式是网络经济中最为常见的商业模式。严格来说，免费商业模式并非网络经济的产物，最早采用这种商业模式的企业是吉列剃须刀。该企业向用户赠送剃须刀，当赠送的剃须刀片磨损后，消费者会习惯性地购买与剃须刀配套的剃须刀片，吉列公司依靠这样的捆绑销售模式实现盈利。在这之后免费商业模式被许多企业运用，其模式也随着外部环境的改变而不断创新。

在网络经济中，网络外部性成为免费商业模式普及的动因，企业通过免费提供产品吸引顾客，目的是使产品突破临界容量，占领市场。信息产品“高固定成本，低边际成本”的成本结构是免费商业模式能够普及的供给动因。很多具有大规模用户的互联网产品都采取免费模式，如微信、抖音、淘宝、京东等大型的互联网社交平台和购物平台，对于众多的普通消费者都采用这种免费模式，在提高网络价值的同时通过其他渠道盈利。

（2）免费+收费模式

免费+收费模式是互联网最常见的一种商业模式。互联网企业通过提供免费的产品来吸引消费者的注意力，这些数字化的产品具有极低的边际成本，因而即便大规模地提供免费服务，也不会给企业带来太多附加成本。这些免费提供的产品是企业向市场抛出的诱饵，这些诱饵吸引大量消费者进入。这种做法具有多重含义。首先，免费产品实质是购买消费者注意力的代价。提供免费产品的同时企业会向用户提供收费服务的信息，以此来吸引具有购买力和购买意愿的消费者关注他们的产品和服务，因此，可以说免费产品是作为收费产品的一种营销手段而推出的，其产生的成本可视为普通的营销成本。其次，免费产品是用户体验的一种方式。体验免费版本的产品是改变消费者消费行为，培养用户购买意愿的方式。最后，提供免费产品是扩大网络外部性的手段。大部分不具有购买力和购买意愿的用户在享受免费产品的同时，也成为网络价值的组成部分，产生正网络外部性，使产品具备更大的吸引力。

免费+收费的商业模式在网游行业被广泛运用。免费的优势就是典型的先体验后交费的模式，便于推广，最明显的好处是把选择权交给了玩家，玩家可以选择免费+耗时+耗精力的游戏，也可以选择付费无广告+更多游戏内容+更好游戏体验。对比付费网游和免费网游，前者像“买一张门票即可玩遍游乐场”，后者则像“游乐场不需要门票，但玩项目都要单独收费”。最初的网游都采用计时收费模式，但是随着计算机硬件降价、网络的普及，市场需求快速增长，高额的点卡消费成为阻碍消费者进入的门槛。第一个打破这种局面的是盛大网络，其代理的游戏《传奇》建立了免费游戏+道具收费的盈利机制，作为第一个吃螃蟹的企业，盛大获得了巨大的成功。《传奇》充分发挥了网游的社交功能，免费的旗号吸引了大量的玩家，在当时成为国民网游。道具收费的模式决定了消费额上不封顶的特性，同时消费金额也决定了玩家在游戏中的强弱，这对于具有购买力的消费者具有很强的吸引力。

（3）三方市场模式

三方市场是指第三方付费参与前两方之间的免费商品交换。三方市场中的免费模式通常是针对某一方的免费，其运用需要具备如下三个条件：两类及以上具有不同需求的用户群；不同用户群之间存在交叉网络外部性，即随着一边用户的人数增加，另一边用户的效用会随之增加；向不同用户群提供服务的平台。平台的存在能够实现信息的流通，降低搜寻信息的成本，从而解决由于信息不对称导致的不同用户群之间交易成本过高乃至无法交易的问题。因为不同用户群之间存在交叉外部性，平台厂商通常采用差别定价法，对于交叉网络外部性强且需求弹性大的用户收取低价，也就是说当一边的用户人数增加对于另一边的用户具有强吸引力且这类用户对价格敏感，平台管理者为了扩大外部性会采取低价策略吸引这一边的用户加入平台，而对于交叉网络外部性弱且需求弹性小的用户收取高价，以此弥补在另一边的亏损。在网络经济中，平台厂商通常向一方提供免费服务以追求交叉网络外部性的最大化。

三方市场有两种模式，两者差别在于第三方付费者的不同。第一种是平台厂商向消费者提供极其廉价或免费的服务，盈利来自于第三方企业支付的平台使用费或是广告厂商支付的广告费用，这是各种媒体的运营基础。例如，报纸以低价出售给读者，吸引更多的人阅读报纸，以此来增强自身对于广告厂商的吸引力，通过出租昂贵的广告位谋取利润。另一种模式不同于传统的媒体运营方式，平台盈利不是来自广告商，而是向消费者中的其中一方收费。例如，电商平台向注册买家提供免费服务，而对注册卖家收取入驻费用及交易费用。

正确合理地应用基于第三方市场的商业模式，不仅可以产生强大的正外部性，而且能使得平台、顾客、第三方共同获利。想象一下我们正从机场前往市区方向去，现在有两种选择方案：一种是花几百块车费去搭出租车；另一种是选择乘坐机场的商务车，这种车只要人坐满了就发车，而且可以到任何你想去的地方，关键是完全免费。你会选择哪种方式？当然，大家肯定都是选第二种。

四川航空就是这么做的，它向风行汽车买进150辆休旅车来提供上述免费的接送服务。四川航空一方面既给乘客提供免费接送服务，另一方面又提供五折优惠的机票。这一举措为四川航空带来上亿元利润。那么我们不禁要问："免费的车怎么和第三方都形成一个相互的有利关系。

四川航空与风行汽车：原本是原价14.8万元一台的商务车，四川航空现要求以9万元的价格购买150台。提供风行汽车的条件是，四川航空令司机于载客的途中提供给乘客关于这台车子的详细介绍，简单地说，就是司机在车上帮车商做广告，销售汽车，在乘客的乘坐体验中顺道带出车子的优点和车商的服务。假设每一辆车载7名乘客，以每天3趟计算，150辆车，那么一年下来将带来超过200万的广告受众人数，因此宣传效果非同一般。

四川航空与司机：想象一下在四川有很多找不到工作的人，其中有一部分想要当出租车司机，从事这行要先缴一笔和轿车差不多费用的钱，而且他们只有车子的使用权，不具有所有权。因此，四川航空招募了这些人，以一台休旅车17.8万元的价钱出售给这些准司机，告诉他们只要每载一个乘客，四川航空就会付给司机25元作为广告收入。航空公司立即进账了1 320万元，车款立即赚回来了，等于空手得了车还赚了钱。

由此形成了基于第三方市场的商业模式，如图2-5所示。

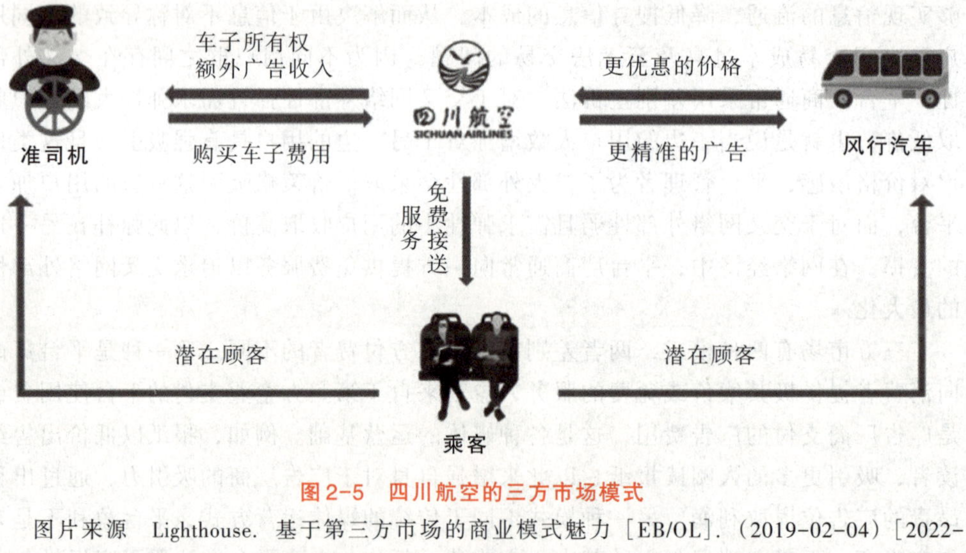

图2-5 四川航空的三方市场模式

图片来源 Lighthouse. 基于第三方市场的商业模式魅力［EB/OL］.（2019-02-04）［2022-08-29］. https://www.sohu.com/a/293402341_505870.

从四川航空的案例不难看出，基于第三方市场的商业模式就是打造一个平台，让你在上面既能做好人，又能做好事。模式是要从一个点到一条线再到一个面，再编织成一张网，找更多的人来为自己支付，让核心客户可以实现免费享受服务，最终“利益相关者”能共同获利。

（4）交叉补贴模式

交叉补贴模式是指企业通过低价销售一种产品甚至赠送，提升另一种产品的销量从而实现盈利。运用交叉补贴的产品需要满足如下四个条件：一是促销产品与盈利产品互补性强。两种产品间必须有紧密联系，才能避免出现促销产品大卖而盈利产品无人问津的情况，例如计算机与操作系统。二是促销产品的需求弹性大。若促销产品需求弹性较小，促销带来的销量增长有限，则带动的互补产品销量也会受限。三是盈利产品需求弹性小。若盈利产品需求弹性较大，制定高价会大量减少销量，无法弥补促销产品的亏损、实现盈利。四是盈利产品有很强的进入壁垒。盈利产品必须有很强的进入壁垒，这样才能防止其他企业“搭便车”。

小米手机向来以性价比高著称，其实不止手机，其他硬件包括智能手环、AI音响等也是如此。2018年小米公司提交IPO申请期间更是爆出其硬件利润只有5%，相比于苹果的35%、三星的15%，可以说是非常低。而小米选择这样的商业模式背后的逻辑就是增值产品的交叉补贴（如图2-6所示）。

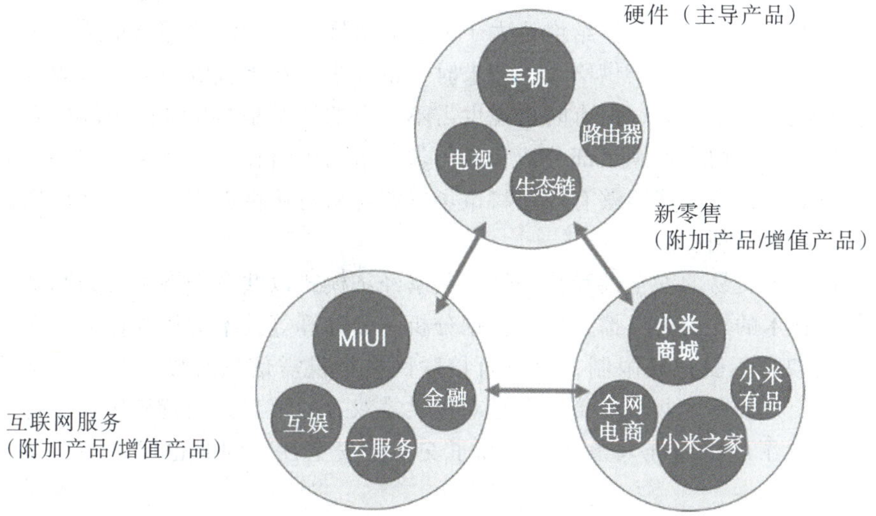

图2-6 小米的交叉补贴模式

图片来源 Lighthouse_小树林. 以小米为例，在网络经济的视角下深入分析附加产品交叉补贴的免费商业模式［EB/OL］.（2019-01-09）［2022-08-29］. https：//www. jianshu. com/p/c7691beeab58.

首先，小米依靠接近成本价的手机等硬件大量铺设，形成规模化的用户人群，同时在硬件上搭建电商平台，提供互联网服务，并依靠相关业务和相关产品来赚取利润。用户在购买小米手机后，打开了手机自带的小米商城，会发现小米手环能检测睡眠质量，还能公交刷卡，只需要199元，于是可能会选择购买小米手环。之后又看到了小米的电视机也很便宜，于是又买。除了线上商城以外，还有线下的小米之家等购买途径。这个过程其实是小米的硬件销售的最常见的过程。小米以超高的性价比快速占领了市场，实现了其薄利多销、大量铺货的目的，同时形成口碑效应。这一流程也就完成了“主导产品吸引流量后，以附加产品盈利”的商业模式。总结来说，小米的附加产品模式是：以超低利润的硬件吸引流量，通过MIUI系统、云服务、金融等互联网服务，以及小米有品、小米之家等新零售业态，提供相关产品而盈利。

2.基于网络外部性的共享经济模式

共享经济模式是指在供给和需求均衡的前提下，产品市场供给比较充足，需求比较有效，供需双方通过交易平台直接建立供需对接，需求方能以较低的价格获取所需求的产品[①]。也就是说，用户可以通过互联网分享某种社会资源，如线下的闲散物品、劳动力等，让有需求的人暂时获得物品的使用权，让分享者从中获得一定报酬。常见的共享经济模式有共享单车、共享汽车、共享充电宝、共享厨房、共享Wi-Fi、共享雨伞等。共享经济模式具有以下特征：

一是优化了市场资源的合理配置。不论是经济的高速发展还是经济高质量发展，都离不开生产供给和消费需求的共同均衡发展，但在二者发展过程中难以有效同步，不可避免地出现生产供给增速大于消费需求增速或者消费需求增速大于生产供给增速的不协调情况。当供给大于需求时，市场中存在闲置资源导致资源配置不合理，资源配置效率降低，但有时出现供需不平衡的情况是结构性的市场失衡，即市场中的供给难以均衡地满足部分消费者需求，市场供给在一定程度上抑制了消费者需求。对此，共享经济能够有效地将市场资源均衡对接供需双方，提高市场资源利用率和消费者福利。

二是提高了交易的安全性和公平性。共享经济模式以共享经济平台为基础，以互联网信息技术的发展为支撑，以大数据分析、云计算等技术应用为保障，在共享平台上供需双方不受地域限制，可以直接联网进行供需信息对接，节约了交易成本，提高了交易效率。共享经济平台是对接供需双方的第三方运营机构，平台针对供需双方设置了严格的准入条件，提高了交易的安全性，同时也保障了交易的公平性。

三是分离了资产的所有权和使用权。共享经济模式的发展分离了闲置资产的所有权和使用权，运行中比较侧重闲置资产的使用效用，从而促进闲置资产的使用权能在市场中相对自由地流动，进而实现闲置资源在市场中的有效流动，最终加速市场经济的繁荣发展。

共享经济商业模式中有5个非常关键的要素，分别为闲置资源、使用权、信息渠道、用户的信任和流动性。因此，做好共享经济商业模式的重点在于将这5个关键因素进行无缝匹配，最大化地降低运营成本，使得供给方与需求方都能够各取所

① 张海峰，王爽，张美丽. 信息资源共享对物流联盟稳定性的影响分析［J］. 商业经济研究，2017（19）：100-102.

需。而网络外部性的作用也在这里得到了充分体现，加入共享经济平台的用户越多，用户的需求就越多越广泛，同时用户提供的闲置资源也会越多越广泛，从而更容易实现需求与供给的合理匹配。此外，随着用户规模的扩大，整个平台的运行也会更加规范，用户对于平台及其他用户的信任水平也会提高。

2.4 马太效应与商业模式创新

2.4.1 马太效应的概念

马太效应（Matthew Effect），是指好的愈好，坏的愈坏，多的愈多，少的愈少的一种社会规律，是一种两极分化现象。1968年，美国科学史研究者罗伯特·莫顿（Robert K. Merton）提出这个术语用以概括一种社会心理现象："相对于那些不知名的研究者，声名显赫的科学家通常能得到更多的声望，即使他们的成就相当。同样地，在同一个项目上，声誉通常给予那些已经出名的研究者。"马太效应的本质是积累的优势，优势越多，越能把事情做好，得到的也就越多。此术语广泛应用于经济学、社会心理学、教育、金融以及科学领域，反映贫者愈贫，富者愈富，赢家通吃等经济学中收入分配不公的现象。

2.4.2 马太效应形成的原因

1.规模效应

规模效应又称规模经济，是一个经济学上研究的课题，即因规模增大带来的经济效益提高。经济学中的规模效应是根据边际成本递减推导出来的，就是说企业的成本包括固定成本和变动成本，混合成本则可以分解为这两种成本，在生产规模扩大后，变动成本同比例增加而固定成本不增加，所以单位产品成本就会下降，企业的销售利润率就会上升。很多事情，即使再小，再不起眼，只要把规模做到足够大，影响面足够广，涉及范围足够大，都会变得不简单。无论是自然界体积庞大的巨兽，还是经济领域类似可口可乐和微软等的商业霸主，一个共同的特征就是体积大、规模大，而规模是市场经济最具有魅力的部分。因此，庞大的规模是一种优势，是马太效应形成的原因之一。

第一，只有大规模的投入才有可能获得大规模的产出，才能获得丰厚的利润。福特汽车公司就是通过流水线作业来提高汽车生产规模，从而成为汽车业的翘楚。一般情况下，规模可以分成投入规模和产出规模两个部分。所谓投入规模，是指投资规模，包括金钱、技术、时间和人员等。一般来说，投入规模的大小直接影响了产出的规模，而产出的规模也决定了企业的利润水平，两者是相辅相成、互相影响的。

第二，规模化有利于生产成本的降低。我们看到很多名牌产品，其质量好、包装精美，并在媒体上大做广告时，一定会想，其产品研发及制造成本肯定很高。但实际上，它们的成本跟同类产品的成本几乎没有什么大的差别，甚至比同类产品的成本更低。为什么呢？这就是规模化的力量。它不仅降低了固定成本，还为竞争者设置了准入壁垒。整个20世纪，各式各样的组织都在寻求规模化。于是，我们见证了许多巨无霸企业的诞生。由于生产规模大，投入研发、原料、生产、流通和广告等环节的成本被分摊在各个环节，虽然产品的总成本有所提高，但单位产品的成本呈下降的趋势，因此，企业的盈利空间也就相对扩大了。

第三，规模化增大了后来者进入同一市场的难度，在市场竞争中更具优势。规模优势导致竞争优势，市场竞争的博弈结果是强者越强，弱者越弱。在信息时代的市场竞争中，面对新进入的竞争对手，企业的博弈策略可以将产品价格降到接近于零。一个接近于零但大于零的单价与无穷大的信息产量相乘，收益仍然是十分可观的，所以规模大的企业不担心降价。而产品在研发过程中的固定成本相当高，这些固定成本中的绝大部分是沉没成本。这样一来，后进入市场的企业就会面临着巨大的风险，企业可能不仅无法收回以前的投入，而且还会被这个市场所淘汰。市场竞争和博弈的最终结果就是在位企业将欲进入市场者赶出市场。这样无疑会使成功企业的规模越来越大，直到最后形成类似“垄断”的大企业，而这也正是马太效应得以实现的主要原因。

2.齿轮效应

齿轮效应，是指齿轮在传递过程中具有环环相扣的效应。一个齿轮转动，会带动下一个齿轮必须转动，下一个会继续带动另一个。齿轮传动的过程中，有着放大转速的效果，一大堆齿轮相互连接在一起时，小齿轮带动大齿轮，大齿轮又带动更大的齿轮，形成了小、中、大、更大的相互关联。由于总量之间的差别，发展的速度形成齿轮比，就有了阶层或是圈子。

在生活中，人们的“从众”心理就具有齿轮效应：第一个做某事的人会影响到旁人，旁人的效仿又会去影响其他人，这样的影响具有放大的效应，人们的“从众”变成了“趋之”，也就是齿轮效应的“放大”效果。不管什么东西，发展越久，都会越来越复杂，越来越庞大，影响越来越大，形成一个个相互交织的齿轮系统。

以齿轮运动的方式隐喻马太效应，那么内在动力就是“小齿轮”，外在动力就是“大齿轮”，人的追求发展就是齿轮的“能源”，它们之间相互作用。这种齿轮效应在社会经济生活中也有充分的体现。例如，大人走一步，相当于小孩走两步甚至三步；大企业不发展则已，发展就将小企业远远丢在后面；发达国家和地区增长两个百分点，等于经济落后国家和地区增长几十个百分点；股市中，同一只股票，钱多的赚得多亏得也多，钱少的赚得少亏得也少。因此，齿轮效应是形成马太效应的又一个原因。

3.领先效应

“一步领先，步步领先”是马太效应的又一解释。有些差别，刚开始时看起来微不足道，最后却可能导致天壤之别。一开始一个小小的领先能变成双方较大的差距，赢家迅速达到优势位置；而后平衡再一次被打破，另外一个微小的力量又开始发挥巨大的影响力。

早期的时钟，如果超过50%是绕着我们现在所谓的逆时针方向走，那么时钟“逆时钟方向”运行也是合乎逻辑的。事实上，佛罗伦萨大教堂的时钟，一开始就是逆时针方向走的。但在1442年大教堂建好时，当权者和钟表匠已经以12小时、顺时针方向的时钟作为标准，因为那时大多数的时钟都是顺时针走的。

我们可以看到，在任何时候，占多数的现象都只受到少数因素或角色的影响。市场竞争中，具有资金、权力、能力和社会关系等方面资源优势的强者，他们处于优势积累的有利地位，一旦一步领先，便会步步领先。相反，缺乏资金、权力、能力和社会关系等的弱者，他们改变自己处境的机会很少，由于一步落后，导致步步落后。赢家通吃的关键在于先入为主，对于企业来说，占领市场的关键在于发现机遇、把握机遇。在以信息为代表的经济环境中，机遇对于企业的发展尤为重要，抢占先机就意味着成功了一半。这是因为，市场竞争初期的客户开发成本相对低廉，而随着竞争的加剧，后来的竞争者获得新用户的成本就会变得很高，而要从竞争对手那里争夺老用户更是不易。因此，先行者具有巨大的先发优势。

4.资源效应

关于马太效应形成原因的各种分析中，有一个词尤其突出，那就是资源。资源是形成马太效应的核心，是推动马太效应的内驱动力。简单地说，所谓资源就是为做某件事情必须具备的基本条件。大部分资源表现为物质形态，如金钱、设备以及你所拥有的任何可见的财产。有些资源为无形资产，如创意、理念、知识、技能以及其他素质。还有些资源介于两者之间，如人际关系、某种资格或特殊的机遇等。

拥有的资源越多，就越有可能获得成功，成为“赢家”。假使利润率相同，投资额高出他人10倍，获得的利润额也会高出10倍。此外，拥有丰富的资源也意味着具有很强的抗风险能力。在竞争日益激烈的市场经济中，不景气是不可避免的，遇到这种情况，中小企业只能选择破产，大公司则会有更多回旋的余地，它们可以通过紧缩开支、裁员等措施熬过“严冬”。更多的资源也意味着在谈判中占据优势地位，在与合作者谈判时，一个资金雄厚、渠道畅达的经销商可以凭借实力压低进价、减少成本，这无疑又增加了它在竞争中的优势。资源丰富同时也意味着拥有更大的潜力，微软公司每年花费30亿美元用于软件方面的研发，这使它可以开发性能更优越的产品，把对手远远抛在身后。

如同自己的个人财产一样，资源既可以用来发展事业，也可以用来交换他人的资源。以杂志的出版为例，从一本杂志所刊登的广告，就可以知道这是不是一本成功的杂志。我们在逛书店时会发现，那些印刷精美、价格较贵、发行量广的杂志，刊登的往往都是一些国际、国内最著名品牌的广告，无论是创意还是品质都可称得上美轮美奂。高品质的设计和优秀的品牌广告可以带来良好的宣传效果，而良好的宣传效果又进一步促进杂志品质的提高，这就是马太效应的良性循环。马太效应的主要奥秘在于占有资源的多少。当你的资源很多时，马太效应会为你服务；如果你的资源很少，就难免被这一法则所压迫。

5. 锁定效应

在经济领域中，形成马太效应的另一个主要因素是锁定效应。锁定效应是指两个相同意义上的科学技术产品，一个较先进入市场，积累了大量用户，用户对其已产生依赖；另一个较晚才进入市场，同种意义上的科学产品，用户对第一个已经熟悉了解，而另一个还需要用户重新学习了解，产生了很大麻烦，因此较晚进入市场的那个很难再积累到用户，从而慢慢退出市场。

也就是说，首先发展的技术可以凭借其领先优势，实现规模经济，降低单位成本，诱使同行采用相同的技术，从而产生协调效应。技术在行业中的流行会促使人们相信它会进一步流行，实现了自我增强机制的良性循环。而一旦某种商品形成规模化之后，由于在市场上拥有绝对的优势，人们在长期的使用过程中会形成固定的消费习惯，企业也因此很容易把该商品的特点变成一种行业标准，使得竞争对手很难改变这种状态。如果新技术由于某种原因太晚进入市场，就不会获得足够的追随者，没有足够的追随者就不能收回技术开发成本，从而不能进一步开发新技术，由此陷入恶性循环，进入锁定状态。

在20世纪70年代的时候，世界上流行两种不同的录像带制式：BETA（也叫"小二分之一"）和VHS（也叫"大二分之一"）。索尼公司生产的BETAMAX（第一款独立的盒式视频录像机），在技术专家的评价里比"大二分之一"先进得多。但是后者的生产商是老牌产业巨头松下电器，在录像带的市场竞争开始之前，松下已经比索尼占有大得多的家电市场，并且与其他国家的进口商和电视机生产商建立了比索尼公司密切得多的伙伴关系。凭借市场份额的优势，松下在10年内彻底击败了对手的优势技术。对于高科技产品来说，锁定效应的作用最为明显。各种高科技产品在使用前都要花一段时间来学习，因此当使用者学会此系统后，他们便不愿意花时间再学另外一套系统。当用户从一种品牌的技术转移到另一种品牌的技术时，必将为这种转移支付一定数量的成本。当转移成本过高，使用户望而却步时，用户就处于被锁定的状态。这也是为什么高科技产品一旦开发成功以后，便很容易掌握未来的市场，发挥边际报酬递增效果的原因。

对计算机用户来说，当你必须从Windows转向Linux操作系统时，便不得不放弃原来已经熟练使用的各种软件，损失掉原来精心设计的各种数据库，并花费额外时间掌握Linux的使用技巧。在信息产业，新企业同领先企业竞争的主要方式，就是反对领先企业的锁定。当信息商品交易之后，经常存在消费者被厂商锁定的现象。比如，巴西政府曾经进行办公软件的招标采购，结果非微软系列的产品中标，但是巴西教育部坚决反对，理由是他们使用的教育软件全是微软的产品，如果换成非微软的产品，转移的代价太大，几乎不可能。

此外，对现代的产品来说，熟悉和了解一个产品的学习成本正变得越来越高。从一个使用系统转换到另一个系统时，要放弃原先的知识和经验，重新接受训练，这都必须付出巨大的时间、精力等成本。经济学把这一类成本称为“转移成本”。当“转移成本”高到一定程度时，用户就会被锁定。人们最初选择了某种产品，并花了大量的时间、精力进行学习、实践，并达到相当熟悉的程度，此时即使他面对一个更好的产品，也不会轻易地接受，而是继续使用他所熟悉的那个产品。

对产品形象的认知也符合这一规则。名牌产品往往被公认为高质量的产品，在消费者心目中占据着极为有利的地位。譬如你正在一家家电专卖商店选购新电视机，你已将选择范围缩小到了两种类似的电视机。打开电视机，两台电视机的图像看上去完全一样。事实上，两者也看不出任何差别，只是一台标价为2 000元，而另一台只要1 500元。价高的是一个常在电视广告里看到的知名品牌，而后者是你从未听说过的品牌。有多少人——包括你自己在内，会决定节约500元，冒险去买那台“杂牌”电视机呢？尽管大多数人喜欢买便宜货，但是当你要购买一件重要的商品时，品牌形象就开始发生作用：人们总是喜欢先入为主，认为知名商品比默默无闻产品的质量更好，甚至根本不愿意去尝试新产品，唯恐上当受骗。

锁定效应使得原先具有规模优势的企业在市场竞争中占有更为有利的主动权，规模优势又使企业的竞争优势和规模越来越大，即马太效应所描述的结果。

6. 光环效应

光环效应，也称“晕轮效应”，是指人们对他人的认知首先根据初步印象，然后再从这个印象推论出认知对象的其他特质。也就是说，人们对人的认知和判断往往只从局部出发，扩散而得出整体印象，常常以既定印象概全。例如，一个人如果被标明是“好”的，他或她就会被一种积极肯定的光环笼罩，并被赋予一切都好的品质；如果一个人被标明是“坏”的，他或她就被一种消极否定的光环所笼罩，并被认为具有各种坏品质。

对于大部分人来说，最容易使人产生光环效应的两个因素是外貌和权威。一般说来，外貌的魅力是最容易导致光环效应的因素。即使在强调个人意识的今天，光环效应也并不因为人们追求个性化的行动而减弱。青少年追星族就是一个很典型的例子。很多青少年因为喜欢一个歌星或影星而极力地模仿这位歌星或影星，从服装、发型到说话做事的方式，无一不是竭尽全力加以模仿。美国学者罗伯特·西奥迪尼在他的营销学著作《影响力》一书中指出，人们通常会下意识地把一些正面的品质加到外表漂亮的人头上，像聪明、善良、诚实、机智等[①]。但科学研究表明，外表的吸引力和自信心之间没有明显的关系，一些外表有吸引力的人并不像旁观者一样对自己的个性和能力充满信心。

光环效应是一种以偏概全的评价倾向，是个人主观推断泛化和扩张的结果。由于光环效应的作用，一个人的优点或缺点一旦变为光圈被夸大，其他优点或缺点也就退隐到光圈背后视而不见了，严重者甚至可以达到爱屋及乌的程度。虽说歌星、影星与广告中的商品质量并没有太直接的关系，但是，由于光环效应的作用，明星

① 西奥迪尼. 影响力［M］. 陈叙，译. 北京：中国人民大学出版社，2011.

做过广告的商品很显然会比那些小人物做广告的商品更容易得到人们的认同。光环效应可以增加人们对未知事物认识的可信度和说服力，使得人们在认识事物方面达到“好者越好，差者越差”的效果，所以它也是形成马太效应的又一个主要因素。

2.4.3 马太效应与互联网商业模式创新

1.基于用户规模的电子商务平台模式

网经社电子商务研究中心发布的《2020年中国电商上市公司市值数据分析报告》显示，截至2020年12月31日，国内共有电子商务上市公司74家，总市值达10.94万亿元，与2019年66家6.45万亿元总市值相比增幅明显。其中，2020年12家新上市电商公司总市值为1.13万亿元。尽管受到新冠肺炎疫情等诸多不利因素影响，京东、拼多多、淘宝等大型电商企业依然用强劲增长回应市场担心。对比各大电商巨头的2020年财报发现，京东营业收入占据首位，阿里巴巴的净利润最高，拼多多用户规模反超阿里巴巴，电商巨头在用户的争夺上各出奇招。

与此同时，电商用户规模的“马太效应”也十分明显，拼多多、京东、淘宝占据大量用户，用户数量依然在扩大，而部分中小上市电商公司的用户规模明显缩水。京东年报显示，截至2020年12月31日，京东的活跃购买用户数达到4.719亿，全年净增近1.1亿活跃用户，增长中超过80%的用户来自下沉市场。长期耕耘下沉市场的拼多多以7.884亿活跃买家数的规模，超越淘宝的7.79亿，成为中国用户规模第一的电商平台。拼多多年活跃买家数量反超淘宝，是我国电商界的标志性事件之一，也意味着今后电商上市公司在存量用户、拓展城市用户以及下沉市场的争夺将更加激烈。

随着各大电商平台竞争的加剧，几大电商巨头已经逐渐形成知名品牌。京东、拼多多、淘宝几大电商巨头已经成为人们耳熟能详的电商品牌，也是大多数用户网上购物的主要渠道。品牌资本的马太效应逐渐显现，电商巨头的品牌知名度越大，品牌的价值越高，其忠实的消费者就越多，势必其占有的市场份额就越大。反之，那些品牌知名度低的电商平台，品牌的价值越低，其忠实的消费者就越少，势必其占有的市场份额就越小，将导致利润越少，被市场淘汰，其让位的市场将会被品牌知名度高的所代替。

2.基于社交关系网络的社交电商模式

社交电商，是电子商务的一种衍生模式，是基于人际关系网络，借助社交媒介（微博、微信等）传播途径，以通过社交互动、用户自生内容等手段来辅助商品的购买，同时将关注、分享、互动等社交化的元素应用于交易过程之中，是电子商务和社交媒体的融合，以信任为核心的社交型交易模式，是新型电子商务的重要表现形式之一[①]。网经社“电数宝”电商大数据库显示，2021年社交电商行业交易规模达到25 323.5亿元，用户规模达8.5亿人，人均年消费额为2 979.24元。

---

① 周晏百. 基于社交电商的跨境电商发展研究［J］. 华东科技，2022（2）：146-148.

社交电商能够崛起，移动互联网、智能手机以及电子支付，这三个条件缺一不可。互联网在PC端的崛起为电子商务的发展带来了契机，而互联网在移动端的崛起则成为社交电商发展的契机。2012年基于微信用户社交关系的微商逐渐崭露头角，他们在朋友圈里卖东西、买东西，培养了大家一种新的消费习惯。早期的传统的电商从“百家争鸣”时代进入到了“寡头竞争”时代，最后电商赛道只留下耳熟能详的几家电商巨头。传统电商都在电商赛道饱和的时候，发现隔壁还有一条流量富集的“社交赛道”，而且是整个“国民总时间”中流量最大的赛道，这个新的流量池被一部分电商选手发现了，他们想方设法将这部分的流量给挖掘出来，占有了这个赛道的国民时间。所以说，社交电商的成功离不开巨大的用户流量，是用户规模产生的马太效应。

3.基于用户黏性的直播电商模式

疫情防控的“无接触”要求加速了新消费习惯的养成，也催生出一批新的电商模式。2020年6月18日，在京东APP的直播频道里，江西省丰城市委书记李晓楚坐在摆满各种产品的桌子前，兴致勃勃地同丰城团市委书记杨珊一起推销着当地的特色大米。在6月18日当天的2小时直播时间里，李晓楚带领官方“推销团”在6个直播间内共吸引600多万人次观看，累计销售额达7 000多万元。

依赖于用户黏性，直播电商整合了当下直播销售和主播孵化、融入商业实体，让消费者实现碎片化逛街的同时，给用户带来了“所见即所得”的购物体验。这些新模式成为2020年电商类上市公司新的业务增长点。网红带货、明星带货、店家带货等直播带货模式已成为2020年电商的关键词。淘宝、京东、快手、抖音及众多线下商家的纷纷入局，加快了直播带货的发展速度。直播器材成为电商公司的“标配”、商家的“抓手”，直播渗透率进一步提升。包括淘宝、京东、拼多多在内的多家电商巨头均在平台内显要位置开设“直播”频道。这些平台无论是购物平台还是娱乐平台，其原有的大量忠实用户为直播电商的开展提供了巨大的流量，而这些用户流量正是直播电商能够成功的主要原因。

2.5 长尾理论与商业模式创新

2.5.1 长尾理论的概念

长尾理论是网络时代兴起的一种新理论，是指由于成本和效率的因素，当商品储存、流通、展示的场地和渠道足够宽广，商品生产成本急剧下降以至于个人都可以进行生产，并且商品的销售成本急剧降低时，几乎任何以前看似需求极低的产品，只要有卖，都会有人买，这些需求和销量不高的产品所占据的共同市场份额，可以和主流产品的市场份额相当，甚至更大。长尾专注于各种不同的消费需求，不是瞄准现有市场“高端”或“低端”顾客，而是面向大热门市场之外的潜在需求的买方大众；通过细分市场以及专注区分消费者的差别来满足顾客偏好，致力于大多数客户的个性化需求，最后通过整合细分市场，整合不同消费者需求的共同之处来重新定义自己的产品（如图2-7所示）。

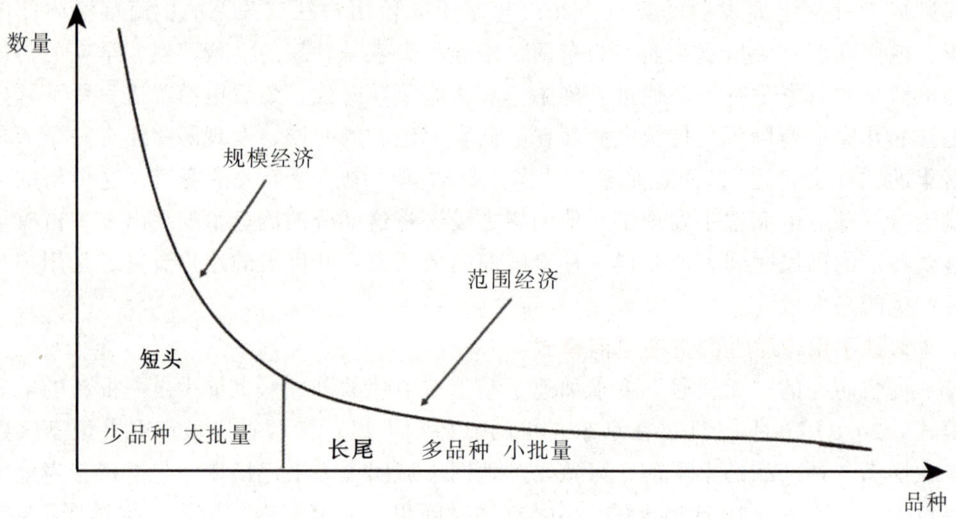

图2-7 长尾理论：规模经济VS范围经济

图片来源 佚名. 基于长尾理论的电商经济模式研究［EB/OL］.（2021-08-27）［2022-08-29］. https：//new.qq.com/rain/a/20210827A0ABCQ00.

“长尾”这一概念最早是由Chris Anderson在2004年10月的“The Long Tail”一文中提出的，用来描述诸如亚马逊和Netflix之类网站的商业和经济模式。过去人们只能关注重要的人或重要的事，如果用正态分布曲线来描绘这些人或事，人们只能关注曲线的“头部”，而将处于曲线“尾部”、需要更多的精力和成本才能关注到的大多数人或事忽略。例如，在销售产品时，厂商关注的是少数几个所谓“VIP”客户，无暇顾及在人数上居于大多数的普通消费者。而在网络时代，由于关注的成本大大降低，人们有可能以很低的成本关注正态分布曲线的“尾部”，关注“尾部”产生的总体效益甚至会超过“头部”。

Chris Anderson[①]认为，网络时代是关注“长尾”、发挥“长尾”效益的时代，只要存储和流通的渠道足够大，需求不旺或销量不佳的产品共同占据的市场份额也可以和那些数量不多的热卖品所占据的市场份额相匹敌甚至更大。举例来说，一家大型书店通常可摆放10万本书，但亚马逊网上书店的图书销售额中，有四分之一来自排名10万以后的书籍。这些“冷门”书籍的销售比例正在高速增长，预估未来可占整个图书市场的一半。

长尾市场也被称为“利基市场”。“利基”一词是英文“Niche”的音译，意译为“壁龛”，有拾遗补缺或见缝插针的意思。菲利普·科特勒[②]在《营销管理》中给利基下的定义为：利基是更窄地确定某些群体，这是一个小市场并且它的需要没

① 安德森. 长尾理论［M］. 乔江涛，译. 北京：中信出版社，2006.
② 科特勒，等. 营销管理［M］. 卢泰宏，高辉，译. 北京：中国人民大学出版社，2010.

有被服务好，或者说“有获取利益的基础”。通过对市场的细分，企业集中力量于某个特定的目标市场，或严格针对一个细分市场，或重点经营一个产品和服务，创造出产品和服务优势。

2.5.2 长尾理论与二八定律的关系

1.长尾理论与二八定律的区别与联系

二八定律也称为帕累托法则（Pareto Principle），是罗马尼亚管理学家约瑟夫·朱兰提出的一条管理学原理。该法则以意大利经济学家维尔弗雷多·帕累托的名字命名。帕累托于1906年提出了著名的关于意大利社会财富分配的研究结论：20%的人口掌握了80%的社会财富。这个结论对大多数国家的社会财富分配情况都成立。因此，该法则又被称为80/20法则。

“长尾理论”则被认为是对传统的“二八定律”的彻底叛逆，在二八定律中被忽略不计的80%就是长尾。尽管听上去有些学术的味道，但事实上这也不难理解。人类一直在用二八定律来界定主流，计算投入和产出的效率，并且贯穿了整个生活和商业社会。当然，80/20并不是一个准确的比例数字，但表现了一种不平衡关系，即少数主流的人（或事物）可以造成主要的、重大的影响，以至于在传统的营销策略当中，商家主要关注在20%的商品上创造80%收益的客户群，从而往往会忽略那些在80%的商品上创造20%收益的客户群。

Chris Anderson说：“我们一直在忍受这些最小公分母的专制统治，我们的思维被阻塞在由主流需求驱动的经济模式下。”但是，我们发现在互联网的助力下，被奉为传统商业圣经的“二八定律”开始有了被改变的可能性。这一点在媒体和娱乐业尤为明显，经济驱动模式呈现从主流市场向非主流市场转变的趋势。

传统的市场曲线是符合80/20铁律的，为了抢夺那带来80%利润的畅销品市场，竞争者们厮杀得天昏地暗，但是我们所谓的热门商品正越来越名不副实，比如说黄金电视节目的收视率几十年来一直在萎缩，若放在1970年，一档最佳节目恐怕连前10名之列都难以进入。简言之，尽管我们仍然对大热门着迷，但它们的经济力量已经今非昔比。那么，那些反复无常的消费者们已经转向了什么地方呢？答案并非唯一。他们撒向了四面八方，因为市场已经分化成了无数不同的领域。互联网的出现改变了这种局面，使得99%的商品都有机会进行销售，市场曲线中那条长长的尾部（所谓的利基产品）也咸鱼翻身，成为我们可以寄予厚望的新的利润增长点。

如图2-8所示，横轴是品种，纵轴是销售数量。典型的情况是只有少数产品销量较高，其余多数产品销量很低。传统的二八定律关注其中深色部分，认为20%的品种带来了80%的销量，所以应该只保留这部分主流市场，其余的都应舍弃，因此这样的企业一般采取低成本战略，并提供标准化服务。而长尾理论则关注浅色的长尾巴，认为这部分积少成多，可以积累成足够大甚至超过深色部分的市场份额，与之对应的则是差异化战略以及个性化服务。表2-1比较了长尾理论和二八定律在战略手段、市场目标、客户服务和企业愿景四个方面的不同，有助于理解二者之间的区别与联系。

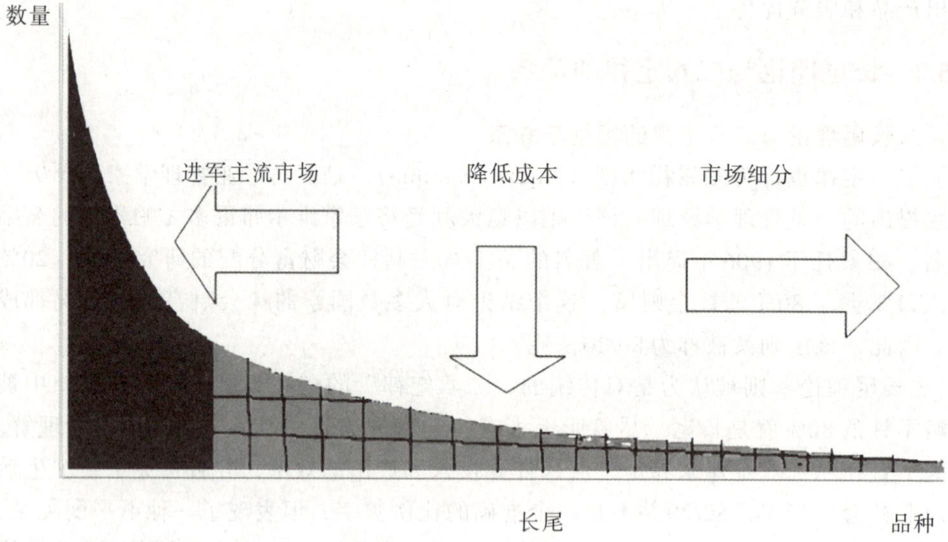

图2-8 长尾理论在电子商务领域的应用示意图

图片来源 佚名. 基于长尾理论的电商经济模式研究［EB/OL］.（2021-08-27）［2022-08-29］. https：//new.qq.com/rain/a/20210827A0ABCQ00.

表2-1 **长尾理论VS二八定律**

项目	长尾理论	二八定律
战略手段	差异化战略（个性化服务）	低成本战略（标准化服务）
市场目标	关注尾部的20%利基市场	关注头部的80%主流市场
客户服务	针对不同客户满足个性化需求	满足大众化需求
企业愿景	小市场与大市场相匹配	成为主流市场的领航人

2.长尾理论的有效使用

有很多管理者并没有真正理解长尾理论的实现条件，从而导致失败。

首先，长尾理论统计的是销量，而非利润。管理成本是其中最为关键的因素。销售每件产品需要一定的成本，增加品种所带来的成本也要分摊。所以，每个品种的利润与销量成正比，当销量低到一个限度就会亏损。理智的零售商是不会销售引起亏损的商品的。这就是二八定律的基础。传统的线下超市是通过降低单品销售成本，从而降低每个品种的止亏销量，扩大销售品种。为了吸引顾客和营造货品齐全的形象，超市甚至可以承受亏损销售一些商品。但迫于仓储、配送的成本，超市的承受能力是有限的。而互联网企业可以进一步降低单品销售成本，甚至没有真正的库存，而网站流量和维护费用远比传统店面低，所以能够极大地扩大销售品种。比如Amazon、京东、淘宝等就是如此。而且，互联网经济有赢者独占的特点，所以网站在前期可以不计成本、疯狂投入，这更加剧了品种的扩张。如果互联网企业销售的是虚拟产品，则支付和配送成本几乎为0，可以把长尾理论发挥到极致。例如，Google AdWords是一种通过使用Google关键字广告或者Google遍布全球的内容联盟网络来推广网站的付费网络推广方式，可以选择包括文字、图片及视频广告在内的多种广告形式。再比如iTunes、酷狗音乐的下载等都属于这种情况。可以说，虚拟产品销售天生就适合长尾理论。

其次，要使长尾理论更有效，应该尽量增大尾巴，也就是降低门槛，制造小额消费者。不同于传统商业的拿大单、传统互联网企业的会员费，互联网营销应该把注意力放在把蛋糕做大。通过鼓励用户尝试，将众多可以忽略不计的零散流量，汇集成巨大的商业价值。Google AdSense就是这样一个蛋糕制造利器，Google AdSense是一个快速简便的网上赚钱方法，可以让具有一定访问量的网站发布商为他们的网站展示与网站内容相关的Google广告并将网站流量转化为收入。之前，普通个人网站几乎没有盈利机会。AdSense通过在小网站上发布相关广告，带给站长们一种全新的低门槛的盈利渠道。同时，把众多小网站的流量汇集成为统一的广告媒体。当然，在这里还有一个降低管理成本的问题。如果处理不好，客服成本会迅速上升，成为主要矛盾。Google通过算法降低人工管理工作量，但也仅仅做到差强人意。

总之，使用长尾理论必须小心翼翼，保证任何一项成本都不随销量的增加而激增，最差也是同比增长；否则，就会走入死路。最理想的长尾商业模式是，成本是定值，而销量可以无限增长。

2.5.3 长尾理论与互联网商业模式创新

1.提供个性化服务的C2B模式

个性化商业模式即C2B模式，先有消费者需求产生而后有企业生产，即先有消费者提出需求，后有生产企业按需求组织生产。因此，长尾型商业模式的核心资源就在于低库存成本和强大的平台，通过个性化推荐机制和个性化服务功能使得利基产品对于兴趣买家来说更容易获得，也就达到了多款少量的核心目的。

个性化产品的设计元素来源于用户的个性化需求，这使得企业能有效地降低产品在设计生产线上的成本投入，将更多的主动权交给客户。由于产品的设计来源于个体用户或小范围用户的真实需求，也在一定程度上规避了市场不接纳的风险，实现了市场投入的高效性。个性化的服务模式及产品产出也能辅助生产商或服务供应商优化产品的质量，规避了规模化效应造成的原材料的高耗损率。而且由于用户数量的庞大性，个性化产品仍具有一定的盈利水平。

个性化的商品投产机制使得企业不得不加大劳动力及设备的投入，成本总量增加了，但成本结构优化了。由于一件个性化商品并不需要规模产出，因此提高了产品的产出率和生产率，一定层面上抵消了成本的投入。由于需求总量较为庞大，对于产品不再需要考虑扩充产品线的深度和广度，即降低了产品的多样化成本。用户的需求是无尽的，个性化的商业模式只需要归纳总结用户的个体需求即可快速投入生产线。因此，个性化的商业模式更关键的核心点在于，有效降低了库存成本。个性化商品面向的是小众目标人群，缩短了流通中的仓储流程，由于产品需求量小，可直接从生产商流通至消费人群，优化了流通渠道。

然而现代市场上，长尾型商业模式还并不多见，原因在于目前大众消费人群还不具备高消费水平，平台的资源整合力差、客户质量低等因素也限制了长尾型商业模式的发展，但从长远发展的角度来看，长尾型商业模式始终是一种可行性高、盈利水平高、可持续盈利能力强的商业模式。现阶段的互联网巨头也都在大力发展长尾型的商业模式，企业在积累了一定量的忠实用户群后也必然要重视用户不断发展的个性化需求。

长尾理论意味着消费者在面对无限的选择时，真正想要的东西和想要取得的渠道都出现了重大的变化，一套崭新的商业模式也跟着崛起。简而言之，长尾所涉及的冷门产品涵盖了更多人的需求，当有了需求后，会有更多的人意识到这种需求，从而使冷门不再冷门。因此，长尾效应的背后便是用户的个性化需求。尽管企业在针对个性化需求进行产品设计时面临着较高的市场风险，比如总体市场大，细分市场多，但是在产品设计方面仍然要注重长尾效应。

首先，用户的需求并不固定，在不同的时代不同的场景，用户需求的头部和长尾往往能够形成颠倒，即注重长尾的部分，最终有可能转变为头部需求。最早时期的可乐还只是作为一类药品放在药店里摆卖，彼时的可乐便是一类小众商品。1929年，可口可乐和它的装瓶商以极其低廉的价格向商店和加油站提供顶端开口的冷柜销售瓶装可口可乐，至此可乐文化流传至今，成为流行。

其次，头部需求更容易被企业发掘（企业的目的就是盈利），大部分的头部需求市场竞争激烈，中小型企业难以立足，大型企业需要投入较多的资本；而长尾需求的产品进入市场的门槛较低，容易占领市场，不太需要资本竞争。

另外，随着互联网大数据的发展及传统制造商技术水平的逐渐提高（制作效率），长尾部分的需求不再难以实现；大数据分析能更快地掌握用户的个性化需求，并以此进行内容推送，制造商技术水平的提高也使得个性化定制产品不再是头部主要用户的专享服务。

但是长尾效应并不适用于所有的产品，大部分产品的主要客户群贡献的经济效益远高于普通客户群。因此，在产品的设计上仍应重视盈利模式的建设。长尾效应只是一个辅助理论，它所包含的经济信息仅仅是尾部空间的长度较长，理论上需求总数与能创造的利润空间的乘积能大于头部的需求与利润空间的乘积。随着科技的发展和技术的进步，互联网产品愈发表现出显著的长尾效应，且更容易满足用户的个性化需求，而长尾代表着需求众多且难以满足。

那么在产品设计上应该如何运用长尾效应呢？首先，要注重个性化功能设计。如用户在进行词条搜索时，设置一些推荐词条，根据用户使用产品产生的数据设计个性化推荐机制，将一些冷门但符合个体用户喜好的产品推荐给目标用户，个性化的产品符合互联网新生代的喜好。也可以通过降低搜索的准确性，将相关性低的产品同样纳入用户的搜索结果中。其次，降低商户的进入门槛，或者降低对用户生成内容（UGC）的发布门槛，在用户的注册门槛上降低要求。比如拼多多，注重价格低廉的目标商户，最终获得较高的市场盈利水平。再次，注重下沉市场的目标用户，可以通过对目标市场细分，根据用户的使用习惯、购买力等，对不同的细分市场推荐不同的商品，或实施价格差异。最后，产品形成规模经济后或者成本固定时盈利水平已到极大值，对原本较高费用的服务及产品进行大额降价。如对游戏产品、版本较老的付费商品进行大幅度降价。

根据以上分析，个性化的商业模式具有市场可行性，但考虑到商业模式的多维性及盈利水平的重要程度，现代产品在商业模式的探索研究上不能仅靠市场容量这一个维度来判断模式的合理性，还应该通过成本结构及收益规模分析其可行性。互联网具有较高的资源整合效率，以往更注重职业生成内容（OGC）的产品内容将不得不面临大众用户也想要发声的需求。互联网聚合了庞大的消费群体，但也造成了信息的碎片化特征，无效信息的流量增加导致了现代产品无法靠简单的流量群体来变现盈利。以往的商业模式离不开实体标准的产品，而互联网背景下，服务形式的产品也具备了增强客户黏性，实现盈利的能力。互联网用户群体对于服务品质的要求也在逐步提高，产品应传递给用户的价值及产品形式也要遵循产品是否具有良好的服务水平。移动互联网的强社交属性增加了用户平台的黏性，庞大的互联网信息流造成了信息传递的低效性，但同时增强了用户对于互联网产品的黏性，这也加剧了长尾模型的两极分化，头部需求更加紧密，尾部人群数量逐渐庞大。

2.制胜于下沉市场的“拼多多”社交电商模式

随着我国电子商务的多年高速发展，电商企业间的竞争早已白热化，淘宝、京东等巨头已形成对电商市场的相对垄断。传统的电商企业将营销关注点主要放在满足消费需求曲线的头部，目标受众为PC互联网时代较先接触网络的知识精英、中产阶级、城市白领等。但随着该类用户逐渐趋于饱和，传统电商企业的流量红利日渐见顶。而随着移动互联网的迅速发展，移动智能终端与移动即时通信（IM）应用的大量普及，移动网络接入费用的大幅下降，电商行业日益进入到移动电商时代，互联网经济下半场的帷幕也被拉开。曾经在需求曲线长尾上不被重视的那部分沉睡中的下沉市场（“三线以下城市”、“五环外消费人群”和“小镇青年”等）被逐渐唤醒。移动互联网时代给市场环境带来的新变化为拼多多等电商行业后入者提供了从传统电商竞争的一片红海中以小博大、后发先至、杀出重围的难得的时代机遇。

（1）采用差异化竞争策略，确立利基市场竞争优势

在尾部下沉市场中，拼多多的受众类型主要为价格敏感性消费者，该类受众因资源受限，对商品价格比较在意，而对商品的品牌、内涵等精神属性要求不高。拼多多的横空出世，弥补了传统电商对该类受众需求的供给匹配短板，使消费需求曲线尾部长期被传统电商所忽视的消费者真正有了接触线上购物的机会，有效解决了该类受众初次线上消费的问题。以往在头部市场，传统电商通过大规模、同质化的生产来追求规模效益，从而导致了头部爆款商品与服务种类单一（品牌、款式、价

格等）；而在尾部市场中，消费者的个性化需求显著（尤其体现在价格、品牌等因素差别上）。传统电商所提供的大量同质化商品不能满足尾部市场消费者对于商品极致性价比等差异化的需求。

长尾理论认为，只要产品存储流通的渠道够大，尾部被传统电商所忽视的那些长尾商品所占据的下沉市场份额可能超过曲线头部热门商品所占据的份额。因拼多多等移动电商的发展而日渐被唤醒的长尾市场细分需求，必然会形成种类繁多、数量庞大的利基市场。拼多多可以在这些传统电商或主流品牌无暇顾及或忽视的细分市场中选准切入点，通过有效满足利基市场需求，持续提供差异化产品（如低价等），精耕细作，牢牢占据一个甚至多个细分市场，最终集合成片，确立自己在利基市场中的竞争优势。

（2）利用C2B、微信社交等优势降低平台运营成本

长尾市场拥有海量的商品与品牌。对于下沉市场的消费者来说，种类繁多的尾部会显得杂乱无序。这不仅增加了消费者选择的成本，也会提升企业的经营成本。但是拼多多依靠腾讯在社交属性上的强大优势加持，采用社交推广的引流策略，通过拼团、砍价等营销手段，创建以用户个人为中心，以其人际关系网络为传播途径，以其个人信用为背书的低成本、迅速裂变的微信推广模式，使得拼多多平台和尾部商品二者可以同时以极低的成本展现给目标受众，从而有效降低获客成本。

相较于传统电商平台，拼多多门槛较低，前期投入较少，这吸引了大量在传统电商平台被挤出的小微商户入驻。同时，因为尾部品牌创建成本较低，拼多多可以针对不同利基市场需求，通过产品和品牌长尾化策略，实施多品牌战略，以满足受众的长尾需求，从而做到以较小的边际成本，追逐更高的利润，逆向建立平台竞争优势。这也是头部传统电商和品牌以往所忽视的长尾部分。

拼多多借助C2B模式，发挥社交与分享优势，颠覆了传统电商的生产销售模式。以拼团的形式让用户能够直观地了解到拼团成功后的低价格，提前收集类似用户的共同需求，锁定预付款，减轻商家资金压力；集中向商家大规模下单定制，大幅减少中间环节，降低商家在原料采购、商品生产、库存物流等方面的成本。在该种模式下，商品甚至可以做到完全没有库存，只需在网站提供视频、图片、文字介绍等数字化商品信息即可，从而做到依托社交网络特性，低成本开展尾部冷门商品定制与品牌营销。

（3）增强用户使用黏性，完善需求引导体系

拼多多通过社交形式带来的流量用户在初期可能对平台并没有太大的忠诚度与依赖感，甚至不会选择在平台上经常性消费，黏性较低，暂时无法成为平台的长期用户。针对此种情况，拼多多开展了“零元购”和“多多果园”等营销活动，引导新用户通过做趣味任务的形式深度了解平台规则与内容。虽然类似营销活动让平台与商家承受了一定的成本，但增强了新用户对平台的黏性，提升了对平台的忠诚度。新用户在做任务的过程中，也会再次促成裂变，在微信中转发活动信息，为平台带来新的关注与流量。

长尾理论认为，人们需要一个亲切的长尾头部商品去引导消费者定位到利基市场中那个更加贴近其个性化需求的尾部商品。拼多多在营销过程中，重视利用日益完善的人工智能与大数据技术，力争做到用户形象的精准描绘，利用一些爆款商品进行新用户引流。将用户吸引到平台后，还能在用户浏览商品的过程中，通过对用户浏览信息的大数据分析，为用户智能推荐更加精准的个性化商品选择，提高尾部商品与品牌同用户接触的概率，从而将用户的需求由长尾的头部（热门、爆款、高价）通过用户信赖的推荐向尾部（冷门、个性、低价）引导，帮助消费者发现最匹配其需求的尾部产品，提升用户体验度与复购率。

（4）形成信用评价体系，降低用户信任成本

在网购过程中，用户在面对大量冷门的尾部商品时，会更加重视购物平台的商品评级与用户评价系统的决策参考作用，以帮助自己做出最优的消费决策。电商企业若想在白热化的竞争中立于不败之地，就应格外重视消费者交流、评价体系的建设以降低用户网购时的信任成本。作为社交移动电商，拼多多在这方面有着得天独厚的优势。首先，社交电商的信息传播建立在人际关系的基础上，利用人际关系进行信用背书，可以大大提升相关受众对信息真实性的认可。其次，拼多多与微信的结合，尤其是微信群在使用中所建立的私密封闭场景，更适合对用户来说需要高信任度才能做出的消费决策。最后，微信所提供的第三方即时通信服务，也大大规避了拼多多用户和卖家之间转换沟通平台与渠道所面临的麻烦与风险。

» 微案例2-1

随着时代变迁，音乐产业迈入互联网时代，音乐传播介质完成了从实体唱片到数字音乐的转变，音乐平台涌现，为数字音乐用户、音乐人、作品三者提供了连接。通过音乐平台的建立和发展，中国的数字音乐市场规模不断扩大，产生的经济效益呈现井喷化的增长状态。在数字音乐时代，除了主流的明星歌手外，平民歌手所创造的音乐内容占据了半壁江山，小众歌手们制作的歌曲成为助推音乐产业发展的一股新鲜血液。

2013年4月，网易云音乐正式由网易公司发布上线。入驻网易云音乐平台程序的简易化，使得成为歌手不再需要通过唱片公司严格的筛选和签约，以及严格的艺人包装和形象推广，而只需利用网络渠道，就可以自行对自己的歌曲进行发布、宣传与推广，也让更多的独立音乐人成功地入驻音乐平台并发表歌曲。网易云音乐中的“发现音乐”栏目下的“个性化定制”功能，有私人FM、每日歌曲推荐等功能，随着大数据技术的发展，人们通过使用音乐APP收听音乐的过程中，系统就自动对人们收听的音乐风格产生记忆，从而为每个人推荐在海量的音乐人曲库中其最有可能喜欢的音乐歌曲，实现了从以往的“人找歌”到“歌找人”的转变，帮助人们快速地在海量的音乐资源当中找到自己喜欢的音乐。此外，现在的音乐平台的社交功能也逐渐加强，每个人都可以对歌曲发表自己的评论，并及时分享，与其他用户听众互动交流，为用户建立一个“虚拟社群”。网易云音乐的每位用户都能够根据自己的喜好建立自己的音乐歌单，并将它推荐和分享到个人微博、微信或网易云“云村”社区。

2021年，网易云音乐宣布平台入驻独立音乐人总数已超过40万，音乐人上传原创作品总数超190万首，月活跃用户总数1.826亿。在网易云音乐平台的音乐正版化的推动下，商业盈利模式也更加多样化，如网易云音乐平台的付费音乐包、数字单曲、月度会员、季度会员、年度会员、付费音频、数字专辑、为音乐人打赏、流量包、演出门票等。

研讨：结合网易云音乐平台的多种功能和特点，探讨其如何将长尾理论与商业模式相结合。

2.6 蓝海战略与商业模式创新

2.6.1 蓝海战略的概念

1.蓝海战略与红海战略

蓝海战略（Blue Ocean Strategy）是欧洲工商管理学院的W. Chan Kim和Mauborgne教授于1997年在《哈佛商业评论》上发表的《价值创新》一文中提出的企业战略行动的价值创新理论，并将此文丰富并完善，于2005年出版了《蓝海战略》一书。该书在战略管理学界与企业界获得巨大反响，被誉为“为全球的企业界寻求新的战略手段提供了一种新的管理范式”，并将市场分为“红海”与“蓝海”。

“红海”是一种市场竞争者战略雷同，市场趋于饱和，平均利润率极低的行业，企业在其中进行着一场你死我活的搏斗，互相之间是一场零和博弈（甚至是负和博弈）；而“蓝海”则是指未被开发的行业，其中竞争对手很少，平均利润率很高，能给企业带来迅速而高效的价值增长。两位教授指出，很多企业遵循传统的战略分析，拘泥于原有的行业规则与客户定位，使得红海之战的参与者越来越多，在血腥的搏斗中，结果均败下阵来，使得企业只能不断压低产品成本，在质量上以次充好，最终导致消费者与企业的利益都遭到损害。为了打破这种“红海”僵局，开辟新的“蓝海”天地，企业必须突破传统思维，超越原先的战略分析框架，即超越原先行业局限于狭隘的客户定位。

我们可以把整个市场比作一片海洋，这片海洋是由红色海洋和蓝色海洋组成的，红海代表现今已存在的所有产业，是已知的市场；蓝海则代表还未存在的产业市场，即未知的市场空间。进一步理解，所谓的蓝海战略，也就是超越传统产业，开创出新的产业。红海市场即竞争激烈、白热化的市场，但是蓝海也不是一个没有竞争的地方，而是一个通过差异化手段得到的新市场领域，在这里，企业可以凭借自身业务能力和创新能力获得更快的发展和更高的利润。两者相比较，在同样有限的圈子内，红海市场人多，资源一般竞争激烈；而蓝海市场资源优质丰富，人少，竞争压力小，蓝海的竞争者能获取更高的、更多的利益。而这种模式放到商业上就会延伸为蓝海战略和红海战略。

事实上，蓝海市场最终也会演变成红海市场，新开辟的蓝海市场会不断有新人加入，长此以往，也会形成红海这样的局势。红海市场和蓝海市场是可以相互转化的，企业可以选择在红海市场拼个你死我活，也可以以另一种方式在蓝海市场享受在红海领域没有得到的利润。企业在红海市场里更多的是关注现状以及如何超过竞争对手，而蓝海战略则是如何脱离已有的市场，来把竞争者甩在背后，大多是创造战略。另外，红海战略所处产业结构是成型不变的，所以处于红海市场的企业是被迫在其间互相竞争；而蓝海战略并不把主要精力放在打败竞争对手上，而是放在自己价值的创造上，开辟创新出新的市场空间，开拓属于自己的一片蓝海市场。表2-2对比了蓝海战略和红海战略的差异。

表2-2 蓝海战略VS红海战略

蓝海战略	红海战略
拓展非竞争性、尚未开发的市场空间	在已经存在的市场内竞争
规避竞争	参与竞争
创造并获取新需求	争夺现有需求
打破价值与成本互替定律	遵循价值与成本互替定律
为同时追求差异化和低成本协调企业活动的整体系统	按差异化或低成本的战略选择协调企业活动的整体系统

2. 蓝海战略的价值创新内涵

蓝海战略最具有创新性的论点即为低成本与高价值的有机统一与融合是可以实现的，通过剔除和减少产业现有的一些竞争元素降低成本，通过增加和创造产业现在未注重的一些元素开创新的买方价值。通过剔除、减少两个动作，降低成本，通过增加和创造增加价值，其结果是产生价值突破，也就是战略管理中的价值创新理论。这里的价值创新不是一般的增加，而是价值的飞跃，即在降低成本的基础上为顾客提供更大的价值。蓝海战略的价值创新理论不能简单地认为是产品创新、技术创新、市场创新、资源配置创新或是组织创新中的一种，它的价值创新内涵有以下几点：

（1）蓝海战略不是产品创新

产品创新被认为是新生产出一种原先没有的产品或是产品的性能，而价值创新的产品一般情况下是原先就有的，只是它原先被更多地关注于某些性能，而忽略了其他性能，在对产品的一些因素进行“增加—减少—剔除—创造”后，挖掘出了更多消费者所需要的性能，从而扩大了市场需求。

（2）蓝海战略不是技术创新

价值创新可以包括新技术或通过新技术实现，但技术因素不是价值创新的必要因素，很多情况下，价值创新开拓的蓝海所运用的技术都是已存在很长时期的，因为新发现的客户需求而被用于企业新的战略行动。但不得不承认，技术创新对蓝海战略价值创新的实施具有很大影响，有时甚至因为一项新材料或新工艺的产生而对整个行业具有创造或颠覆的作用。

（3）蓝海战略不能简单地被理解为市场创新

市场创新主要是指市场先进入者，是根据进入市场的先后顺序来划分的，这里的市场往往被认为是有形的市场；而蓝海战略所开辟的市场是无形的市场，关键是对于行业中既有规则的重新定义或组合，而与进入市场的先后顺序无关，也不是一般意义上的根据客户购买能力所定义的高端或低端市场。

（4）蓝海战略更不是资源配置创新

资源配置创新讲求的是对原材料或是中间产品的垄断，从而控制产品价值链的某个点，以达到垄断市场的目的；而蓝海战略不要求垄断市场，而是挖掘新的消费者需求，因此对原材料的配置也没有很高的要求，一般都是较容易获得的产品，这样也为企业获得低成本从而实现价值创新成为可能。

（5）蓝海战略也不是组织创新或制度创新

组织创新一般认为是企业内部流程或结构的重新组合，制度创新一般认为是较大范围内某种规则的制定，表现为某种制度或机制的形成，可以看出蓝海战略都不符合。蓝海战略的范围介于这两者之间，一方面它超越了企业内部的组织创新，另一方面又没有制度创新那么广泛；蓝海战略也没有制造某种垄断，蓝海战略所创造的市场一般情况下门槛不高，因此随着其他企业的效仿，蓝海战略也要不断更新，从而始终领先于其他企业，持续满足广泛的市场需求并获得高额的利润。

根据以上几点，可以看出蓝海战略的价值创新内涵是一种集成创新，它不拘泥于某个要素的创新，不局限于本行业的规则，不只为满足现有顾客的需求而生产或服务。蓝海战略的创新，要求企业重塑行业规则，甚至创造出一种前所未有的行业，一旦被创造出来，也随之开发出一系列的消费者需求，从而带动一大批相关产业的发展。同时我们也可以看到，蓝海战略是以战略行动为分析单位，随着其他企业的跟随战略，蓝海也会慢慢变成红海，于是行动也要随之改变，也就是随着市场或行业的成熟，蓝海的战略行动也要一步一步升级，它是一个循环往复的过程。

2.6.2 蓝海战略布局

1.蓝海战略的构思

构思蓝海的战略布局需要回答四个问题，即“增加—减少—剔除—创造”四部曲：

（1）哪些被产业认定为理所当然的元素需要剔除？

这个问题剔除产业中企业竞争攀比的元素，即行业的共性，或者说共有或已形成的优势。这些元素经常被认为理所当然，虽然它们不再具有价值，甚至还减少其他元素的价值。

（2）哪些元素的含量应该被减少到产业标准之下？

这个问题促使企业做出决定，看看现有产品或服务是否在功能上设计过头，只为竞比和打败竞争对手，导致企业所提供的超过了顾客所需并徒然增加成本，并且企业在尽量使产品和服务简化的同时，也易于发展和管理。

（3）哪些元素的含量应该被增加到产业标准之上？

这个问题促使企业去发掘产业中消费者不得不做出的妥协。

（4）哪些产业从未有过的元素需要创造？

这个问题帮助企业发现买方价值的全新源泉，以创造新需求，改变产业战略定价标准。

解决前两个问题（剔除和减少），能让你明白如何把成本降到竞争对手之下。研究发现，在产业惯于攀比的元素方面，企业经理很少去系统性地剔除、减少投资，结果是成本不断增加，商业模式也日趋复杂。与之相对，后两个问题教我们如何去提升买方价值，创造新需求。总括起来，这四个问题让我们能够系统地探索如何跨越他择性产业，重构买方价值元素，向买方提供全新体验，同时降低企业自身的成本。其中最重要的就是剔除和创造两个动作，它们使企业超越以现有竞争元素为基础追求价值最大化的境界。它们促使企业改变竞争元素本身，从而使现有的竞争规则变得无关紧要。

2.制定蓝海战略的六项原则

（1）重建市场边界

蓝海战略的第一条原则就是重建市场边界，以摆脱竞争，开创蓝海。这条原则解决了令很多企业感到棘手的寻找的风险问题。企业面临的挑战就是如何从纷繁复杂的可能性中找出商业上有信服力的蓝海机会，如何应对这个挑战十分关键。企业可以尝试以下路径：

路径一：跨越他择产业

在最广泛的意义上，一家企业不仅与自身所在产业中的对手企业竞争，还与那些其他产业中生产他择性产品或服务的企业竞争。他择品（Alternatives）的概念要比替代品更广。形式不同但功能或核心效用相同的产品或服务，往往互为替代品（Substitutes）；他择品则包括功能与形式都不同而目的相同的产品和服务。

例如，在个人理财方面，人们可以购买和安装一个财务软件，或雇用一个注册会计师，或干脆用笔和纸来算。软件、会计师和铅笔大致上互为替代品。它们在形式上完全不同，但功能相同，那就是帮助人们管理财务。与之相对，有些产品和服务可以在形式和功能上各不相同，却服务于相同的目的。想想电影院和餐馆，餐馆在外观形式上与电影院鲜有相似之处，其功能也与后者迥异，它为人们提供聊天和餐饮的乐趣，这与电影院所提供的视觉娱乐完全不同。虽然如此，人们走进餐馆与走进电影院却可以是出于同样的目的：晚间出门散散心。这二者不互为替代品，却互为他择品。

路径二：跨越产业内部战略集团

正如通过跨越他择产业看市场可以开创蓝海一样，跨越战略集团也可以做到这一点。所谓战略集团，指的是产业中的一组战略相似的企业。在大多数产业中，企业可以按为数不多的几个战略集团归类，这些集团体现的是战略上的根本差别。根据价格和性能，我们可以把战略集团大致上按等级排序。价格的提高倾向于带来某些性能上的相应提高。多数公司注重改善它们在战略集团内部的竞争地位。比如奔驰、宝马、捷豹这些品牌，都一门心思想在豪华汽车的细分市场内卓尔不群；而经济型汽车制造商也在自己的战略集团内与对手一较高低。这两个战略集团都不去注意对方在做些什么，因为，从供给方的角度看，它们之间并无竞争关系。跨越现有战略集团开创蓝海的关键，就在于突破这种狭窄的视野，搞清是什么因素决定着顾客在高档消费品和低档消费品之间做出取舍。

路径三：跨越买方链

在很多产业中，竞争者对目标买方是谁的定义趋同。而在现实中，买方是由不同环节组成的一个链条，每个环节都直接或间接地影响购买决定。购买者为产品或服务付账，但不一定是实际的使用者。有时候，买方链中还包括施加影响者。尽管这三组群体有可能相互重合，但常常是不同的。在这种情况下，他们对价值的定义常常不同。比如，公司的采购员会比公司的使用者更注重成本，而后者则更关心使用的方便度。同理，零售商可能会注重生产厂家的即时供货和新颖的融资安排，而个体消费者，虽然深受零售商的影响，但作为购买者，他们本身却不在意这些东西。挑战产业有关目标买方群体的传统观点，就可能引领我们发现崭新的蓝海。企业通过跨越买方群体看市场，就可能得到新的启发，由此重新设计价值曲线，把目光集中到过去曾经忽视的买方群体上。

路径四：跨越互补性产品和服务项目

产品和服务很少会在“真空”中使用，多数情况下，它们的价值也受到其他产品和服务的影响。但是在多数产业中，相互竞争的企业都不约而同地局限于产业自身的产品和服务项目。互补性的产品和服务中常常蕴藏着未经发掘的需求，关键在于搞清买方在选择产品或服务时都在寻求些什么，一个简单的办法就是考虑一下人们在使用你的产品之前、之中、之后都有哪些需要。

路径五：跨越针对买方的功能与情感导向

产业中的竞争不仅容易集中到已被人们接受的产品和服务范围上，还容易集中到有关产品和服务的两种可能的吸引力上。一些产业主要在价格和功能上竞争，这种吸引力大致来源于计算效用是理性的；而另一些产业中的竞争则主要针对感觉，它们的吸引力是感性的。然而，产品或服务的吸引力从本质上来说很少是非此即彼的。通常，它只是企业以某种方式竞争的结果，这种竞争无意间为顾客灌输了对产品的定向期望。企业的行为不断强化顾客这种定向期望，久而久之，以功能为导向的产业就变得越来越重视功能，以情感为导向的产业则越来越重视情感吸引力。当企业愿意挑战产业现有的功能与情感导向时，它们往往能发现新的市场空间。我们观察到两种常见模式。以情感为导向的产业可能为产品或服务添枝加叶，抬高了价格，却并不提升功能。去掉这些枝枝蔓蔓，就有可能创造一个从根本上来说更简单、价格更低、成本更低的商业模式，并受到顾客欢迎。反之，以功能为导向的产业可以通过添加合适的感性成分，而为同质化的产品注入新生命，并由此刺激新的需求。

路径六：跨越时间

随着时间的推移，很多产业都会受到外部潮流的影响，例如互联网的快速兴起，或者是保护环境的全球运动。从正确角度看待这些潮流能让你明白该如何创造蓝海机会。很多企业事到临头，才缓慢而消极地适应这些潮流。无论是新技术的产生，还是政府管制政策上的变化，管理者往往着重于预测潮流本身。然而，启发蓝海战略的关键灵感很少来自预测潮流本身，而是源于从商业角度洞悉这样的潮流将如何改变顾客所获得的价值，如何影响企业的商业模式。通过跨越时间看市场，将视线从今天市场所提供的价值移到明天的市场可能提供的价值上，经理们就能主动塑造未来，开创新的蓝海。跨越时间可能比前面讨论过的几种路径都更难，然而通过严格的方式，还是可以做到的。我们不是在谈论如何预测未来，这从根本上来说是不可能的，我们所说的是，从今天可观察到的潮流中获得启发。

（2）注重全局而非数字

如何协调战略规划过程，做到注重全局，并在绘制战略布局图时用到各条路径所提供的创意，以制定蓝海战略？这个挑战非同小可。多数企业的战略规划过程使它们蹒跚于红海之间，因而容易使企业在现有市场空间内竞争。这一原则是降低规划风险的关键，使你不至于投入大量的努力和时间，结果却只规划出一些战术性的红海行动。一个企业永远不应将其眼睛外包给别人，伟大的战略洞察力是走入基层、挑战竞争边界的结果。蓝海战略建议绘制战略布局图将一家企业在市场中现有战略定位以视觉形式表现出来，开启企业组织各类人员的创造性，把视线引向蓝海。表2-3给出了蓝海战略视觉化的四个步骤。

表2-3　　蓝海战略视觉化的四个步骤

1.视觉唤醒	2.视觉探索	3.视觉战略展览会	4.视觉沟通
（1）通过绘制你的现时战略布局图，将你的业务项目与对手的进行比较 （2）看看你的战略何处需要改变	（1）走入基层实地探索开创蓝海的六条路径 （2）观察他择产品和服务的独特优势 （3）看看你需要剔除、创造和改变哪些元素	（1）在实地观察所获感悟的基础上绘制你未来的战略布局图 （2）听取顾客、竞争对手的顾客以及非顾客对你绘制的各种战略布局图的反馈意见 （3）吸取反馈意见，构建最好的未来战略	（1）将战略转变之前及之后的战略轮廓印在同一张纸上，以便于比较，并把它分发给员工 （2）只支持那些能使你的公司向实现新战略迈进的项目和运营措施

（3）超越现有需求

这是实现价值创新的关键一步，即通过以新产品和服务统合最大的需求，降低了开创新市场所涉及的规模的风险。要做到这一点，企业需要挑战两种常规战略做法：一种是只关注现有顾客；另一种是追求市场细分，满足顾客间的细微差异。通常，企业为了增加自己的市场份额，努力留住和拓展市场中的现有顾客。这常常导致更精微的市场细分，对产品和服务越来越量体裁衣，以求更好地满足顾客的偏好。竞争越是激烈，产品和服务的个性化程度就越高。由于企业竞相通过细分市场来满足顾客的偏好，它们开创的目标市场也就有过小的危险。

为使它们的蓝海规模最大化，企业需要反其道而行之。它们不应只把视线集中在顾客身上，还需要关注非顾客；它们不应着眼于顾客的差别，而应基于顾客强烈关注的共同点来建立自己的业务项目。这使企业能够超越现有需求，开启以往并不存在的新的大众顾客群。

（4）遵循合理的战略顺序

遵循合理的战略顺序，建立强劲的商业模式，确保将蓝海创意变为战略执行，从而获得蓝海利润，合理的战略顺序可以分为买方效用、价格、成本和接受四步骤（如图 2-9 所示）。

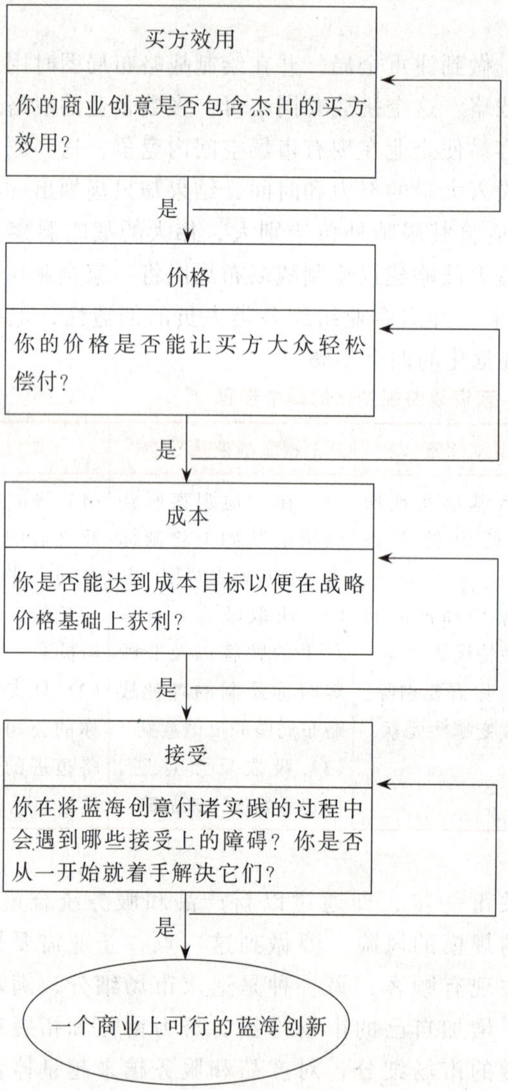

图 2-9　蓝海战略的顺序

这个顺序的起始点是买方效用。你的产品或服务是否能开启杰出的效用？是否有令人信服的理由让大众去购买它？缺少这一点，就没有蓝海的潜力可言。这时只有两种选择，放弃这个想法，或是重新思考，直到得出肯定的答案。

当你通过杰出效用这关以后，前进到第二步：确定正确的战略价格。记住，企业不应只靠价格创造需求。关键的问题是：你的产品或服务，其定价是否能吸引目标买方的大众群体，使他们感到肯定有能力支付？如果答案是否定的，他们就不会买你的东西，你的产品或服务也就无法带来令人难以抗拒的市场影响。

这两步针对的是企业商业模式的收入一侧。它们保障你创造净价值的飞跃，而净价值就等于买方得到的效用减去他们所支付的价格。

要确保利润就引出第三个元素：成本。你能够以目标成本生产你的产品或提供服务，并获得优厚的利润吗？你的战略定价（即令目标买方的大众群体易于偿付的价格）能使你获利吗？你不应该让成本驱动价格，也不应该因为高成本阻碍了你以战略定价获利的能力，就缩减效用。当目标成本无法实现时，你要么放弃这个主意，因为由此而生的蓝海将无利可图，要么对你的商业模式进行创新，以达到目标成本的要求。企业商业模式的成本一侧要保障它为企业自身创造价值的飞跃，而这种飞跃的表现形式就是利润，等于价格减去生产成本。只有把杰出效用、战略定价和目标成本三者结合起来，企业才能实现价值创新——为买方和企业本身所创造的价值飞跃。

最后一步就是解决接受上的障碍。在你推介你的创意时，会有哪些接受上的障碍？你是否从一开始就着力解决？你只有从一开始就去解决接受上的问题以确保你的蓝海创意能够最终实现，蓝海战略的制定才算完整。

（5）克服关键组织障碍

企业制定了具有获利型商业模式的蓝海战略以后，就必须执行这个战略。当然，对任何战略来说，都存在执行上的挑战。无论是在红海还是在蓝海中，企业就如同个人一样，将想法转变为行动都很艰难。然而与红海战略相比，蓝海战略代表着对现状的重大革新，它取决于企业能否以更低的成本将与人雷同的价值曲线转变为另辟蹊径，这就加大了执行的难度。企业经理们证明执行蓝海战略的挑战是严峻的，他们面对四重障碍：一是认知障碍，沉迷于现状的组织；二是有限的资源，执行战略需要大量资源；三是动力障碍，缺乏有干劲的员工；四是组织政治障碍，来自强大既得利益者的反对（如图2-10所示）。

① 冲破认知障碍。在很多扭亏为盈的案例和企业变革的过程中，最艰巨的战役莫过于让人们意识到战略变革的必要性并认同其原则目标。多数企业一把手力陈变革的必要性时，只是引用数字，并执意要求公司设定更高的指标，达到更好的结果。然而我们都知道，数字是可以被摆布、被操纵的。一味拔高目标会令预算过度加码，由此造成组织内部不同部门间的敌意和怀疑。此外，以数字表达的信息很少能让人记住。

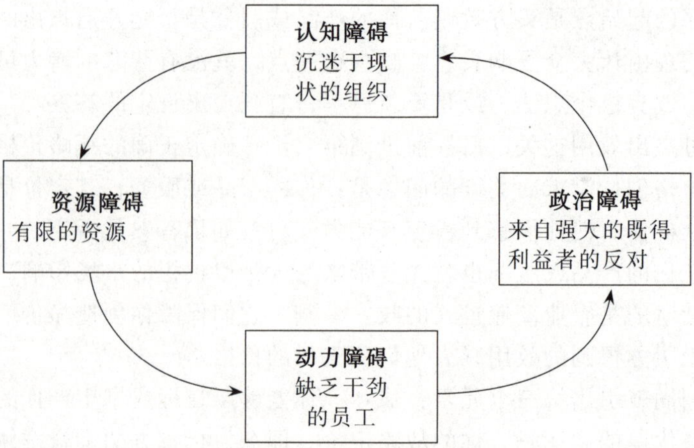

图2-10　关键组织障碍

要快速克服这重障碍，就要让人们亲自看到并体验到严酷的现实。神经学和认知学的研究表明，人们对看到和体验到的事物会记得最清楚并做出最有效的反应，正所谓“眼见为实”。就体验而言，正面刺激强化行为，而负面刺激改变态度和行为。另外，已有证据显示，那类不直接触摸、目击和感觉实际结果的体验，比如只看到印有抽象数据的报告，就不具有很强的影响力，也容易被遗忘。因此，领导者不应该依赖数据来推翻认知的障碍，而是启迪人们从内部自觉推动思想上的转变，让人们体验到变革的必要性。

② 跨越资源障碍。当一个组织中的成员接受了战略转变的必要性，并多多少少认同新战略的方向以后，很多领导人面临的是资源有限的残酷事实。这时候，很多改革派企业领导人会做这两件事中的一件：他们要么会开始退缩，因而又使员工队伍的士气重陷低谷；要么向银行、股东们争取更多的资财，而这个过程耗费时间，又将人们的精力从本质问题上分散开来。我们不是说这种方法是不必要的或不值得的，但争取更多的资源常常是一件漫长、充满政治角力的事。

所以，此时需要做的不是去获取更多的资源，而是全力让他们所拥有的资源在价值上翻番。在这一点上，共有三个具有超凡影响力的因素可以供企业经理利用。它们一方面可将大量资源从现有活动中解放出来，另一方面令资源的价值翻倍。这三个因素分别是热点（Hot Spots）、冷点（Cold Spots）和互通有无（Horse Trading）。热点就是那些资源投入少，但在提高业绩方面很有潜力的活动。与之相对，冷点指那些资源投入高，但对业绩影响甚微的活动。在每个组织中，通常都有很多热点和冷点。而互通有无指的是将你的部门在一个领域的剩余资源与另一个部门的剩余资源交换，来填补资源上的空白。企业如果学会正确使用现有资源，就常常可以令资源障碍问题迎刃而解。

③ 跨越动力障碍。要想执行蓝海战略，你必须让员工清醒地认识到战略转变的必要性，并指明如何可以用有限的资源去实现这一转变。而要让新战略变成一场运动，人们不仅要认识到需要做什么，还必须以持久、有效的方式将这种认识付诸

行动。如何以低成本迅速地调动广大员工的积极性？当很多企业领导人想要打破现状改变他们的组织时，他们颁布宏大的战略设想，采取由上至下的大规模动员行动。他们认为要获得大规模的反应，就必须相应地采取大规模的行动。然而，在多数大型企业中，不同部门的动力需求各不相同，纷繁复杂，因此这种做法常常是一个笨拙、昂贵、耗费时间的过程。因此，针对这一障碍，不应将改革的努力四处分散，而是反其道而行之，寻求高度的集中，通过三种具有超凡影响力的因素来调动员工的积极性，即中央瓶式主导人物（King Pins）、鱼缸管理（Fish Bowl）和任务微型化（Atomization）。

战略转变若想成气候，各级员工必须共同行动。然而，要想使积极变革的力量在组织内部引发广泛的群众运动，你就不能分散用力。要把你的努力集中在中央瓶式主导人物上，他们是组织中具有关键影响力的人物。这些人是组织中自然的领袖，他们受人尊重，有说服力，或是有能力开启或阻塞通往关键资源的通道。就如同保龄球运动中的中央瓶一样，当你击中它，其他瓶子也都会应声而倒。这就使企业不必去对付每个人，但最终每个人都会被触动和改变。因为在多数组织中，具有关键影响力的人物相对较少，他们往往会有共同的问题和忧虑，这就使组织领导人能够比较容易地锁定他们并调动他们的积极性。

要想持久而有效地调动中央瓶式主导人物的积极性，关键是不断地将其行为置于聚光灯下，让人人都可以看到。这就是我们所说的鱼缸管理。主导人物做什么，不做什么，都像鱼缸中的金鱼一样清楚可见。将主导人物放进鱼缸里，就大大增加了无所作为的风险。落后的人在灯光下无所遁形，带动组织快速变革的人物也能在公平的舞台上绽放光彩。

最后一个影响因素就是任务微型化。任务微型化涉及如何表述战略挑战，这是领导者需要做的最微妙、最敏感的工作之一。人们必须相信应对战略挑战是他们力所能及的，改革才能成功。

④ 推倒政治障碍。青春和才智总能胜过城府和狡诈。这句话对还是错？答案是错，因为即使是最聪明的人也常常被政治手段和阴谋诡计所吞噬。组织政治是企业和公共生活中不可回避的事实，即使一个组织已经满足了执行战略的条件，仍然会有强大的既得利益集团跳出来反对亟待进行的变革。变革越有可能发生，这些来自组织内部和外部的具有负面影响力的人就越会强烈地、大声地反对，以保护他们的现有地位。而且，这种反抗可能严重破坏甚至颠覆战略的执行进程。要突破这些传统的政治势力，就要事先了解谁会反对你，谁会支持你。借助那些最能从战略转变中获益的人以及那些政治上内行而深受人们尊敬的知情人的力量，才能跨越障碍。

（6）将战略执行建成战略的一部分

一家企业不止有高级管理层和中级管理层，它包括从高层到基层一线的每一个人。只有当组织的所有成员都团结到企业战略旗下并在任何情况下都支持它时，企业才能脱颖而出，成为优秀和一贯的战略执行者。克服战略执行中的组织障碍是向此目标进军的重要一步，它清除了那些能令最好的战略刹车的路障。然而，企业最终需要求助于最根本的行动基础，即组织基层员工的态度和行为。人们的思想和心灵必须与新战略相统一，这样，在个人层面上，人们才能欣然接受它，并从被迫执行转向自愿合作，去实施它。

对蓝海战略来说，这一挑战尤其严峻。当人们被要求走出他们的习惯范围，改变过去的工作方式时，恐慌情绪便会增长。员工离高层越远，就越不容易参与到战略创建的过程中，也就越是惴惴不安。基层一线是战略的执行每天都要触及的地方，不考虑员工的思想和感受，将新战略硬塞给他们，会引起他们的反感。这就引出了蓝海战略的第六项原则：要想在基层建立员工的信任与忠诚，鼓舞他们自愿合作，企业需要将战略的执行建成战略的一部分。

这项原则能够使企业将管理的风险最小化，杜绝不信任、不合作，甚至是破坏拆台的现象。要想在基层建立信任与忠诚，鼓舞资源合作，企业需要将战略执行建成战略的一部分，需要借助“公平过程”来制定和执行战略。“公平过程”来源于社会科学家对心理学的研究，他们研究确认，人们不仅在意结果本身，也在意产生结果的过程公正，当程序公正得以实施，人们对结果的满意度和支持度就上升。因此，公平过程就是将成功和失败的蓝海行动区分开来的关键变量。公平过程存在与否，能决定企业是否将全力去执行蓝海战略，还是令它半途而废。实现公平过程的关键不在于新的目标、期望和责任，而在于人们是否清楚地理解了它们。围绕公平过程的原则组织蓝海战略的制定，一开始就将战略执行建成战略创建的一部分，就能够将政治游说和偏袒减少到最低，使人们集中精力执行战略。

2.6.3　蓝海战略与互联网商业模式创新

1.“美团”的O2O商业模式

在“互联网+”背景下，O2O使得线下服务可以通过线上来揽客，从而提高流量和规模。外卖O2O模式是由餐饮商家、外卖平台、消费者、第三方支付平台共同构成的。在我国，“饿了么”平台最早兴起，随后“美团外卖”进军外卖市场，极大地影响并改变了人们的生活用餐习惯。随着竞争日趋白热化，“美团外卖”应重构买方价值，才能避免与“饿了么”等平台陷入同质竞争。因此，“美团外卖”应根据市场的实际情况采取行动，剔除行业中不必要的元素，减少一些对产业影响不大的元素。这些措施能够去除没有创造价值的成本，增加对产业竞争力影响大的因素，同时还应创造产业中从未有过的新元素，用于提升“美团外卖”和顾客双方的价值，从而超越现有的竞争元素，追求价值最大化。经过“剔除—减少—增加—创造”这四步动作框架审视外卖行业的现有逻辑，着眼于提升“美团外卖”的核心竞争力，得出了价值创新的坐标格。

（1）剔除

餐饮外卖O2O模式一直处在互联网的风口中心。为了得到更多的订单，整个行业在快速“烧钱”的补贴策略下一度出现资金链断裂的危机。“饿了么”“美团外卖”都是通过烧钱促销的方式打入高校市场，虽然这种方式在平台建立初期能够吸引顾客，但是不利于公司的长期发展。因为在这种“烧钱”的补贴策略下，平台的融资链极易出现断裂，而一旦陷入危机，为获取新一轮的融资，外卖平台不得不依靠此方法来增加商家占有率及交易额，以此吸引下一位投资者，从而陷入恶性循环中。表面看，外卖平台是通过优惠和红包迅速积累了一定的用户量，但是在一轮“烧钱”结束之后，用户的留存率能否保持仍然有待考察。通常情况下，依靠补贴而吸引的大量流量是没有黏性的，因此这种战略并不能减少公司的边际成本，也不会因为订单数量的增加而提高公司效益。相反，平台的疯狂“烧钱”策略使得公司过度依赖资本，从而面临巨大的资金压力。因此，这个因素对“美团外卖”的价值创造伤害巨大，必须剔除。

（2）减少

① 无序的骑手抢单。一方面，不利于公司的管理，营造了不良竞争的风气；另一方面，很多送餐员在路上一边骑车一边抢单，给生命安全带来严重威胁。与此同时，骑手们在路上经常闯红灯或占用机动车道的行为也给交通秩序带来了极大隐患。因此，“美团外卖”应限制抢单数量，规定每一位骑手每天抢单的上限，从而避免恶性竞争，加强公司内部的有序管理。

② 中小型城市的直营配送。相对于发达的一二线城市，三四线城市的外卖市场需求明显不足，如果全部实现直营配送，势必会增加配送的人力资源成本。因此，“美团外卖”平台应调整战略决策，减少中小型城市的配备骑手，从而选择将此处的配送服务转交给承包商代理。例如，将平台的外送服务外包给合作的快递公司，这样不仅对配送效率没有太大的影响，还可减少工资成本，进而减少配送费。

（3）增加

① 集团T型资源整合能力。自2010年起，“美团网”本着“吃喝玩乐全都有”“美团一次美一次”的服务宣传宗旨，先后在餐饮美食、电影演出、酒店住宿、旅游出行等领域发力，构建了T型商业战略布局。“美团网”应不断提升集团T型资源整合能力，打破传统的组织内部的等级制度，集中智能管理客户群体并且在所有部门共享流动，最终达到一个共赢的状态。“美团外卖”依托“美团网”和集团优势，与“饿了么”相比更具有流量优势。

② 团购品牌优势和流量资源。“美团”是目前国内兴起最早、发展最成功的团购网站，覆盖全国1 000多个城市，用户数量超过2亿，而“美团外卖”是在“美团团购”的基础上发展而来的。通过数据的前期积累和技术服务的逐步完善，显然“美团”品牌有能力为“美团外卖”提供巨大的流量入口。品牌效应使一部分顾客自然而然被引流到“美团外卖”平台而进行新一轮的消费，这大大减少了“美团外卖”的广告宣传费用，节约了运营成本。

③ 地推和技术运营优势。高校市场是外卖平台的一个重要市场。在平台成立初期，“美团”就致力于建设自己的专业地推团队，其推广对象以高校学生为主。它主要包括扫二维码、发传单，还有小礼品、优惠券等。“美团”特有的校

园大使体系共有校园负责人、校园大使、楼长三级，每栋宿舍楼都由楼长负责。这种地推优势使“美团外卖”在竞争对手“饿了么”已有先发优势的情况下，迅速打入市场，后来居上。因此，“美团”的地面线下推广项目是效果最明显的一种推广形式。“美团外卖”应不断提升高校地推管理能力，通过培养高素质的地推管理者、建立公平合理的奖罚机制和灵活多变的工作机制，进一步占领高校市场。

④ 美团专送系统优化升级。“美团外卖”平台于2015年4月自建物流，并于11月品牌升级，致力全品种配送。配送时效和准时率作为配送服务的重要指标是外卖平台的核心竞争力之一。通过增加骑手的数量来缓解送餐高峰时期的压力，无疑会增加配送的人力成本。因此，即时配送平台的优化是关键。“美团外卖”配送团队应在机器学习、运筹优化等方面发力，深入研究O2O即时配送智能调度系统。系统首先通过优化设定配送费以及预计送达时间来调整订单结构；在接收订单之后，考虑骑手所处位置、在途订单情况、商家出餐等因素，将订单分配给最合适的骑手，并在骑手执行过程中随时预判订单超时情况并触发改派操作，实现订单和骑手的动态最优匹配。完善这些技术能显著减少订单的配送时间，从而达到改善用户体验和降低配送成本的目标。

（4）创造

① 提供个性化外卖服务并提供配套的专业期间服务人员。目前，“美团”与其主要竞争对手“饿了么”的早期重要客户都是高校学生群体，虽然学生群体人口密度大、推广成本低，但是整体上学生的消费能力有限，易受假期、优惠券等因素的影响，忠诚度较低。而近几年，“饿了么”已逐渐重点推进青年“白领”的中高端品牌市场。因此，“美团外卖”应把长远目光放到其他客户群体，开创自营品牌和自营服务。例如，可把目光转向情侣二人餐、家庭聚会餐、企业的大型宴会餐等，根据大数据分析法，了解客户的不同食物需求和口味习惯，为客户提供个性化的搭配建议、高品质的餐饮外卖服务及自带期间服务人员。

② 建立资金存管和惩戒机制。目前，外卖平台都是客户先点餐付款后，餐饮商家接单然后由平台的骑手配送至客户的手中。但是，先付款后消费的机制往往使客户处于被动地位，基本权益得不到有效的保障。因此，“美团外卖”应与第三方支付平台如支付宝、微信支付等达成合作，创立合法的资金存管机制和惩戒机制。客户在下单订餐时先把支付的钱转入外卖平台专门设立的资金存管处，等客户收到餐后再根据其评价，按等级将钱转给餐饮店家。一旦外卖平台成为外卖供应方与外卖客户之间交易的中间人，既能约束餐饮供应方的行为、提高其服务水平，也能提高客户的消费满意度从而拓展客户群。

③ 配备标准监控系统并实时联网。餐饮外卖供应商与客户之间存在信息不对称，导致相关的道德风险问题。客户对餐户所提供的食品的安全和质量没有确切的认识，往往只能通过图片和其他客户的评价来选择。同时，很多入驻店家仅存在网上交易，其外卖加工场所简陋，卫生状况令人担忧。“美团外卖”应要求每一个入

驻的商家配备公司发放的标准摄像头，并且将视频入口链接至手机客户端，以供客户随时随地查看餐厅的后厨情况。这样既能约束餐户的行为，同时也能让客户买得放心、吃得安全，提高客户的满意度。“美团网”还可定期组织客户去餐厅进行定点考察和监督。

2.“拼多多”的蓝海战略

拼多多成立于2015年，作为一家电商平台的后来者，自诞生之日起就饱受争议。它选择从低端市场切入，开辟新的目标用户，通过破坏性创新和延续性创新，使自身在电商平台的竞争红海中脱颖而出。从拼好货开始到2015年9月拼多多正式上线，其创始人黄峥将游戏思维融入拼多多的商业模式创新之中，并最终将拼多多定位为“一家致力于为广大用户提供物有所值的商品和有趣互动购物体验的新电商平台”。拼多多上线不到4个月便拥有了超过2 000万的用户，上线2年多平台交易总额就超过了1 000亿元，快速增长的趋势令其获得了资本市场的青睐。2018年7月，拼多多成功在美国纳斯达克上市。

从诞生伊始，拼多多就不断寻找与成熟电商平台淘宝和京东的差异化模式，来寻找自己的蓝海领域，如重新定义目标用户、重新定义购物模式、重新定义购物场景。在目标用户上，拼多多以“农村包围城市”的战略思路，关注需求未被满足的广大低消费群体；在获客形式上，其通过“拼团、砍价”等融入社交元素的购物模式，使得老用户成为主动拓展新用户的主要力量；在产品提供上，其利用AI算法匹配人和货之间的关系，从传统的“人找货”购物模式转变成“货找人”模式；在页面设置上，其极大程度地弱化了搜索商品功能，更注重展位形式陈列商品，在有限品类中不断打造爆品；在供需匹配上，其通过大数据分析绘制用户需求，打造透明工厂，实现数字化的反向定制。

（1）重新定义目标用户。

拼多多进入电商平台领域之时，我国电商平台的市场竞争格局大势已定。当年淘宝的市场渗透率为87%，京东的市场渗透率为45.3%，遥遥领先于其他电商平台。拼多多通过对目标用户进行细分领域的重新定义，从而实现与淘宝和京东的错位竞争。淘宝和京东的成长是从我国互联网初期阶段开始的，其目标用户群是那些最早使用互联网的城市用户。我国互联网发展迅速，2001年仅3 370万网民，到2021年已经达到10.32亿人。虽然农村网络普及率较低，但近年来正在快速增长，这也意味着未来农村地区的互联网具有更大的增长空间。因此，拼多多采用“农村包围城市”的用户发展策略，选择海量的未被满足的三四线城市和农村地区的低端消费群体作为目标用户的切入点，从而避免了与淘宝、京东在同一市场领域的直接竞争。

此外，在产品属性上，经过多年的优化提升，无论是京东主打的电子产品、淘宝天猫化后进军的海外购市场，还是唯品会追求的品牌市场，都在不断向为用户提供具有丰富特色功能的优质产品迈进，却忽略了价格敏感型的低消费水平人群的消费需求，他们更关注的是产品的价格和使用的方便。不同类别的用户在购物目标、价格的敏感度、品牌意识和物流时效要求等方面均有差别。我国的“赶集文化”“熟人经济”塑造了拼多多关注的一类用户群体，即没有明确购物目标，但在熟人推荐或是“集市”互动中产生购物冲动，对价格极为敏感而缺乏品牌意识的用户。拼多多放弃了在主流市场竞争，而是创新性地选择了服务长尾商家和长尾消费者。

（2）重新定义购物模式

拼多多将“社交”与“购物”相融合，结合大数据和算法，将“人找货”的常规网上购物模式转换为“货找人”模式，从而创新了购物模式，重新塑造了用户的购物体验。在拼多多“拼团、砍价”模式下，用户只需要点击好友分享的链接即可参与拼单并以优惠价格购买到商品。有别于传统团购的单方优惠券模式，拼多多将社交属性嵌入“拼团”中，将线下的“熟人经济”搬到了线上。一方面，在熟人信任基础上的社交网络扩张能够快速吸引用户注意力并促成交易，达到精准营销的效果；另一方面，通过熟人推荐以及用户在购物过程中的互动，可以提高产品在目标用户群体中的曝光度。在商品信息刺激下，能够促使用户产生购买意愿，而在“熟人推荐”和“跟风购买”的心理作用下，用户往往会跳过信息搜集和分析比较程序，直接进行购买支付，从而大大简化了购买决策过程。拼多多通过“拼团、砍价”等融入社交元素的购物模式，不仅使得用户的购物过程娱乐化，也使得老用户成为主动拓展新用户的主要力量。

互联网平台打破了线下物理空间的限制，平台可以供应海量商品以满足长尾市场的需求。淘宝、京东以平台为中心不断强化商品的搜索功能，平台根据用户搜索的关键词匹配合适的产品和商家并推荐给用户。也就是说，用户只有通过电商平台这个中介才能与店家“会面”，这样的形式使得用户非常被动，因为用户能接触到什么样的商品完全取决于电商平台的流量分配。而拼多多凭借微信等社交平台将用户与用户联系在一起，打破了电商平台中心化的局面，从而形成了一个以用户为中心的价值网络，从关注“物以类聚”转变为关注“人以群分”，基于相关人群的偏好进行“一人千面”的用户画像，实现“货找人”的购物模式。

（3）重新定义购物场景

对于互联网企业来说，活跃的用户是公司创造价值的源泉。由于拼多多的市场定位是下沉市场，对商家实行零入驻政策，即不收取店铺保证金。这些因素决定了拼多多无论是在吸引用户、留住用户还是在商品促销方面，都需要另辟蹊径。为此，拼多多结合年轻用户的偏好，将游戏场景与购物场景相结合。为快速吸引新用户，拼多多巧妙利用社交裂变的爆发性，设计出一系列助力游戏，比如“天天领现金”“砍价免费拿”等，在带来用户规模指数级增长的同时，其获客成本仅为主流电商的十分之一左右。另外，拼多多以“多多果园”等游戏为载体，以平台内的社圈和微信等其他社交平台为媒介，得以实现平台用户黏性和平台收入的提高。

如果一个新进入的企业一开始就想迎面与成熟企业争夺现有市场，其需要提供更好的产品或服务，而当新进企业的产品上市时，现有企业必定会采取相应的措施来“迎战”。由于现有企业在现有市场中拥有较高的市场占有率，加之其积累的技术优势可以降低同类型产品的研发成本，使得新进企业难以在激烈的竞争中找到自身的立足之地。因此，对于新兴企业来说，寻找自己的蓝海比在原有市场上和成熟企业“血拼”更为明智。拼多多的成功无疑是对此最好的诠释。

» 微案例2-2

2002年6月，如家快捷酒店由中国资产最大的酒店集团——首旅集团和中国最大的酒店分销商——携程旅行服务公司共同投资组建，2006年成功在美国纳斯达克证券交易所上市。如家快捷酒店是一家分布全国的连锁酒店，目前已有811家门店。自2002年成立，至2009年12月31日，如家的入住率一直保持在90%以上，市场占有率达17.3%。如家的迅猛发展在酒店业创造了一个又一个奇迹，被同行视为比照、赶超的对象。如家快捷酒店成立不到10年，已成功地成为中国经济型酒店行业的领跑者。如家快捷酒店成功领跑的秘诀在于其战略决策在投资定位、营销主题、产品要素组合等方面符合蓝海战略理念，由此开创了新的价值空间，形成了创新价值曲线，赢得了成功。

北京五谷道场食品技术开发有限公司的股权由中旺集团全部转移到中粮集团则标示着五谷道场的蓝海战略的失败。五谷道场在2006年凭借优异的销售成绩荣登第五届中国成长企业100强榜首，2007年以“拒绝油炸，留住健康”的产品定位开辟方便面市场的新空间，全面实施蓝海战略。五谷道场一开始也取得了好成绩，方便面市场的份额也曾达60%之高，然而好景不长，2009年初股权就被悉数转让。五谷道场以“拒绝油炸，留住健康”的产品定位来挑战已有市场，这个定位乍看之下很有创新，然而却并没有抓住顾客对方便面这种产品的核心诉求——便捷美味。健康固然重要，然而顾客选择方便面，健康对购买决策的影响并没有便捷美味重要。五谷道场并没有真正制定合适的蓝海战略。而且如何抛弃油炸实现健康并把这些传达给顾客，五谷道场也没做到。五谷道场盲目地采用蓝海战略，希望规避竞争赢得市场，实现企业利益的高速增长，最后失败，这值得我们深思。

研讨：结合中国实际情况，谈谈上述两家公司应用蓝海战略成功或失败的原因。

本章小结

商业模式的演变与信息技术的发展息息相关，尤其是互联网技术的飞速发展，为商业模式的创新提供了肥沃的土壤。理解互联网发展的规律，对于解读互联网时代新的商业模式的诞生至关重要。这不仅在理论层面高度概括了互联网商业模式创新的一般规律，也在实践层面为企业提供了指导和理论依据。因此，掌握互联网发展的规律是理解和掌握互联网商业模式创新的前提。

本章介绍了互联网发展历程中最重要的六个定律，分别是摩尔定律、吉尔德定律、梅特卡夫定律、马太效应、长尾理论和蓝海战略，并结合这些定律的本质分析互联网商业模式的经典案例，解读其创新模式背后的商业、社会和人文内涵。本章内容高屋建瓴地指出了商业模式创新的内在动力和外在条件，不仅对于分析现有商业模式的本质提供了思路，也为商业模式的进一步创新和发展提供了洞见，是本书后续章节的重要理论支撑。

思考与实践题

1. 电子商务商业模式创新过程中哪些互联网定律发挥着重要作用，发挥了什么作用？

2. 未来互联网商业模式的创新，哪些互联网定律将发挥更大作用，为什么？

课程思政讨论

“天之道，损有余而补不足。人之道，则不然，损不足以奉有余”，这是道家思想对于天道和人道的阐述。天道与人道，这是一个古老而常新的哲学命题，对于互联网时代的商业模式创新也有着深刻的寓意。我国“取之于民、用之于民、造福于民”的税收制度实际上也暗合天道。然而，互联网时代，商业模式的“马太效应”已屡见不鲜，由此出现的互联网巨头形成了寡头垄断，积聚了大量的社会财富，也加剧了社会的贫富差距。古人有“为富不仁，为仁不富”的说法，但范蠡却能三致千金，三次散尽家财，又三次重新发家，算得上既富且仁了。商道既是人道，也是天道，唯有如此才能长久发展。

研讨：结合中国传统文化中关于商道的理念和我国的社会主义制度，探讨互联网时代商业模式的良性创新与企业家的社会责任。

第3章
互联网商业模式创新的技术基础

3.1 移动互联网与商业模式创新

3.1.1 移动互联网的定义与特点

移动互联网（Mobile Internet，MI）是一种以移动网络作为接入网络的互联网及服务，包括三个要素：移动终端、移动网络和应用服务。其中，移动终端是移动互联网的前提，接入网络是移动互联网的基础，而应用服务则是移动互联网的核心。移动终端包括手机、专用移动互联网终端和数据卡方式的便携电脑；移动网络包括2G、3G、4G与5G等；应用服务包括WWW（World Wide Web，全球广域网）、WAP（Wireless Application Protocol，无线应用协议）等方式。

移动互联网是传统互联网和移动通信融合的产物。相较于传统固定互联网，移动互联网既延续传统互联网开放协作的特征，又继承移动通信的实时性、便捷性和可定位的特点，从而实现便捷的通信和服务获取，具有安全可靠的认证机制，并且能够及时获取用户及终端信息。综上所述，我们可将移动互联网概括为以下四个基本特点：

1. 终端移动性

移动互联网实现的功能就是对用户行动的解放，终端移动性的特征让移动互联网运用于任何事物当中。除手机、平板外，还包括各类电子产品，如蓝牙耳机、智能手表、智能眼镜等都能实现网络连接和移动佩戴的功能。同时，移动互联网业务使得用户能够在移动状态下接入和使用互联网服务，实现随时随地无线互通，满足各种条件下用户对移动互联网的需要。

2. 服务即时性

用户使用移动互联网能够随时随地获取自身或其他终端的信息，及时获取所需的服务和数据。同时，位置相关是移动互联网服务的重要特点之一。基于位置的服务（Location Based Services，LBS）不仅能够定位移动终端所在的位置，还可以根据移动终端的趋向性，确定下一步可能去往的位置，这使得移动互联网能够为用户提供即时性服务。

3. 共享协作性

在开放的移动网络环境中，用户具有更大的自主性和更多选择，随着移动终端的智能性进一步增强，用户之间通信和内容体验更具有交互性，用户可以通过多种方式与他人共享各类资源，可以实现互动参与、协同工作。

4.业务创新性

在互联网和终端成为主要业务创新平台的背景下，移动互联网能够为用户提供许多创新性业务。由于移动终端与用户绑定，移动互联网可以结合摄像头、重力感应器等感知设备，根据用户的使用习惯、兴趣偏好、需求和环境等信息，进行个性化定制，以提供更精确的服务。

在移动互联网的广泛应用下，保护用户的数据及个人隐私安全成为一大难题，因此，重视移动互联网带来的安全问题成为当下关注的焦点，而无线频谱资源有限、移动互联网业务互通性较差等问题也在一定程度上影响移动互联网可持续发展。

3.1.2 移动互联网的发展历程

1.萌芽期（1991—2008年）

1991年，Weiser提出了“泛在计算”（Ubiquitous Computing），即人们可以在任意时间、任意地点通过合适的终端与网络进行连接从而获取信息与服务，开启了对移动互联网进行研究的先河。同年，GSM数字蜂窝式移动通信系统在欧洲问世。紧接着以TDMA标准为基础的其他第二代数字蜂窝移动通信系统也相继投入使用。20世纪90年代，移动互联网进入国内市场，1994年中国首次实现了与国际互联网的全功能连接，也标志着中国互联网时代的开启。在移动互联网萌芽期，移动应用终端主要是基于WAP的应用模式，2G网络占据移动网络的主要市场，手机智能化程度较低，因此，移动互联网发展处在一个简单WAP应用期。而后中国移动在2000年12月正式推出移动互联网业务品牌“移动梦网”（Monternet），成为WAP在移动互联网内的一个重大创新。随后在2003年开始出现移动互联网产品经理，如SP（Service Provider，服务供应商）产品经理、WAP产品经理等。

2.成长培育期（2009—2011年）

2009年工业和信息化部宣布批准中国移动、中国联通、中国电信三大运营商入驻3G网络应用市场，由此，2009年成为我国的3G元年，也标志着中国正式进入第三代移动通信时代。随着3G移动网络的部署和智能移动终端的兴起，以及移动网速的大幅提升，移动互联网服务的技术瓶颈得到了初步破解。在成长培育阶段，各大互联网公司都在摸索如何抢占移动互联网入口，纷纷推出各种移动互联网服务，如手机浏览器、企业服务应用等。同时，移动互联网产品经理逐渐受到重视，有的公司设立专门的移动终端部门，负责公司产品在移动终端上的战略布局和发展。但在此期间，国内移动终端并未广泛普及，使用人群主要存在于高端人群阶层，且中国的移动互联网公司尚未探索出成熟、可规模化的商业模式。因而，很多创新应用服务并没有得到大规模应用。

3.高速成长期（2012—2013年）

随着手机操作系统生态圈的全面发展，智能手机规模化应用促进移动互联网的高速发展。苹果公司成功的商业模式刺激中国互联网产业界快速发展，以iOS为代表的苹果手机革新了手机应用模式，Android系统手机紧随其后占据移动终端市场的大片江山，具有触摸屏功能的智能手机的大规模普及应用解决了键盘式移动终端使用不便的问题，丰富了手机的应用场景和应用功能，实用性和可玩性大幅增加，社交工具已从短信发展为微信，移动互联网用户需求大增，以微信为代表的手机移动应用呈现大规模爆发式增长。

4.全面发展期（2014—2018年）

移动互联网的发展离不开移动通信网络的技术支撑，4G网络建设让中国移动互联网发展走上快速发展轨道。2013年12月中国工信部向中国移动、中国电信和中国联通三大运营商发放了TD-LTE 4G牌照，标志着中国4G网络正式大规模铺开。随着4G网络的部署，移动上网网速得到极大提高，上网网速瓶颈限制基本破除，移动应用场景得到极大丰富。2015年工信部又向中国电信和中国联通发放“LTE/第四代数字蜂窝移动通信业务（FDD-LTE）”经营许可，象征着移动互联网进入4G商用时代。

5. 5G技术革新时代（2019年至今）

伴随时代发展，4G已无法满足人们未来需求，对移动互联网技术的升级迭代成为大势所趋，2019年6月工信部正式向中国电信、中国移动、中国联通、中国广电发放5G商用牌照，中国正式进入5G商用元年。5G具有高速率、低时延和大连接等特点，可以帮助物联网、人工智能达成规模化应用，进一步为用户的使用提供便利，也能够有力驱动各行各业进行互联网业务拓展、创新，完美结合移动互联网的商业模式。目前，我国已初步建成了全球最大规模的5G移动网络，4G互联网已实现全面商用，并且新阶段各项技术日趋完善，第五代移动通信技术系统5G基站逐渐覆盖全国各地，成为通信业和学术探讨的热点。

移动互联网的发展历程见表3-1。

表3-1　移动互联网的发展历程

阶段	年份	主要事件
萌芽期	1991—2008年	GSM数字蜂窝式移动通信系统推出； 中国实现与国际互联网的全功能连接； 中国移动推出“移动梦网”（Monternet）； 移动互联网产品经理出现
成长培育期	2009—2011年	中国三大移动运营商入驻3G网络应用市场； 各大互联网公司推出移动互联网相关服务
高速成长期	2012—2013年	iOS系统和Android系统手机出现； 手机移动应用和应用功能增加
全面发展期	2014—2018年	工信部向三大移动运营商发放了TD-LTE 4G牌照； 工信部向中国电信和中国联通发放“LTE/第四代数字蜂窝移动通信业务（FDD-LTE）”经营许可
5G技术革新时代	2019年至今	工信部向三大移动运营商和中国广电发放5G商用牌照； 各行业进行移动互联网业务拓展，创新完善自身商业模式

资料来源　贾茹．移动互联网对大学生主流意识形态教育影响及对策研究［D］．太原：中北大学，2021.

3.1.3 定制与共享的融合——基于移动互联网技术的商业模式创新与应用

移动互联网商业模式，是互联网时代产品快速裂变的利器，能够提升平台价值、聚集客户，针对企业目标市场进行准确的价值定位。而平台则是移动互联网的最大特征，移动互联网以平台为载体，有效整合企业内外部各种资源，建立起产业链各方共同参与、共同进行价值创新的生态系统，形成一个完整的、高效的、具有独特核心竞争力的运行系统，并通过不断满足客户需求、提升客户价值和建立多元化的收入模式使企业达到持续盈利的目标。

» 微案例3-1

阿里云服务成立于2009年，是阿里巴巴集团所属的云计算及人工智能科技公司，其使用在线公共服务的方式为企业提供云服务器、云数据库、云安全、云存储等各类网络技术服务，产品具有安全、可靠的计算和数据处理能力，可以广泛服务于各大行业。阿里云服务包含弹性计算、存储服务、数据库、大数据与人工智能、移动研发平台EMAS、物联网、域名与网站、API与工具、云通信、应用服务等多类型产品。与京东、拼多多等售卖实体商品的自营电商不同，阿里云服务向客户售卖的主要产品是基于移动互联网的云计算技术与虚拟服务。用户可以根据自己的移动终端种类、操作系统、带宽、需求时长等选择合适的产品与服务进行购买，同时这些要素也决定了产品服务的价格。

阿里云服务的成立与阿里巴巴旗下电商品牌淘宝、1688等平台的需求密切相关。第一，这些电商平台在运营过程中会产生海量数据，为了便于收集有效数据进行集中分析，阿里巴巴需要一个庞大的计算系统进行数据统计、处理与运算。第二，部分电商商家在达到一定规模后，希望获得更高效的技术指导，但缺乏专业的技术人才与资源。因此，阿里巴巴凭借自身强大的技术实力与各项资源成立了阿里云服务，并不断根据市场需求进行调整和升级。其主要客户集中于传统行业与初创公司，可以有效解决用户受传统IT基础设施限制、数据库不稳定、数据储存可靠性较低等各项技术问题，并且通过公共服务器大幅降低用户开发时的运营成本。截至目前，阿里云服务已是全球知名的云计算与服务提供商。

虽然移动互联网已广泛普及，但对于大众仍存在一定技术壁垒。阿里云服务正是将自己定位于移动互联网服务提供商，为缺乏移动互联网技术、运营预算有限的企业售卖技术与虚拟服务商品，形成双赢局面。

研讨：移动互联网能够为未来商业模式带来怎样的变化趋势？试分析移动互联网未来发展的优劣势。

3.2 社会化媒体与商业模式创新

3.2.1 社会化媒体的定义与特点

社会化媒体（Social Media）又称社交媒体，是一种交互式技术，人们可通过虚拟社区和网络进行信息、观点或其他表达内容的创建与分享。从最基本的意义上说，社交媒体是人们发现、阅读并分享新闻、信息及内容的一种转变，它是基于Web2.0互联网的应用程序，通过将用户的个人资料与其他个人或团体的资料联系起来，促进在线社交网络的发展。一些企业也将社交媒体称为用户生成内容（User Generated Content，UGC）或消费者生成媒体（Consumer Generated Media，CGM）。社交媒体赋予每个用户创造和传播内容的能力，能够给予用户极大的交流空间，满足用户对发表个人意见、建立社会关系、发挥个人影响力的需求。

社会化媒体的形态丰富多样，凯度（KANTAR）在《2019年中国社会化媒体生态概览白皮书》中将中国社会化媒体生态格局分成了核心社会化媒体、衍生社会化媒体和复合媒体三类。其中，复合媒体指多功能一站式平台，用户可根据需要切换功能，满足多种应用场景需求，如微信、QQ等；核心社会化媒体为重关系平台，用户可通过建立与其他用户之间的关系以维护社会关系，如新浪微博、领英、豆瓣、小红书等；衍生社会化媒体则为重内容平台，用户可从内容生产者处获取符合兴趣的信息，如大众点评、抖音、今日头条、知乎等。

2007年，美国学者Antony Mayfield最早使用“社会化媒体”这一词，他在其著作《什么是社会化媒体》（What is Social Media）一书中提出社会化媒体具有参与、公开、交流、对话、社区化、连通性等六个特点。

1.参与

社会化媒体可以激发感兴趣的人主动地贡献和反馈，它将媒体和受众之间的界限模糊化，使得用户可以随时随地发表个人意见，或者参与到其他用户的交流与讨论中。任何用户都是社会化媒体的受众，也是社会化媒体的传播者。

2.公开

社会化媒体对用户基本没有门槛限制，因此用户都可以免费参与其中，它们鼓励人们评论、反馈和分享信息。用户在社会化媒体上发布的内容是公开可见的，各种信息高度透明且流动自由。同时，用户参与和利用社会化媒体中的内容几乎没有任何障碍——受保护的内容除外。

3.交流

传统的媒体采取的是“广播”的形式，即内容由媒体向用户传播，单向流动。而社会化媒体的优势在于，内容在媒体和用户之间双向传播，这就形成了一种交流。

4.对话

传统媒体将内容单向传递给受众，而社会化媒体具有双向对话的特质，强调只有完成用户双方的对话，才能构成双向传播，形成交流。

5.社区化

在社会化媒体中，人们很快就可以形成一个社区，并以摄影、政治话题或者电视剧等共同感兴趣的内容为话题，进行充分的交流。这在一定程度上降低了社会化媒体内容的公共关注度和大众影响力，但是提高了用户的归属感与匹配度。

6.连通性

社会化媒体作为随着Web2.0技术发展而诞生的新型媒体，其包容性较强，因而大部分的社会化媒体都具有强大的连通性，可以通过链接将多种媒体融合到一起。

3.2.2 社会化媒体的发展历程

人们对社会化媒体的认识可能源自Facebook、Twitter，但它的诞生时间远远早于它的概念。从时间脉络上看，其发展历史可以追溯到20世纪70年代美国ARPAnet项目组所发出的人类第一封电子邮件。随后，1980年互联网之父Tim Berners Lee开始构建“超文本”在线编辑数据库ENQUIRE项目，并在1991年创立了万维网（World Wide Web），但由于硬件条件与技术的限制，直到20世纪90年代，随着互联网和计算机的出现，社会化媒体才获得了迅速的发展。因此，我们将国内外社会化媒体发展历程分为萌芽期、多元发展期和融合创新期三个阶段（见表3-2）。

表3-2　社会化媒体的发展历程

阶段	年份	主要事件
萌芽期	1970—2003年	基于网络的计算机组合——新闻组Usenet诞生； 万维网（World Wide Web）诞生； 中国第一个论坛——曙光BBS站建立
多元发展期	2004—2010年	Web2.0概念提出； 扎克伯格创建社交网络服务网站Facebook； 博客、微博、豆瓣、人人网、Twitter等社交网站诞生
融合创新期	2011年至今	大型的社交网站纷纷布局移动端； 腾讯公司推出微信（WeChat）

资料来源　赖炜．中外社交媒体发展历史之比较研究［J］．青年记者，2019（32）：20-21.

1.萌芽期（1970—2003年）

PLATO系统通过1973年的创新提供了早期形式的社交媒体，包括PLATO的消息论坛应用Notes以及它的即时通信功能TERM-talk。在20世纪80年代，基于网络的计算机组合——新闻组Usenet诞生，用户能够在新闻服务器上阅读其他人发布的信息并参与讨论。随后继1991年万维网的诞生后，1994年中国第一个论坛——曙光BBS站建立，这也标志着第一个中国社会化媒体正式诞生。交流方式从原来的点对点发展到了点对面，用户通过网络与他人交往成为现实，交流成本大大降低。BBS把信息多节点化，淡化了个体意识，实现了分散信息的聚合。在这个阶段，中国互联网仍处于发展初期，缺乏社会化媒体快速发展的技术支撑与群众基础。

2.多元发展期（2004—2010年）

在这个阶段，国外新出现的以丰富的多媒体个性化空间吸引用户注意力的Myspace进一步推动了国内社交网络的发展。随着2004年Web2.0概念的提出，在线服务平台由为网络通信提供渠道转变成为网络社交提供交互式、双向交流的载体，社会化媒体因此呈现井喷之势。同年，扎克伯格创建了社交网络服务网站Facebook，现已发展成全球最大的社会化媒体。随后，博客、微博、豆瓣、人人网等一批针对不同用户群体的社交网站也都相继出现。2006年Twitter诞生，线下的交往关系开始逐步衍生到线上，极大地丰富了用户的线上社会化生活。

3.融合创新期（2011年至今）

随着移动互联网的快速发展，使用场景更加方便快捷，互动更加快速高效，社会化媒体格局日益复杂，单一的媒体服务已经无法满足市场和大众的需求。因此，很多大型的社交网站纷纷布局移动端，移动社交逐渐占据了社交媒体平台主导地位。2011年腾讯公司推出了一个为智能终端提供即时通信服务的免费应用程序——微信（WeChat），迅速占领中国社交应用市场，如今仍被广泛使用，并成为国内用户活跃量第一的社交应用。

3.2.3 关系与内容的融合——基于社会化媒体的商业模式创新与应用

用户生成内容是社交媒体的命脉。在用户传播其所生成内容的过程中，认可该内容的用户会自发聚集，形成基于网络的社交关系网络。因此，用户的“内容”与“关系”就是社会化媒体在进行商业应用时最主要的资产。

» 微案例3-2

诞生于2016年的抖音，是一款由字节跳动集团发布的音乐创意短视频社交软件，同时也是一个面向全年龄的短视频社区平台（如图3-1所示）。产品前期，用户可以在平台上选择歌曲，拍摄时长15秒的音乐短视频，从而形成自己的作品。在产品后期，用户可以创作更多领域的短视频内容，如短剧、科普等，不再仅限于音乐短视频，且时长也逐渐增长。抖音的用户可以分为内容创作者和内容阅读者两类。内容创作者可以通过平台发布各种内容的短视频作品；内容阅读者则为观看平台已发布作品的用户，他们可以选择点赞、评论或转发以表达个人的观点与意见，从而完成与内容创作者的互动。抖音平台的内容大部分都是由用户自主生成，对创作者的身份、位置等各项信息无任何限制，充分满足社会化媒体对用户参与、内容公开的要求。截至2021年第一季度，抖音日活跃用户平均值超过6亿，并继续保持高速增长。

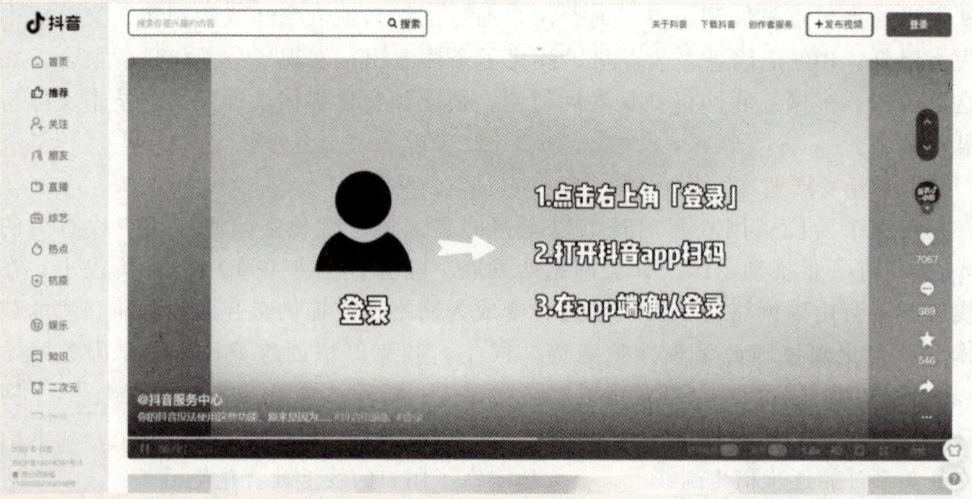

图 3-1　抖音网页版首页

除了鼓励用户生成内容，抖音同样重视用户关系的构建。抖音的算法机制能够根据用户的使用习惯、观看历史等信息，高度匹配用户感兴趣的内容并进行推送，同时为用户寻找并推荐拥有共同点的用户群体，建立线上用户之间良好的社交关系，并形成兴趣社区。当群体人数达到一定数量、群体间的关系较为紧密时，其中的关键意见领袖（Key Opinion Leader，KOL）便可以通过抖音平台直播进行互动或带货。抖音不仅能够加强用户间的关系，而且可以实现平台与用户之间亲密关系的建立。当用户参与一个群体或社区讨论时，那么其对平台将有更高的认可度与忠诚度，也更容易使用平台进行社交或完成内容创作。

抖音牢牢把握社会化媒体的两个核心要素，即内容与关系。一方面，它不断降低用户创作门槛，鼓励用户自主生成内容，并对其中高质量的内容进行主动曝光与推广，以激励用户模仿创作；另一方面，它借用技术协助用户在平台上找到认同感，或寻找感兴趣的意见领袖与群体，从而拓宽用户的社交圈。在此基础上，抖音还联合多类型媒体平台，打破社会化媒介之间的壁垒，带来了社会化传播的变革。移动互联网的飞速发展意味着人们生活节奏不断加快，对产品和服务的需求层次提高，如何获得用户的注意力成为当今社会和企业关注的焦点。抖音的成功在于它精准把握时代发展趋势，它通过发展“短、平、快”的短视频填补用户碎片化时间，以获得大量用户的关注。任何一个社会化媒体的发展不仅需要围绕内容与关系，还需要对技术与市场进行充足的考量与分析，针对目标受众用户的特点，从而创造一个能够与发展趋势相匹配的商业模式。

研讨：社会化媒体的发展能够引发怎样的商业模式现象和流行趋势？未来社会化媒体的商业模式发展可能会面临哪些机遇和挑战？

3.3 云计算与商业模式创新

3.3.1 云计算的定义与特点

云计算（Cloud Computing，CC）是一种基于互联网的计算方式，通过这种方式共享的软硬件资源和信息可以按需提供给计算机和其他设备。同时，它也是一种资源交付和使用模式，依赖于资源共享来实现一致性，通过网络获得应用所需的资源如硬件、平台、软件等。

美国国家标准与技术研究院（National Institute of Standards and Technology，NIST）也提出，云计算是一种能够通过网络以便利的、按需付费的方式获取计算资源（包括网络、服务器、存储、应用、服务等）并提高其可用性的模式，这些资源来自一个共享的、可配置的资源池，并能够快速地供应及释放，使管理资源的工作量和与服务提供商的交互减小到最低限度。而我们现阶段所提到的云服务已不单单是一种分布式计算，而是分布式计算、效用计算、负载均衡、并行计算、网络存储、热备份冗杂和虚拟化等多种计算机技术混合演进和升级的结果。

整体来说，云计算是一种建立在泛在的、便捷的网络连接上的服务提供形式，网络连接的一端是具有强大处理计算能力的“云”，另一端是功能简化为只有单纯输入输出设备的用户终端。“云”端利用虚拟化、分布式计算等技术将分散的软硬件资源汇聚成共享资源池，再以动态、弹性、按量付费的模式为云租户提供可配置的大规模计算、存储服务，让用户能够购买自己所需的资源，如同水、电等商品一样，从而实现资源的高效整合与利用。因此，作为传统计算机技术和网络技术的延伸，可以归纳出云计算具备以下五个显著特点：

1.广泛的网络接入

用户可以通过网络获取供应商的资源，采用标准机制访问物理和虚拟资源。这个关键特性强调云计算使用户可以从任何网络覆盖的地方，使用各种客户端设备访问资源。

2.弹性资源伸缩

伸缩性是指根据需要向上或向下扩展资源的能力。这个关键特性对用户来说，他们可按照需求购买任何数量的资源，无须为云计算的资源数量和容量规划担心。

3.按需自助服务

用户能够根据自身的需要来直接扩展或者使用云计算资源，不必与服务供应商进行人工交互，实现在短时间内输出资源和服务。这个关键特性强调云计算为用户降低了时间成本和操作成本。

4.服务可度量

在可度量服务下，资源的使用可以被监测和控制，通过向供应商和用户提供这些被使用服务报告以达到透明化，同时有助于资源计费、访问控制、资源优化和容量规划等任务的实施。这个关键特性强调客户只需对其使用的资源进行付费。

5.共享资源池

云计算供应商能够通过多用户共享模式服务于用户，资源池将供应商所提供的计算资源集中起来，根据用户的需求，动态地分配或再分配不同的物理和虚拟资源。由于资源池的独立性，用户通常无须了解被提供的资源的物理位置、配置等信息。这个关键特性强调云服务提供者既能支持多用户，又能方便用户应用云计算资源。

3.3.2 云计算的发展历程

云计算这个概念从提出到2022年，已有十余年，在这十余年间，云计算取得了飞速的发展与翻天覆地的变化。现如今，云计算被视为计算机网络领域的一次革命，因为它的出现，社会的工作方式和商业模式也在发生巨大的改变。追溯云计算的根源，它的产生和发展离不开并行计算、分布式计算等计算机技术，这些技术的发展都促进着云计算的成长。

1.基础阶段（1959—2005年）

在介绍云计算发展之前，先介绍一下虚拟化，虚拟化是云计算基础架构的核心，也是云计算发展的基础。1959年，Christopher Strachey在一篇学术报告中首次提出了“虚拟化”的概念，从此拉开虚拟化发展的帷幕。而后随着网络技术的发展，逐渐孕育了云计算的萌芽。但由于受当时工业、科技条件的限制，计算机硬件相当昂贵，虚拟化始终只是一个概念和对未来的畅想。到了20世纪90年代，计算机出现爆炸式增长，以思科为代表的一系列公司应势蓬勃发展，随即网络出现泡沫时代。在这一阶段，对大多数企业而言，硬件的自行采购和IDC机房租用是主流的计算机基础设施构建模式。除了服务器本身，其他底层事项总体上都需要专业人士来负责，因此作调整的反应周期也比较长。

在这一时期，让更多的用户方便快捷地使用网络服务成为互联网发展要解决的首要问题。与此同时，一些大型公司也开始致力于开发大型计算能力的技术，为用户提供更加强大的计算处理服务。

2.形成阶段（2006—2010年）

2006年，Google首席执行官Eric Schmidt在搜索引擎大会首次提出“云计算”的概念，并称之为新型计算模式，这是云计算发展史上第一次正式提出这一概念。同年，亚马逊推出了第一款弹性云计算EC2和S3存储，标志着云计算时代的来临。云计算成为计算机领域最热门的话题之一，同时也是大型企业、互联网建设着力研究的重要方向。云计算概念的提出，给互联网技术和IT服务带来新的模式，同时引发了一场互联网行业变革。

从2007年到2009年，IBM公司推出蓝云产品，Salesforce发布Force.com，即PaaS服务（Platform as a Service，平台即服务），Google推出Google App Engine，微软发布了“公有云计算平台”（Windows Azure Platform），由此拉开了微软的云计算

大幕。同一时期，云计算在国内也掀起浪潮，许多大型网络公司纷纷加入云计算的阵列。2009年阿里在江苏南京建立了首个“电子商务云计算中心”。同年11月，中国移动云计算平台“大云”计划启动。在这个阶段，云计算的主要特点为按需获取，弹性扩容，对外呈现IaaS（Infrastructure as a Service，基础设施即服务）、PaaS和SaaS（Software as a Service，软件即服务）三大服务模式。

3.发展阶段（2010—2016年）

云计算发展阶段的标志是虚拟化技术进步和创新，头部科技企业阿里、微软、腾讯、百度等开始主动布局云计算领域开源生态。2011年苹果发布了iCloud，使得人们可以随时随地存储和共享内容。2012年著名的虚拟化技术公司VMWare提出可以使用Overlay网络实现虚拟化的技术，因此亚马逊、Google以及阿里云迅速发展IaaS层的虚拟化技术。随后在2014年，微软宣布Microsoft Azure在中国正式商用，同年4月，微软Office 365也正式落地中国。这个阶段的主要特点是虚拟化技术逐渐成熟，基础设施即服务（IaaS）的商业模式被个人和企业广泛接受。

4.成熟阶段（2016年至今）

经过几十年的探索与发展，主流平台产品和标准产品功能逐步健全，市场格局相对稳定，云计算进入成熟阶段。2016年，VMware和亚马逊旗下公司Amazon Web Services达成战略联盟，将VMware软件定义数据中心（Software Define Data Center，SDDC）带入AWS Cloud，支持客户在基于VMware vSphere私有云、公有云以及混合云环境下运行各种应用。2017年4月，中国工业和信息化部发布《云计算发展三年行动计划（2017—2019年）》，促进云计算在各行业的快速应用，推动各领域信息化水平大幅提高。通过池化资源，云平台帮助企业驱动实现以客户为中心价值链的最短路径，实现技术、业务、决策的深度融合，最终实现企业效率和收益的提高。这个阶段的特点是基础设施即服务（IaaS）进行外延式扩张，特性多样化，功能更丰富。平台即服务（PaaS）趋于成熟，云平台建设已初见成效，促进产业链上下游的高效对接与协同创新，并成为推动产业与互联网融合的关键要素。

云计算的发展历程见表3-3。

表3-3　云计算的发展历程

阶段	年份	主要事件
基础阶段	1959—2005年	“虚拟化”概念首次提出
形成阶段	2006—2010年	“云计算”概念首次提出； PaaS服务和Google App Engine发布； 微软公有云计算平台发布； 中国移动云计算平台“大云”计划启动
发展阶段	2010—2016年	虚拟化技术进步和创新； 头部科技企业主动布局云计算领域开源生态； Microsoft Azure在中国正式商用
成熟阶段	2016年至今	VMware和Amazon Web Services达成战略联盟； 中国工信部发布《云计算发展三年行动计划（2017—2019年）》

资料来源　王耀福. 云计算商业模式创新研究［D］. 北京：北京邮电大学，2021.

3.3.3 技术服务引领创新——基于云计算技术的商业模式创新与应用

云计算不仅是技术层面的创新，更带来了服务和商业模式的创新方法。随着云计算的价值逐渐被发掘和认识，越来越多的企业把云计算作为创新平台，其优势在于拥有成熟的技术和提供不间断服务的能力，能够改变商业模式中的盈利模式、价值创造、价值网络、客户关系和企业运营及内部组织，从而帮助企业打造数字化的平台。

（1）云计算企业商业模式的创新动力在于企业外部动态经济市场环境以及企业内部管理和经营发展需要。具体来说，外部因素有新的产品技术的出现，产业变革导致企业间形成竞争局面；内部因素则有企业内部管理的优化，以及用户对云服务需求层次多元化转变。

（2）云计算能够通过基于云网络、云存储和云信息安全等方面的技术进步，通过对成本的灵活控制，集中资源关注业务发展以及使用平台云属性连接上下游的商业生态等方面发展，以促进企业进行商业创新。云计算能够从生产技术层面，使得企业与其相关的利益方在价值创造、价值获取等生产过程中降低或打破技术壁垒，进而实现连接互动和信息共享，打通互融互助的往来合作关系，从而推动企业商业模式的创新。

（3）云计算不仅优化企业生产流程，促进价值创造的发展，还驱动消费产业链升级，从而促使产业链上下游企业，例如作为供给方的厂商、代理商和物流商等的商业模式变革。由传统线下“厂房—物流链—传统渠道销售—门店—客户”的模式，简化升级为“生产商—物流—客户”直线条供应链管理模式，涵盖了人们的日常用品，以及企业之间数据信息的交换和传递等。

» 微案例3-3

腾讯云是腾讯整合企业内部资源和业务基础架构，聚焦云计算新方向的业务。腾讯云通过精细化运营，为其他企业、创业者、个人等客户提供诸如通用计算、异构计算、数据存储、人工智能等综合一体化的产品技术运营服务。其发展历程经历了基础架构期、快速成长期、成熟扩张期三个阶段。

腾讯于2010年2月正式宣布对外提供云服务，并先后对外开放云服务器、云计算系统的运行指标和状态监控、华南数据中心、云计算关系型和内存型的数据库、云拨测等云服务，标志着腾讯云正式进入国内云计算行业，成为云计算综合服务商之一。2013年，腾讯云自研虚拟机平台VStation，以及相关的云产品服务对外开放，公有云业务保持高速增长。继而又先后推出了多种基础服务，包括计算、容器、存储、网络、通信和视频等，以及行业级别的应用云品牌服务。基于腾讯在其他产品上积累了庞大的用户群体和流量，因此，腾讯云积极布局消费互联网领域，通过诸多的产品和技术从内容方面与消费端用户产生连接关系。同时，根据云计算行业的发展趋势，腾讯云结合自身的内容业务在诸如直播云服务、游戏云后台、本地生活服务等领域，为互联网用户和企业用户，提供基于云计算技术场景化的内容服务和数字化工具。从2017年至今，腾讯云进入成熟扩张阶段，迅速扩展自身业务范围，由消费互联网向产业互联网发展，对业务定位进行了调整及优化，连接内容和渠道，为产业互联网提供云技术支撑，帮助消费互联网用户获得产业物联网的服务。在产业物联网中，腾讯云作为数字化助手，为企业端客户提供综合服务，实现以物为中心的各种应用。在消费互联网中，腾讯云以用户为本形成多元连接方式。

腾讯云在基于云计算服务的基础商业模式上，进行了定位垂直行业和打造智能产业生态解决方案的创新。腾讯云的基础软件服务现阶段主要来自两个方面，包括基于企业核心技术的自研软件和基于其他企业合作方式研发的软件服务。在垂直行业的云服务布局方面，腾讯云进行跨行业合作，为各行各业的数字化改造提供数字化系统和工具，目前在包括金融、零售、直播、政务、在线办公等垂直行业都推出了基于云服务、人工智能、云安全等的解决方案。

研讨：云计算技术引发了怎样的商业模式现象和发展趋势？试分析云计算技术在未来商业模式发展中的优劣势。

3.4 区块链技术与商业模式创新

3.4.1 区块链技术的定义与特点

区块链（Block Chain）是一个共享的、不可篡改的账本，旨在促进业务网络中的交易记录和资产跟踪流程，它是由一个又一个区块组成的链条，每一个区块中保存了一定的信息，并按照各自产生的时间顺序连接成链条。

作为比特币的底层技术，区块链技术起源于比特币，也被称为分布式账本技术。区块链技术是互联网数据库技术的一种，其特点是去中心化、公开透明，让每个人均可参与到数据库记录中，是一种不依赖第三方、通过自身分布式节点进行网络数据的存储、验证、传递和交流的技术方案。由此，我们可以归纳出区块链技术具备以下特点：

1. 去中心化

区块链技术的一个显著特点是对中心化的摒弃，它不依赖第三方机构或硬件设施，没有中心管制。区块链技术的数据验证、记账、存储、维护和传输等过程均是基于分布式系统结构，采用数学方法而非中心机构来建立分布式节点间的信任关系，从而形成了去中心化的可信任分布式系统。

2. 开放性

区块链技术基础是开源的，除了交易各方的私有信息被加密外，区块链的数据对所有人开放，任何人都可以通过公开接口查询区块链数据和开发相关应用，整个系统信息高度透明。

3. 独立性

区块链技术采用特定的经济激励机制来保证系统中所有节点均可参与数据区块

的验证过程，并通过相应算法来选择特定的节点将新区块添加到区块链中，任何一个节点的损坏或失去都不会影响整个系统的运作，所有节点能够在系统内自动安全地验证、交换数据，不需要任何人为的干预。

4. 安全性

区块链技术基于非对称密码学原理对数据进行加密，同时借助分布式系统各节点的工作量证明等共识算法形成的强大算力来抵御外部攻击，保证区块链数据不可篡改和不可伪造，因而具有较高的安全性。

5. 准匿名性

区块链技术采用与用户公钥挂钩的地址来作为用户标识，不需要传统的基于PKI的第三方认证中心颁发数字证书来确认身份。通过在全网节点运行共识算法，建立网络中诚实节点对全网状态的共识，间接地建立了节点间的信任。用户只需要公开地址，不需要公开真实身份，而且同一个用户可以不断变换地址。因此，在区块链上的交易不和用户真实身份挂钩，只是和用户的地址挂钩，具有交易的准匿名性。

3.4.2 区块链技术的发展历程

区块链的发展历史比较短暂，该技术的兴起主要源于以比特币为代表的一系列虚拟数字货币的流行，这些数字货币算是区块链的初步应用。区块链的发展是一个渐进的过程，目前根据其应用可分为三个阶段。

1. 区块链1.0（2008—2009年）

区块链1.0阶段也可以被称为可编程货币阶段，这一阶段区块链技术主要以比特币为代表的一系列虚拟货币为应用场景。2008年，中本聪（Satoshi Nakamoto）在文章中提出了去中心化加密货币——比特币（Bitcoin）的设计构想，这也是区块链架构的最初模样。2009年，比特币系统开始运行，第一个序号为0的比特币创世区块诞生。同年1月出现序号为1的区块，并与序号为0的创世区块相连接形成了链，标志着区块链技术的诞生。

2. 区块链2.0（2010—2014年）

区块链2.0阶段可以被称为可编程金融阶段，这一阶段主要是将区块链技术应用到金融领域让其能够服务金融互联网行业。受比特币交易的启发，人们开始尝试将区块链应用到包括股票、清算、私募股权等其他的金融领域。2010年出现了比特币的第一个交易所。同年7月交易所Mt.Gox成立，这标志着比特币正式流入市场，比特币的价值逐渐受到重视，价格也一路上涨，但在这一时期，比特币的挖掘及研究主要集中于极客圈内，对区块链的研究同样如此。2011年，区块链技术在数字货币方面的应用增多。

在这一阶段，与比特币技术原理相似的莱特币、无限币、夸克币、狗狗币、以太币、隐形金条等数字货币相继出现，使得价值得以在互联网上流通，而去中心化、跨国支付、随时交易等特点使数字货币对传统金融造成了强烈的冲击。随着比特币等数字货币的流通，区块链技术也开始进入大众的视野。

3. 区块链3.0（2015年至今）

区块链3.0阶段可以被称为可编程社会阶段，这一阶段主要将区块链应用范围拓展到各个领域中，实现“区块链+”时代。由于英国脱欧、印度废除纸币等事件的出现，全球金融领域动荡，比特币凭借其避险性开始复苏，市场需求迅速增加，比特币的暴富效应带动了其他虚拟货币及各种区块链技术应用的大发展，各种区块链资产受到全球疯狂追捧，比特币和区块链技术也彻底进入了全球视野。

随着区块链的发展，人们根据其特点将区块链应用到各种有需求的领域，例如应用区块链匿名性特点的匿名投票领域，利用区块链溯源特点的供应链、物流等领域，以及物联网、智慧医疗、智慧城市、5G等领域。中国顺应全球化需求，紧跟国际步伐，积极推动国内区块链的相关领域研究、标准化制定以及产业化发展。数字资产研究院统计数据显示，截至2020年底，中国实际开展业务的区块链企业约1 300家，产业已初具规模。区块链将不可避免地对未来的互联网以及社会产生巨大的影响。

区块链的发展历程见表3-4。

表3-4　区块链的发展历程

阶段	年份	主要事件
区块链1.0（可编程货币阶段）	2008—2009年	中本聪提出比特币（Bitcoin）设计构想； 序号为“0”的比特币创世区块和序号为“1”的区块诞生并相连
区块链2.0（可编程金融阶段）	2010—2014年	比特币的第一个交易所成立； 比特币、莱特币、夸克币、狗狗币等数字货币在互联网上流通
区块链3.0（可编程社会阶段）	2015年至今	区块链应用于各种领域，如供应链、物流、智慧城市等； 2020年底，中国实际开展业务的区块链企业约1 300家

资料来源　郭上铜，王瑞锦，张凤荔. 区块链技术原理与应用综述［J］. 计算机科学，2021，48（2）：271-281.

3.4.3　技术融合激励创新——基于区块链技术的商业模式创新与应用

区块链技术的出现和兴起，让业界重新审视数据信息作为核心资源，与其生产者、使用者、所有者和受益者之间的关系。区块链技术和传统产业之间的结合，可以改变产业的运作方式，从而进行商业模式的创新。作为一种新的技术手段，区块链能够在隐私、数据权、成本、安全等方面，通过弥补式创新、取代式创新和颠覆式创新三种途径对商业模式进行优化和创新。

1. 弥补式创新

弥补式创新即通过充分发挥区块链的技术优势，来弥补和解决商业模式中现存的缺陷和问题。以区块链技术运用最为广泛的共享经济为例，弥补式创新主要体现在解决共享经济商业模式的数据安全问题。由于共享经济是借助互联网平台实现的协作消费，虽然其对数据信息多方面的利用可以创造更大的经济价值，但在保护用户隐私和保证数据权等方面还存在许多亟须解决的问题。通过区块链技术，可以把互联网平台和供需双方以及监管机构等其他利益相关方同时接入区块链网络中，互联网平台仍然可以作为最大区块发挥它原本的职能而创造价值，同时也通过区块链技术降低共享经济商业模式中数据流失和泄露的风险，保护各方利益相关者的隐私。在数据权的问题上，区块链技术可以让共享经济的供需双方的数据相对完整地从一个平台转移到另一个平台，不用每次都从头开始，本质上来说相当于给予了各方利益相关者一定程度上的数据选择权，从而使得工序区块对单一平台区块的依赖性降低，既发挥了供需方的能动性，又增强了数据信息检验的专业性。弥补式创新并没有改变共享经济原有的商业模式，仅仅是将传统互联网共享经济交易转移到区块链中，而互联网平台依然在共享经济中有着不可或缺的作用和地位。因此，弥补式创新模式更重要的是打破原有商业模式中的完全垄断地位，对原有商业模式中存在的问题和缺陷进行解决和改善，从而创新商业模式。

2.取代式创新

取代式创新即用区块链技术代替原本商业模式中的相关技术。同样以共享经济的商业模式为例，取代式创新则是削弱传统共享经济商业模式中互联网平台的大多数作用，用区块链技术来替代，进而使互联网平台成为监管、技术支持和交易辅助等集成化服务的提供区块，达到降低交易成本的效果。基于互联网平台的角色转变，各区块可以完全封装用户信息，也可以根据需求部分公开，能够更好地保护各方的隐私权。与此同时，数据权也得到了更好的保护，各区块可以自由进行数据的交易和使用，拥有了完全的数据使用权和所有权。从技术层面来看，取代式创新相较弥补式创新其实并没有非常明显的进步，主要是使点对点区块链网络技术的应用更加灵活，以及非对称加密和时间戳技术有进一步发展和多样化的应用，可以让加密双方根据需求进行不同选择。综合来看，这种取代式创新的方法本质上是一种过渡模式，是互联网平台在点对点网络的应用演变和集成发展的竞争中的一个过渡阶段。

3.颠覆式创新

顾名思义，这是指原商业模式中的核心功能被完全颠覆。依旧以共享经济的商业模式为例，即互联网平台作为中心区块的作用被完全颠覆，供需双方以及技术服务、验证服务等辅助区块都会以独立区块的模式参与到共享经济中，不再需要互联网平台作为中心区块进行连接。从区块链技术的角度来说，颠覆式创新与弥补式创新和取代式创新最大的区别是实现了真正意义上的去中心化。所有区块都可以自行选择公开或者隐藏个人信息和交易信息，也拥有数据完整的所有权、使用权和收益权，不仅可以提高数据的应用和价值创造，而且保证了区块数据的自主性和隐匿性。在共享经济的商业模式中，由于数据质量和价值密度的大幅提高，围绕区块的数据都成为一个个“数据金矿”。通过颠覆式创新，可以使得共享经济中的所有区块都能享受数据的收益权，极大地降低了交易成本，各区块获得更大的价值满足，整体区块链网络的投入产出效率也会得到大幅提升。综上所述，颠覆式创新是一个去中心化的创新路径，使得数据有更高的透明隐匿性和开放自主性，秉承合作共赢的创新理念为区块链网络中的各方带来更大的收益。

区块链技术运用到电子商务的商业模式创新中，首先可以简化交易模式，无须支付宝或者微信支付等第三方平台保证交易信用即可进行交易，极大地降低了交易成本。其次区块链技术还可以保证交易信息记录真实可靠，使交易活动的资金流、物流和管理信息流三流合一，实现高度的匹配。

» 微案例3-4

OpenBazaar于2015年成立于美国，是一家利用比特币进行交易的电商平台，它不设服务器，直接将用户与他人连接开展交易，而且整个平台开源，用户可以自行对平台进行贡献。作为一个为网上P2P交易创建去中心化网络开源服务的平台，该平台正在尝试打造一个去中心化的市场，在该平台上买卖双方使用比特币进行交易，商品和服务可以在没有中间商的条件下进行交易。对于交易监管模式，该平台目前采取的方式主要是建立一个信誉评分系统，用户不仅能够对他人进行评分，而且能够查看对方的信誉评分，在进行交易的时候可以以此作为评判标准。当发生交易纠纷时，可以选择第三方公证人进行介入。

研讨：区块链技术可以从哪些方面完善现有的商业监管模式？试分析区块链技术在未来商业模式发展中的优劣势。

近年来，基于互联网的社交媒体和社交网络的兴起，给人们的日常生活带来深刻影响，但基于中心化架构设计的传统社交网络存在的弊端制约着其进一步发展，用户信息和隐私安全无法得到保证、用户创造的内容无法归属个人等问题尚未得到良好的解决方案。而去中心化的区块链技术恰好可以解决传统社交网络平台的这类问题。

» 微案例3-5

Synereo成立于2014年，是一家为内容发布和分发开发区块链解决方案的公司，为创作者和策展人提供更公平且更有价值的在线发布和分发内容的方法。Synereo提供支持区块链的注意力经济解决方案，是分布式APP的首选平台。2016年9月Synereo公司在社交领域做出了尝试，将发布一个建立在注意力经济体系之上的，不依赖于第三方而名副其实的对等、分布式社交网络，每一个在Synereo生态体系里的终端用户，都是这个网络的所有者。其目的是打破目前社交网络的商业模式，创建一种由用户掌握主导权的去中心化社交网络。与Facebook、微信等主流社交网络平台不同，Synereo把个人数据的控制权交还给用户，它不会存储用户的个人信息，所有的用户信息和网络交易关系都加密在一个分布式账本上，只允许用户本人访问。用户可以花费平台内部货币去推广数据内容，在这种商业模式下，用户可以直接交流和交换数据价值。

研讨：未来区块链技术的商业模式将会怎样发展？试分析区块链技术引发的商业模式变化趋势。

3.5 物联网与商业模式创新

3.5.1 物联网的定义与特点

物联网（Internet of Things，IoT），其官方定义是在国际电信联盟（ITU）发布的《ITU互联网报告2005：物联网》中被首次提出。该报告指出，物联网是通过射频识别技术设备、红外感应器、全球定位系统GPS、激光扫描器等信息传感设备，通过一定的网络协议，把任何物品与互联网连接起来，进行信息交换和通信，以实现智能化识别、定位、跟踪、监控和管理的一种网络。用一句话来概括，物联网即是“万物皆可相联”的世界。物联网状态下的人和物以及物和物之间的连接可以在所有时间点、所有地点进行互相通信。

物联网在信息通信领域形成全新的沟通方式，打破传统人与人在任何地点和方式之间的单一沟通，将沟通方式转变为人与物以及物与物交流连接模式，简而言之，就是物体也被物联网赋予智能化。物联网的一个显著特征便是把不同行业领域的物品数据信息经过统一标准综合处理，从而完成不同行业间的信息数据资源共享。因而，物联网本身具备如下三大特点：

1.全面感知性

物联网可以利用射频识别技术（RFID）、二维码、智能传感器等感知设备随时随地获取物体数据信息。

2.传递可靠性

物联网可通过对不同类型的无线网络和互联网的有效融合，获得物体数据信息，实现信息实时准确地传送，以便信息交互和共享。

3.智能化处理

物联网利用云计算、模糊识别等各种智能计算技术，对海量的数据和信息进行分析和处理，实现对物体的智能监测和控制。

3.5.2 物联网的发展历程

1.起源阶段（1991—1997年）

这一阶段，物联网的概念刚刚诞生。物联网的概念最早可以追溯到1991年英国剑桥大学的“特洛伊”咖啡壶事件，实验室人员利用便携式摄像机捕捉图像并传递到计算机上，便于查看咖啡是否煮好。这是物联网最初的起源。同年，Mark Weiser在一篇关于泛在计算的文章中也提出了物联网的愿景。1995年，比尔·盖茨在《未来之路》一书中也提到了对物联网未来发展的构想，使得物联网进入了公众的视野，但由于当时受到无线网络、硬件及传感设备发展的限制，物联网并未引起世人的重视。

2.形成阶段（1998—2004年）

这一阶段，政府和大众对物联网的认知逐渐形成。1998年，英国工程师Kevin Ashton首次提出“物联网”概念，即把所有物品通过射频识别等信息传感设备与因特网连接起来，实现智能化识别和管理，Kevin Ashton也因此被称为物联网之父。中科院早在1999年就启动了传感网的研究，并已取得了一些科研成果，建立了一些适用的传感网。同年，在美国召开的移动计算和网络国际会议提出了“传感网是下一个世纪人类面临的又一个发展机遇”。而后，美国《技术评论》在2003年也提出传感网络技术将是未来改变人们生活的十大技术之首。2004年，日本制定了u-Japan计划，希望通过互联网能够把人与人、人与物、物与物实现互联，推进日本的网络建设和社会发展。

3.起步阶段（2005—2007年）

2005年是物联网时代正式来临的标志性年份，在突尼斯举行的信息社会世界峰会（WSIS）上，国际电信联盟发布了《ITU互联网报告2005：物联网》，正式提出了“物联网”的概念。韩国政府在2006年制定了u-Korea发展战略，以无线传感器网络为基础，把韩国的所有资源数字化、网络化、可视化、智能化，以此促进韩国经济发展和社会变革。2005—2007年，相关领域人士根据实际需求进行选择性开发，Linux迎来发展的新机遇。在这一时期，物联网以强大的开发技术为自身发展奠定了基础，物联网应用浮现，世界各国开始争相布局。

4.快速发展阶段（2008年至今）

美国IBM于2008年提出“智慧地球”的概念，建议加大在网络基础设施方面的投入，以此增加就业岗位，提升美国的整体竞争优势，美国政府也将物联网作为国家层面的战略，这一举动标志着物联网进入到快速发展期。2009年时任中国国务院总理温家宝在中科院研发中心考察时提出了要建立中国传感信息中心，并在之后的重要讲话中提到将物联网定义为中国第五大新兴战略性产业。随后在2010年的政府工作报告中，物联网技术再次被提及。这些事件标志着物联网技术在中国市场快速发展。2013年谷歌眼镜发布，这也是物联网和可穿戴技术的一个革命性进步。

2014年，亚马逊发布了Echo智能扬声器，开启智能音箱及智能家居时代。智能家居产业以住宅为平台，利用综合布线技术、安全防范技术、自动控制技术、音视频技术等将与家居生活有关的设施集成，构建高效的住宅设施与家庭日常事务的管理系统，以提升家居安全性和舒适便利性，打造环保节能的居住环境。这正是在物联网影响下传统事物物联化且逐渐改变人们的生活的体现。2015—2018年，阿里巴巴、百度、腾讯相继成立IoT物联网事业部。目前，物联网已成为全球新一轮科技革命与产业变革的重要驱动力。总的来说，这个阶段的物联网数据化特征明显，可以称之为“大数据物联网时代”。

物联网的发展历程见表3-5。

表 3-5　　物联网的发展历程

阶段	年份	主要事件
起源阶段	1991—1997年	英国剑桥大学“特洛伊”咖啡壶事件； 比尔·盖茨提出“物联网”构想
形成阶段	1998—2004年	Kevin Ashton首次提出“物联网”概念； 日本制订u-Japan计划
起步阶段	2005—2007年	《ITU互联网报告2005：物联网》发布； 韩国制定u-Korea发展战略
快速发展阶段	2008年至今	美国IBM提出“智慧地球”概念 物联网被定义为中国的第五大新兴战略性产业 谷歌眼镜（Google Glass）发布 阿里巴巴、百度、腾讯相继成立IoT物联网事业部

资料来源　CSDN技术社区．三分钟带你了解物联网的发展史［EB/OL］．(2022-06-16)［2022-09-26］．https：//blog.csdn.net/GHL445/article/details/125309979.

3.5.3　万物互联——基于物联网技术的商业模式创新与应用

物联网技术的渠道通路为各行业带来了商业模式和关键业务的变化，在提高生产效率的同时，也不断满足客户对多样化、个性化定制产品与服务的需求，逐步成为推动国家制造业智能化转型的新动能，有助于创新原有的商业模式。接下来我们将以信息服务平台、产品即服务和用户参与三个细分市场为例，介绍物联网技术是如何推动商业模式创新的，以及物联网技术在大数据时代的应用场景。

1. 信息服务平台商业模式

随着数字经济时代的到来，信息能够带来更高的商业创新价值。数据量的增长和信息获取成本的下降让物联网面临着更大的机遇和挑战。对于信息服务平台来说，其商业模式的创新主要集中在信息服务提供方面，以集成化为目标，利用物联网技术可以实现信息的整合，提供更高价值的信息服务，实现商业模式的创新。

2. 产品即服务（PaaS）商业模式

不同于平台即服务的模式，在物联网领域的PaaS模式是指产品即服务（Product as a Service）模式，是指公司把产品通过一个特定的服务系统，将使用权提供给一个或多个客户的商业模式。随着物联网技术的发展，这类核心在于将产品和服务集成为一体的商业模式也会迎来创新。商家可以把产品作为提供服务的平台，把物联网技术嵌入传统产业中，实现传播路径和传播方式的创新。

3. 用户参与型商业模式

在万物互联的时代，用户不再只是传统商业模式中活动的被动接受者，而是越来越多地以参与者的身份出现在商业活动中。物联网技术通过移动终端获取用户信息，建立相应的产品偏好档案，建立互动系统来激励用户的参与或者为用户提供个性化的服务，从而建立良好的互动，实现商业模式的创新。

从应用方面来看，物联网已经在很多的行业中崭露头角。从短期的发展形势来看，中国的物联网在一些行业领域得到初步应用，包括交通、农业、医疗卫生、零售业、智能家居、重点区域防入侵等诸多领域；从中期的发展趋势来看，一些基地产业聚集效应逐渐形成，各地政府也在积极谋划；从远景规划来看，物联网的应用必将使世界进行一个新的融合，使全球的一体化进程加速推进。

» 微案例3-6

深圳市远望谷信息技术股份有限公司成立于1999年12月，是中国物联网产业的代表企业，全球领先的RFID和物联网技术解决方案供应商，是国内首家RFID行业上市公司。远望谷聚焦铁路、图书、零售三大战略性行业，并且致力于为智慧医疗、酒类防伪管理、智慧港口建设、智慧文旅等新兴领域提供RFID和物联网技术的解决方案，发展高性能、全球领先的RFID技术。目前已自主研发远望谷超高频图书标签、XCTF-2型货车电子标签、迪士尼梦想护照等100多种产品，拥有500多种专利及专有技术。在智慧铁路领域，远望谷参与的铁路车号自动识别系统是亚洲最大的RFID物联网工程之一，智慧铁路解决方案还包括企业铁路运输管理、轨道衡配车号管理、红外线轴温探测、智能称重管理等，大幅度提升了中国铁路的管理效率与管理水平，为铁路安全正点运行提供保障与技术支持。在智慧图书领域，远望谷提供的方案涵盖智慧公共图书馆、智慧城市书房、智慧高校图书馆、智慧中小学图书馆、书香军营等方面，具有"互联网+"云平台大数据技术、分布式数据管理、数据互通等优势，打造人、书、馆多元交互体系，实现读者随时随地借书还书、图书馆云平台便捷管理，最终实现自主高效的智慧图书服务。在智慧零售领域，远望谷提供服装零售和无人便利店两种方案，服装零售融合RFID、云计算、大数据等技术，从采购到仓储物流，再到销售退货等环节都可以进行RFID标签管理与查询，贯穿商品全生命周期。而无人便利店则包括RFID门禁系统、RFID收银系统和RFID商品管理系统等三大系统。

研讨：物联网技术引发了未来怎样的商业模式变化趋势？试分析物联网技术在未来商业模式发展中的优劣势。

3.6 大数据技术与商业模式创新

3.6.1 大数据技术的定义与特点

大数据（Big Data）是一个较为抽象的概念，由于该技术仍处于发展完善中，目前尚未有一个公认的定义。维基百科认为，大数据是指传统数据处理应用软件无法处理的过于庞大或复杂的数据集。IDC则认为大数据是更经济地从高频率的、大容量的、不同结构和类型的数据中获取价值而设计的新一代架构和技术。研究机构Gartner给出了相似的定义："大数据"是需要新处理模式才能具有更强的决策力、洞察发现力和流程优化能力来适应海量、高增长率和多样化的信息资产。以上这些定义虽描述不一，但基本都强调了大数据技术的关键在于从种类繁多、数量庞大的数据中高效获取信息。

IBM是全球最大的信息技术和业务解决方案公司，它所提出的大数据“5V”特点，受到了各行业的广泛认可，即规模性、多样性、价值性、高速性和真实性。

1.规模性（Volume）

信息技术的高速发展，使得数据呈现爆发性增长，社交媒体、电子商务、游戏等应用每时每刻都会产生大量的数据信息。因此，大数据通常包含有10TB规模以上的完整数据量，并且起始计量单位至少是P（1 000个T）、E（100万个T）或Z（10亿个T）。

2.多样性（Variety）

传感器种类的增多以及智能设备的流行，使得数据类型变得复杂多样，不仅包括传统的关系数据类型，也包括以网页、视频、音频、E-mail、文档等形式存在的未加工的、半结构化的和非结构化的数据。大数据可以帮助人们保存不同形式的海量数据，避免数据冲突，提高数据分析效率。

3.价值性（Value）

大数据的核心特性在于数据价值密度相对较低。大量有价值的数据信息分散在海量数据中，但数据量在呈指数增长时，隐藏在海量数据中的有价值信息却没有呈相应比例增长，这在一定程度上加大了对有价值信息的获取难度。因此，如何结合业务逻辑并通过强大的机器算法来挖掘数据价值，是大数据时代最需要解决的问题。

4.高速性（Velocity）

当前数据增长和处理速度快，时效性要求高，用户的每次使用或互动都会提供大量数据信息，并且在服务器内存储一段时间。比如对于搜索引擎，要求几分钟前的新闻能够被用户查询到，且个性化推荐算法尽可能要求实时完成推荐。这是大数据区别于传统数据挖掘的显著特征。

5.真实性（Veracity）

这一特征强调数据的准确性和价值高，即大数据技术可以确保数据处理和分析的质量，还能保证大数据数据源的准确性。数据无论如何改变，其本质还是需要反映真实与客观，才能在分析中实现价值。

3.6.2 大数据技术的发展历程

5G技术、人工智能等新兴技术的崛起使得全球数据量飞速增长。国际权威统计机构Statista预测，到2035年全球数据产生量将达到2 142ZB。数据已成为影响全球竞争的关键性战略资源，大数据时代的到来标志着一场深刻的革命，数据正以生产资料要素的形式参与到生产之中，它在不断循环中交互作用，创造难以估量的价值，能够实时处理数据的大数据技术也因此获得了极高的战略发展地位。回顾大数据的发展历程，总体可分为三个阶段。

1.萌芽期（1980—2000年）

大数据术语被提出，相关技术概念得到一定程度的传播，但没有得到实质性发展。随着数据挖掘理论和数据库技术的逐步成熟，一批商业智能工具和知识管理技术开始被应用，如数据仓库、专家系统、知识管理系统等。1980年，美国未来学家托夫勒在其所著的《第三次浪潮》一书中首次提出“大数据”一词，并称赞大数据为“第三次浪潮的华彩乐章”。1998年，Science杂志发表文章《大数据科学的可视化》，这是大数据作为一个专用名词首次正式出现在公共期刊上。

2.成长期（2000—2012年）

Web2.0应用迅猛发展，非结构化数据大量产生，传统处理方法难以应对，带动大数据技术快速突破，大数据市场迅速成长，互联网数据呈爆发式增长，大数据技术逐渐被大众熟悉和使用。大数据解决方案逐渐走向成熟，形成了并行计算与分布式系统两大核心技术，谷歌的GFS和MapReduce等大数据技术受到追捧，Hadoop平台开始大行其道。

2001年，美国Gartner公司率先开发了大型数据模型。同年，麦塔集团（META Group）分析师莱尼所提出的“3V”（即Volume、Variety和Velocity）作为定义大数据的三个维度而被广泛接受。2005年，Hadoop技术应运而生，成为数据分析的主要技术。而后2008年Nature杂志推出了“大数据”封面专栏。2012年，牛津大学维克托·迈尔·舍恩伯格教授的著作《大数据时代》开始在国内风靡，推动了大数据在国内的发展。在此期间，中国分别举办了第一届（2011年）和第二届（2012年）“大数据世界论坛”。

3.大规模应用期（2013年至今）

大数据应用渗透到各行各业，大数据价值不断凸显，数据驱动决策和信息社会智能化程度大幅提高，大数据产业迎来快速发展和大规模应用实施。2013年中国计算机学会发布《中国大数据技术与产业发展白皮书》，系统总结了大数据的核心科学与技术问题，次年美国政府发布全球大数据白皮书《大数据：抓住机遇、守护价值》，鼓励使用数据来推动社会进步。随着我国大数据战略谋篇布局的不断展开，国家高度重视并不断完善大数据政策支撑。2016年《“十三五”规划纲要》中提出实施国家大数据战略，大数据上升为国家战略，大数据产业加速发展，我国也正逐步从数据大国向数据强国迈进。

这一时期学术界在大数据技术与应用方面的研究创新也不断取得突破，截至2020年，全球以“Big Data”为关键词的论文发表量达到近65 000篇，全球共申请大数据领域的相关专利超过130 000项。如今的大数据技术不仅可以催生、推动数字经济新产业、新业态、新模式的出现与成熟，还可以放大劳动力、资本等要素在行业中的价值，深度融合数据与实体经济，实现整体的高质量发展。

大数据的发展历程见表3-6。

表3-6　　　　　　　　　　　　大数据的发展历程

阶段	年份	主要事件
萌芽期	1980—2000年	商业智能工具和知识管理技术如数据仓库、知识管理系统等开始被应用； 《第三次浪潮》一书中首次提出“大数据”； Science杂志发表文章《大数据科学的可视化》
成长期	2000—2012年	并行计算与分布式系统两大核心技术形成； 莱尼提出大数据的“3V”特性； Hadoop技术成为数据分析的主要技术； 中国举办第一届和第二届“大数据世界论坛”
大规模应用期	2013年至今	《中国大数据技术与产业发展白皮书》和全球大数据白皮书《大数据：抓住机遇、守护价值》发布； 《“十三五”规划纲要》提出实施国家大数据战略； 学术界在大数据技术与应用方面的研究创新取得突破

资料来源　河南工业大学人工智能与大数据学院. 大数据的发展历程［EB/OL］.（2020-07-01）［2022-09-26］. https：//aidata.haut.edu.cn/info/1159/2741.htm.

3.6.3　数据赋能业务——基于大数据技术的商业模式创新与应用

大数据技术的广泛应用不仅推动了云市场和数据中台等新形态产业兴起，当存量市场式微、数字经济成为增量市场时，众多传统行业也选择了利用大数据技术完成优化升级，如IaaS、PaaS、SaaS等服务模式相继出现，在发展全新的商业模式的同时，也为广大迫切寻求数字化转型的企业提供便利。企业可以根据自身技术需求进行产品选择，在大数据的基础上深入挖掘市场需求，或优化供应链环节，从而进行企业战略调整与决策，大大减少租借服务器等硬件设备的成本，提高企业管理员工和资源的效率。而对于一些科技企业，大数据技术的发展不仅使得数据更加受到重视，也让围绕数据的技术与服务成为一种拥有广大市场的商品。企业可以依靠运营大数据平台盈利，通过为其他企业提供大数据技术支持，拓宽自身营收渠道。

» 微案例3-7

美的集团旗下的美云智数成立于2018年，其专注于将大数据技术融入传统制造业的各项环节。通过应用大数据、虚拟现实、大规模数值模拟等先进技术，美云智数为缺少技术支撑的制造业企业提供涵盖研发设计、生产制造、服务管理和维护反馈等内容的数字化解决方案，现在已发展成为全国领先的信息科技企业。

从整体上看，美云智数的关键业务包括咨询规划、智能制造、移动化与身份化等多项内容，而大数据技术主要被应用于星谍云、美云水晶球两个业务模块（如图3-2所示）。美云智数基于开源技术框架自主研发了一套独特的大数据产品体系，该体系包括互联网大数据、用户大数据等系列产品和服务，可以整合企业的外部互联网数据、内部经营数据和智能设备数据，从而在精细化经营管理、用户营销和服务、产品改善和创新等领域提供强力的大数据支持，帮助企业进行战略调整与决策。

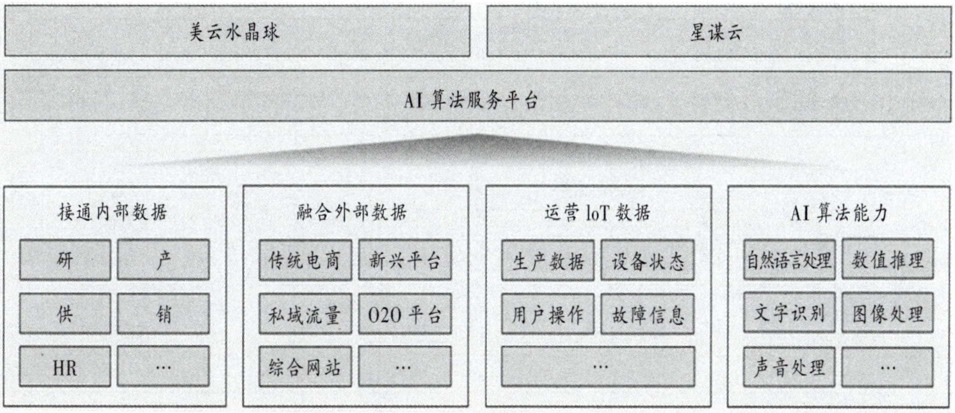

图3-2 美云智数大数据技术运营体系

星谋云在大数据分析基础上融合社媒营销，以“场景化应用+AI自助分析”帮助企业构建数据驱动营销业务的完整闭环。利用互联网实时监控品牌相关舆论、市场波动情况等信息，完成天然数据的整合与采集，运用算法进行价值数据挖掘与处理，最终为企业的供应链、市场运营、渠道管理、售后管理、品牌宣传、企划研发等多个环节提供参考（如图3-3所示）。星谋云主要作用在于帮助企业掌控实时舆情，完成对市场的进一步分析，并为品牌的营销策略提供数据支撑。

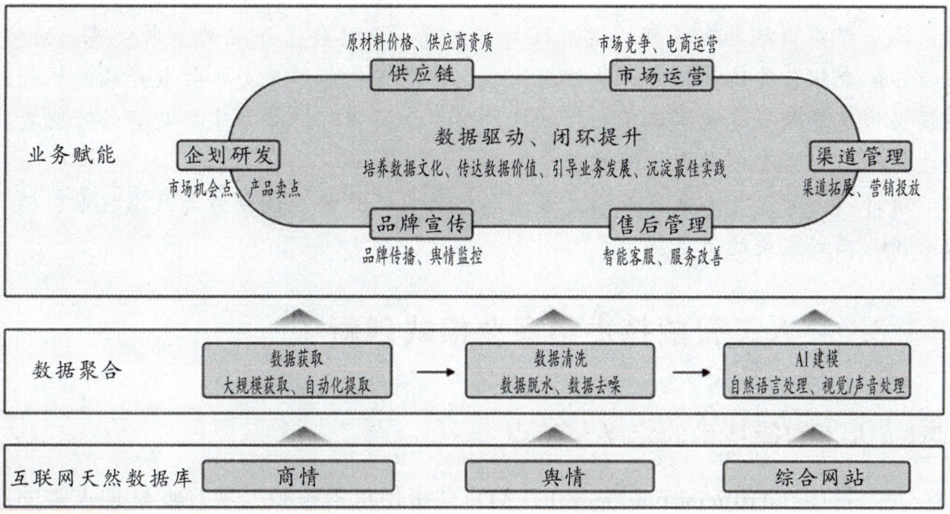

图3-3 星谋云产品蓝图

与星谋云相比，美云水晶球更注重面向企业内部的数据运营与分析环节。它可以集合行业内以及企业内部的各项数据，对企业的财务、人力管理、研发等各方面进行运营分析，并提供标准化的数据管理体系（如图3-4所示）。此外，美云水晶球还能够实时向企业高层管理或相关部门展示数据处理与分析结果，搭建全景式数据视图。

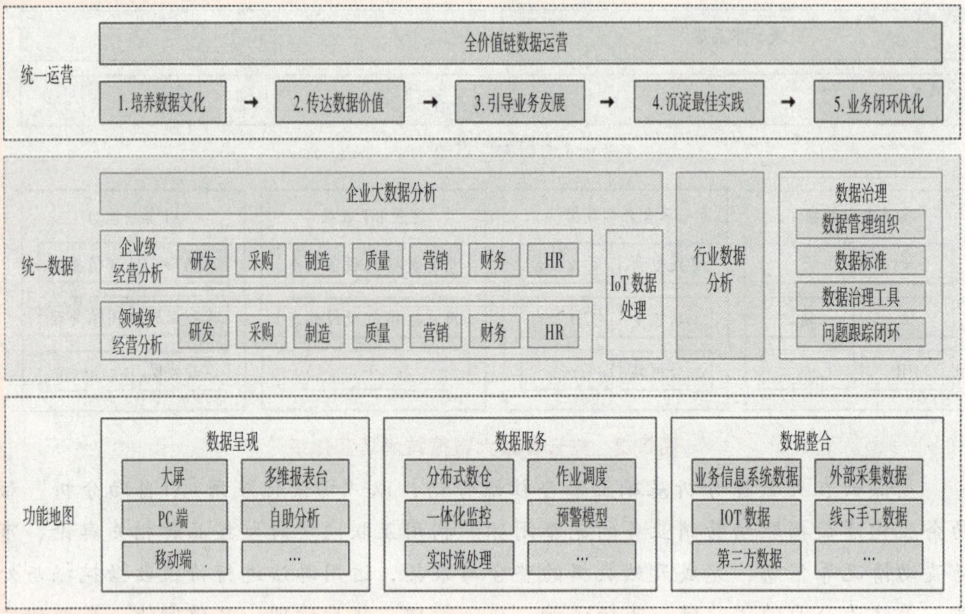

图3-4　美云水晶球产品蓝图

作为一个SaaS平台，数据、技术人才以及关键的算法技术都是美云智数的核心资源。美的集团扎根制造业多年的经营数据大大丰富了美云智数的数据库，使平台产品一经推出就具有良好的适应性与成熟度，也具备了一定的业内口碑。同时，在与其他企业合作的过程中，其他企业的运营数据也能够为美云智数产品的迭代升级提供信息资源。这也体现了大数据技术应用于商业时，必须掌握足够的行业内数据才能够进行具有参考意义的处理与分析。

研讨：大数据为未来商业模式带来怎样的变化趋势？试分析大数据技术引领下未来商业模式发展的优劣势。

3.7　人工智能技术与商业模式创新

3.7.1　人工智能技术的定义与特点

人工智能（Artificial Intelligence，AI）是指用机器模拟、实现或延伸人类的感知、思考、行动等智力与行为能力的科学与技术，其核心在于将人的智能赋予机器，即使用机器展示智能。通过人工智能实现计算机对人的智能行为与思维逻辑的应用，它既是关于计算机科学的技术，也是关于人类的技术，因此人工智能的研究过程涉及自然科学与社会科学的大部分学科。现在人工智能技术已经被广泛应用于机器人、语言识别、指纹识别等领域。

人工智能作为一门新兴技术，本质是通过计算和数据，为人类提供服务。这也要求所有的人工智能应用必须以人为本，按照人类设计的逻辑与算法运行、工作。

同时，人工智能的诞生是为了解决人类不擅长或没有足够精力完成的复杂工作问题，其在工作过程中能够主动学习、理解，具有一定的随环境变化而自适应调节的能力。由此，我们可以归纳出人工智能技术具备以下特点：

1.以人为本

人工智能由人类设计，为人类服务，本质为计算，基础为数据。从根本上说，人工智能系统必须以人为本。这些系统按照人类设定的程序逻辑或软件算法，以人类发明的芯片等硬件载体来运行或工作，通过对数据的采集、加工处理、分析和挖掘，形成有价值的信息流和知识模型，为人类提供延伸人类能力的服务，实现对人类期望的一些“智能行为”的模拟。

2.感知环境

人工智能系统能够借助传感器等器件产生对外界环境（包括人类）进行感知的能力，像人一样通过听觉、视觉、嗅觉、触觉等接收来自环境的各种信息，对外界输入产生文字、语音、表情、动作（控制执行机构）等必要的反应，甚至影响到环境或人类。

3.适应性与学习能力融合

人工智能系统具有一定的自适应特性和学习能力，即具有一定的随环境、数据或任务变化而自适应调节参数或更新优化模型的能力，并且能够在此基础上深入数字化连接扩展，实现机器客体演化迭代，以使系统具有适应性、灵活性、扩展性，应对不断变化的现实环境，从而丰富人工智能系统在各场景的应用。

3.7.2 人工智能技术的发展历程

在人工智能技术半个多世纪的发展历程中，由于受到算法、数据采集能力、处理能力和存储能力等因素的影响，人工智能的发展经历了多次高潮和低谷。众多计算机公司在研究、开发人工智能的道路上有过突破性成就，也有过巨大的失败，使得该技术的发展速度不均，中途经历了多次停顿与起步。回顾人工智能的发展历程，可将其分为四个阶段。

1.诞生期（1950—1980年）

人工智能起源于这样一个问题的提出：“机器如何思考?”这一问题的提出，是因为科学家们已经做出一个假定：“机器能够思考!”这就摒弃了思维专属于人的成见。1950年，著名的“图灵试验”设想被提出：如果一台机器能够与人类开展对话而不能被辨别出机器身份，那它就具有智能。这一猜想促使人们积极探索智能模拟的具体途径，直到今天仍在人工智能领域发挥着出色的检验作用。在1956年的达特茅斯会议上首次提出“人工智能”这一概念，标志着其作为一个研究领域的正式诞生，这一年也被称为“人工智能元年”。1959年，萨缪尔提出了机器学习的概念，即通过学习获取能力，标志着人工智能进入了第一次繁荣期。20世纪70年代末，专家系统的出现实现了人工智能从理论研究走向实际应用，但随着专家系统的不断应用，系统自身存在的处理能力较弱、实用性差等局限不断暴露。而后，因计算机硬件性能不足、应用能力较差、数据量缺失等限制和约束，人工智能的发展进入低谷期。

2.波折发展期（1980—1996年）

20世纪80年代中期，随着美国、日本立项支持人工智能研究，以及以知识工程为主导的机器学习方法的发展，出现了具有更强可视化效果的决策树模型和突破早期感知机局限的多层人工神经网络，由此带来了人工智能的第二次繁荣。但由于当时的计算机难以模拟复杂度高及规模大的神经网络，仍有一定的局限性。1987年由于LISP机市场崩塌，美国取消了人工智能预算，日本第五代计算机项目失败并退出市场，专家系统进展缓慢，人工智能又进入了低谷期。

3.复苏期（1997—2009年）

20世纪90年代中期，神经网络技术的突破发展再次让大众意识到了人工智能技术应用的可行性。1997年，IBM的深蓝战胜国际象棋世界冠军Kasparov，代表着人工智能的又一次胜利。2006年，Hinton与他的学生合作提出了深度学习的算法，大大提高了计算机处理复杂活动的能力，深度学习也开始受关注。这一阶段，计算性能得到提升的同时，互联网科技快速普及。

4.增长爆发期（2010年至今）

随着2010年大数据时代到来，得益于大数据的积聚、理论算法的革新和计算能力的提升，人工智能在多个应用领域取得突破性进展，进入新的爆发阶段。2012年，谷歌大脑利用非监督深度学习算法，从大量视频中成功识别出一只猫；2014年，微软公司发布了全球第一款个人智能助理微软小娜；2016年，谷歌AlphaGo战胜世界围棋冠军李世石；2017年，Deep Mind团队公布了最强版的AlphaGo Zero。目前，世界各国对此都开始重视，并将人工智能发展上升为国家战略。2016年，美国发布了《国家人工智能研究和发展战略计划》；同年，英国发布《人工智能：未来决策制定的机遇和影响》；2017年继日本发布《人工智能技术战略》报告后，同年7月，我国也发布《新一代人工智能发展规划》。这一阶段，新一代信息技术引发信息环境与数据基础变革，海量图像、语音、文本等多模态数据不断涌现，计算能力逐步提高。

人工智能的发展历程见表3-7。

表3-7　人工智能的发展历程

阶段	年份	主要事件
诞生期	1950—1980年	“图灵试验”设想提出； 达特茅斯会议首次提出“人工智能”概念； 萨缪尔提出了机器学习的概念，即通过学习获取能力； 专家系统的出现实现了人工智能从理论研究走向实际应用
波折发展期	1980—1996年	美国、日本立项支持人工智能研究； LISP机市场崩塌，美国取消人工智能预算，日本第五代计算机项目失败并退出市场

续表

阶段	年份	主要事件
复苏期	1997—2009年	IBM的深蓝战胜国际象棋世界冠军Kasparov； Hinton与其学生合作提出了深度学习的算法
爆发期	2010年至今	谷歌大脑从大量视频中成功识别出一只猫； 微软公司发布了全球第一款个人智能助理微软小娜； 谷歌AlphaGo战胜世界围棋冠军李世石； Deep Mind团队公布了最强版的AlphaGo Zero； 世界各国将人工智能发展上升为国家战略

资料来源　冯鹏程．人工智能、去技能化与劳动就业［D］．武汉：中南财经政法大学，2020.

3.7.3　智能赋能美好生活——基于人工智能技术的商业模式创新与应用

人工智能作为一种技术进步，在经济社会的深度融合过程中具体表现为有形机器人和无形算法的技术创新。有形机器人本身即为一种商品，目前已有不少初创企业以独特的有形人工智能机器人或相关硬件设备为主要产品，服务于工业、制造业等多个领域。而无形人工智能算法的突破体现于各行各业，尤其是电子商务方面，个性推荐、精准营销等内容离不开AI算法与大数据分析的强力支持。基于AI的脑机接口可以用于为残疾人制造智能义肢，让他们能享受更近乎于真正肢体提供的运动和日常生活能力；可以辅助判断学生的学习情况，更好地因材施教，有利于推行国家的“双减”政策；疫情防控期间，AI让机器具备基本的诊疗能力，能在避免人与人接触的同时更快发现传染病，AI正为这个世界更有温度地赋能。

在未来，人工智能技术的研究成果将更加丰富，并具有更高的可行性，能够应用于各类行业。不仅仅是在电子商务等行业，人工智能技术将使得更多企业关注用户的个性化服务体验，重视用户的使用偏好与反馈，并不断升级优化相关技术与算法以便形成更精细、确切的用户画像。同时，人工智能技术将全面推动产业链的整合，进一步压缩商品流通过程中的中间环节，并对供应链的各环节进行不断优化，从而提高生产效率。基于适合的AI算法，输入大量价值数据的市场模拟将有效预测市场竞争情况，减少企业资源的浪费。人工智能还将代替人类进行重复、低创造性的工作，降低企业的人力成本与生产成本。更多企业也将在技术研发领域投入更多资源。数字化趋势之下，不管是哪一个行业，产品创新能力与数字化能力都将是企业生存与持续发展的核心能力。

» 微案例3-8

科大讯飞股份有限公司成立于1999年，是亚太地区知名的智能语音和人工智能上市企业。自成立以来，一直聚焦于智能语音、自然语言理解、计算机视觉等核心技术研究并保持了国际前沿技术水平；积极推动人工智能产品和行业应用落地，致力让机器“能听会说，能理解会思考”，用人工智能建设美好世界。科大讯飞坚持“平台+赛道”的发展战略。基于拥有自主知识产权的核心技术，科大讯飞2010年开始布局语音产业生态，到现在实现人工智能产业生态，也正是其AI商业化路径的一个缩影。

截至2022年5月底，讯飞开放平台已开放493项AI产品及能力，聚集超过337.3万开发者团队，总应用数超过150.1万，累计覆盖终端设备数35.1亿+，AI大学堂学员总数达到69.9万，链接超过420万生态伙伴，以科大讯飞为中心的人工智能产业生态持续构建。在平台基础上，科大讯飞持续拓展行业赛道，现已推出覆盖多个行业的智能产品及服务，推动在消费者、智慧教育、智慧城市、智慧司法、智能服务、智能汽车、智慧医疗、运营商等领域的深度应用，To B+To C双轮驱动成果显现。

在智慧医疗领域，科大讯飞依然基于自己所擅长的语音识别和深度学习方面输出相关产品，将AI与医疗结合，带来包括互联网医院、云医声、智医助理和智能外呼等产品。在智慧教育领域，全国普通话考试、英语口语测评考试等项目中所涉及的“语音识别技术”基本上由科大讯飞提供。而C端的讯飞“AI+学习产品”系列，更是成为智慧教育产品领域中首屈一指的存在。

研讨：人工智能技术的引入为商业模式带来怎样的变化趋势？人工智能商业模式在未来发展中可能会遇到哪些机遇和挑战？

3.8 数字孪生与商业模式创新

3.8.1 数字孪生的定义与特点

数字孪生（Digital Twin，DT）是将物理的实体使用数字化的方式创建虚拟模型，以数据模拟现实世界中的物体的行为。数字孪生的实现需要经历许多环节，包括虚拟和现实的交互参数调节、数据的分析及处理、决策和模型的不断迭代及优化等，从而延展了物理实体的形态。数字孪生能够充分联结物理世界和信息世界，从而提供更为智能、实时、高效的服务。

数字孪生是产品设计和工程活动不断改进的成果，它以现实世界中的实体为目标，在数字化世界建立完全一致的对应模型，并以数字化的方式动态模拟、监控、分析和控制实体对象。由此，我们可以归纳出其具备以下特点：

1.虚实映射

数字孪生技术要求在数字空间构建物理对象的数字化表示，现实世界中的物理对象和数字空间中的孪生体能够实现双向映射、数据连接和状态交互。其通过感知、建模、软件等技术，实现物理空间在赛博空间的全面呈现、精准表达和动态监测。

2.实时交互

数字孪生技术强调在实时传感等技术的基础上进行多元数据的获取，孪生体可全面、精准、动态反映物理对象的状态变化，包括外观、性能、位置、异常等。人机交互界面呈现的主要是物理对象的仿真模型，以模型、数据可视化等仿真、自然直观的方式，进行人机“交流”是数字孪生技术的一大特点。

3. 共生演进

数字孪生所实现的映射和同步状态能够覆盖孪生对象从设计、生产、运营到报废的全生命周期，孪生体应随孪生对象生命周期进程而不断演进更新。

4. 闭环优化

随着大数据收集、分析技术的不断增强，人工智能技术算法、算力的提升，数字孪生中的虚拟实体在描述物理实体内在机理的基础上，分析规律、洞察趋势，通过分析与仿真对物理世界形成优化指令或策略，实现对物理实体决策优化功能的闭环，产生关于知识、技能和经验的新型研究范式：基于数字孪生技术的分布式共生知识空间。

3.8.2 数字孪生的发展历程

1. 萌芽期（1969—2009年）

数字孪生的理念最早源于1969年美国国家航空航天局（National Aeronautics and Space Administration， NASA）阿波罗计划提到的空间飞行器孪生体。2003年密歇根大学的Grieves提出“信息镜像模型”，并指出物理产品的数字表达应能够抽象表达物理产品，能够基于数字表达对物理产品进行真实或模拟条件下的测试，他所提出的理念为数字孪生的发展奠定了基础，但由于技术水平和认知水平上的局限性，这一概念在当时并没有得到重视。

2. 发展应用期（2010—2015年）

自2010年开始，数字孪生技术在各行业呈现应用价值。NASA首次提出了数字孪生技术的应用构想，将其引入《NASA空间技术路线图》中，利用数字孪生技术实现对航天飞行器的故障预测与健康管理，以保证其在整个产品生命期内的稳定运行状态。2011年，美国空军研究实验室（Air Force Research Laboratory，AFRL）与NASA合作提出了构建未来飞行器的数字孪生体。而后，随着数字孪生理论与技术被引入，欧洲工控巨头西门子、达索、ABB等在工业装备企业中推广数字孪生技术，进一步促进了技术向工业领域的推广。美国通用电气公司（General Electric Company，GE）基于数字孪生实现对发动机的实时监控和预测性维护。

3. 成熟上升期（2016年至今）

近年来，数字孪生技术在工业、社会管理等领域持续渗透，并向交通、健康医疗等垂直行业拓展，实现机理描述、异常诊断、风险预测、决策辅助等应用价值。全球权威顾问咨询公司Gartner连续3年将数字孪生列为当年十大战略科技发展趋势之一。2020年，我国“十四五”发展规划提出加快数字化发展，建设数字中国，探索建设数字孪生城市。

数字孪生的发展历程见表3-8。

表3-8　数字孪生的发展历程

阶段	年份	主要事件
萌芽期	1969—2009年	美国国家航空航天局阿波罗计划提出空间飞行器孪生体； Grieves提出“信息镜像模型”
发展应用期	2010—2015年	NASA将数字孪生技术引入《NASA空间技术路线图》； AFRL与NASA合作提出构建未来飞行器的数字孪生体； 西门子、达索、ABB、GE等在工业装备企业中推广数字孪生技术
成熟上升期	2016年至今	数字孪生技术向交通、健康医疗等垂直行业拓展； Gartner连续3年将数字孪生列为当年十大战略科技发展趋势之一； “十四五”发展规划提出探索建设数字孪生城市

资料来源　张宁，郭君，尹韶平，等. 数字孪生技术发展现状及其在水下无人系统中的应用展望［J］. 水下无人系统学报，2022，30（2）：137-146.

3.8.3　物理与虚拟的交互——基于数字孪生的商业模式创新与应用

第四次工业革命需要先进的数据驱动技术为引导，数字孪生技术就是其中之一。数字孪生技术在各个行业有广泛的应用场景，它帮助企业模拟产品生产和服务的整个流程，以创建更高效、更快、更高质量的解决方案，通过使用视频、图像、图表或其他数据进行高级3D绘图，创建一个新的虚拟现实。从整体来说，数字孪生能够帮助企业实现产品可靠性增长，促进产品的迭代升级和成本与周期控制，促进远程协作，提高工作效率，提升用户体验和服务增值，实现企业科学管理，辅助有效决策。在数字经济的驱动下，各行业数字化转型将成为必然，未来企业数字化转型发展需要基础设施、数据资源、平台能力和应用场景的良性互动，需要制度机制、产业体系、创新系统的有效支撑，建立开放互联的商业模式，促进多方协作的组合式创新，实现产业链、创新链、价值链、供应链相互融合。培育完善的数字孪生产业生态是推动各行业高质量发展的关键，也是实现可持续发展的关键。

关于数字孪生技术的应用方向，现阶段比较成熟的有数字孪生建模、数字孪生信息物理融合、交互与协同，以及服务应用四个方面。

在数字孪生建模领域，虽然现有研究中还没有得出一致的结论，但是数字孪生技术已经在建模的框架和建模的流程两个方面展开了一定研究，并取得了一定进展。其中包括物理行为研究、无损材料测定技术、量化误差与置信评估研究等。这些技术都将有助于模型参数的确定、行为约束的构建以及模型精度的验证。

在数字孪生信息物理融合领域，数据融合方面的降维处理、传感器数据与制造数据集成融合已经取得了初步进展，而且针对数字孪生信息物理融合理论与技术的研究仍有很大的开发空间。北航团队曾在2017年针对信息物理融合的问题分解成“物理融合、模型融合、数据融合、服务融合”四个维度进行研究，分别设计了相应的系统实现框架，并开展系统性的研究与探讨，归纳了相应的基础理论与关键技术。这些数字孪生信息物理融合理论方面的研究工作，为企业建设并实践数字孪生理念提供了一定的理论与技术参考。

在交互与协同领域，目前已经开展的数字孪生研究中，针对机器间以及服务间交互协同的相关研究较少，如果开展生产数据实时采集理论和人机交互的研究将有助于实现物理世界与虚拟世界的交互与协同，是数字孪生的重要研究和应用方向。

在服务应用领域，目前对数字孪生在疲劳损伤预测、结构损伤监测、实时运行状态检测、故障定位等方面的服务应用已开展一定研究，然而在实现服务融合协同上仍有很多问题有待研究解决。

» 微案例3-9

西门子于1847年成立于德国，先后经历了电气化、自动化以及数字化三次转型。当前，西门子业务遍及全球200多个国家与地区，在全世界拥有600多家工厂、研发中心和办事处。当前西门子业务涉及数字化工业、智能基础设施、交通、Advanta、医疗、金融和家电等。在数字化技术领域，西门子处于行业龙头地位，也是全球唯一一家在“产品开发—制造—工厂管理”整条制造链上提供三个数字孪生创建与互通的公司。西门子集团作为全球领先的工业自动化技术企业，其发展可以分为三个阶段：第一阶段，工业2.0时代。西门子从成立初至20世纪60年代，重点发展电气电力业务，并在1939年发展成为全球最大的电气工程公司；第二阶段，工业3.0时代。西门子从20世纪60年代至2010年，进军工业自动化市场，并大力发展数控系统、家电及电子信息业务；第三阶段，工业4.0时代。2010年至今，西门子全面转向数字化工业市场布局，着手开发信息技术和工业互联网服务。

西门子公司紧跟德国工业4.0和智能制造的发展趋势，在2016年开始利用数字孪生体来完善工业4.0应用。通过近两年时间的研发，已将数字孪生融入其数字化战略，并深入解决方案中。在2017年底，西门子在其《数字化战略报告》中正式发布了完整的数字孪生应用模型（如图3-5所示）。这个模型包括：产品数字孪生，可以使用数字孪生进行有效的新产品设计；生产数字孪生，在制造和生产规划中使用数字孪生；绩效数字孪生，使用数字孪生捕获、分析和践行操作数据，从而形成一个完整的解决方案体系，并把西门子现有的产品及系统包揽其中，例如Teamcenter、PLM等。

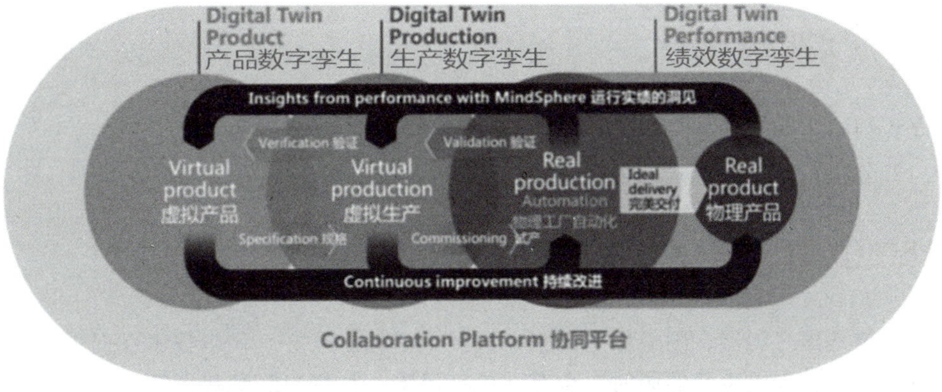

图3-5 西门子“数字孪生应用模型”

在车辆领域，西门子通过数字孪生将现实世界和虚拟世界无缝融合，通过产品的数字孪生，制造商可以对产品进行数字化设计、仿真和验证，包括机械以及其他物理特性，并且将电器和电子系统一体化集成。新的技术提供了新的汽车设计与制造模式，基于数字孪生制造商能够规划和验证生产过程、创造工厂布局、选择生产设备、仿真与预测，并优化人员和制造过程的工作条件。

研讨：数字孪生能够引发未来商业模式怎样的流行趋势？数字孪生在商业模式创新中还有哪些应用实例？试列举一两个。

本章小结

商业模式的创新，实际上是一种价值逻辑的创新。尤其在互联网发展的今天，更需要建立企业全新的商业模式。商业模式对于一个企业来说，相当于一个战略层面的创新，商业模式的创新是在既定的技术条件下，也就是说商业模式的创新跟技术紧密相连。企业需要创新商业模式，不仅要分析企业所属行业和业务发展现状，还要顺应数字化发展趋势。

本章介绍了互联网商业模式创新的技术基础，分别从定义、特点和发展历程介绍了移动互联网、社会化媒体、云计算、区块链、物联网、大数据、人工智能和数字孪生等八大技术。另外，本章还列举了抖音、腾讯云、美云智数、西门子等案例，对基于八大技术的商业模式创新应用进行分析。

本章表明，在数字经济的驱动下，各行业数字化转型将成为必然。移动互联网能够突破时空等客观条件的限制，消除线上线下隔阂，改善用户体验；社会化媒体融合内容与关系，满足用户多层次需求；云计算优化企业生产流程，驱动消费产业链升级，实现资源的高效整合与利用；区块链有效解决用户和企业数据安全问题；物联网融合产品和服务，实现信息集成化管理，提升信息传播效果与质量；大数据有效提高企业和用户获取信息的效率；人工智能精准构建用户画像，提高生产效率，降低企业成本；数字孪生实现虚实交互，优化企业产品生产和运营服务流程。

思考与实践题

1. 列举出两个数字孪生在制造业商业模式创新中的具体应用场景。
2. 分析微信商业模式的创新。

课程思政讨论

科技是国之利器，国家赖之以强，人民生活赖之以好。科学技术在促进经济社会发展、改善人民生活的同时，也存在伦理风险，如侵犯隐私权、算法黑箱等。当前，网购、网约车、网上银行等互联网服务全方位地从虚拟数据世界介入到现实生活中。人们已经习惯为了获取便利高效的服务，录入自己的姓名、电话、住址、银行卡号等隐私信息。随着生物科技的发展，指纹、面容等个人生物信息也被作为特殊密钥，用于消费支付和解锁登录等。人们享受着大数据时代前所未有的便捷，可能未曾想到大数据时代隐私的暴露无处不在，人们往往对自己的隐私缺乏保护意识，用个人隐私的披露换取高效便捷的服务或是娱乐体验。也正是由于隐私保护意识不强，才为违法分子提供了可乘之机。

研讨：分析在大数据及算法面前如何保护用户个人隐私，探讨如何维护伦理秩序与科学技术的和谐发展。

第4章
互联网商业模式的分析方法

4.1 宏观环境分析方法：PEST

任何一个组织都处在一定的环境中，且必须在一定的环境中生存与发展，并在环境中发现机会，迎接挑战。

宏观环境，又称一般环境或社会环境，是指那些来自企业外部，对企业造成影响、产生作用的主要社会力量。它是产业发展的大气候，是企业成长的土壤、阳光和水分，它包含了一系列影响企业战略规划和经营管理的外部环境要素，是一切规划工作的前提。决定企业胜负的很多因素都存在于宏观环境之中，这些因素不只是通过影响企业所在的行业而改变着企业的生存与发展条件，有的还会对企业造成直接影响。因此，对企业宏观环境进行分析是一项必要的工作。

G. Johnson等人提出的PEST分析法为研究企业的宏观环境提供了一个有益的框架。PEST分析法是最为常用的分析环境要素的方法，指对政治（Political）、经济（Economic）、社会（Social）和技术（Technological）这四大类因素进行分析，如图4-1所示。不同行业和企业根据自身特点和经营需要，分析的具体内容会有差异。这些因素可以揭示外部环境中的重要机会和威胁，为企业商业模式的制定提供基础。需要注意，进行PEST分析需要掌握大量的、充分的相关研究资料，并且对所分析的企业有着深刻的认识，否则，此种分析很难进行下去。另外，PEST分析是一种思维框架，其价值更多地在于为企业提供一种对趋势、机会和挑战的判断依据，而非结论。

政治	经济
政治制度、政府政策、国家的产业政策、相关法律及法规等	经济发展水平、规模、增长率、政府收支、通货膨胀率等
社会	**技术**
人口、价值观念、道德水平等	高新技术、工艺技术和基础研究的突破性进展等

图4-1　PEST分析内容

4.1.1 政治环境

政治环境，是指对企业经营活动具有实际与潜在影响的政治力量，以及有关的法律、法规等因素。它主要包括对企业经营活动具有直接或潜在作用和影响的各种政治力量，主要涉及企业所在国家或地区的政局稳定和社会安定状况，执政党所要推行的路线方针、基本政策，以及这些政策的连续性和稳定性等因素。这里所指的基本政策，包括产业政策、税收政策、政府订货与补贴政策、国有化政策等。这些因素常制约和影响企业的经营行为，尤其是影响企业较长期的投资经营活动。

具体政治环境因素主要有：（1）企业和政府之间的关系；（2）环境保护法；（3）政治体制；（4）产业政策；（5）专利法；（6）政府财政支出；（7）政府换届；（8）政府预算；（9）执政党性质；（10）政府管制；（11）反垄断法规；（12）国际关系；（13）国防开支；（14）进出口限制；（15）税法的修改；（16）地区关系。

政治环境对企业行为的影响是比较复杂的，有些是直接的，有些是间接的；有些是积极的，有些是消极的。一般来说，政治环境因素对企业而言是不可控的，并带有强制性的约束力。企业只有通过调整自己的内在条件，适应这些政治环境的需要，使自己的行为符合国家的政治路线、政策、法令和法规等要求，才能顺利地生存和发展。目前，世界上很多国家都对企业的商务活动做了大量的立法，对企业的影响和约束在不断加强。就我国而言，党的十四大以后，我国的商业立法工作也在不断加强，已经初步形成了一个较为完整的社会主义市场经济法律体系框架，国家颁布了乡镇企业法、公司法、证券交易法、城市房地产管理法、反不正当竞争法、预算法、物价法、消费者权益保护法等法律法规。另外，随着互联网技术的迅速发展，相关政策法规不断完善，如2018年十三届全国人大常委会第五次会议表决通过《中华人民共和国电子商务法》，自2019年1月1日起施行。电子商务法是指政府调整企业和个人以数据电文为交易手段，通过信息网络所产生的，因交易形式所引起的各种商事交易关系，以及与这种商事交易关系密切相关的社会关系、政府管理关系的法律规范的总称。通过相关政策法规的完善，相关企业的运行将更加规范，人们的权益也会得到更多保障。

作为国家意志的表现，政策法规对于规范市场和企业行为有着显著作用，因此企业在制定商业模式时，要充分了解既有的政策法规，特别要关注那些正在酝酿之中的法律，这是企业在市场中生存、参与竞争的重要前提。

4.1.2 经济环境

经济环境是一个企业所属的或可能会参与其中的经济体的经济特征和发展方向，是一个国家的经济制度、经济结构、产业布局、资源状况、经济发展水平以及未来的经济走势等。经济环境与政治环境密切相关，但与政治环境相比，经济环境对企业生产经营的影响更加直接和具体。互联网时代经济环境正在发生巨大的变化，每一个企业都应充分地理解和把握这一变化。

经济环境包括宏观和微观两个方面的内容，宏观经济环境一般包括一国的国内生产总值、人均国民收入状况及其发展趋势，这些指标可以反映一国经济发展水平及其增长速度、价格水平及变动等；而微观经济环境则是指企业所处的商业环境，它对商业实体有直接影响，具体包括某一企业所在行业的发展状况、市场供求状态、消费者的收入水平、消费偏好等，这些因素直接决定着企业目前及未来的市场大小。

企业经济环境是一个多元化的动态系统，主要由经济发展水平、经济体制、经济结构和宏观经济政策四个要素组成。经济发展水平是指一个国家经济发展的规模、速度和所达到的目标，常用的衡量指标有国内生产总值、国民收入和经济增长速度等。经济体制是指国家组织经济的形式。经济结构主要包括产业结构、分配结构、消费结构、技术结构等，其中最重要的是产业结构。经济政策是国家在一定时间内制定的、实现国家经济发展目标的战略与策略。

具体经济环境因素主要有：（1）GDP及其增长率；（2）可支配收入水平；（3）规模经济；（4）消费模式；（5）政府预算赤字；（6）劳动生产率水平；（7）股票市场趋势；（8）地区之间的收入和消费习惯差别；（9）劳动力及资本输出；（10）财政政策；（11）贷款的难易程度；（12）居民的消费倾向；（13）通货膨胀率；（14）货币市场模式；（15）外国经济状况；（16）就业状况和失业趋势；（17）汇率；（18）价格变动；（19）税率。

企业的经济环境分析就是要对以上要素进行分析，运用各种指标，准确地分析经济环境对企业的影响，从而制定出合适的企业商业模式，这样才能使企业在复杂多变的经济环境中取得生存与发展的空间。

4.1.3 社会环境

社会环境是指组织所处社会中成员的民族特征、文化传统、价值观念、宗教信仰、受教育水平以及风俗习惯等因素的总和，它表征着一定时期内整个社会发展的一般状况，这些因素是人类在长期的生活和成长过程中逐渐形成的，人们总是自觉地接受这些准则的行动指南。企业在保持一定发展水平的基础上，能否长期地获得高增长和高利润，取决于企业所处环境中的社会、文化、人口等方面的变化与企业的产品、服务、市场和所属顾客的相关程度。

随着信息技术的快速发展，人们价值观的变化、生活方式的改变、收入差距的扩大、受教育状况的改善及对环境和健康问题的关注，给很多行业的发展带来了新的机会，当然，这也对很多行业构成了威胁与挑战，比如，当人们更加强调个人自由，更加喜欢展示自己与张扬个性的时候，许多行业开始由大众化转向个性化发展。个性化发展有利于企业针对客户需求制定相关策略，以实现较好的客户关系管理和更多的盈利，但个性化发展也面临隐私等问题，企业要想实现可持续发展，必须对社会环境进行深刻理解并做出适应环境变化的调整措施。

具体社会环境因素主要有：（1）企业或行业的特殊利益集团；（2）对政府的信

任程度；（3）对退休的态度；（4）社会责任感；（5）对经商的态度；（6）对售后服务的态度；（7）生活方式；（8）公众道德观念；（9）对环境污染的态度；（10）人均收入及收入差距；（11）购买习惯及投资倾向；（12）对休闲的态度；（13）人口结构比例和出生率；（14）社会保障计划；（15）平均受教育水平；（16）污染控制水平。

任何企业都必然处于一定的社会环境中，并受到所处环境社会文化的制约。互联网时代社会环境的变化日趋增加，这些变化打破了传统习惯，使人们重新审视自己的信仰、追求及生活方式。无论是国内还是国际企业都需要全面了解、认真分析社会文化，了解不同社会文化背景下消费者的价值观念，发现消费偏好的差异与原因，以准确地把握消费者的需求、欲望和购买行为，制定合理的企业商业模式。

4.1.4 技术环境

技术环境是指企业所处环境中的科技要素及与该要素直接相关的各种社会现象的集合，包括国家科技体制、国家科技政策、社会科技水平和科技发展趋势等。技术环境能够影响到企业能否及时调整决策，以获得新的竞争优势。

科学技术是最引人注目的一个因素，新技术革命的兴起影响到社会经济的各个方面，人类社会的每一次重大进步都离不开重大的科技革命。历史上，彩色胶卷、立体相机的问世，自动打字机淘汰机械打字机，四氟乙烷作为新一代环保制冷剂代替氟利昂等，无不是技术创新和应用的结果。如果说这个时代有什么事情给人们的震撼最大，那一定是信息技术的渗透和因特网的普及。可以毫不夸张地说，信息技术尤其是因特网技术在很大程度上颠覆了传统经济的游戏规则和经营范式，所引发的变化丝毫不亚于工业化革命带来的变化。

科学技术是第一生产力，企业的发展在很大程度上受到科学技术方面因素的影响，包括新材料、新设备、新工艺等物质化的硬技术和体现新技术新管理的思想、方式、方法等信息化的软技术。电子商务正在促进全球贸易活动发生变革，为各公司节省销售和交易费用；信息技术也正在改变企业内部的管理方式，一些企业为此设置了首席信息官（CIO）或首席技术官（CTO）。没有一家企业或一个产业可以将自己与新兴技术分隔开，世界上的成功企业都对新技术的利用给予了极大的重视，技术的发展可以创造全新的产业，也可以改变现有产业的边界。

具体技术环境因素主要有：（1）国家对科技开发的投资和重点支持；（2）该领域技术发展动态和研究开发费用总额；（3）技术转移和技术商品化速度；（4）专利及其保护情况。

面对日新月异的技术环境，企业应当从上述各个方面把握科学技术的发展对企业管理的影响。企业应密切关注其所在领域和相关领域技术环境的发展，分析技术变化随企业管理产生的具体影响，以便制定合适的企业商业模式并及时调整自己的方案，并以技术进步为契机不断开发新产品，拓展新市场，使企业保持长久竞争优势。

» 微案例4-1

美团外卖是美团旗下的网上订餐平台，于2013年11月正式上线，总部位于北京。

美团外卖品类包括附近美食、水果、蔬菜、鲜花、蛋糕等，用户数达2.5亿，合作商户数超过200万家，活跃配送骑手超过50万名，覆盖城市超过1 300个。我们通过PEST对美团外卖的宏观环境进行分析。

首先是政治环境（P）分析。随着《国务院关于积极推进“互联网+”行动的指导意见》与《关于推进线上线下互动加快商贸流通创新发展转型升级的意见》等政府文件相继推出，国家消费品政策日趋完善，也进一步推动了传统零售业向O2O发展。2015年国家开始鼓励平台开展线上线下互动，并给予其一定的政策支持，在2018年，国家发改委举行新闻发布会，提出国家将进一步推进实体经济、人工智能、大数据、互联网的深度融合，这为外卖O2O行业发展提供了良好的土壤。此外，因外卖食品安全问题频发，国家亦开始针对网络餐饮食品安全进行了专项整治。《中华人民共和国食品安全法》被称为“史上最严”的安全法，其规定：以美团、饿了么等为代表的外卖平台须明确入网食品经营者应当承担的食品安全责任，并要求入驻平台的商家实名登记，还强化了网络食品安全的各项审查工作，规范了商家的经营流程与范围。

接下来是经济环境（E）分析。自2012年起，传统零售业（包括餐饮等服务业）一直处在内外交困之际。内部房租、工人工资成本上升导致利润下滑，实体店关门打烊的趋势加速。外加互联网创业的兴起、消费者消费习惯的改变，使得实体零售业雪上加霜。此时，O2O对实体经济的转型升级起到了助推作用，线下线上融合成为产业的投资热点。进入“互联网+餐饮”时代后，美团外卖、饿了么、百度外卖、口碑外卖、麦乐送、KFC宅急送、必胜客宅急送、大众点评、滴滴外卖等O2O外卖平台逐步发展壮大，到2017年底，国家在线餐饮市场规模突破2 000亿元人民币，并处于急速扩张状态。可以说高新互联网技术的迅速发展直接给了传统餐饮业第二春，并让O2O外卖行业迅速度过扩张→并购→放缓阶段，并开始走向稳定、个性化发展阶段。

其次是社会环境（S）分析。随着信息时代的推进，现在人社会生活节奏日渐加快，智能手机已经成为中国城市居民日常生活中不可或缺的一部分。智能手机的迅速普及为日常生活提供了餐饮、娱乐、休闲等各种信息，改变了人们的行为，成为本地商家进行推广和营销的重要媒介。“民以食为天”，吃饭对人来说是“刚需”。经济迅速发展，国家普通民众的生活水平直线上升，社会主体“80后”和“90后”逐渐占据餐饮消费的半壁江山。“80后”和“90后”甚至“95后”的人往往因工作压力或嫌麻烦不愿意回家做饭，且他们容易接受各种新鲜事物、新技术，所以近年来随着生活节奏加快，外卖送餐逐渐成为越来越多年轻人的餐饮消费习惯。

最后是技术环境（T）分析。随着各种核心技术的突破，人工智能作为互联网时代最前沿的技术，已渗透到各行各业，并助力传统行业实现跨域式升级。进入互联网时代之后，开始有更多的餐饮软件开发企业为商户提供对接入口，并促使订单管理系统进一步成熟。位置服务是O2O领域最为关键的基础性服务，基于位置服务的智能化驱动能够显著降低企业的运营成本。利用大数据分析法所发明的O2O实时配送智能调度系统，为外卖O2O平台的物流配送解决了千万级订单并发的骑手调度问题和路线规划问题，大大提高了配送效率。另外，第三方支付平台（微信、支付宝等）的迅速完善与普及，亦为O2O外卖行业发展提供了极大的便利。

研讨：当前，美团外卖的宏观环境又发生了哪些变化？请用PEST方法进行分析。

4.2 行业竞争分析方法：SWOT

SWOT分析最早是由美国旧金山大学的Weihrich提出的。SWOT分析方法是通过对外部环境、内部资源战略能力以及最有可能影响到相关政策制定的主要问题进行总结，从而帮助企业决定将来拟采取的行动，同时还可用于评估企业有无机会进一步利用组织已有的独特资源和核心能力来实现新的发展。SWOT中的S是指企业内部的优势（Strengths）；W是指企业内部的劣势（Weaknesses）；O是指企业外部环境中的机会（Opportunities）；T是指企业外部环境中的威胁（Threats），如图4-2所示。利用SWOT分析方法，企业需要将内部的优势和劣势与外部的机会和威胁匹配起来，这样才能更好地帮助企业把资源和行动集中在企业拥有优势和存在机遇的地方，并尽量避免劣势和威胁，从而制定适合企业的商业模式并实现企业整体目标和持续稳定发展。

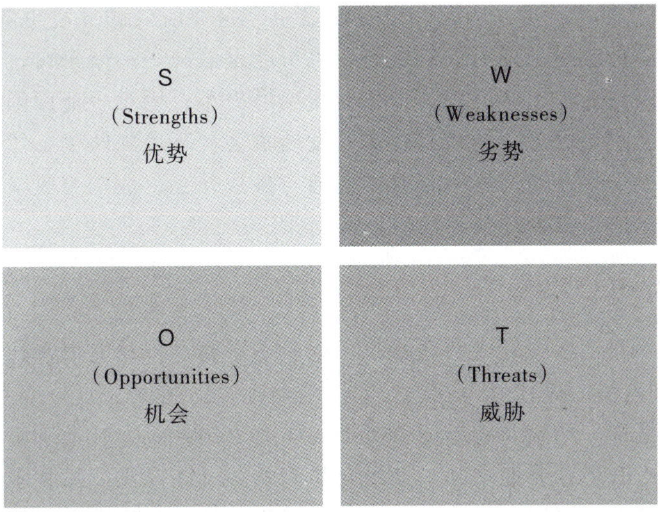

图4-2　SWOT分析内容

需要注意的是，SWOT分析只是给出了考虑问题应该重视的维度和要素，并不能准确精细地勾勒出外部环境与企业内部运作如何契合或者在多大程度上契合，更难预测不同程度的契合与经营绩效之间的关系模式。虽然具体的理论模型和深入研究可以去描述不同方式、类别和程度的契合与匹配，以及它们与经营绩效的关系模式，但SWOT本身作为一个分析框架，只是提供了一个非常宽广的视野和大概的思路，内外部的详尽分析，尚需更加具体精准的手段和方法。

4.2.1　机会与威胁分析（外部分析）

随着经济、科技等诸多方面的迅速发展，特别是经济全球化进程的加快，以及全球信息网络的建立和消费需求的多样化，企业所处的环境正在变得开放和动荡。这种变化几乎对所有企业都产生了巨大的影响，因此，对企业外部环境进行分析日益重要，而企业外部环境分析包括机会（O）分析和威胁（T）分析。

企业外部环境中的机会是指环境中对企业有利的因素，这些因素将有助于企业提高竞争优势，如政府支持、高新技术的应用、良好的供应商关系、明显的市场需求增长势头等。市场机会是影响企业发展的重大因素，企业管理者应当确认和评价每一个机会的成长和利润前景，选取那些可与企业财务和组织资源匹配的、能使企业获得竞争优势的最佳机会。

企业外部环境中的威胁是指不利的发展趋势所形成的挑战，如果不采取果断的相应行动，这种不利趋势将导致企业的优势被削弱，如新竞争对手的出现、市场增长率缓慢、购买者和供应者议价能力增强、产品生命周期缩短等。在企业的外部环境中，总是存在一些对企业的盈利能力和市场地位构成威胁的因素。企业管理者应当及时确认这些会危及企业未来利益的威胁，做出评价并采取相应的行动来抵消或减轻它们所产生的影响。

企业的经营是动态的，永远处于变动之中，企业所处的环境也随时都在变化，这些变化对于一个企业来说可能是机遇，也可能是威胁。一般来讲，一个成熟企业面临的市场发展机会少，环境威胁较少，发展潜力小；困难企业面临较大的环境威胁，营销机会也少。理想企业具有较多的发展机会，环境威胁少，然而，这样的企业在现实中是很少存在的，冒险企业的机会与挑战并存，成功与风险同在，这样的企业应尽可能抓住机会，寻找避免威胁的对策。

4.2.2　优势与劣势分析（内部分析）

除了识别外部环境中的机会和威胁，企业还需要对自身能力进行分析，包括优势（S）分析和劣势（W）分析。

企业优势是指一个企业超越竞争对手的能力，这种能力有助于实现企业的经营目标。例如，当两个企业处在同一市场向同一顾客群体提供产品和服务时，如果其中一个企业有更高的盈利率或盈利潜力，那么我们就认为这个企业比另外一个企业更具有竞争优势。优势主要包括充足的资金来源、良好的企业形象、强大的技术力量、明显的规模经济、优良的产品质量、领先的市场份额、巨大的成本优势、强大的广告攻势等。需要指出的是，衡量一个企业及其产品是否具有竞争优势，只能站在现有潜在用户视角上，而不是站在企业的视角上，因此，竞争优势可以被认为是在消费者眼中一个企业有别于竞争对手的任何优越的方面。

企业劣势是指企业缺少或做得不好的方面，或指会使企业处于不利地位的条件。劣势主要包括设备老化、管理混乱、关键技术缺失、研究开发落后、资金短缺、经营不善、产品积压等。由于企业的整体性和竞争优势来源的广泛性，在做优劣势分析时，必须从整条价值链的每个环节上，将企业与竞争对手做详细的对比。如产品是否新颖，制造工艺是否复杂，销售渠道是否畅通，价格是否具有竞争性等。企业在维持竞争优势过程中，必须深刻认识自身的资源和能力，采取适当的措施。一般地说，企业经过一段时期的努力，建立起某种竞争优势；然后就处于维持这种竞争优势的态势，竞争对手开始逐渐做出反应；而后，如果竞争对手直接进攻企业的优势所在，或采取其他更为有力的策略，就会使这种优势受到削弱，甚至产生劣势。

总的来说，SWOT分析可以分为两部分：第一部分为OT，主要用来分析外部条件；第二部分为SW，主要用来分析内部条件。利用这种方法可以从中找出对自己有利的、值得发扬的因素，以及对自己不利的、要避开的东西，发现存在的问题，找出解决办法，并明确以后的发展方向。企业应实现并保持企业内部资源和能力与外部环境的有机匹配，从而制定合适的商业模式，充分发挥优势因素，克服劣势因素，利用机会因素，避免威胁因素，达到企业内外的动态平衡，实现企业的愿景与目标。

4.2.3 SWOT矩阵

SWOT矩阵是一种描述清晰、应用灵活、分析系统化且具有极强应用价值的非程序化分析工具。它可以在各种复杂多变的内外部环境中，根据分析者的经验，匹配出细致且多变的决策方案。但也正因为如此，SWOT矩阵分析很大程度上取决于决策直觉和主观判断，对决策者素质的依赖性很强，这是SWOT的一个主要不足之处。

进行SWOT矩阵构建，我们首先要调查得出与机会、威胁、优势和劣势四种维度相关的因素，将这些因素根据轻重缓急或影响程度等排序方式，放入相应的格子中，构造SWOT矩阵，如图4-3所示。在此过程中，将那些对公司发展有直接的、重要的、大量的、迫切的、久远的影响因素优先排列出来，而将那些间接的、次要的、少许的、不急的、短暂的影响因素排列在后面。

	优势——S	劣势——W
机会——O	SO 发挥内部优势，利用外部机会	WO 利用外部机会，克服内部劣势
威胁——T	ST 运用内部优势，缓解外部威胁	WO 将劣势降到最小并避免威胁

图4-3　SWOT矩阵

SWOT矩阵包括四种组合：

1.优势-机会（SO）组合

SO区域是机会和优势最理想的结合，此时企业发挥内部优势并充分利用外部机会。企业将通过如下两种方式强化组织的内部优势，从而抓住外部机会：一是通过找出最佳的资源组合来获取竞争优势；二是通过提供资源来强化扩展已有的竞争优势。这时的企业拥有强大的内部优势和外部环境所提供的多种发展机会，具有较好的增长势头。

2.劣势-机会（WO）组合

WO区域内通常会出现这样的情况，企业面临着很好的外部机会，但由于内部的一些劣势妨碍着它利用这些外部机会。企业需要尽快扭转局面，改变企业内部的不利条件，最大限度地利用外部环境中的机会。

3.优势-威胁（ST）组合

ST区域内的企业尽管在当前具备优势，但正面临不利环境的威胁。这时企业应通过重新构建组织资源来获取竞争优势，将威胁转为机会，目的是巧妙地利用自身的优势来对付外部环境中的威胁。例如，企业可以考虑采取多元化经营战略，利用现有的优势在其他产品或市场上寻求和建立长期机会。另外，在企业实力非常强大、优势十分明显的情况下，企业也可以采用一体化战略，利用企业的优势正面应对外部环境中的威胁。

4.劣势-威胁（WT）组合

WT区域是最不理想的内外部因素的结合状况，企业应尽量避免处于这种状态。市场竞争反复无常，所以注定有企业会处在这样的危机状态中。企业一旦面临这样的状况，可以采取减少产品或缩小市场的防御型策略，也可选择改变产品或放弃该市场。

构建SWOT矩阵，主要包括以下八个具体步骤：第一步，列出企业的关键外部机会；第二步，列出企业的关键外部威胁；第三步，列出企业的关键内部优势；第四步，列出企业的关键内部劣势；第五步，将内部优势与外部机会相匹配而得到SO战略，然后填入相应的矩阵方格中；第六步，将内部劣势与外部机会相匹配而得到WO战略，然后填入相应的矩阵方格中；第七步，将内部优势与外部威胁相匹配而得到ST战略，然后填入相应的矩阵方格中；第八步，将内部劣势与外部威胁相匹配而得到WT战略，然后填入相应的矩阵方格中。

在完成SWOT矩阵的构造后，便可以制订出相应的行动计划。制订计划的基本思路是：发挥优势因素，克服劣势因素，利用机会因素，化解威胁因素；考虑过去，立足当前，着眼未来。无论企业大小，都拥有一定的资源，以及有效地协调这些资源以满足特定市场需求的能力，即每个企业都是资源和能力的结合体。运用系统分析的综合分析方法，将排列与考虑的各种环境因素相互匹配起来加以组合，有助于制定合适的商业模式，得出公司未来发展可选择的一系列对策。

微案例4-2

我们依然以美团为例，对其进行SWOT分析。

1.优势（S）

（1）知名度高：美团作为中国领先的生活服务电子商务平台，其用户基数大并保持着高速增长。

（2）技术力量强：美团的技术团队是在经历多个热门网站打造之后形成的。

（3）运营经验丰富：成功抓住用户心理，立足本地经营。

（4）100%物流掌控：美团外卖建立的专送服务团队，为物流配送环节的准时到达率和无破损率提供保障。

（5）外部合作：美团外卖获得多方外部支持，尤其是和腾讯合作。腾讯不仅提供资金支持，还在微信等端口为美团外卖提供入口服务。

2.劣势（W）

（1）商家质量良莠不齐：为了保持一定的市场占有率，美团外卖大力吸引商家入驻，但良莠不齐的商家质量也带来了食品安全问题。

（2）配送管理难度大：众包配送原本是为了减轻高峰时期的配送压力，配送团队专业化程度低，管理难度较大。骑手为了达成准时配送的要求，在路上闯红灯或加塞，引发较严重的社会问题。

（3）资金管理并不完善。

3.机会（O）

（1）人们生活方式的改变：受疫情的影响，人们的生活方式和消费习惯发生巨大改变，生鲜、商超、医药等方面都加入外卖诉求中，外卖行业不再局限于配送美食，应当充分细分原有市场，挖掘蓝海市场，利用原有客户基础优势，寻求更高的增长点。

（2）人们生活理念的转变：在“健康饮食”理念的盛行下，消费者对外卖餐饮提出更高的要求，不仅是要吃饱，更要美味健康和卫生，这为外卖平台提供了新的增长空间。

（3）技术的不断发展：智能移动终端的普及和移动支付技术的发展为外卖行业的发展提供技术支持。

4.威胁（T）

（1）原有行业竞争者的威胁：原有外卖行业中，美团外卖的最大竞争对手为饿了么，饿了么较美团更早地进入外卖市场，具有新进入者优势。同时，饿了么背靠阿里巴巴母公司，有较充足的资金来源。

（2）新进入竞争者的威胁：有新的平台不断兴起，如顺丰利用自己原有物流配送的优势推出“丰食”平台，目前主打企业团餐，主要面向企业员工提供送餐服务。

研讨：构建SWOT矩阵对美团进行分析。

4.3 企业商业模式分析工具：商业模式画布

前两节介绍了商业模式的宏观环境和行业环境的分析工具，在本节中将着重介绍企业运营过程中商业模式的分析工具——商业模式画布。由于目前缺少一个统一的商业模式框架来描述和思考我们所在的组织、我们的竞争对手和其他企业的商业模式，因此很难系统地提出某个组织商业模式的设想并创新成功。我们需要一个框架作为一种共同语言，能够方便地描述和使用商业模式。在《商业模式新生代》一书中，作者提出了商业模式画布的概念，画布中的9个模块被用来定义和描述商业模式，展示了企业商业模式运行的逻辑。这9个模块覆盖了商业的4个主要方面，即客户、产品/服务、基础设施和财务生存能力，如图4-4所示。

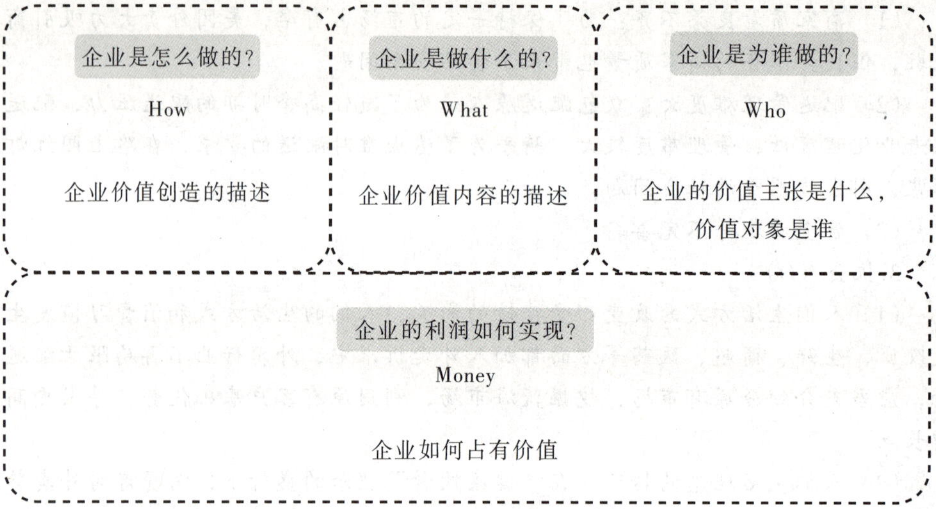

图4-4 商业的4个方面

资料来源 刘志阳. 创业画布：创业者需要跨越的12个陷阱［M］. 北京：机械工业出版社，2018.

商业模式画布主要包括9个方面：客户细分、价值主张、渠道通路、客户关系、收入来源、核心资源、关键业务、重要合作和成本结构，如图4-5所示。

下面将对商业模式画布的9个构造块进行具体的解读。

4.3.1 客户细分

客户细分就是指区分企业服务的目标群体。客户细分是20世纪50年代中期由美国学者温德尔·史密斯提出的，其理论依据在于顾客需求的异质性和企业需要在有限资源的基础上进行有效的市场竞争。企业在明确的战略业务模式下和特定的市场中，根据客户的属性、行为、需求、偏好以及价值等因素对客户进行分类，并提供有针对性的产品、服务和销售模式。

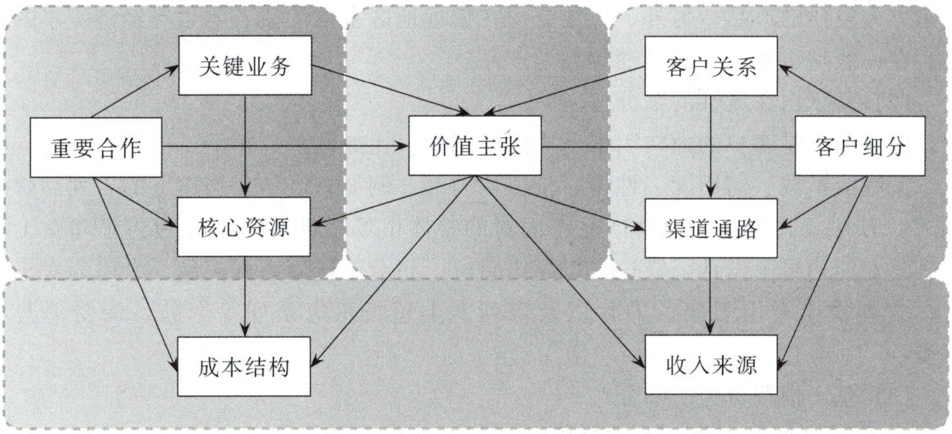

图 4-5　商业模式画布

但是，目前还没有形成对客户细分的一致的定义。在《商业模式新生代》一书中，商业模式画布中的客户细分模块被用来描绘企业想要接触和服务的不同人群或组织。

1.客户细分的目的

客户构成了任何商业模式的核心，没有客户，就没有企业可以存活。

从客户需求的角度来看，不同类型的客户需求是不同的，想让不同的客户对同一企业都感到满意，就要求企业提供有针对性的符合客户需求的产品和服务，而为了满足这种多样化的异质性的需求，就需要对客户群体按照不同的标准进行客户细分。

从客户价值的方面来看，不同的客户能够为企业提供的价值是不同的，企业要想知道哪些是企业最有价值的客户，哪些是企业的忠诚客户，哪些是企业的潜在客户，哪些客户的成长性最好，哪些客户最容易流失，企业就必须对自己的客户进行细分。

从企业的资源和能力的角度来看，如何对不同的客户进行有限资源的优化应用是每个企业都必须考虑的，所以在对客户管理时非常有必要对客户进行统计、分析和细分。只有这样，企业才能根据客户的不同特点进行有针对性的营销，赢得、扩大和保持高价值的客户群，吸引和培养潜力较大的客户群。客户细分能使企业所拥有的高价值的客户资源显性化，并能够就相应的客户关系对企业未来盈利的影响进行量化分析，为企业决策提供依据。

每个细分群体中的客户具有共同的需求、共同的行为和其他共同的属性。企业需要决定其想为哪些客户群体提供服务，并设计相应的商业模式。

2.客户细分的方式

(1) 基于外在属性的细分

如客户的地域分布，客户的组织归属等。通常，这种分层最简单、直观，数据也很容易得到。例如，宝洁发现东方人与西方人的发质不同，于是研发了潘婷等适合东方人发质的产品。另外，宝洁公司在偏远地区主推汰渍、飘柔等经济实惠的产品，在一线城市则主推玉兰油等高端产品。

（2）基于内在属性的细分

内在属性是客户的内在因素所决定的属性，比如性别、年龄、信仰、爱好、收入、家庭成员数、信用度、性格、价值取向等。例如，宝洁公司旗下的吉列品牌剃须刀、刀片及其他剃须辅助产品将面对的整体市场按性别因素分为男士和女士市场，其专门为男士设计了锋速三、超级感应、超滑旋转等系列产品，专门为女士设计了吉列女士专用刀架、刀片以及吉列女士超级感应系列等产品，深受消费者喜爱。

（3）基于消费行为的细分

在不少行业对消费行为的分析主要从三个方面考虑，即所谓RFM：最近消费（Recency）、消费频率（Frequency）与消费额（Monetary）。然而，按照消费行为来分类通常只能适用于现有客户。对于潜在客户，由于其消费行为还没有发生，因此无法分类。

3.客户细分群体的类型

（1）大众市场

聚焦于大众市场的商业模式在不同客户细分之间没有多大区别。商业模式中的价值主张、渠道通路和客户关系全都聚焦于一个大范围的客户群组，在这个群组中，客户具有大致相同的需求和问题。例如，移动存储设备（如U盘）、话费充值业务等用户群体本身并没有太大区别。

（2）利基市场

利基市场是指在较大的细分市场中具有相似兴趣或需求的一小群顾客所占有的市场空间，通常是新兴的或未被发现的市场。以利基市场为目标的商业模式用于迎合特定的客户群体，并且价值主张、渠道通路和客户关系都针对这一利基市场的特定需求定制。例如，宝洁公司在2004年首批推出以9～16岁的男孩为目标客户的一系列日化用品，这在以前是一个没有被人注意到的空白市场。索尼公司于2018年6月推出了以科研人员和律师等为目标群体的电子纸，如图4-6所示。索尼电子纸荣获IF和红顶设计大奖，它采用电子墨水屏，尺寸与一张A4纸大小相仿，轻到349g，薄到5.9mm，待机长达3周，并且配备了模拟真实触感的电子笔。然而，这个设备不能上网，不能播放音乐视频，只能阅读和编辑PDF文件。对于一般的普通大众用户而言，电子纸性价比极低且不如iPad等平板电脑功能强大，但是对于需要大量阅读PDF的科研人员和律师等办公人员群体，电子纸是一个非常受欢迎的设备，并且市场上同类产品还非常少。

（3）区隔化市场

有些商业模式在客户群体间会有所区别，这些客户群体有很多相似之处，但又有不同的需求。例如，商业银行会根据客户的日均存款额来区分不同的细分群体，并针对性地提供一些特殊的服务。通常至少存款600万元是私人客户，100万～500万元

图 4-6　索尼电子纸

是钻石客户、30万～100万元是白金客户，10万～30万元是黄金客户。不同银行的划分标准或者客户名称略有不同，但基本逻辑是一样的。银行会根据不同类型的客户提供不同的服务，比如针对高端私人客户会提供专门的理财经理、定制化的理财服务，以及贵宾通道优先办理，出行飞机贵宾厅、高铁贵宾厅、走商务通道等增值服务。

（4）多元化市场

具有多元化商业模式的企业可以服务于两个具有不同需求的客户细分群体。通俗地讲，就是用一种解决方案面对需求和问题迥异的群体。例如，2006年亚马逊决定通过销售云计算服务而使其零售业务多样化，即在线存储空间业务与按需服务器使用业务。因此，亚马逊开始以完全不同的价值主张迎合完全不同的客户细分群体。这个策略的根本原因是亚马逊强大的IT基础设施经营的多样化，其基础设施能被零售业务运营和新的云计算服务所共享。

» 微案例 4-3

拼多多是上海寻梦信息技术有限公司于2015年9月上线的一个专注于C2M拼团的第三方社交电商平台。拼多多的购物逻辑主要围绕拼团模式设计，用户通过发起拼团，可以以更低的价格购买商品。用户也可以单独购买商品，但单独购买的优惠力度不如拼团，以鼓励用户选择拼团模式。下单成功后用户可以将拼团信息发布到朋友圈、微博等社交圈，也可与APP内有同样购买需求的陌生用户组团。一旦达到拼团的人数条件，则拼团成功，各个买家可以享受优惠的拼团价格。另外，拼多多还有“砍价”功能，用户可以通过邀请朋友帮忙“砍一刀”来获取购物优惠。

研讨：拼多多为哪类客户细分群体创造价值？

4.3.2　价值主张

价值主张就是为特定客户细分群体创造价值的系列产品和服务。价值主张关注的主要问题就是商业模式提供给客户细分群体哪些系列的产品和服务？这些产品和服务帮助客户解决哪一类难题？满足客户的何种需求？向客户传递什么样的价值？

创建价值主张是企业战略的一部分。有些价值主张可能是创新的，并表现为一个全新的或开创性的产品或服务，而另一些可能与现存市场的产品或服务类似，只是增加了功能和特性。

价值主张通过迎合细分群体的需求来创造价值。价值可以是定量的（如价格、服务速度）或定性的（如设计、客户体验）。《商业模式新生代》一书中列举了以下可以为客户创造价值的要素：

1. 新颖

有些价值主张为客户提供其从未体验过的产品或服务。这可能与新技术有关，如2007年1月苹果公司推出了一款iPhone，宣称其为“带有触摸控制功能的宽屏iPod”，是“革命性的手机”，是“突破性的互联网通信设备”。iPhone手机的推出彻底颠覆了人们对手机的认识，重新定义了手机的功能，使得手机不仅仅是通信设备，而是集成了移动通信、娱乐和办公等多种功能于一体的互联网手机，这也为后来的移动互联网商业模式的创新奠定了基础。而这种新颖的价值主张是传统的手机用户从未体验过的，是一种创造出来的需求。

2. 性能

改善产品和服务性能是一个传统意义上创造价值的普遍方法。例如，现在的手机行业就是一个典型的通过改变产品性能进行价值创造的市场。各个手机厂商基本上每年都会通过提升屏幕、内存、处理器和摄像头像素的性能推出自己的更新换代产品来提升产品的价值。

3. 定制化

定制产品和服务通过满足个别客户或客户细分群体的特定需求来创造价值。近几年来，大规模定制和客户参与制作的概念显得尤为重要。这个方法允许定制化产品和服务，同时还可以利用规模经济优势。成立于1995年的红领集团是一家以生产西服为主的服装企业，其采用大规模定制的生产方式，打造单件生产的柔性生产线，通过20多年的努力，红领转型为国内首家服装大规模定制企业。现在红领每天能够生产3 000多套定制服装，订单能够做到7个工作日内交付。

4. 设计

设计是一个重要但又很难衡量的要素。产品可以因为优秀的设计脱颖而出，在时尚和消费电子产品工业领域，设计是价值主张中一个特别重要的部分。

5. 品牌/身份地位

客户可以通过使用和显示某一特定品牌而发现价值。例如，奢侈品的超高溢价就来源于其品牌的社会地位的提升。也有一些品牌价格并不高，但标识了某一类细分群体，比如嘻哈音乐爱好者喜欢的小众潮牌。

6. 价格

以更低的价格提供同质化的价值是满足价格敏感客户细分群体的通常做法。

7. 风险抑制

当客户购买产品和服务的时候，帮助客户抑制风险也可以创造客户价值。对于二手汽车买家来说，为期1年的服务担保规避了在购买后发生故障和修理的风险。

8.可达性

把产品和服务提供给以前接触不到的客户是另一种创造价值的方法。这既可能是商业模式创新的结果，也可能是技术创新的结果，或者兼而有之。比如农村电子商务的出现突破了时间和空间的局限，将一些偏远地区的特色农产品销向了全国各地，甚至海外市场。

» 微案例4-4

尚品宅配是一家专做定制化和个性化家具的企业，和其他传统家具制造企业不一样。其一，尚品宅配专做个性化和定制化家具；其二，尚品宅配是一个“嫁接”在互联网上的家具企业，是一个靠数据来驱动的企业。尚品宅配可以根据用户的身材、喜好来帮用户进行从款式设计到构造尺寸的全方位个性定制。同时通过3D设计软件及云端设计资源整合能力，在设计端让消费者不仅能体验到单个的产品，还能体验整体家居设计。用户满意之后，尚品宅配开始基于前端提供的数据进行个性化、柔性化的生产制造。尚品宅配完全实现线上线下整合、按需定产，这样的O2O、C2B商业模式是所有家具行业都期望的商业模式。尚品宅配是中国IT业和家具业跨界融合的一个标杆企业，从一个专门为家具、建材、装修行业企业提供信息化的IT企业，演变成为“个性化、定制化”家具的龙头企业，是一个典型的信息化与工业化融合的产物。

研讨：尚品宅配服务于哪类客户细分群体？该企业的商业模式包含了哪些价值要素，向客户传递什么样的价值？

4.3.3 渠道通路

渠道通路构造块用来描绘公司是如何沟通、接触其客户细分群体而传递其价值主张的。沟通、分销和销售，这些渠道构成了公司相对客户的接口界面。渠道通路是客户接触点，它在客户体验中扮演着重要角色。渠道通路包含的功能包括：提升公司产品和服务在客户中的认知；帮助客户评估公司价值主张；协助客户购买特定产品和服务；向客户传递价值主张；提供售后客户支持等。

1.渠道类型（见表4-1）

表4-1 渠道类型

<table>
<tr><td rowspan="3">自有渠道</td><td rowspan="2">直接渠道</td><td>销售队伍</td><td>销售人员直接面向顾客推销</td></tr>
<tr><td>在线销售</td><td>通过互联网建立自己的网站，直接向消费者施加影响，来销售产品或服务</td></tr>
<tr><td rowspan="3">非直接渠道</td><td>自有店铺</td><td>团队组织拥有或运营的零售商店</td></tr>
<tr><td rowspan="2">合作伙伴渠道</td><td>合作伙伴店铺</td><td>合作伙伴的零售商店、加盟店</td></tr>
<tr><td>批发商</td><td>批发商进行分销</td></tr>
</table>

2. 渠道阶段

根据消费者的购买阶段，渠道也可以分为不同的阶段，在不同的阶段企业也可以采用不同的渠道。

（1）认知

在认知阶段如何通过渠道发现潜在细分客户群体，并提升其对公司产品和服务的认知？这一阶段的重点是让客户知道并了解企业的产品和服务，不断通过各个渠道扩大客户群体对企业产品或服务的认知度。由于这一阶段消费者对产品或服务并不熟悉，因此需要借助一些大众媒体（如传统的电视、报纸）或者高流量的网络平台（如微博、微信、今日头条等）来广泛地传递企业的价值主张。

（2）评估

在评估阶段如何通过渠道帮助客户评估公司价值主张？这一阶段的工作是引导和帮助客户群体对企业的产品或服务进行分析评估，最终获得客户群体对产品或服务价值主张的认可。由于评估阶段影响消费者购买决策，需要一些更有影响力的渠道来辅助用户进行决策，例如通过微信朋友圈好友转发，借助朋友之间的信任来影响消费者决策往往比单纯的广告效果更好。

（3）购买

在购买阶段如何通过渠道协助客户购买特定的产品和服务？这一阶段是最常见的阶段，也是距离客户最近的阶段，渠道梳理工作在于如何更好地让客户购买产品或服务。线上和线下渠道各有优缺点，线上渠道突破了时间和空间的限制，更加方便消费者的购买，但是由于无法直接接触到商品或服务，可能用户体验相对较差。而线下渠道消费者用户体验较好，用户满意度更高，但成本相对较高，价格优势不明显。企业可以根据自己的产品或者服务的特点来选择线上或者线下渠道，或者两种渠道的混合策略。

（4）传递

在传递阶段，企业主要考虑如何把价值主张传递给客户。销售产品或服务并非最终目的，产品和服务的价值主张的实现，也就是客户最终体验的结果才是企业应当关注的问题。例如，饭店销售菜品，最重要的是味道和环境服务体验，而非单纯销售菜品。

（5）售后

在售后阶段，企业主要考虑如何提供售后支持。售后常见的形式有电话回访、上门检查和微信回访等。不同方式接触的客户数量、资源消耗各不相同，因此售后阶段也需要慎重梳理渠道通路。

» 微案例4-5

所谓团购，就是认识或者不认识的消费者联合起来，一起加大与商家的谈判能力以求得最优价格的一种购物方式。美国的Groupon网站获得成功后，启动了原本平静的团购市场。因网络信息的快速传播，加之电子商务进入门槛较低，该商业模式被迅速模仿。2010年，国内的团购网站如雨后春笋般涌现。美团的创始人第一时间察觉到“Groupon模式”的商机，于2010年成立了美团网。在他看来，团购网站聚集了大量有针对性的用户去撬动商户，这形成了一种新的C2B模式。美团自上线以来发展迅速，现在已经成为国内主要的团购网站的代表。其宗旨是为消费者找到最值得信赖的商家，同时让消费者享受到超低折扣的优质服务。

研讨：美团的平台类型是什么？其主要服务于哪类客户细分群体，通过哪些渠道接触该客户细分群体？

4.3.4 客户关系

客户关系是指企业为达到其经营目标，主动与客户建立起的某种联系。这种联系可能是单纯的交易关系，也可能是通信联系，也可能是为客户提供一种特殊的接触机会，还可能是为双方利益而形成某种买卖合同或联盟关系。客户关系具有多样性、差异性、持续性、竞争性和双赢性的特征。它不仅可以为交易提供方便，节约交易成本，也可以为企业深入理解客户的需求和交流双方信息提供许多机会。商业模式画布中，客户关系构造块用来描绘公司与特定客户细分群体建立的关系类型。企业应该弄清楚其希望和每个客户细分群体建立的关系类型。客户关系范围可以从个人到自动化。客户关系可以被一些动机驱动，例如客户获取、客户维系或提升销售额等。客户关系主要包括以下几个类型：

1. 个人助理

这种关系类型基于人与人之间的互动。例如，淘宝店铺的客服会在消费者购买过程中或售后阶段与消费者交流，为消费者提供指导和帮助。

2. 专用个人助理

这种关系类型包含了为单一客户安排的专门的客户代表。它是层次最深、最亲密的关系类型，通常需要较长时间来建立。例如，奢侈饰品店的售货员通常会与自己的顾客建立和保持亲密的私人联系，包括节假日祝福、到货通知和日常关心等，以提升顾客对其的信任和好感度。

3. 自动化服务

这种关系类型整合了更加精细的自动化过程，用于实现客户的自助服务。自动化服务可以识别不同客户及其特点，并提供与客户订单或交易相关的信息。最佳情况下，良好的自动化服务可以模拟个人助理服务的体验。随着人工智能技术的广泛应用，很多在线客服都会提供基于人工智能客服机器人的自助服务。

4. 社区

目前各公司正越来越多地利用用户社区与客户或潜在客户建立更为深入的联系，并促进社区成员之间的互动。许多公司都建立了在线社区，让其用户交流知识和经验，解决彼此的问题。社区还可以帮助公司更好地理解客户需求。在社区中，许多公司超越了与客户之间传统的客户-供应商关系，而倾向于和客户共同创造价值。例如，一些社交媒体、在线评论网站中的内容都是由用户贡献的。小米手机通过小米社区来解决用户面临的共性问题，维持客户关系，甚至根据用户的意见来设计和优化产品。在小米社区中，不仅企业可以解决用户提出的问题，用户之间也可以通过互助解决一些使用过程中的问题，大大节省了企业的成本。

» 微案例4-6

VIPKID是全球增长速度最快的在线英语教育品牌，旗下有两大产品：成人英语体系课和成人1对1外教口语课，为职场达人、考研人员、出国留学人员以及家庭英语教育提供英语解决方案。课程采用北美外教与中教授课，通过互联网的方式将中国英语学习者与全球老师连接起来。2017年8月，VIPKID推出全球首个100%浸入式教学在线少儿中文教育平台Lingo Bus，正式发力中文出海业务。2019年6月11日，VIPKID入选“2019福布斯中国最具创新力企业榜”。截至2019年8月，VIPKID平台付费学生规模超过70万人，北美外教数量超过9万人。2019年12月，教育部办公厅公布第一批教育APP备案名单，VIPKID通过备案。2020年8月3日，VIPKID正式宣布与英国牛津大学出版社签约。此后，VIPKID学员将能在学习中心阅读到《牛津阅读树》（Oxford Reading Tree）、《星星阅读屋》（Reading Stars）这两大全球知名系列读物。2020年8月，VIPKID以300亿元人民币市值位列《苏州高新区·2020胡润全球独角兽榜》第70位。

研讨：VIPKID与其客户细分群体建立和保持哪种客户关系类型？

4.3.5 收入来源

收入来源构造块用来描绘公司从每个客户群体中获取的现金收入。盈利是企业生存和发展的根本，如果一个商业模式没有清晰的盈利模式，那么这个商业模式一定是失败的。对于许多互联网商业模式，尤其是平台商业模式，在企业创立初期，其主要任务是扩大用户规模、占领市场份额，形成网络效应。因此，在这一时期，企业的盈利模式并不是很清晰，甚至可能会造成巨额亏损。因此，我们判断一个商业模式的优劣，并不是完全基于其现在的收入状况，也可以是未来规划的盈利模式。但是如果一个商业模式即使在未来也没有清晰的盈利模式，那么这种商业模式注定会失败。获取收入的方式有以下几种：

1.资产销售

企业通过销售实体产品的所有权获得收入，传统商业模式以此为主要收入来源。例如，京东在线销售电子产品、服装和食品等各类商品。

2.使用收费

这种收入来源于为客户提供特定的产品或服务，以计费使用的形式收取费用。例如，快递服务，通常根据每次配送的重量、距离和时间要求来收费。

3.订阅收费

这种收入来自销售重复使用的产品或服务。例如，健身房按月或按年以会员制订阅方式来销售健身设备的使用权，各平台会推出视频会员订阅等。

4.租赁收费

这种收入来源于针对某个特定资产在固定时间内的暂时性排他使用权的授权。

对于出借方而言，租赁收费可以带来经常性收入的优势；对于租用方或承担方而言，可以仅支付限时租期内的费用，而无须承担购买所有权的全部费用。共享经济平台如Airbnb主要是通过出租房屋使用权进行收费，共享汽车是通过出租汽车的使用权来收费。

5.授权收费

这种收入来自将受保护的知识产权授权给客户使用，并换取授权费用。授权方式可以让版权持有者不必将产品制造出来或者将服务商业化，仅靠知识产权本身即可产生收入。随着对知识产权的重视，越来越多的原创作品（文章、图片、音乐和影视作品等）通过授权使用收取费用，例如IP使用费。

6.经纪收费

这种收入来自为了双方或多方之间的利益所提供的中介服务而收取的佣金，例如房地产中介、在线电影票预订等服务。

7.广告收费

这种收入来源于为特定的产品、服务或品牌提供广告宣传服务。对于许多互联网平台，例如搜索引擎、社会化媒体和电子商务平台等，广告收费是其最主要的收入模式之一。

4.3.6　核心资源

核心资源用来描绘让商业模式有效运转所必需的最重要因素。核心资源是商业模式的核心竞争力，是商业模式的“护城河”，也就是企业有什么资源能够去实现价值主张，战胜竞争对手。在互联网行业中，一个新兴的商业模式出现，就会有很多企业蜂拥而至。最典型的就是当团购这一商业模式刚刚兴起时，国内的互联网行业掀起了“百团大战”的盛况。究其原因，还是早期的团购模式易于模仿，成本较低。如果一个企业或者组织没有核心资源，那么即使它早期创造了一个商业模式，也有可能被其他竞争对手所模仿和反超。每个商业模式都需要核心资源，这些资源使得企业组织能够创造和提供价值主张、接触市场、与客户细分群体建立关系并赚取收入。不同的商业模式所需要的核心资源也有所不同。核心资源可以是实体资产、金融资产、知识资产或人力资源。核心资源既可以是自有的，也可以是公司租借的或从重要伙伴那里获得的。核心资源主要包括以下几种类型：

1.实体资产

实体资产包括生产设施、不动产、汽车、机器、系统、销售网点和分销网络等。实体资产是保证这个企业能够继续运营下去的核心资源，没有这些资源企业就很难把人才和资金等其他要素组合在一起。例如京东自有的IT系统、仓库和物流体系。

2.知识资产

知识资产包括品牌、专有知识、专利和版权、合作关系和客户数据库，这类无形资产日益成为新商业模式中的重要组成部分。知识资产的开发很难，但成功建立后可以带来巨大价值。例如，全球领先的无人机独角兽大疆创新，在航空和飞机领域已经申请了超过4 600项专利，曾经连续4年专利排名第一，形成了公司发展的专业技术壁垒，在全球民用无人机市场，大疆拿下超过80%的市场份额，在中国市场大疆占据的份额也超过70%。

3.人力资源

任何一家企业都需要人力资源，商业模式要很好地运行下去一定要靠很多人才。但是对于某些商业模式而言，人力资源是其核心竞争力。例如，对于在线教育而言，优秀的师资是其商业模式成功的关键因素之一，也是其核心竞争力。

4.金融资产

有些商业模式需要金融资产或财务担保，例如现金、信贷额度或用来雇用关键雇员的股票期权池。由于马太效应在互联网行业尤其明显，很多互联网商业模式早期都是扩大用户规模，占领市场份额，因而早期都是巨额亏损，这时候就需要金融资产的大力支撑，以保证其在激烈的竞争中保持领先。因此，对于互联网商业模式而言，能够在早期吸引风险投资的青睐，是其商业模式成功的关键之一。

4.3.7 关键业务

关键业务构造块用来描绘为了确保其商业模式可行，企业必须做的最重要的事情。任何商业模式都需要多种关键业务活动。这些业务是企业得以成功运营所必须实施的最重要的部分。正如核心资源一样，关键业务也是创造和提供价值主张、接触市场、维系客户关系并获取收入的基础，并且关键业务会因商业模式的不同而有所区别。关键业务的分类包括：

1.制造产品

这类业务活动涉及生产一定数量或满足一定质量的产品，与设计、制造及发送产品有关。这一业务活动是制造产业中企业商业模式的核心，其需要把自己的整个生产过程做到很高效、很流畅，而且还能高质量地按照既定的时间要求，按照整体的品质要求，提前或者按期交付。如何通过更好的精益化管理，让企业的即时生产能够真正实现，这对企业的生产与整体的管理提出了很大的挑战。

2.问题解决

这类业务指的是为个别客户的问题提供新的解决方案，这种商业模式需要知识管理和持续培训等业务。例如，咨询公司等服务机构的关键业务是帮助客户解决问题。

3.平台中介

以平台为核心资源的商业模式，其关键业务都是与平台或网络相关的。网络服务和交易平台都可以看成是平台。此类商业模式的关键业务与平台管理、服务提供和平台推广相关，例如美团和淘宝等。

4.3.8 重要合作

重要合作构造块用来描述让商业模式有效运转所需的供应商与合作伙伴的网络。在越来越复杂的商业生态环境中，任何一个组织都很难拥有完成商业模式全流程的全部资源，往往需要通过同其他组织的合作来实现共赢。重要合作的类型有：

1.竞合：竞争者之间的战略合作

“竞合关系”指的是竞争和合作两种手段相结合的战略。竞争企业在同一市场竞争利润或市场份额，从这一角度看，竞争企业的利益相冲突。但是，在某些领域(如科研、开拓新市场、物流等)，竞争企业可能存在共同利益，在这些领域进行合作能比单干创造更大的价值，因此会选择合作。在适当的时间和领域与竞争对手合作，会给企业带来战略利益；反之，会造成战略损失。竞合关系可以帮助减少以不确定性为特征的竞争环境的风险。世界上最著名的竞合组织就是石油输出国组织，简称“欧佩克”(OPEC)。亚、非、拉石油生产国为协调成员国石油政策、维持国际石油市场价格稳定，确保石油生产国获得稳定收入，而成立了这一竞合组织，极大地保障了具有竞争关系的石油生产国的利益。互联网行业中这种竞合关系也不罕见，曾经激烈竞争的对手如滴滴和快的、美团和大众点评，都通过合资的方式建立了战略联盟。

2.非竞争者之间的战略联盟关系

在非竞争性品牌战略联盟中，伙伴企业往往并不处于同一产业和平等的地位，它们为共同经营的战略联盟打造一个联盟品牌，通过联盟品牌迅速提升成员品牌在整个大行业内的知名度与影响力。这样，联盟成员在品牌和市场资源利用上也创新性地开发和利用了合作伙伴的资源。尽管来自不同的行业，但联盟成员可以提炼合作伙伴品牌中的核心元素，同时结合自身的特点和优势，以创新的方式进行契合，在市场推广上形成合力，带来单独依靠各自的力量所不能达到的市场效果。例如，Apple手表和Nike公司联名推出了Apple Watch Nike版，这个手表不仅可以拥有Apple公司的智能手表的功能，还内置了Nike Run Club App和Nike Training Club，充分利用了Nike品牌在运动领域的优势。

3.为确保可靠供应的购买方-供应商关系

购买方-供应商关系的设计是用来优化资源和业务的配置。公司拥有所有资源或自己执行每项业务活动是不合逻辑的。优化的伙伴关系和规模经济的伙伴关系通常会降低成本，而且往往涉及外包或者基础设施共享，从而提升效率、降低成本。菜鸟网络科技有限公司于2013年5月于深圳成立，由阿里巴巴集团、银泰集团联合复星集团、富春集团、申通集团、圆通集团、中通集团和韵达集团等共同组建，是一家创新型互联网科技企业。公司致力于建设一个数据驱动、社会化协同的物流及供应链平台，即在现有物流业态的基础上，建立一个开放、共享、社会化的物流基础设施平台，打通了覆盖跨境、快递、仓配、农村和末端配送的全网物流链路。在菜鸟网络这个平台上，淘宝主要负责提供商品，而四大快递集团负责快递配送，这样的一个供应链的联盟，有效地提升了淘宝的配送效率，优化了快递公司的配送成本，形成了规模效应，从而实现了多方的共赢。

4.为开发新业务而构建的合资关系

新业务的开发往往面临着风险和不确定性，对于很多大公司而言，由于传统业务的主导作用，对于新业务的开发由于组织缺乏相应的灵活性而不愿意轻易尝试。随着互联网时代的到来，商业模式的更新迭代速度不断加快，很多最初并不起眼的新兴商业模式，后期往往会对行业造成颠覆性的改变，例如，拼多多这一社交电商模式在出现早期并没有得到大多数人的认可，然而短短的几年间其就在已经成熟的电子商务市场上成长为不可忽视的力量。很多互联网大企业为了预防未来新商业模式对自己的颠覆，往往会关注自己商业生态系统中的新兴模式，一旦认为其有潜力就会通过合资的方式进行联盟，鼓励其新业务的开发与尝试。互联网社交和游戏巨头腾讯，在自己多次尝试电商板块都不成功后，开始选择入股合资的方式来支持京东和美团，从而实现新业务的开发。

4.3.9 成本结构

成本结构构造块用来描绘运营一个商业模式所引发的所有成本。这个构造块用来描绘在特定的商业模式运作下所引发的最重要的成本。创造价值、提供价值、维系客户关系以及产生收入都会引发成本。对于很多商业模式而言，往往用户的需求是可以准确预测的，但是否能够通过优化成本实现盈利是这个商业模式的关键。比如共享单车服务，其“最后一公里”的出行问题确实是用户真实的需求，但为了实现这个需求，往往对共享单车的生产成本和运营成本要求较高，而其收入模式并不是特别清晰，从而导致最后共享单车服务全行业的衰落。

从成本角度看，商业模式可以分为成本驱动和价值驱动两类。成本驱动的商业模式侧重于在技术、人才和管理等各个方面尽可能地降低成本。这种做法的目的是创造和维持最经济的成本结构，采用低价的价值主张、最大程度自动化和广泛外包。廉价航空公司就是以成本驱动型商业模式为特征的。有些公司不太关注特定商业模式设计对成本的影响，而是专注于创造价值。增值型的价值主张和高度个性化服务通常是以价值驱动型商业模式为特征的。iPhone手机追求较高的用户体验是手机行业中典型的价值驱动模式。

综上所述，商业模式9个构造块与前面提到的价值发现、价值创造和价值占有存在对应关系，图4-7就是对9个构造块及其关系的一个总结。商业模式9个模块共同构成了商业模式画布（如图4-8所示），其作为一个工具，帮助我们描绘现有的商业模式或创造新的商业模式。

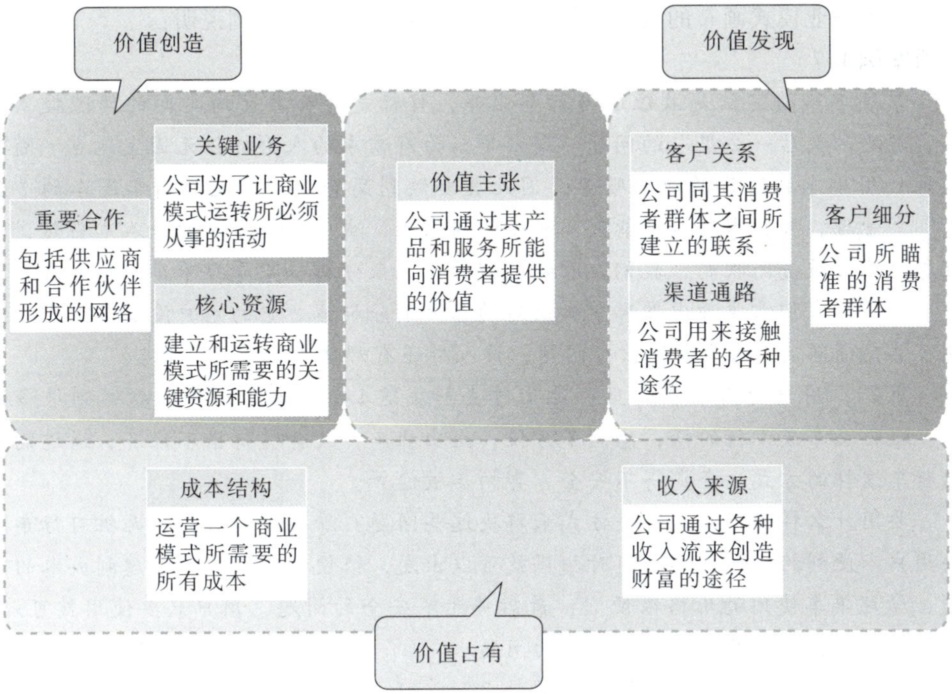

图 4-7　商业模式画布与价值的对应关系

资料来源　刘志阳. 创业画布：创业者需要跨越的12个陷阱［M］. 北京：机械工业出版社，2018.

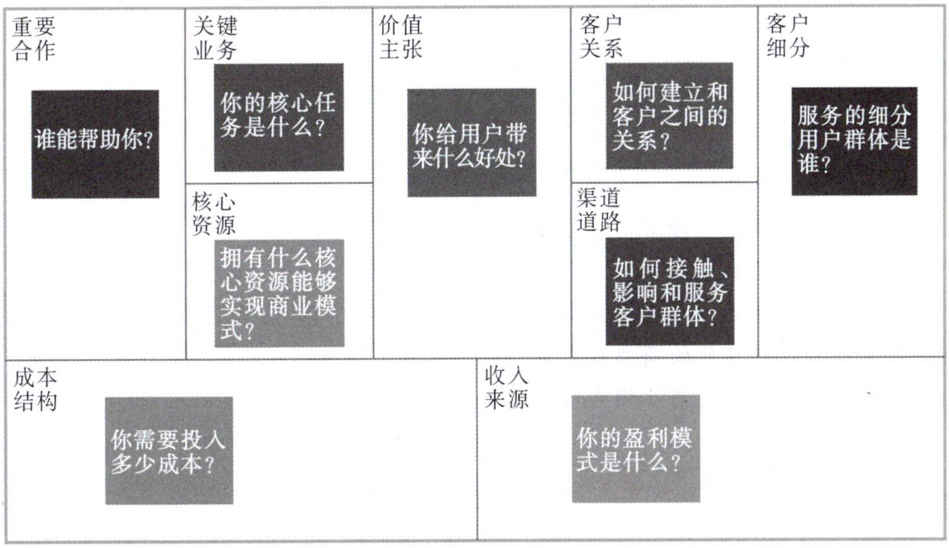

图 4-8　商业模式画布

有关商业模式画布的具体分析方式，我们将使用以下案例说明：

» 微案例4-7

摩拜单车的定位是做短途自行车业务，目标是为公共交通之间的间隙提供衔接，解决“最后一公里”的问题。摩拜单车为有需求的人群提供无固定地点、随时随地使用单车到达目的地的服务，因此其要做到高普及率，无桩借车还车的“放养”式管理，并且需要尽可能提高车子的耐用性，减少人工维修的介入。当然，现在摩拜已经被美团收购，我们就收购之前的情况来分析一下摩拜单车的商业模式。

第一，我们需要考虑摩拜单车面对的客户细分群体。它的用户没有车，需要使用公共交通解决1~3千米的出行问题，该人群还有哪些更细节的特征？

第二，用户的需求在哪里？他们过去解决这1~3千米的出行问题遇到很多困难：坐公交车或步行的话，感到不方便；坐出租车，又会觉得很不经济；通过购买自行车这样的方式，会觉得不安全、害怕车被偷等。

要用什么样的产品或解决方式来解决这些问题？摩拜单车首先用无桩自行车解决用户不便利的问题，单车随时扫码就可以出发，很便利；其次，考虑到成本的问题，摩拜单车使用的价格很便宜；最后关于不安全的问题，用户只要使用就可以，不需要购买，不用考虑自行车被盗的问题。

摩拜想传递给用户的价值定位是什么？摩拜是解决用户1~3千米出行问题的最佳方案。

第三，摩拜的推广方式是什么？通过裂变的活动进行推广。

第四，摩拜单车如何建立和维护客户关系？

第五，收入来源主要是什么？主要来自使用费1元以及用户需要支付的199元或者99元押金。

第六，摩拜的核心资源和竞争优势。首先，摩拜单车是先发者，是最早去做共享单车的企业之一；其次，摩拜还有资本的支持，其规模和布局具有竞争优势。

第七，摩拜单车的关键业务和合作伙伴有哪些？

第八，成本当时主要花在什么样的地方？最早的时候，钱是花在车辆的生产、维护，以及各地用户的开拓、队伍的建设和拓展上。

最后，只要把每一部分对应地填入画布的模块中，并通过讨论、分析，不断进行完善，就可以对具体的商业模式理解得更加深入透彻。

研讨：绘出摩拜的商业模式画布。

4.4 数字化变革：数字化商业模式

随着信息和通信技术领域的创新，数字业务变得非常重要。数字业务作为一种强大的创新力量，可以从技术上支持一个企业的商业模式，也可以为企业提供多方面的好处。例如，其支持客户自助访问信息和服务、提升信息传输的效率和有效性等。如今，数字业务是全球市场的固有组成部分，因为它可以被用来更好地满足客户的需求。在这种背景下，实施数字业务与企业的收益高度相关，因为在线服务的可用性是全球竞争中的一个重要因素。在《数字商业模式》一书中，作者揭示了数字化商业模式背后的四个驱动力，即融合与技术、数字化和创新动力、市场复杂性和客户授权。

1.融合与技术

数字化商业模式的第一驱动力是融合与技术。融合描述的是底层技术的趋同，部门之间的边界逐渐模糊，建立不同领域的价值创造网络，最后是各部门、业务单位、组织、产品和服务的整合。

2.数字化和创新动力

第二驱动力是数字化和创新动力。关键驱动因素是产品和服务的日益数字化、产品和服务开发的速度以及高度的创新性和创新活力。创新是互联网经济和数字商业的关键因素之一。互联网经济中商业环境的动态变化导致创新的时间越来越短，间隔越来越短。因此，企业需要有相当的市场适应性。这种不断加快的创新步伐的最初起点是技术进步，特别是现有硬件和软件的高速发展以及电子网络的日益使用。

3.市场复杂性

第三驱动力是市场复杂性。其主要驱动因素是市场透明度的提高、市场碎片化的加剧、市场进入和转换壁垒的降低（特别是在电子服务领域）以及去中介化。

在传统经济中，市场的特点是市场透明度处于中低水平，买卖双方之间普遍存在信息不对称。由于卖方具有优越的市场地位，其可能会利用信息优势，通过价格歧视的方式掠夺消费者剩余。在互联网经济中，由于信息的自由流动，上述情况已经发生了根本性的改变。计算机网络的特点是高市场透明度背后的驱动力，它使客户能够在任何时间、任何地点检索任何信息。这意味着市场渗透更容易，成本更低，耗时更短。因此，市场中参与者观察和分析市场的搜索成本非常低。传统经济中，消费者对产品信息的获取依赖于向卖家咨询，而互联网经济允许客户通过价格比较、数字社区或在线产品测试报告等方式轻松收集信息。客户可以调整自己的信息水平，不再依赖于经过过滤的信息，这种现象被称为反向市场。然而，市场透明度也导致了信息的冗余，使得顾客难以管理和结构化这些信息。这种信息超载在一定程度上削弱了透明度高的优势。除了产品信息，客户也可以很容易地在网络中查找价格信息，从而进行价格比较。

市场碎片化是指市场参与者及其消费偏好的个性化。在互联网经济出现和发展之后，消费者行为越来越个性化，这种趋势对市场营销、产品开发和设计有深远的影响。一对一营销是一种重要的个性化营销手段，一对一营销不仅指向单个的顾客，而且特别指个性化的产品开发和设计，这与大规模定制是明显矛盾的。企业尝试通过大规模定制的方式来获得大规模生产的成本优势，同时试图赋予它们的产品以个性。

市场复杂性的另一个方面是数字企业的市场进入壁垒降低。市场进入壁垒是一个市场或一个细分市场的特征，往往适合于阻止新的竞争者进入市场，或至少阻碍他们这样做。市场进入壁垒可以降低市场对潜在新进入者的吸引力，市场进入壁垒的降低使竞争者数量增加，从而导致竞争加剧。

市场复杂性的最后一个方面是去中介化，这可以用价值链的概念来解释。价值链描述了产品从制造商到最终客户经历的所有步骤，包括生产组件、将组件聚合成可销售的产品和零售。零售商的角色在价值链中是非常重要的，因为他们是制造商和客户之间的中介。传统上，零售商对制造商有很大的影响力，因为他们可以接触到制造商的客户。然而，由于市场透明度的提高和市场进入壁垒的下降，互联网经济削弱了零售商的力量，制造商可以通过互联网等信息网络直接接触到客户。因此，制造商有能力完全接管贸易的中介功能，这导致了供应链的去中介化。

4.客户授权

数字化商业发展的第四个驱动力是客户授权，这种商业环境的变化主要关系到客户自身。得益于现代信息和通信技术，客户可以在社交网络和社区中交流他们的愿望和意见。消费者不仅想要更多地参与到生产和设计中，而且要求B2C互动的更新。因此，企业必须采取行动来满足消费者的需求，例如，提供一种更透明的生产、管理和开发形式。

我们可以检测每个商业模式构造块中数字化技术的“痕迹”。企业可以通过数字化产品、数字增强产品、提供产品以及如何使用这些产品的信息等来为用户提供价值。数字化技术为联系用户开辟了新的渠道。组织运营的一个重要部分是基于灵活和高效的数字化业务流程，通过数字化技术进行业务合作伙伴之间的协作而使组织运作相对容易。基于数字化技术，收入模式可以为客户提供按使用付费、免费增值定价（免费但对高级功能收费）和其他定价理念。今天最成功的数字化模式之一是平台模式，该模式将供求市场数字化。这类模式的突出例子包括爱彼迎和亚马逊等。

在数字化时代，每个运营组织都必须全面、持续地审查商业模式并进行重新规划——如何以及在何处通过整合数字化技术来创造价值，以及何时向客户展示新的数字化商业模式。

除了9个模块中的每个模块扩展之外，还有一些空间可以详尽地表达与数字化世界相关的诸多领域，而不只是直接在画布中表达。每个组织都应该检查三个独特的数字化领域，以便在数字化时代的商业竞争中大获全胜。

（1）内容：组织向它的客户提供的数字化内容

组织提供的可以是完全数字化的产品（如数字图书、音乐文件、数字报纸、流动媒体的电视内容、地图等）或完全数字化的服务（如一项导航服务、一个用于比较价格或进行航班预订的网站等）。在这种情况下，客户不是在购买实体的商品，而是在消费数字化的产品或服务。除了产品或服务本身，组织还可以添加产品信息和数字化业务流程，如通过移动设备进行选购、在组织的网站上提供价格信息、显示用户的反馈或根据用户的描述推荐最佳备选产品等。

数字化内容也可以被添加到如汽车、食品、电脑和电视等实体产品中。这可能包含产品信息、特征、与同一产品或其他产品的其他型号比较以及客户对产品的反馈；通过互联网或移动设备订购产品，然后将其运送到客户家中或取货地址等。

（2）体验：如何包装数字化内容，以及如何向客户群提供数字化体验

在设计用户体验时，组织应该采用一个全面的方法。也就是说，组织应该测试客户的认知、思考、购买、维持和提倡这一整个客户体验流程，保证整个流程中的客户体验都是高品质的。

（3）平台：组织所使用的数字化平台

平台是指组织向客户提供的数字系统和平台上的数字内容与体验。平台可以分为内部平台和外部平台两种类型。内部平台即组织用于管理数字体验和内容的一套平台。此类平台包括广泛的信息系统、数据库、计费系统等，这些通常在每个组织中都有所不同。外部平台包括互联网和移动网络，如微博、Facebook、YouTube、微信等外部应用程序。

本章小结

在前面的章节中，我们已了解互联网商业模式的定义、理论基础和技术基础。在本章中，我们介绍了一系列对商业模式进行分析的工具。在信息技术迅速发展的今天，企业处于不同的内外部环境中且环境瞬息万变，因此依据一个科学规范的分析框架对企业商业模式进行分析是非常必要的。

首先我们介绍了PEST分析法，它为研究企业的宏观环境提供了一个有益的框架。PEST分析法指对政治（Political）、经济（Economic）、社会（Social）和技术（Technological）这四大类因素进行分析。接下来我们介绍了SWOT分析法，S是指企业内部的优势（Strengths），W是指企业内部的劣势（Weaknesses），O是指企业外部环境中的机会（Opportunities），T是指企业外部环境中的威胁（Threats），该方法为研究企业行业竞争环境提供了有益框架。我们还介绍了商业模式画布，它主要包括9个方面：客户细分、价值主张、渠道通路、客户关系、收入来源、核心资源、关键业务、重要合作、成本结构。

最后，结合数字化变革，我们介绍了在此背景下的数字化商业模式，揭示了数字化商业模式背后的驱动力。

思考与实践题

1. 用PEST和SWOT方法对抖音的商业模式进行分析。
2. 亚马逊的数字化商业模式体现在哪？

课程思政讨论

以拼多多为代表的农产品原产地直发模式，是拼多多成功的重要因素之一。这一模式不仅实现了商业模式的成功，也从技术上响应了国家“精准扶贫”、“电商扶贫”和“乡村振兴战略”等政策需求。拼多多通过加大资金投入、直播扶持、人才培育、供应链优化等综合举措，进一步加大对优质水果、蔬菜、肉蛋等生鲜产品的补贴力度，不断完善原产地直发的农产品上行模式，助力区域公用品牌建设，强化数据应用和人才支撑，助推乡村振兴。疫情期间，农产品销售面临一系列危机和挑战，拼多多这一商业模式也体现了企业在危难时刻的社会责任担当。

研讨：用PEST工具对拼多多商业模式的宏观环境进行分析，并探讨其商业模式成功背后的制度优势与企业社会责任。

第二篇 互联网商业模式案例

第5章 基于参与主体特征的互联网商业模式

5.1 B2C模式

5.1.1 B2C模式特征

1.B2C模式概念及发展

企业和消费者之间的电子商务交易活动（B2C），是消费者利用网络平台直接与企业进行交易的电子化商业零售形式。它是指通过互联网与商家直接进行交易，在网上推广产品和服务，为顾客提供更多、更有效的信息，以吸引顾客购买。B2C电子商务以其在信息交互、交易手段、物流配送、经营方式等方面的诸多优势，在各个领域都显示出强大的竞争实力。

易观《中国网上零售B2C市场年度综合分析2018》的年度综合报告显示：2018年中国B2C零售市场交易额高达5.01万亿元，同比增长59.4%。随着多年的发展，网上零售B2C市场无论是在技术层面、运营层面还是市场层面，水平都有了明显的提高。总体来看，尽管在线零售业的发展势头已经明显放缓，但是相比其他的销售模式，它的发展速度依然很快，在全社会消费品零售总量中的比重也在持续上升。现在，人们的经济状况和物质生活都有了很大的改善，对商品的需求也从单一的商品数量、商品功能转向了对生活质量和体验的追求。有了这个前提，近几年不论是线上还是线下，各大零售商巨头都相继布局零售新物种，各业态间的界限日益模糊，服务内容更加多元化，零售场景也从传统的单一的线下零售角色，向“线上线下零售、体验、服务、配送、仓储”等多角色转变，零售业与服务业进一步融合，以满足消费者的多样消费诉求。

2.B2C模式的特点

（1）沟通效率高

B2C模式下，买卖双方通过互联网进行沟通，不仅降低了通信成本，还提升了通信效率，并且因互联网的全球性和无间断的特点，大多数B2C网站都可以开展24小时不间断服务。伴随着信息技术的高速发展，不少B2C网站开始使用语音助理、机器人客服等人工智能技术，来实现自助购买、自动支付的便捷流程，并且还能提供给消费者即时答复反馈的服务，不仅节约了人力成本，还提高了消费者的满意度。

（2）用户数量巨大

不论是对消费者还是企业，B2C模式都有诸多优势。B2C模式下消费者可以随时随地注册、登录网站、下单购买商品，购物过程方便快捷；加之线上商品价格相对较低，可选择的商品更多样，如此“物美价廉”更使得越来越多的消费者开始采用线上购物方式。从企业角度而言，入驻网上商城则无须租赁场地和雇用销售人员，大大减少了运营成本，管理店铺和订单皆可以通过网络技术，通过这种方式还可以获取和分析消费者的购物行为数据，能够为商家后续的营销活动提供数据支持，为消费者提供个性化的服务与产品。

3.B2C模式网站分类

（1）平台型B2C模式

该平台由专业的电子商务平台开发商或运营商搭建，可以为买卖双方提供身份认证、支付、安全、客服、渠道等相关服务，并促进完成交易。平台型B2C模式一般涉及各行各业，且竞争对手颇多，入驻的商家需要负责物流且可以直接收取货款。平台型B2C模式有平台知名度高、客流量大、物流可选择性强等优势，但同时也有同类型商家竞争性强、商家无法获取消费者数据进而无法进行用户行为分析等劣势。例如，京东、天猫商城通过对数千个品牌商和制造商进行一体化整合，进而为企业和消费者提供一站式解决方案。

（2）垂直型B2C模式

专注于某一领域的电子商务类型就是垂直型B2C模式，典型代表有唯品会、国美在线等。垂直型B2C模式最核心的是对市场和客户需求准确定位。垂直型B2C模式相对于传统电子商务更容易创造品牌影响力，且这类电子商务企业不受平台功能制约，可以根据自身业务个性化开发新的平台功能，更具专业性和竞争力。但垂直型B2C模式开发管理运营成本相对其他模式要高，在前期很难向供应商争取有优势的价格。

（3）综合型B2C模式

目前较为普遍和常见的电子商务商业模式就是综合型B2C模式，像当当网、苏宁易购等都是综合型B2C平台。综合型B2C模式的特点是行业跨度大、购物人群多、网站平台稳定、支付体系完善。目前，由于消费者群体不断扩大且具备向其他行业拓展的能力，而综合型B2C模式正好可以满足用户跨行业的不同需求，提供一站式的产品和服务，将业务拓展到其他产品线，增加收入渠道，从而实现营收，所以国内B2C电子商务由垂直型B2C模式向综合型B2C模式转变将是必然趋势。然而综合型B2C模式也并非完美无缺。譬如，当网站经营商品种类增多时，则需要和更多的供应商与厂商建立合作关系，运营成本势必会相应增加，同时仓储、客户服务等工作压力也会增加。而且，综合型B2C网站中还存在着商品同质化、市场竞争激烈等问题。

（4）团购型B2C模式

团购型B2C模式是近几年发展迅速的一种新型B2C模式，是商家对消费者开展的一种促销团购模式，其典型代表有美团、拼多多等。团购型B2C模式的主要特点有：一次性销售量大、售卖时间有限、价钱便宜等，容易在短时间内吸引大量消费者，但同时也存在因单价低而导致的利润低、信誉度低、商品质量把控难度大等问题。

5.1.2 代表案例：京东商城

1.京东商城业务简介

京东作为中国最大的网上零售企业，也是中国最大的B2C电商平台，主要销售家电、数码通信、电脑、家居百货、服饰、母婴、图书、食品、在线旅游等12大类，上万种品牌，百万种优质商品。京东商城是中国最有影响力、最受消费者喜爱的电商平台之一。京东商城从创立之初，就始终坚持以人为本。在产品上，京东不断地优化商品种类，以适应网络用户对商品日益增长的需要。在服务上，公司始终致力于建立自己的物流体系，使用户的使用体验更加安全、便捷。

京东商城在打造自身垂直业务的同时，近些年也对平台业务深耕细作，致力于为合作商家提供更好的平台，为更多的互联网消费者提供更加专业和完善的互联网电子商务平台。京东商城一直坚持以产品、服务、价格为核心，以品牌价值、供应链体系、用户体验为核心竞争力，带领京东成为全国最大的网络电商公司，并逐渐走向国际市场。京东商城从2004年开始涉足互联网电子商务领域，至今一直保持迅猛的发展势头。中国B2C电子商务市场近些年的高速发展以京东商城尤为突出（京东发展沿革见表5-1）。

表5-1 京东发展沿革

事件时间	事件内容
1998年6月	成立京东公司
2004年1月	京东多媒体网正式开通，启用新域名
2004年7月	京东拍卖场正式开业
2006年1月	成立上海全资子公司
2006年6月	荣获最受欢迎的IT产品网商称号
2007年5月	京东广州全资子公司成立
2007年6月	京东多媒体网正式更名为京东商城
2007年7月	京东建成北京、上海、广州三大物流体系
2007年10月	在北京、上海、广州三地启用移动POS上门刷卡服务
2008年6月	完成了3C产品的全线搭建

续表

事件时间	事件内容
2009年2月	京东尝试出售特色上门服务
2009年6月	京东商城单月销售额突破3亿元，日订单处理能力突破20 000单
2010年12月	京东商城团购频道正式上线
2012年5月	迷你挑正式上线
2012年10月	京东商城开通英文网站，开拓西方市场
2013年3月	京东正式启用JD.COM域名，去商城化，全面改名为京东
2014年2月	京东推出首个互联网金融信用支付产品："京东白条"
2015年10月	与腾讯联合宣布推出全新合作项目"京腾计划"
2016年7月	入榜2016年《财富》全球500强，位列第366位
2018年6月	与谷歌签订战略合作协议，双方将围绕零售创新展开全方位的深度合作，共同开拓国际零售市场
2020年6月	京东集团正式在香港联交所二次上市，募集资金近300亿港元，用于投资以供应链为基础的关键技术创新，以进一步提升用户体验及提高运营效率
2020年11月	京东京喜梅州优品馆开馆，是梅江区政府与中国经济信息社、京东集团共同打造的政府官方数字经济园区
2021年7月	京东logo更新，变为3D立体

资料来源　根据京东官网资料编写。

2.京东商城商业模式分析

（1）价值主张

京东商城始终把"品质京东"放在首位，其经营理念就是"省心"，不管是正品保证、发货速度还是售后服务，都以让顾客满意为目标。京东一直秉承顾客至上的理念，让顾客放心购物，不怕假货，不用等待，售后不推卸责任，力求做消费者最信任的商家。

（2）分销渠道

① 虚拟销售渠道。为客户提供网上购物平台，并提供多种商品和服务。在传统的优势品类方面，京东商城已经是中国3C商品最大的零售商。京东商城已经发展成为中国规模最大的B2C自营电商平台。

② 线下实体店。京东商城对渠道的价值进行了重新定位，并向线下实体店、无人店、生鲜超市进军。线下实体店销售的产品均来源于京东，京东物流全程监督配送，力求成为中国消费者放心、高质量产品的第一选择。京喜通（原京东新通路），是京东的一种综合性B2B购物平台，到2018年年底，它覆盖100万家中小门

店。京东便利店是京东“无界零售”中的一个真正的线下实体，它包括“有人店”、“无人店”和“店中店”等不同的经营形式，并在2018年推出了“运营合伙人”模式，加快了门店的扩张。

③ 自销式分销模式。面向分销商，通过强大的物流和分销系统，将供应商和全国各地的零售终端连接起来，通过电商平台，对接全国1 800多个地区的零售商，为消费者提供全方位的销售和配送服务。

（3）客户细分

客户包含B2C模式的上下游供应商和经销商及消费者，还包括C2C模式中的网店店主及进行消费的客户。

① 供应商。京东商城由于其B2C的特点和产品种类的多样性，使得其本身具有众多的供货商。供货商可与公司进行合作，在京东商城的自有平台上架商品，并在平台的帮助下进行销售，或者自己开个店铺进行售卖。

② 网店店家。京东商城从原来的B2C模式转变为B2C+C2C模式，也就是自营平台+第三方。京东商城除了部分自营店，还会向其他的零售店出租，收取租金。一方面是为了扩大商城整体的产品和服务的品牌和类型；另一方面也能为其他小型零售商带来更多的机会和平台，从而获得更多的店面租金。

③ 消费者。京东商城以“多、快、好、省”的一体化购物平台，为广大消费者提供高质量、低价格的商品。京东商城负责运输过程中的保险业务，如果顾客的货物遗失或受到损坏，京东商城将立即更换配送全新商品。

（4）客户关系

京东客户关系管理采用在线社区、自动化服务、自助服务以及个人助理形式，客户可通过在线社区寻求帮助，解答疑难，社区同样可以帮助企业更好地了解它们的客户。京东提供的自动化服务可以识别客户身份及其特点，并推送符合预订单和交易内容的信息，例如推荐商品。自助服务则是企业为客户提供自助服务所需的渠道，如机器人客户自动服务等。个人助理则是发生在购买现场的人际互动，通过呼叫中心、电邮或其他渠道进行。

（5）重要合作伙伴

京东的重要合作方包括其投资方和战略合作伙伴。最重要的投资方是初期为京东关键发展注资的老虎基金和高瓴基金，二者目前分别占有京东约20%的股份。其次则是近期和京东达成战略合作伙伴关系的腾讯，投资协议达成后，腾讯占有京东约15%的股份，京东获取腾讯的微信等产品入口权。同时，在O2O方面，京东和北京永辉超市开展合作，负责果蔬产品的配送。在线上汽车销售和旅游产品销售方面，京东也分别和易车网及途牛旅游网达成合作关系。

京东与腾讯集团于2015年10月启动了京腾计划，携手打造“品商”商业创新模式。京东的微店与微信、手机、QQ联通了一级入口，为用户提供一种“曝光、电商、付款”的全方位的购物体验，并提供多品种、高品质的创新营销策略。

京东在2016年6月和沃尔玛签订了战略合作协议，沃尔玛的1号店也被合并到京东。截止到2017年10月，京东到家在20个城市开通了146家沃尔玛店，商品种类繁多，质量有保障。京东为客户解决了“最后一公里”的物流难题，保证了顾客的收货时效。对于京东商城来说，沃尔玛的到来，不但让京东的消费者拥有了更多的优质产品的选择，而且还可以提升他们的存货数量和物流效率。同时，构建京东商城“无界零售”的基本架构，为降低成本、提高效率、提升体验奠定了坚实的基础。

（6）成本结构

京东商城的营业成本主要分为进货成本、物流成本、营销费用、研发费用以及一般行政费用。

① 进货成本。京东商城的自营商品的进货成本，即营收成本，可以看作最大的支出成本项。

② 物流成本。京东商城的物流成本包括仓储和物流配送成本，也就是其履约成本。

③ 营销费用。其包含两块内容：广告费用以及其他营销相关费用。营销费用主要用于线上与线下的广告投放以及市场推广，为平台吸引大量流量。

④ 研发费用和一般行政费用。

（7）核心资源和能力

① 快捷的物流配送。京东商城先后在华北、华东、华南、西南建立了四大物流中心，配送范围覆盖全国98%的地区。2009年京东斥资成立自有快递公司，陆续在天津、北京等40多座城市建立城市配送站，提升配送速度的同时提高配送质量。2015年投入使用无人自动化分拣中心，将互联网与物流紧密结合，着手发展智慧仓储物流体系。经过十余年的打磨，京东商城的物流体系在全国范围内拥有超过500家专业物流中心，超1 200万平方米的物流基础设施，以及超过30万家的末端服务网点。

② 完善的在线和售后服务。京东商城除了为顾客提供高品质的产品和快捷的物流服务外，还推出了“价格保护”和“延保”等网上服务，以最大限度地减少顾客的购买心理负担，保护顾客的合法权益，提高顾客的购买体验。京东商城还在继续完善其特色售后服务：以旧换新、积分兑换、上门服务等，全面满足顾客的各种需要。

（8）关键业务

京东商城是中国电子商务领域受消费者欢迎和具有影响力的电子商务网站之一，在线销售家电、数码通信、电脑、家居百货、服装服饰、母婴、图书、食品、在线旅游等12大类数万个品牌百万种优质商品。巨大的交易量使平台需要不断进行维护和管理。而且平台的营销推广，采取策略不断吸引客户也是京东的关键业务之一。京东物流作为京东特色，网格化仓储业务也是关键。

（9）收入来源

京东商城的收入来源主要有直接销售收入、虚拟店铺出租收入、资金沉淀利息收入以及平台广告收入。

① 直接销售收入。即进价与售价的差价，也就是京东商城自营商品进行销售获取的利润。

② 虚拟店铺出租费。京东商城除了部分自营商品外，同时向第三方卖家出租，收取平台使用费、技术服务费以及保证金，为小型零售商带来更多的机会和平台服务。

③ 资金沉淀利息收入。在收取顾客付款与向供应商付款之间的时间差中，将产生的资本进行再投资，以获取其他收益。京东商城有“快钱”和“财付通”等付款平台，随着京东“白条”和“网银钱包”等付款模式的发展，京东在未来的收入中很大一部分将来源于“金融业务”。

④ 广告费。京东商城通过以往品牌、用户和流量的积累，使其网站的广告位不断增值，于是就对商家进行了收费，这样既能充分发挥其优势，又能提高公司的广告收入。

3.京东SWOT分析

（1）优势。优势包括电子商务行业多年积累的品牌优势、出色的物流系统、出色的用户体验、网站广告联盟推广及电子商务联盟的发展。除此之外，京东商城还具有一定的创新优势，通过不断推出新鲜的活动以及使用高新技术来提高服务水平，保持其在电商行业中的竞争优势。

（2）劣势。售后服务的质量需要优化，由于公司的业务能力与发展的速度无法同步，导致信息延迟，对于顾客的投诉反馈往往没有及时跟进和处理，直接导致消费者对京东商城产生不满情绪，信任度降低，给予商品差评。京东商城的核心战略就是“薄利多销”，尽管目前京东商城的规模和发展势头都不错，但京东商城的盈利能力并不强。

（3）机会。机会包括国家宏观层面上对互联网电子商务发展的支持、国民经济持续发展导致居民购物消费需求增长强劲、网站广告联盟推广及电子商务联盟的发展、信息技术的发展尤其是5G时代的到来。

（4）威胁。威胁来自两方面：一是京东的内部成本问题，如何平衡为客户提供性价比高的商品、优质服务与营收、履约成本的关系，是京东商城面临的难题。二是京东面临着来自外部的威胁，来自与日俱增的竞争对手以及他们所实施的竞争策略。此外，网络安全问题、全球经济不稳定、国内经济不稳定、网络购物的商品价格具有可比较性等因素，也给京东商城的发展带来了一定的困难。

4.京东商业模式总结

京东从一开始主营3C商品逐渐向全品类化发展，从自营到建立第三方平台，满足了顾客的多元化需求，减少了顾客的时间成本和费用。京东公司在江苏宿迁建成了一个超大规模的全国呼叫中心，并逐步向全国各地扩展，持续加强自身的物流及相关的配送系统，技术革新旨在提升京东公司的供应链管理效率。京东的信息管理系统可以为企业的生产流程提供服务，也可以为企业和个人提供公共商务智能。在此基础上，京东将自己的资源优势转化为不同的竞争优势，从而获得了供应商和用户的坚定支持，使其在很长一段时间内都能创造出新的价值。

研讨：

1.试通过商业模式画布工具绘制并分析京东的商业模式。

2.从京东的发展沿革分析京东在哪些方面逐步完善和创新其商业模式。

3.根据京东的SWOT分析，说说京东今后发展战略规划设想。

5.1.3 代表案例：亚马逊

1.亚马逊业务简介

亚马逊公司（Amazon）是美国最大的一家网络电子商务公司，位于华盛顿州的西雅图。作为互联网上第一家从事电子商务的公司，亚马逊于1995年创立，最初只是做网络图书销售，现在已经涉足了许多领域，已是世界上商品种类最多的在线零售商，世界上排名第二的互联网公司，旗下还有Alexa Internet、A9、lab126以及互联网电影数据库（IMDB）等子公司，其发展沿革见表5-2。

表5-2 亚马逊公司发展沿革

事件时间	事件内容
1998年4月	亚马逊收购了IMDB（互联网电影数据库公司）
1998年8月	亚马逊以1.86亿美元收购了Junglee（数据挖掘公司）
1998年8月	亚马逊以9 300万美元收购了Planetall（社交网络公司）
1999年6月	亚马逊以2.5亿美元收购了Alexa
2003年4月	亚马逊收购了其在线音乐商店的竞争对手en：CD Now
2004年8月	亚马逊以7 500万美元收购了中国的卓越网（卓越当时是一家网上书店）
2005年7月	亚马逊收购了CustomFlix（DVD制作商）
2006年2月	亚马逊收购了Shopbop（女性时尚购物网站）
2007年5月	亚马逊收购了Dpreview（数码相机测评网站）
2008年3月	亚马逊以3亿美元收购了Audible（有声读物网站）
2009年7月	亚马逊以12亿美元收购了Zappos（在线鞋店）
2010年3月	发布了“网络购物诚信声明白皮书”
2010年6月	亚马逊以1.1亿美元收购了Woot（团购网站）
2010年10月	亚马逊称其将收购欧洲在线购物服务网站BuyVIP. com以扩大在这个地区的市场份额

续表

事件时间	事件内容
2010年11月	亚马逊以5.5亿美元收购了Quidsi
2011年7月	亚马逊收购了The Book Depository（网上书店）
2011年	亚马逊收购了Lovefilm、Pushbutton
2012年3月	亚马逊收购了自动化机器人公司Kiva Systems
2012年9月	亚马逊在发布会上发布了新款Kindle Fire平板电脑，以及带屏幕背光功能的Kindle Paperwhite电子阅读器
2013年3月	亚马逊在欧洲超越了当地其他在线零售商，成为欧洲最受欢迎、访问量最大的网络零售商
2014年4月	亚马逊收购了数字漫画公司comiXology
2014年5月	亚马逊宣布以2 000万美元投资入股上海美味七七，开启中国市场的生鲜战略部署
2014年5月	推特与亚马逊联手，开放用户从旗下微网志服务的推文直接购物
2014年8月	亚马逊宣布以9.7亿美元的现金收购视频游戏流媒体服务平台Twitch
2015年3月	亚马逊中国（z.cn）宣布开始在天猫试运营“amazon官方旗舰店”
2016年11月	亚马逊中国宣布亚马逊海外购与亚马逊英国站点正式实现对接，超百万来自亚马逊英国站点的海外货登陆亚马逊海外购商店
2017年5月	亚马逊准备在英国剑桥设立一个新的研发中心，用于科学研发
2018年3月	亚马逊的市值已经超越谷歌母公司Alphabet，成为仅次于苹果的全球第二大市值公司
2018年6月	亚马逊官网推出亚马逊全球收款服务
2021年5月	应用追踪公司App Annie和Sensor Tower数据显示，亚马逊作为美国iOS和Android平台下载量最多的购物应用的地位被快时尚电子商务应用SHEIN取代
2020年6月	亚马逊花13亿美元收购了自动驾驶独角兽Zoox
2022年3月	美国亚马逊公司宣布，完成收购美国米高梅影片公司，耗资85亿美元

资料来源　根据历年亚马逊公司公告编写。

亚马逊及其他销售商为客户提供数百万种独特商品，包括全新或二手的商品，如图书、影视、音乐和游戏、数码下载、电子和电脑、家居园艺用品、玩具、婴幼儿用品、食品、服饰、鞋类和珠宝、健康和个人护理用品、体育及户外用品、玩具、汽车及工业产品等。

2.亚马逊商业模式分析

（1）价值主张

亚马逊将其价值主张概括为："通过为客户提供低价格、便利性和多种商品选择，不懈地专注于客户体验。"以客户为中心的服务型企业是亚马逊毕生所致力于的发展方向，以低价获取发展机会，确保消费者以最低价买到商品，这就是其价值取向。亚马逊公司的发展战略是创新、快速、务实和简便。亚马逊非常注重技术的升级与更新，其服务功能也在不断地提升。其不仅为用户提供方便快捷的查询系统，可实现对用户所需商品的自动推送，节约用户查询的时间，还为顾客提供实实在在的优惠、高质量和快捷的服务。亚马逊最初把自己定位为"世界上最大的书店"，但在其产品多样化发展下，它已经成为"最大的网上零售商"，并最终定位成"最以客户为中心的企业"。

（2）分销渠道

亚马逊分销渠道采取线上零售网站和线下实体店模式。

亚马逊包含亚马逊中国、日本以及美国等多家网购平台，为消费者提供更便捷的全球购物通道。亚马逊另外一个特色就是允许几乎任何人在本网站销售任何产品，既销售亚马逊自己的产品，也销售第三方产品。大型零售商可以在亚马逊开设店铺，而购买付款则由其自己的垂直站点进行。消费者在网上可以了解到有关二手物品和拍卖物品的信息。亚马逊在线网站是亚马逊最强大的渠道通路，亚马逊旗下共拥有13个国家的官方网站来提供AWS（Amazon Web Services，亚马逊云服务）。除此之外，亚马逊还推出了多款大热APP包括"AmazonShopping"和"AmazonFireTV"等进行其产品销售。

亚马逊的运营模式不单单是线上，同时也在持续探索线上和线下一体化的运作方式。比如2015年亚马逊在西雅图大学村开设了线下图书店AmazonBooks，2016年12月在西雅图开设了第一家杂货店AmazonGo，2018年实施百家快闪店计划（AmazonPop-upstore）等，亚马逊想通过这些实体店来提升品牌知名度和消费者体验。

（3）客户细分

亚马逊将其客户群体分为全球消费者、第三方卖家和AWS服务的企业及个人用户三类。

全球消费者：亚马逊通过线上的零售网站和线下实体店的方式为全球消费者提供服务，并且专注于商品服务的选择多样性、低价和便利。亚马逊的主要目标客户中19～30岁消费者所占比重较大，这群人乐于接受新鲜事物，可以熟练使用电脑及互联网，并且具有一定的购买力。大部分消费者为平均年收入在8.9万美元左右的家庭用户，比美国平均水平7.1万美元高出25%，因此这部分消费者有较高的购买力以及较稳定的购买频率。

第三方卖家：亚马逊有大量的第三方卖家，为了保持与这些卖家的长期合作，亚马逊专门为其开发了FBA（Fulfillment by Amazon，亚马逊的物流配送系统），

FBA可以为卖家提供物流、配送、仓储等多种服务，既能为卖家解决问题，又能降低运营成本。

AWS服务的企业和个人用户：亚马逊以Web服务的形式向诸多客户提供广泛的全球计算、存储、数据库等基础的IT设施和服务，很多初创企业、政府机构和学术机构等都选择了与亚马逊合作。

（4）客户关系

就网络覆盖区域而言，24小时在线的售后服务使顾客与亚马逊的联系更加方便。它对线上注册的客户进行行为跟踪、数据挖掘，针对现有客户和潜在客户实现个性化营销。亚马逊积极与客户沟通交流，持续改善客户体验。

亚马逊推出了Prime会员制，消费者交纳一定的会员费，即可享受亚马逊购物相应的增值服务。亚马逊新增了会员专属折扣，配合卖家自身的促销活动，可以让消费者获得更多的优惠体验，从而实现卖家销售额的增长。

亚马逊不但为顾客提供全方位的一站式购物服务，还与顾客进行积极的沟通交流，投入大量资金提高自己在搜索引擎的排位，节约了用户的搜索时间，让顾客可以更高效地寻找想要的商品，从而缩短了购物的时间。"订阅"方式的购买，不但可以保证顾客的商品供应，还可以享受免费的配送和其他的折扣。尽管这种服务价格低廉，收入低，但是它可以减少存货的费用，提高用户黏性。

（5）核心资源与能力

亚马逊已建立起世界领先的运营中心网络，基于其高科技大数据平台，能实现仓储空间最大化利用、全程可视化管理和质量监控。同时，亚马逊世界领先的物流体系可同时确保高效、安全以及令人满意的客户体验。

亚马逊最主要的资源就是物质、知识和人力。亚马逊公司现在在世界各地有175家业务运营中心，占地面积达1.5亿平方英尺。亚马逊的客户数据库是世界上最大的一个，它拥有强大的数据分析技术，通过对客户的数据进行分析，以了解客户的喜好，并为他们提供个性化的产品推荐。亚马逊公司在世界各地的雇员总数已超过84万人。这些人员中，超过25.6%的人员都从事与工程和信息技术有关的工作，这些都是亚马逊公司发展壮大的有力后盾。

（6）关键业务

首先，会员、第三方卖家服务和云服务是亚马逊毕生追求的业务。其次，亚马逊作为电子商务平台，关键业务之一就是交易平台的开发、维护，为销售商品提供适当的流程和保障。

（7）收入来源

亚马逊收入来源主要有直接销售收入、第三方卖家租金等收入、网络服务收入以及零售订阅服务收入四方面。

① 直接销售收入。亚马逊通过直接与供应商合作购进货物再进行销售赚取差价。

② 店铺租金、物流费、仓储费。亚马逊并不是完全自营的购物平台，而是将

一部分平台租售给店家进行销售，因此向店家收取租金、物流费以及仓储费。

③ 网络服务收入。亚马逊为顾客提供数字音乐商店、视频流媒体等网络服务。

④ 零售订购服务收入。亚马逊为某些日常生活用品提供了一种自动订购服务，与报纸和杂志的订货方式相似，用户可以通过自己的喜好来选择订购自己想要的东西。

（8）成本结构

亚马逊平台所耗费的成本包括营销成本、物流成本、平台的开发与维护成本、人力资源成本。其中物流成本和平台的开发与维护成本占比最大，除了北美及国际业务物流部门的运营成本，客服中心和实体店所产生的成本都属于物流成本。平台的开发与维护成本包括研究人员的工资，开发、维护新的及现有产品的成本，以及基础设施成本等。

（9）重要合作伙伴

亚马逊的合作伙伴涉及物流、保险、银行等行业。随着网络零售行业的发展，网络零售商也逐渐兴起，亚马逊也开启了并购、战略联盟等策略。亚马逊的收购策略是：并购、获取技术和资源、拓展商业模式、获得新的顾客资源。亚马逊在其全球扩张计划中，除了收购之外，还有一个很重要的因素就是建立战略联盟。比如亚马逊与Ingram、Baker & Taylor图书批发企业合作，畅销的书籍都是亚马逊进行存储，可以直接从仓库里发货。

3.亚马逊SWOT分析

（1）优势

① 网络营销优势。亚马逊采取的是网络营销的方式，具有跨时空、交互式、整合性、经济性和技术性等优势，而这些优势是传统企业营销模式所不具备的。

② 集团战略优势。“先并购再发展”的战略，可以有效防止被竞争对手超过，又可以获取自己所需的技术以及资源，同时又顺利将自己的数字内容业务扩展至产业链的各个环节，完成业务模式的扩展，并借此获取了新的客户资源。

③ 出色的数据库和算法等技术优势。亚马逊拥有超过20%的优秀软件开发技术人才，数据库和算法这种技术产品一直是亚马逊引以为豪的优势，亚马逊通过技术产品输出，不断堵塞在物流和平台系统管理上的漏洞，使消费者拥有更为良好的购物体验。

④ 强势的标准化产品与高质量服务。亚马逊正是通过自身强势的标准化产品与高质量服务的输出，成功将自身与“品质”挂钩，让国内消费者形成市场上“亚马逊=高品质”的潜意识。

⑤ 全球物流体系建立，且免费送货。对于线上购物的顾客而言，运送成本较高则会造成打折所带来的优惠降低。而亚马逊的免费配送方案，让消费者不用担心运输问题，很多顾客因此而选择了亚马逊。亚马逊物流体系覆盖全球，消费者可以自由切换其他国家的网站进行购买，超过1 500个城市和地区支持货到付款，方便快捷。

（2）劣势

① 产品理念、营销策略上本土化不够。在产品介绍上，亚马逊并没有专门的网上客户服务，它的客户评价主要是文字，消费者仅凭这一简单的产品介绍了解商品。在促销活动的设计上，在全国电商为了吸引顾客而展开的价格战中，亚马逊并未进行大规模的促销。

② 运营模式缺乏用户体验。智能手机和通信网络的普及让国内消费者更倾向于在手机端而非网页端进行购物，与其他采取数据抓取挖掘、精准推送的购物平台相比，亚马逊缺乏此方面的研发应用，对用户个性化需求把握不佳。

③ 管理上不舍得对本土团队放权。远在海外的决策者并不能真正了解本土市场，对本土团队心存疑虑，非扁平化的结构导致决策效率的下降。

（3）机遇

① 互联网及电商的快速发展。亚马逊网络营销的基础是网络技术的发展，而网络技术的快速发展，必然会促进亚马逊公司的发展。随着电子商务的出现，越来越多的企业参与进来，钟情于它的客户数量也在增加，而且随着电子商务技术的发展和法规的不断完善，亚马逊等网络零售商将会越来越成熟和强大。

② 消费者环保意识增强及电子书流行。电子图书摒弃了传统的纸质书籍，节省了纸张，对环境也是有益的。另外，由于电子图书易于携带，而且价格比纸质图书要便宜，因此，为了保护环境，加上便携性，消费者很有可能会选择电子书，从而推动电子书市场的发展，推动亚马逊数字阅读产业的发展。

③ 政府部门支持，出台利于发展的政策。从2018年开始，我国颁布了一系列的电子商务法律法规，以及跨境电商等新政，这将对我国的跨境电商发展起到一定的规范作用。另外，扩大个人跨境电商消费限额，设立跨境电商综合试验区等措施，为跨境电商产业的进一步发展创造了有利的政策环境。

（4）挑战

① 其他大型电商平台的激烈竞争。2018年，亚马逊线上零售市场销售份额占比不足1%，亚马逊中国在2019年7月正式宣布关停非自营电商业务。京东、天猫也正极力开展跨境电商业务，在线零售市场竞争日益激烈，给亚马逊带来了巨大的挑战。

② 数字阅读业务新军四起。为迎合消费者的需求，亚马逊较早地开展数字阅读服务，并不断优化升级电子阅读设备端。但现在数字阅读领域已有多家巨头开始布局，腾讯在2015年组建了阅文集团，将起点等网络文学领域的一线内容和平台，都纳入了阅文集团的运营范围，借助微信平台庞大的用户基数，上线微信读书，打造了一个全方位的网络阅读生态。阿里系通过集团战略，打通了中小网站的流量，并利用现有的商业生态，将IP商业化。

4.亚马逊商业模式总结

亚马逊的B2C业务基于互联网赋能，它与传统的价值链业务有着明显的区别。从图书、音像、唱片等商品，逐步扩大经营范围，到如今的摄影、家居、食品、体育用品等多个行业。亚马逊的网上销售方式是直接面向顾客，没有中间商的利益，所以价格比一般的店铺要低。同时，完善的物流管理能提高系统的效率，也能减少系统的运行费用。亚马逊的业务范围不断扩展，产品的价格也在大幅打折，从而有效地吸引了消费者，并保持了消费者基础，增强了行业的竞争能力。

研讨：

1. 试通过商业模式画布工具绘制并分析亚马逊的商业模式。

2. 从亚马逊的发展沿革中发现亚马逊收购了很多公司，分析这些收购策略对其商业模式有哪些影响。

5.2 C2C模式

5.2.1 C2C模式特征

1.C2C模式概念及发展

C2C电子商务是指在消费者间进行的一种电子商务。C2C模式的电子商务平台为买方和卖方提供了一个网上的交易平台，而买方和卖方都是普通的消费者。然而，在淘宝、eBay等C2C模式下，买卖双方并非都是普通的顾客，也存在一些商家。C2C的电子商务网站，主要面向的是普通消费者，但并没有强制要求只有普通消费者才能享受到这种服务。在C2C平台上开设店铺的门槛比较低，无须经过公司认证等手续。B2B、B2C的电子商务网站，通常只把卖家限定为具有商业资格的商家，而不是一般的消费者。

易趣是我国早期C2C电子商务的典型代表。易趣创建于1998年8月，由邵亦波、谭海创立。易趣在短短半年内就已跻身中国C2C电商领域头部队伍，其注册用户数量、在线商品数量也呈指数式增长。易趣网的迅速成长吸引了eBay的关注，2003年7月，eBay在易趣上投资了1.5亿美元，2004年6月，eBay宣布将其改名为易趣eBay。

eBay正式成为易趣的掌舵人，此番交易被认为是一笔高达1.5亿美元的大买卖，外界对此有着极高的评价。同时马云的阿里巴巴也在筹划着一项新的计划。阿里巴巴于2003年5月发布淘宝，并宣称将提供3年的免费服务。2003年，中国仍有90%的互联网人没有接触过网上购物，新进入互联网的人由于缺乏安全感，所以他们想以最小的成本和风险进行网上购物。淘宝在2005年的销售额第一次超越易趣，并宣布将在未来3年内再投入10亿元。根据调研，目前淘宝已经占据了80%的市场份额，一家独大。

中国参与C2C电子商务的人数越来越多。在C2C模式系统中，物流、支付、信用、网络安全等都会对企业的发展产生一定的影响。当时中国的物流体系还比较落后，但在支付环境、信用环境、安全认证等各方面都有了长足的发展，网上支付体系也在不断完善。银行卡的普及、网银用户的不断增加和第三方网上支付的发展，不断地改善着网络支付的环境。这些外部因素的改变，使参与C2C电子商务的个人用户数量快速增加。

国内的C2C电商产业，在淘宝、拍拍、易趣的推动下，得到了迅速的发展。据中国互联网信息中心公布的数据，到2021年12月，我国网络购物用户规模达8.42亿，较上年同期增长了5 968万，占网民整体的81.6%。作为数字经济新业态的典型代表，网络零售继续保持较快增长，成为拉动消费的重要力量。2021年，网上零售额达13.1万亿元，同比增长14.1%，其中实物商品网上零售额占社会消费品零售总额比重达24.5%。网络零售作为打通生产和消费、线上和线下、城市和乡村、国内和国际的关键环节，在构建新发展格局中不断发挥积极作用。

2.C2C模式特征

（1）平台居于核心位置

平台为买卖双方架起了一个信息交换的桥梁，并打破了时空上的限制。在C2C电子商务平台上，任何人都可以发布自己想要卖东西的信息，也可以通过这个平台搜索和购买需要的用品，可以通过平台实现商品买卖交易。此外，为了使交易顺利完成，平台也提供支付、物流、售后等相关的服务。

（2）准入门槛较低

C2C模式是人们日常生活中一种最常见的交易方式，它可以帮助人们进行正常的购物，且参与者数量很多，范围也很大。因为C2C模式对商户的准入门槛很低，在C2C平台上，每个人都可以成为卖家和买家，用户的身份是极其复杂的。

（3）产品种类繁多，质量有待提升

由于C2C模式商家准入门槛较低，缺乏商家资质监管，用户身份复杂。尤其又处在市场经济日趋活跃的今天，C2C电子商务平台提供的不仅仅是日用品等实物商品，还有手机充值、会员、点卡、心理咨询等无形服务，还有KTV包间时段等特殊商品，同时还有大量的二手产品，品类齐全，数量丰富，可以极大地满足顾客多元化的需求。但是，由于商品是由众多的没有经过资质审核的商家（消费者）提供，平台不会对商品进行严格的甄别和监控，商品品质不一。

（4）交易次数频繁，小额交易为主

与面对企业级用户的B2B、B2C等模式不同的是，C2C电子商务更多的是面对普通的消费者和商家，他们之间单笔交易量少，交易金额小，而在整个C2C平台上，交易的次数较多，这是在C2C电子商务中较为典型的一点。

5.2.2 代表案例：eBay

1.eBay介绍

eBay（中文译为亿贝或易贝）是一个在线的网络拍卖和购物网站，市场网络遍布全球。eBay于1995年9月4日由皮埃尔·奥米迪亚以Auctionweb的名称创立于加利福尼亚州圣荷塞，人们可以通过互联网在eBay上出售商品。

1995年，杰夫·斯克尔和皮埃尔·奥米迪亚创办了第一个在线拍卖网站——

拍卖网，1996年创立公司，1997年改名eBay。eBay在创业初期就一直在盈利，并且为许多风投公司所钟爱。梅格·惠特曼于1998年初接替奥米迪亚出任首席执行官，并于同年9月成功地公开发行股票。公司在全国范围内开展了大量的广告活动，并与美国在线网络电视业务进行了广泛的合作，使其成为一个家喻户晓的网上拍卖交易社区。为了更好地解决在线交易中的付款问题，eBay花了数十亿美元购买了一家支付公司，成立了一个类似于银行的分支机构，允许买家向开设商业信贷账户的卖家进行电子付款。2005年，它还花了1亿美元买下了一家拥有大量使用者的网络电话公司。网络交易平台形成以eBayMarketplace为代表，并包含在线支付平台PayPal和Skype的三大业务领域。另外，eBay还收购了购物网站shopping.com和出租公寓的rent.com等网站。

eBay的基础业务就像其他C2C行业一样，为进行线上交易的买家和卖家提供一个网上交易平台。在这项基础业务之外，eBay还提供一系列的相关服务。诸如提供专业的客服为卖家服务，通过在线沟通或是电话沟通的方式进行交流。跟其他平台不同，eBay的产品是有拍卖的销售模式的，卖家通过竞拍的形式，售卖自己的产品，这样产品的利润有比较大的提升空间。在产品下线时间，竞价高者即可获得该产品。

eBay发展沿革见表5-3。

表5-3　　eBay发展沿革

事件时间	事件内容
1995年9月	皮埃尔·奥米迪亚在加州圣何塞创立了在线拍卖和购物网站易贝，名为Auctionweb
1997年	Auctionweb更名为eBay并快速发展打开市场
1998年9月	eBay在纳斯达克成功上市，同年eBay的GMV（Gross Merchandise Volume，商品交易总额）达到7亿美元，全国注册用户210万
2002年3月	eBay以3 000万美元收购中国C2C网站33%的股权，开展在华业务
2002年10月	eBay以15亿美元的价格收购PayPal，当年GMV达到149亿美元
2005年3月	eBay在全球多个国家上线分类信息网站Kijiji
2005年9月	eBay以26亿美元收购Skype，GMV达到443亿美元
2007年3月	eBay收购Stubhub成为全球最大票务交易线上平台
2008年7月	eBay发布首款iPhone移动应用
2008年10月	eBay收购BillMeLater，同年GMV达到597亿美元
2011年3月	eBay以24亿美元收购电商代运营商GSI
2011年7月	eBay收购移动支付公司Zong

续表

事件时间	事件内容
2011年10月	eBay推出X.commerce综合性开放商务平台
2012年8月	eBay推出全球邮寄，帮助美国卖家邮寄商品至世界各地买家
2012年9月	eBay公司移动应用下载破1亿
2012年10月	eBay发布新logo和Pinterest新首页
2014年6月	PayPal宣布全球203个国家和地区可使用PayPal服务
2015年7月	PayPal拆分并在纳斯达克上市，同年eBay的GMV达到839亿美元
2016年5月	eBay收购Expertmaker人工智能大数据分析公司
2016年7月	eBay旗下Stubhub收购Ticketbis，进攻欧洲亚太票务市场
2019年	Retail Revival进驻美国、英国、加拿大
2020年2月	eBay以40.5亿美元的现金将StubHub出售给viagogo
2020年7月	eBay将其分类广告业务转让给Adevinta

资料来源　根据美国eBay官网资料编写。

2.eBay商业模式分析

（1）价值主张

eBay的目标是建立一个让全世界的用户能够在线进行拍卖和购物的网络。家具、电子产品、汽车、毛绒玩具等各种商品均可在eBay上发布和销售。eBay搭建起全球范围内的销售购物平台，搭上国际的顺风车，使得一些在本地习以为常的商品，有时在他国可以卖到天价。只要不在eBay的禁售名单上，不触犯当地的法律条例，就可以在eBay上出售。eBay颠覆了以前的小型跳蚤市场，把购买者和销售者联系起来，形成了一个永不停歇的市场。

（2）收入来源

目前eBay的收入主要来自其三大业务部门：交易平台、网上支付和通信服务。eBay收费主要由刊登费、交易费、店铺费、特色功能费、PayPal收款手续费、通信服务费构成。

（3）重要合作伙伴

在物流领域，eBay与LISPS、UPS等物流公司合作，为其客户提供“Shipping Center”。在这里，使用者可以迅速计算出货物从一处到另一处需要花费的金钱，也可以直接打印LISPS或UPS的快件，由LISPS或UPS在规定的时间到达指定的地点领取包裹，让使用者不用出门就能把货物送达。eBay通过PayPal的在线支付业务解决在线交易中的现金流量问题。另外，eBay也可以通过Skype为其客户提供即时沟通，例如语音和视频聊天，以使买家和卖家之间的沟通更加便捷。

(4) 客户细分

eBay在欧美发达国家和地区的消费市场和新兴市场中，拥有3.8亿的海外购买者。统计数字表明，到eBay来消费的大多是年轻人，他们的思维比较前卫，能够频繁地使用网络，因此，进行售卖的产品必须符合他们的兴趣。

(5) 核心资源和能力

①丰富的营销手段和经验。eBay通过各种折扣活动，开展各种促销和产品宣传，比如打折、优惠券、秒杀等，这些都是为了抓住消费者的心理，让其更多地进行消费。

商家在平台上出售自己的产品时，平台会给出几种发布方式：拍卖、一口价、拍卖一次价。这种独特的拍卖的营销手段，促使消费者以竞价的形式来追逐自己喜欢的商品，对于消费者来说可以考虑的时间更加充足，降低了“冲动型”消费的可能。对于卖家来说使得自身拥有的产品能够更加展现出价值，得到更优厚的回报。

② 完善的物流服务。eBay拥有“e邮宝”“橙联Speed PAK”等优质物流服务供应商伙伴，保证自身在商品运送的途中，既能极大地提升顾客的满意度，又能提高企业交通资源的利用效率，为企业节省成本，增加利润。同时，物流信息也能很好地传输，买卖双方能从平台上即时查看物流信息，从而为顾客提供更好的购买体验。

③ 优质的售后服务。商家会对顾客的反馈进行分析和处理，如果卖家觉得差评不符合常理，可以联系买家，让他们修改，不过要经过双方的协商，一年内只有一次修改的机会。有许多种方法可以解决交易上的争议，eBay可以让各方通过理性的方式来达成一致。

(6) 客户关系

eBay主要是根据专业咨询公司所提供的顾客调查数据来了解顾客的需要。这样，客户和公司的界线就变得清晰起来，但是一些细节且又非常重要的信息无法通过报告及时传达给公司。

企业通过邮件渠道来提高自身的知名度、将新产品的资讯及优惠活动即时传达给消费者，提高自己的品宣力度，增强顾客黏性。

eBay一直致力于为客户提供更好的体验和更多的支持。eBay建立了一个比较完整的信用系统，以确保交易的顺畅进行，同时，它的品牌优势也在某种程度上增强了用户的信任。在付款上，eBay甚至不惜斥资15亿美元购买了PayPal的付款处理公司，这样买家就可以通过电子方式向那些没有建立商业信贷账户的卖家进行付款。此外，eBay还非常注重社群发展，eBay花了41亿美元买下了Skype这个有着大量用户群体的互联网手机公司。这些行动让它可以持续地吸引新的客户，并增加老客户的忠诚度。

(7) 渠道通路

eBay主要通过其电商平台实现交易，通过多种线上营销方式吸引消费者到平台购买商品。

①搜索引擎营销。搜索引擎营销是当前网络营销中最重要的一种营销方式，eBay是以搜索引擎为基础进行市场营销的，它充分利用用户对搜索引擎的依赖性和使用习惯，在用户获取信息的同时，尽量把市场信息传达给用户。搜索引擎的营销方式主要有：竞价排名、分类目录登录、搜索引擎登录、付费搜索引擎广告、关键词广告、搜索引擎优化、地址栏搜索、网站链接策略等。

②即时通信营销。即时通信营销又叫IM营销，是企业通过即时工具IM帮助推广产品和品牌的一种手段，eBay常用的主要有两种情况：

第一种，网络在线交流，eBay平台上的商品店主和企业网站均提供即时交流通信服务，这使得潜在的客户在发现自己感兴趣的产品和服务时能及时和店家或企业进行联系，提升消费者的体验感。

第二种，在线广告形式，eBay通过即时通信工具，或者在线电子邮件发布一些新品、折扣促销信息，或者传递出富含时代热点，并夹杂企业产品文化的创意图片，以达到企业的营销目标。

③ 病毒式营销。eBay在社群中持续地提供优质的商品与服务，并通过用户口碑来进行宣传，使得eBay的品牌知名度能像病毒般快速扩散。因为这样的交流传播是在用户之间通过自身真实体验自发进行的，所以它是一种免费的网络销售方式。

（8）关键业务

如今的eBay有了三个部门，分别是以eBay为代表的网络交易平台、以PayPal为代表的网上支付平台、以Skype为代表的通信服务平台，这三个业务平台缺一不可，它们之间的相互协作保证了eBay平台的完美运作。

（9）成本结构

eBay的成本主要包括采购及供应链成本、平台开发与维护成本（在第三方平台买卖交易通常收取一定比例的服务费、站内广告推广费）、支付成本、人力成本。

3.eBay公司SWOT分析

（1）优势

① 财务业绩一路高升。强劲的营业收入增长，为公司今后的发展奠定了坚实的基础。eBay 2020财年的收入是102.71亿美元，相比于2019财年的86.36亿美元以19%的速度增长。在2020财年，公司的运营利润从上年的21.6%上升到26.4%，公司的净资产回报率从上年的62.2%上升到159.1%。

② 强势的市场地位。eBay公司在市场上的强势地位，使其在竞争中具有较强的竞争力，同时也可减少因经济环境不稳定所造成的风险。eBay是最具生命力和品类最全的市场，它能找到独一无二的产品或服务选项，并带来巨大的价值。eBay活跃在世界各地的190多个国家和地区，且作为全球的领军企业，它将无数的购买者和销售者联系在一起。在2020财年结束的时候，它的StubHub和Marketplace平台已经有1.85亿的活跃购买者和10亿的现场订单。

③ 更智能完善的数字平台。eBay实质上是一家网上零售公司，由三个平台构

成，分别是Marketplace、Classifieds和StubHub。通过平台，购买者可以获得大量感兴趣的产品，而卖方可以用电子的形式来安排和出售。其Marketplace市场平台包含了www.ebay.com，eBay的手机软件以及本土化的商品平台。Classifieds平台，包含如Kijiji、mobile.de、Gumtree、eBay Kleinanzeigen，以及Marktplaats等提供网上分类广告的品牌。而eBay的StubHub平台包含网上票务平台、StubHub手机软件和区域性的相应平台，用户可以购买体育赛事、艺术演出的入场券。各个平台可以通过笔记本、台式机、移动设备和应用程序编程界面（API）进行存取。同时，eBay也推出了可下载的软件，这些软件与安卓和iOS系统是兼容的，使得用户在使用eBay数字平台时更加得心应手。

（2）劣势

① 产品质量问题与平台收费较高。eBay上二手商品占据主流，产品质量、退货物流、买卖双方沟通问题，有可能造成很长的退货周期，因此，顾客对其售后服务的满意度不高。平台的费用主要是listing的发布费用，出售的时候会收取最后的手续费，根据商品的种类，收取的手续费也会有所不同，一般情况下，eBay的提成是10%。此外，用户还要支付给PayPal手续费，即销售服务费和固定服务费。由此可以看出，这些费用的叠加，使得eBay的平台收费更高。

② 平台物流发展水平较低。eBay在日常运营中，虽有大量的商业活动，但规模较小，且卖方分布很广，买家需要的是更加多元化、个性化的服务，这就给平台物流发展带来了新的挑战。eBay的卖家，主要是靠邮政小包、国际快递、四大商业快递和国际快递专线运输商品。在美国，eBay卖家会选择美国邮局等便宜的运输方式来节省费用，但会受到诸多因素的制约，不能确保顾客一星期内就能收到货。同时，如果货物遗失、受损，消费者也难以获得有效的赔偿。另外，商务快件的物流也有一些不足之处，DHL国际快件对货物的托运有很高的要求，小件货物的价格很高，特别是当货物被拒绝的时候。UPS的国际快件尽管很快，但是运输费用更高。FedEx在速度和价格方面并无显著优势，尽管它有较高的折扣，但是对于货物的尺寸有清晰的限定。TNT的国际快件是快速的，但是它的成本很高，并且在运输过程中有许多的约束。国际快递专线时效快，但只针对那些对物流速度不太敏感的顾客。国际EMS快件的速度相对较慢，可到达的国家也较少。

③ 平台政策有待改善。从eBay平台的经营状况来看，目前存在着许多不良商家，比如有的商家发布虚假的商品信息，甚至收款后就不送货，导致商家信誉度很差，严重地影响了消费者的消费体验。对于产品的上架，eBay平台缺乏对产品的严格管控，造成用户对商品品质的评价更多的是负面信息，影响到平台的声誉，从而造成用户的损失。此外，在用户的隐私保护上，eBay在完成了交易之后，会将顾客推荐给其他的转运公司，虽然它们会推出相应的优惠服务，但如果发生了问题，用户的合法权益就不能得到保障。此外，eBay平台并未对无理由退货及换货作出明确规定，消费者对所购物品不满意时，仍须与商家进行沟通，造成邮寄费用纠纷，影响消费者购物体验。

（3）机遇

① 专注汽车市场。eBay公司致力于通过并购来巩固其在汽车领域的地位。2019年12月，公司与Cox Automotive Media Solutions签订合同，该公司在Autotrader.com.au和CarsGuide.com.au平台上为汽车经销商提供解决方案。这一并购将为其消费者和分销商提供更多的选择。同时，它还能为用户提供更多的汽车列表、评论和内容、汽车研究、汽车采购场地和强有力的分销手段等信息，从而巩固eBay在汽车领域的地位。

② 出售StubHub。公司将持续对业务、服务、技术、产品和其他资产的并购、合资和战略性投资等策略规划进行评估和思考。按照这种方式，StubHub在2020年2月份被卖给viagogo。剥离资产可以帮助企业提高股东的价值，支持股票回购，提高利润率和发放股息。该公司预期，因StubHub的出售，将产生23亿美元到24亿美元的净利润。

③ 在线零售发展。网上零售业的发展，使消费者足不出户就可以进行消费。在消费者交互手段不断增多、交互内容不断丰富的今天，电子商务零售业也在快速发展。智能手机、平板电脑和其他联网设备促进了电子商务的发展。eBay是一个网上产品提供商，它得益于不断发展的零售业。

④ 政府政策。政府政策红利的驱动起决定性作用，各国重视跨境电商的发展，并因此出台许多政策来加速跨境电商平台企业的发展。

（4）威胁

① 外汇风险。eBay在全球范围内都有生意，因此对各国汇率的变化很敏感。它的财务报表计价货币是美元，所以它的收益会被其他功能性货币如欧元、韩元和澳元所左右。eBay在2020财年的总收入中有40.4%来自于美国之外。受汇率风险影响的主要原因有：公司对海外子公司和关联公司的投资以及因外币业务往来而产生的货币资产负债。2020财年，公司公布的外汇收入为2.91亿美元，而2019财年则为9 900万美元。为了减少汇率的波动，企业可以通过签订外汇期货合约来进行外汇套期保值。但是，没有任何担保，这样的对冲措施无法有效规避汇率变化对公司经营业绩的影响。

② 严格的监管。eBay的业务受到各种联邦和州法律法规的约束。该公司受到有关消费者保护、知识产权所有权和侵权法，以及反竞争、税收、出口要求、劳工、数字内容、广告、移动通信和媒体、洗钱以及健康和安全法规管控。它还受到用户信息隐私法规的约束，如《通用数据保护法规》（GDPR）和《电话消费者保护法》（TCPA）。该公司还受到美国多个州和外国司法管辖区的管辖，比如加利福尼亚州，该州对典当商或二手交易商的拍卖和财产处理实施监管。不遵守和加强这些规定可能会影响公司的财务和经营业绩。

③ 激烈的竞争。eBay处于竞争激烈的电子零售行业。该公司面临着来自线上和线下零售商的竞争。决定行业内竞争水平的因素包括吸引、留住卖家和买家的能力，商品的价格和选择，交易，品牌认知度，社区凝聚力、互动与规模，客户服

务，系统安全性和可靠性以及搜索工具的质量。在买方方面，该公司面临来自亚马逊公司、阿里巴巴集团、谷歌公司、Facebook公司和苹果公司的竞争。它还面临着来自传统百货、精品店、仓储、百货、折扣店等实体店，传统零售商线上和移动平台，线下和线上分类服务购物渠道，在线零售商及其相关移动产品的竞争。在卖家方面，它与阿里巴巴、亚马逊和Etsy Inc.竞争。由于进入壁垒有限，该公司还面临着来自新的移动商务和电子商务进入者的竞争。

④ 网络风险。互联网带来便利的同时，也带来了一些安全隐患，诸如网络钓鱼、恶意软件、电脑病毒等，对计算机安全带来巨大挑战。平台管理者要及时采取有效的防范措施，不断优化升级，尤其要注重对用户数据的保护，并维护系统的正常运转。

4.eBay商业模式总结

eBay率先提出了网上拍卖的理念，并将其应用于实际。因为C2C的网站可以满足人们销售和购买闲置物品的需求，因此，C2C的用户很容易就会聚合。对于一个网站来说，有了客户流量，就有了盈利机会。eBay首先想到的是它能给用户带来何种利益，然后再开始采用收费的业务模式。其次，通过对相关服务的附加收费，提高企业的收益，从而丰富企业的经营模式。这种模式之所以成功，是因为外国用户愿意支付，而且eBay凭借其出色的用户体验和完备的配套服务，在众多竞争者中遥遥领先。

研讨：

1.eBay营销模式相较于其他传统电商有何优势和创新？

2.试通过商业模式画布工具绘制并分析eBay的商业模式。

3.请分析一下eBay在中国进行竞争面临的优势和劣势。

5.2.3 代表案例：闲鱼

1.闲鱼业务介绍

闲鱼是阿里巴巴旗下闲置交易平台APP客户端。会员可凭淘宝账号和支付宝账号注册登录，不像淘宝那样需要经过烦琐的店铺操作，只需要一次点击，就可以将“已经购买到的宝贝”、拍照上传二手闲置物品进行网上交易。闲鱼APP，旨在让空闲的宝物尽快地送到各处，物尽其用。利用闲鱼平台，个体销售者可以获得更多的曝光率、更高效的流通路线、更便宜的物流成本，同时，闲鱼的后台也与淘宝的信用系统无缝对接，保证了交易的安全性。

2014年6月，闲鱼在淘宝上的一个二手类目中独立出来，名字的谐音就是“闲余”。“闲”表示闲置，“余”表示闲置的物品和空间。闲鱼不仅仅是一个网络平台，更是一个以新的生活模式为基础的社群。在这里，人们不仅可以卖旧货，还可以与别人分享自己独特的技能、私人时间和空间。阿里的目标很明确，那就是进军二手市场。根据统计，截止到2017年11月，闲鱼的用户数量已经超过了2亿，拥有1 600万的活跃商户，“鱼塘”450 000个。

闲鱼发展沿革见表5-4。

表5-4　　闲鱼发展沿革

事件时间	事件内容
2012年	阿里巴巴以淘宝为平台推出了闲置物品交易平台——“淘宝二手”
2014年6月	“淘宝二手”正式更名为“闲鱼”
2014年7月	阿里巴巴推出了闲置物品交易软件——“闲鱼”手机应用软件，用户无须注册店铺就能卖闲置物品
2015年5月	闲鱼支持开通芝麻信用评分体系
2016年5月	阿里巴巴集团宣布“闲鱼”和“拍卖”业务将“合并同类项”
2016年6—7月	闲鱼先后与菜鸟裹裹、淘宝、中检集团奢侈品鉴定中心达成合作
2017年12月	闲鱼联合中国循环经济协会、估吗、有得卖、爱回收、回收宝、有闲有品、乐人乐器、大搜车、芝麻信用、蚂蚁森林等近50家机构，启动无闲置社会行动
2018年5月	阿里对旗下的租赁业务进行调整，将“闲鱼”与“淘宝租赁”业务进行内部整合
2019年4月	闲鱼公布数据显示2018年闲鱼销售额已突破1 000亿元
2021年4月	闲鱼向微信提交了小程序申请。通过后，平台将支持用户在小程序内购买闲置物品、在用户间分享链接，提升购物分享体验
2021年12月	闲鱼选出2021年十大无用商品
2022年6月	闲鱼已经完成信息无障碍改造

2.闲鱼商业模式分析

（1）价值主张

让你的闲置游起来。闲鱼从淘宝的PC端起步，短短4年的时间，不仅发展成了阿里的独立业务部门，还垄断了网上二手交易，成为阿里在二手市场上的霸主。闲鱼一直在努力将自己打造成一个闲置的资源交易平台，用来处理闲置的物品，以满足消费者的低价购买需求。它将线下的二手物品与网上的网络资源结合起来，让使用者可以轻松地在这个平台上进行交易。

（2）客户细分

闲鱼有两个主要的客户群，一个是用户，一个是供货商。在闲鱼上，购买者可以以较低的价格买到自己需要的东西，而卖家可以通过出售自己的闲置商品来赚取利润。闲鱼是淘宝的第二大卖场，淘宝上庞大的用户基础，对闲鱼流量起到了很好的引导效果。刚步入社会或即将参加工作的学生、租房白领等，由于其流动因素的增加，出现大量的闲置物品，加之其对租房的需求，都为闲鱼的发展提供了有利的条件。广大妇女比男子更热衷于购物，更易冲动，有利于盘活闲置市场。

（3）客户关系

鱼塘是闲鱼不同于其他闲置交易平台最大的特点，其中闲鱼达人可以成为填充闲鱼知识分享模块的主力军，并带活整个闲鱼鱼塘。闲鱼的产生满足了交易型和社交型用户的需求。同时，有两种形式的鱼塘，一种以兴趣爱好来划分，另一种以地理位置来划分，通过兴趣爱好相同或地理位置相近，将线上相互陌生的人联系起来，让他们能借助鱼塘来了解彼此，促进熟悉程度，在心理层面上大大提升了二手商品交易的成功概率。

除了鱼塘社区，闲鱼还推出了“信用回收”、“闲鱼优品”、“闲鱼租”和“免费送”四大特色公益服务平台，一方面革新年轻用户的消费理念和方式，提供更加方便快捷的服务，提升客户感知价值并形成良性互动；另一方面，它通过对更多的生活场景的覆盖，提升了使用者的整体生活状况，从而形成了一个更高的社会价值交互。

（4）收入来源

① 资金存储产生的效益。在闲鱼上买东西是支付宝作为担保的，买家先把钱交到支付宝上面，待交易完成，再打到卖家手里，由于存在交易周期，通常为7～10天，这期间支付宝就可以将你的钱款拿去投资，达到盈利的目的，这是最主要的手段。

② 流量费用。无论买家还是卖家都需要经常上客户端查看最新信息，这就产生了流量费用。另一部分的流量费用来源于与一些商铺或机构的合作。闲鱼正在利用淘宝的客户流量基础，通过鱼塘运营、智能推荐等形式，充分挖掘用户消费结构、地理位置和交易喜好等数据，再考虑导流到真正赚钱的业务。闲鱼上有一些司法拍卖之类的功能，里面涉及合作就会收取一定的服务手续费。

③ 广告收入。在闲鱼上面可以看到有广告的投入，由于其巨大的用户基数，因此广告费是十分可观的。在广告营收上，闲鱼目前通过广告展示位的形式来收取合作商家广告费用，但出于对用户体验的考虑，并未在此方面有大量动作。

（5）渠道通路

① 搜索引擎搜索。

② 淘宝平台引流。

③ 微信小程序。

④ 闲鱼社群运营“鱼塘”。

（6）重要合作伙伴

闲鱼进一步扩展了与其合作伙伴的关系网：与回收宝、衣二三等在回收行业开展合作，共同创造绿色经济。在高端产品方面，闲鱼与相关的数码、家用电器等品牌商共同努力，开拓品牌闲置产品的市场，形成新的商业合作模式。此外，阿里巴巴旗下多个平台都与闲鱼进行了合作，支付宝为闲鱼提供了支付保障，而快递服务则通过菜鸟等渠道进行。

（7）核心资源和能力

① 用户及技术资源。闲鱼的前身是“淘宝二手”，所以拥有了大量的用户。闲鱼加入淘宝拍卖平台后，也为闲鱼赚了不少钱。而闲鱼背后还有阿里巴巴，借助云计算技术，将支付宝、淘宝、菜鸟等阿里集团旗下的其他平台资源进行整合，从而实现订单支付、发布、认证等多种功能，极大地提高了闲鱼的运营效率和交易的安全性。

② 社群运营能力。“鱼塘”是一种新兴的社区，它在线下的二手交易市场中起到了助力的作用，让闲鱼的用户黏性和用户体验得到了极大的提升。在闲鱼的常规交易过程中，社交比交易更重要。

（8）成本结构

以其多元化的经营规模和强大的数据处理能力，阿里巴巴的低成本策略已经成为整个集团的基本策略。闲鱼是继淘宝和天猫之后阿里的第三大电商平台，它的经营方式是社会化的，但由于没有标准化的自营业务，所以其业务成本较低。闲鱼的主要成本来自于平台的宣传和运营。

（9）关键业务

闲鱼的关键业务一直围绕着二手商品交易市场，建立节约型社会，发展可循环经济。2020年12月闲鱼在上海举办品牌战略升级发布会，闲鱼推出了“无忧购”、“会玩社区”和“新线下”三大业务。闲鱼品牌升级是围绕着信任展开，为消费者提供可信任的二手商品交易平台。

3. 闲鱼SWOT分析

（1）优势

① 背靠阿里，技术成熟。闲鱼的用户基数庞大，支付宝的担保业务，阿里巴巴的海量数据，都为它节省了大量的时间和精力。“鱼塘”为用户提供了便利的社区沟通，共享内容，增加了用户的黏性，此举加强了平台社区功能，削弱了电商功能。背后有淘宝，方便使用者的接入，强大的资料库及使用者管理，让闲鱼使用者更容易进行价格对比。以闲鱼为基础，阿里建立了“闲鱼社区协议”，将“支付宝”作为抵押，并与回收宝合作在北京、上海、杭州设立了名为“闲鱼小站”的线下实体商店。

② 社群运营手段不断升级。“鱼塘”这种高黏性、自发的社交活动，已经成为闲鱼拓展市场份额的主要途径。“鱼塘”是闲鱼的交易和流通单位。一种是“趣味鱼池”，就是利用一定的商品资源，将某个类别的爱好者聚集起来，让那些喜欢相同类型的爱好者可以互相交流。另一种是以定位服务为基础的“鱼池”，例如以居住和工作为中心的居民区、公司等“社区”。将社区和共享经济结合在一起，这一独特的切入点让闲鱼从传统的二手交易中脱颖而出，从而形成了一种全新的商业模式。以社群的方式推动发展，使用者在完成买卖时也会形成一种社会联系，提高使用者的黏性。

（2）劣势

① 信用体系不完善。为了解决闲鱼的交易安全问题，平台通过引入芝麻信用和淘宝会员的信用等级，建立了一套信用交易系统。但是，在信息不对称的情况下，也有一些卖家不遵守二手商品发布的管理规定，利用自己的商品进行“美化”，或者直接从其他商家购入货物进行“偷梁换柱”，同时也有一些商品的性能和品质，不能仅仅依靠简单的描述和图片来判断，会让消费者产生错误的认识，增加了消费者的不确定感，降低了购买者的满意度，从而导致了线上二手交易市场的信任危机。

② 监管体系不严格，制假售假泛滥。随着淘宝平台逐渐加强对商品的质量监督，一些“以退为进”的销售商转向了“闲鱼”这个闲置商品的交易平台，使其出现了大量的造假销售。售假者通过直接窃取真实商品的资料和图像，或以更为恶劣的方式销售假货。这些情况的频繁出现，不但会破坏平台本身的良好信誉，还会破坏本来较为可信的交易环境，使得消费者的合法权益也很难得到保障。

③ 商品定价缺乏依据。闲鱼是一种典型的C2C交易方式，买卖双方都是独立的使用者，不需要支付订金，也不需要支付保证金。在平台上发布的商品价格，完全是卖家的一面之词，而不是在一个完全透明的价格体系中，所以，买家只能根据卖家的一面之词进行谈判。所以，当买家收到商品后，往往会视为与描述不符，从而对其提出抱怨。除了日常用品之外，珠宝、iPad、手表等贵重物品并没有一个清晰的衡量标准，消费者对这些物品的使用年限、颜色、等级等信息的掌握程度，都是依靠卖家的描述，无法保证产品的质量和价值。

（3）机会

① 闲置市场极具潜力。当消费者屡次购买新消费品时，原有产品搁置不用形成一种“浪费”。这种“浪费”虽然并非人们恶意造成，但的确在客观上导致闲置品的价值被束缚。因此，为了将大量的闲置物品流转起来，闲鱼有很大的发展空间。

② 国家绿色发展的号召。闲鱼的愿景与国家倡导的绿色、低碳政策相一致，得到了政府的大力扶持。

③ 社群经济发展潜力巨大。闲鱼从二手交易平台切入，逐渐成为阿里旗下最大的社交平台，实现了阿里多年的社交构想。社区性质下的闲置商品交易是可行的，且是具有潜力的。

（4）威胁

① 竞争对手多，未来具有不确定性。至于闲置物品的买卖，仅送不售的享物说，通过社交平台进行传播；转转背后有腾讯、58集团，拍拍依靠京东等平台，产品结构相似。闲鱼的租车及二手车服务，有链家、我爱我家等本地的租车平台，还有瓜子二手车和优信二手车等抢占市场。闲鱼的旧书生意，有孔夫子旧书网、有路网、淘宝等旧书处理平台对其进行挤压。不同类型的二级市场都有专业的垂直平

台，具有很强的竞争和较低的商业壁垒。

② 网络风险。只要是通过网络进行付款，都会有一定的安全隐患，比如在付款过程中，可能会出现一些网络病毒，从而导致交易无法进行付款，同时闲鱼平台也会受到病毒的攻击，从而影响到系统的正常运转。

4.闲鱼商业模式总结

闲鱼的商业模式之所以能够取得成功，很大程度上是因为淘宝拥有大量的用户基数，这让闲鱼避免了最困难的“冷门”时期，并在后来的发展中起到了引流作用。闲鱼从某种意义上解决了二手交易中的信息不对称问题，致力于建立一个对于买卖双方公平的交易平台，依托阿里巴巴雄厚的资金链，无须支付任何手续费和保证金，降低了买卖双方的交易成本。闲鱼通过支付宝平台进行实名认证，结合芝麻信用，减少了交易的风险并提升了二手商品的交易信赖度。闲鱼知道社交在建立信任的过程中的重要作用，将平台运营和社交结合在一起，提高用户的留存度和活跃度。

研讨：

1.试通过商业模式画布工具绘制闲鱼商业模式。

2.闲鱼在“鱼塘”方面的设立给我们哪些启示？

3.试讨论可在哪些方面完善闲鱼商业模式。

5.3 B2B模式

5.3.1 B2B模式特征

1.B2B模式概念和发展

B2B模式指企业与企业（Business-to-Business）之间通过专用网络或Internet，进行信息价值的交换、传递，并开展交易活动的商业模式。B2B模式是我国最早采用的电子商务模式，从最初的8848到阿里巴巴（1688采购批发网），出现了众多B2B模式的电子商务平台。

在传统的商业模式下，企业之间的交易需要花费大量的人力、物力和时间。通过B2B的交易模式，买卖双方都可以在线完成全部的业务过程，从初步的印象，到价格比较，再到议价、签单、送货，最后到服务。B2B模式可以减少很多业务流程和内部管理的开销，从而降低公司的运营成本。网络的便捷性和可扩展性，使得公司可以扩展其业务的范围，更便捷地跨越区域和国家边界，并具有价格优势。

B2B模式是电子商务中历史最长、发展最完善的商业模式，低廉的资讯及其供应链和价值链整合，能够给企业带来丰厚的利润和回报。它的贸易量通常是普通消费者直接购买的10倍，企业间交易在电商交易中占主导地位。

我国B2B电子商务相较于B2C和C2C模式发展起步较晚，以政府政务为助力推手，进而经历了初级电子商务、交易社区、合作贸易3个阶段[①]。

（1）初级电子商务阶段。该阶段，企业主双方通过在线网络平台进行直接交易，不存在中间商作为中介。交易形式主要采用“在线浏览与离线交易”方式，获取双方价值所需。初级阶段的多数公司仅仅在线上发布简单的产品信息，而极少数电商平台能够提供接受订单或查看订单状态的信息服务。

（2）交易社区阶段。对于B2B电子商务交易社区阶段而言，大多数的网站期望将买卖双方的交易过程搬运至交易社区中进行，因为在社区中买卖双方会拥有更多的互动机会，提高了买卖双方交易的概率，此举不仅为买卖双方构建了密切联系，同时降低了运营成本。

（3）合作贸易阶段。该阶段使得交易活动的前中后阶段买卖双方都可得到某种支持，信息可以实时有效地传递，可以将整个供应链和需求链的每个环节进行优化。在此阶段，可以构建一个B2B的电子商务中心，从而更好地协调和处理需求链和供应链之间的关系。

2.B2B模式分类

B2B模式可分为垂直模式、水平模式、自建模式、关联行业模式。

（1）垂直B2B可以分为两个方向，即上游和下游。生产商或商业零售商可以与上游的供应商之间形成供货关系，比如Dell电脑公司与上游的芯片和主板制造商就是通过这种方式进行合作。生产商与下游的经销商可以形成销货关系，比如Cisco与其分销商之间进行的交易。

（2）水平B2B是将各个行业中相近的交易过程集中到一个场所，为企业的采购方和供应方提供了一个交易的机会。

（3）行业龙头企业自建B2B模式是大型行业龙头企业基于自身的信息化建设程度，搭建以自身产品供应链为核心的行业化电子商务平台。行业龙头企业通过自身的电子商务平台，串联起行业整条产业链，供应链上下游企业通过该平台实现资讯、沟通、交易。但此类电子商务平台过于封闭，缺少产业链的深度整合。

（4）关联行业B2B模式是相关行业为了提升电子商务交易平台信息的广泛程度和准确性，整合综合B2B模式和垂直B2B模式而建立起来的跨行业电子商务平台。

3.B2B模式的特征

（1）交易次数少、金额大

第三方B2B商务平台面向的供应商和采购商一般均为企业，采购商在供应商处采购的订单多为大宗商品交易，单笔交易金额巨大，动辄几百万元、上千万元甚至过亿元。信任问题是买卖双方进行交易的基石，尤其是在涉及金额重大的B2B平台上的交易活动中，企业间的B2B模式，受市场波动影响巨大。买方付款后，有可能提不到货或者提货不足，或者遇到货物被他人司法查封，造成钱货两空。送货上门业务中买方不能按时履行付款义务，甚至形成坏账。这些问题也导致B2B模式下交

---

① 李松霖，由芙洁，吴佩芸．中国B2B电商发展史话［J］．互联网经济，2018（5）：88-95.

易次数较少。

（2）交易内容广

企业之间的交易通过线上平台进行，其交易内容范围广泛，在平台上交易的标的可以是任何一种产品，包括原材料、半成品、产成品以及企业服务、食品、消费品的批发等，同时平台一般也会整合相关的服务，如仓储、物流、金融、加工以及其他的一些增值服务。

（3）交易过程复杂但规范

B2B模式拥有自身与之对应的交易操作规范和标准，交易双方需要严格按照平台的规章制度进行交易，这有效地降低了交易过程中的成本，但交易所涉金额巨大，且较多的贸易属于跨区跨国甚至跨洲交易，导致B2B模式交易环节较多，包括从建立最初印象、比较快递公司，到议价、签约、送货，直至最终的售后服务，交易过程较为复杂。

5.3.2 代表案例：阿里巴巴1688

1.阿里巴巴1688批发网业务简介

马云于1999年创办了1688网站，即阿里巴巴的前身。1688现为阿里集团的旗舰业务，是中国领先的小企业国内贸易电子商务平台。作为阿里集团旗下子公司，1688在CBBS电子商务体系中代表企业的利益，为全球数千万的买家和供应商提供商机信息和便捷安全的在线交易，也是商人们以商会友、真实互动的社区。

1688以批发和采购业务为核心，通过专业化运营，完善客户体验，全面优化企业电子商务的业务模式。1688已覆盖原材料、工业品、服装服饰、家居百货、小商品等16个行业大类，提供原料采购-生产加工-现货批发等一系列的供应服务。

2018年4月12日，阿里巴巴1688在广州举办峰会，上线一周年的阿里1688跨境专供市场平台，首次对外披露了成绩单。截至2018年3月底，近50万中小企业通过1688跨境平台，为速卖通、亚马逊、Wish、eBay、lazada等平台提供服务，遍布全球220个国家和地区。一年时间内，跨境专供市场的交易规模和买家增长超过4倍。

创业前期阿里巴巴的目标为B2B市场，主要包括www.alibaba.com和www.alibaba.com.cn两大网上交易平台。从2004年到2006年，公司的注册用户由600万增长到1 100万再到1 980万，同期付费会员人数也由2004年的7.7万增长至2006年的21.9万。截至2007年6月30日，两大平台会员数量累计超过5 000万，来自240多个国家和地区，为阿里带来约9.057亿元人民币的收益。如此优秀的企业自然吸引了众多外部风险投资者的目光，内部盈利能力强大且外加天使资金的注入，阿里巴巴有了继续发展的强大资金支持。截至2007年旗下B2B业务子公司赴港上市前，阿里巴巴集团五大板块雏形形成，分别为从事B2B业务的阿里巴巴、淘宝网、支付宝、阿里软件及中国雅虎，后被大众戏称为“达摩五指”。

随着时间与市场经济的变化，阿里逐渐壮大并对外收购了颇多公司，企业的业务板块变得多元化。2017年开始，阿里巴巴进行业务板块战略调整，“达摩五指”被缩减为四大板块，分别为：负责国内外零售、批发及营销的核心电商业务平台；大数据时代下的云计算业务；传播信息的数字媒体与娱乐业务；服务生活与工作的创新业务。其中阿里的核心电商业务以85%的绝对优势成为集团的“资金担当”。

如表5-5所示，阿里巴巴的平台在过去几年中占据了绝对的市场份额，但是互联网的迅速发展以及技术的外溢，使得B2B的竞争越来越激烈。除了阿里巴巴，还有慧聪网、环球资源、上海钢联、焦点科技、网盛生意宝、环球市场等。从表5-5可以看到，在不同的期间内，核心企业的市场份额竞争非常激烈，并且在不同的时期内所占的份额会有较大的变化。自2017年起，阿里巴巴市场份额大幅下降，而慧聪网的市场份额却有了显著的提升。截止到2018上半年，环球资源与环球市场的排名已跌出前6名，科通芯城凭借其在物联网、人工智能领域的领先优势，在全球市场占据了11.6%的份额，首次跻身B2B核心企业行列。

表5-5 B2B核心企业所占市场份额（%）

企业	2013年	2014年	2015年	2016年	2017年	2018年（上）
阿里巴巴	44.50	38.90	42.00	43.00	36.70	30.07
环球资源	7.10	4.80	5.00	4.10	4.20	
慧聪网	3.60	3.78	4.20	7.50	10.50	14.80
上海钢联	10.60	18.50	3.70	1.40	4.00	4.50
焦点科技	2.40	2.00	2.20	2.60	3.50	1.58
环球市场	1.70	1.40	1.70	1.00	0.70	
网盛生意宝	1.30	0.60	0.80	1.20	1.04	0.80
科通芯城						11.60
其他	28.80	30.02	40.40	39.20	39.36	36.65

阿里巴巴发展沿革见表5-6。

表5-6 阿里巴巴发展沿革

事件时间	事件内容
1999年6月	阿里巴巴网站（1688前身）上线
2000年12月	阿里巴巴注册用户数超越100万
2002年3月	为从事中国国内贸易的卖家和买家推出“诚信通”服务
2003年11月	推出通信软件“贸易通”，让买方和卖方通过网络进行实时沟通交流
2004年12月	支付宝的数字支付与担保服务推出

续表

事件时间	事件内容
2005年3月	推出“关键词竞价”服务
2007年9月	推出黄金展位服务
2007年11月	阿里巴巴的变现平台阿里妈妈推出
2008年4月	中国交易市场推出“Winport旺铺”服务，为中小企业提供企业建站，帮助中小企业迈开网上生意第一步
2009年9月	阿里巴巴集团庆祝创立十周年，同时成立阿里云
2009年11月	阿里巴巴集团举办第一届“双11”全球狂欢节
2010年3月	1688正式上线
2012年7月	阿里巴巴集团宣布“七剑”战略，1688在CBBS电子商务体系中代表企业的利益
2012年9月	1688推出主题为“中国好货源”的备货狂欢节活动，活动首日线上交易额上涨10倍，在线交易平台初具规模
2013年6月	1688注册会员数突破1亿
2013年9月	在第二年的备货狂欢节中，1688交出了单日交易额超41亿元的答卷，实现从信息平台到交易平台的转型
2014年9月	阿里巴巴集团整体在美上市，B2B行业发展迎来新机遇
2016年7月	阿里巴巴集团举办首届淘宝造物节，展示淘宝商家的创意和设计
2017年1月	国际奥委会与阿里巴巴集团达成期限直至2028年的长期合作
2018年8月	阿里巴巴集团启动“88VIP”全新会员计划，贯穿阿里巴巴生态，为会员带来全方位的独家优惠
2019年9月	阿里巴巴集团成立20周年，全面升级使命、愿景和价值观，形成“新六脉神剑”
2020年4月	新冠肺炎疫情暴发，阿里巴巴启动“春雷计划2020”，帮助中小企业“危”中寻“机”
2021年2月	阿里巴巴获评“全国脱贫攻坚先进集体”

资料来源 根据阿里巴巴集团官网资料编写。

2.阿里巴巴B2B商业模式分析

(1) 价值主张

阿里巴巴B2B平台为互不相识的供应商和采购商搭建起了交易的桥梁，为双方提供更多的交易机会，并有效降低了成本。以满足客户的市场需求为目标，阿里巴巴B2B平台不断锐意创新，不断壮大发展。阿里巴巴重点关注的是客户和自身的持续发展，而不是关注当前的短期利益。前期的阿里巴巴以低成本竞争来满足价格敏感客户细分群体，来占据市场流量，并建立了最初的市场壁垒。同时阿里巴巴在自身资金不充裕的情况下，避免了自建物流系统等重资产经营模式，以信息流的聚焦，控制发展的关键要素。然而“免费”模式向来不是一种企业经营的长久之计，它只是为其将来发展“增收模式”做好铺垫基础。阿里巴巴在后来的发展过程中，增添具有自身特色且性价比高的网络平台产品，实现了将免费用户向付费用户的快速转变。阿里巴巴以满足客户需求为立足点，推出了一系列的创新服务。例如，引入网络信用评价体系、更新和升级产业价值链体系等，能够紧跟客户的需求去创造价值。

（2）关键业务

阿里1688的核心业务主要分为垂直行业市场及特色服务频道。垂直行业的市场定位是根据行业特点，为商家提供业内优质的商品和具有行业特点的导购等服务。特色服务渠道包括“伙拼”、“快订”、“淘工厂”、“代理加盟”和“采购商城”等，这些渠道集合买家需求，深入供应链前端，有效提高供应链和商品流通效率。

（3）客户关系

阿里巴巴初期是利用免费会员模式吸引卖家入驻，获取大量信息流量，随后在此基础上推出一系列增值服务来维系客户关系，维系客户市场。阿里巴巴不仅仅是为客户提供了一个电子商务的交易平台，而且把客户变成平台的一部分，构建交易生态系统。

客户关系管理系统是阿里的一项重要工具，来维持或扩大客户流量，通过收集客户在线产生的各项消费记录、反馈评价、社交脉络，形成了关于客户本身详细的数据包，分析出客户爱好及其当下需求，更便于为客户提供个性化的服务。针对具有长远价值的客户，阿里并不吝啬资金的投入，不通过降低服务质量来降低成本，相反通过提升服务质量来吸引和维系优质客户。

另外，阿里举办行业内沙龙活动，前往企业内部进行回访并对新老客户提供各项培训。同时为了客户能够更加便捷地参与阿里各项活动，集团开发了许多便捷的软件，使客户可以实时有效地参与其中，有效地增强客户与阿里集团的黏性。

（4）核心资源能力

① 良好的品牌形象。阿里较早地进军国内B2B市场，以满足客户需求为目标，创新发展并形成以知识资产为基础的强大的品牌形象。

② 强大的数据库。阿里伴随着发展进程不断积累沉淀了大量国内和国际商家数据信息。国际站和中国站用户数据库构成电子商务行业不可或缺的数据检索平台，知识资产成为其商业模式中不可或缺的组成部分，并在此基础上进一步加强客户管理，形成良性循环。

③ 高素质的人才队伍。除此之外，阿里还拥有经验性和管理性强的销售和服务团队，保障平台的高效运行，完成各种资源的良好配合。依托品牌、数据、人力资源等核心资源，阿里在竞争激烈的市场中一直处于领先地位，并创造出新的价值。

（5）客户细分

阿里巴巴B2B业务服务的对象既有采购商又有供应商。其将细分目标市场聚焦于国内中小企业和国际市场中想要进入中国市场的部分企业。而在客户群体中的主要客户是国内的中小企业，阿里巴巴总部处于中国民营经济最发达的地区，其旺盛的出口需求是阿里巴巴的地理优势。初期的免费获客方式，带来了众多的客户流量，阿里巴巴又进一步把客户进行细分，通过“诚信通”产品将客户分为多种服务层次，国际市场也用“中国供应商”产品将客户分为多种层次。

（6）合作伙伴

早期的阿里巴巴B2B业务的合作关系的展开是为了获取开展业务所需要的所有的资源，通过合作来利用其他企业执行某些业务活动或提供的特定资源来扩展其自身的能力。阿里巴巴把搭建呼叫中心的业务外包给北京讯鸟软件有限公司，2005年1月北京讯鸟软件有限公司开始搭建阿里巴巴呼叫中心，其高达99.99%的可靠率，为阿里巴巴业务的增长提供了坚实的基础支撑。

阿里巴巴与全球最大的B2B支付公司之一Banking Circle签约。阿里巴巴将利用Banking Circle独有的基础设施和全球网络，为自己海外业务的发展提供便利，而此次签约也将进一步促进阿里巴巴跨境支付业务的发展。

阿里巴巴与美国第二大办公室用品零售商Office Depot联手，标志着阿里巴巴的B2B交易平台与一家大公司建立了第一个美国合作伙伴关系。根据一份声明，双方的伙伴关系将让阿里巴巴接触到1 000万个商业客户和1 800家销售代理。

国际支付平台WorldFirst（万里汇）宣布与阿里巴巴的B2B市场合作，以帮助英国的中小企业加强其电商业务，并扩大国际市场。WorldFirst将成为阿里巴巴英国站的官方渠道合作伙伴，帮助英国卖家接触到该平台上来自200多个国家和地区的1 500万个买家。

（7）成本结构

技术成本：阿里巴巴的技术成本包含了软件、硬件、学习和维护的成本。电子商务是多种技术综合的结果，其投入巨大、管理复杂、维护成本高，使得一些缺乏系统、技术和人才的公司望而却步。

安全成本：网络交易的安全性一直是人们关注的焦点，网络交易的安全性和公平性、身份的真实性、信息传递的完整性、交易的不可否认性等都是推动电子商务发展的重要内容。

物流成本：在电子商务中，物流配送是其中的一个关键环节，也是最困难的问题。它是企业发展的关键，也是企业能否取得成功的关键。

运营成本：B2B企业正常运营需要的成本。

（8）收入来源

阿里巴巴的营业收入主要来自注册会员缴纳的会员费和增值业务，其中会员费收入分别来自国际交易平台和国内交易平台。国际交易平台为国内广大的有国际贸易需求的企业提供与国际贸易业务相关的服务。国内交易平台为国内的批发商提供与交易相关的各种平台服务，比如信用评估服务。除了上述主要的收入外，阿里巴巴还推出了竞价排名、网络广告、店铺装修等增值服务，这些收入在阿里巴巴收入中的占比也在逐渐上升。

（9）渠道通路

全球速卖通成立于2010年4月，面向世界各地的顾客，客户主要集中于俄罗斯、美国、巴西等。全世界的消费者都可以使用全球速卖通从中国的批发商和生产商那里以批发价格购买各种不同的商品。

阿里巴巴国际网站是阿里巴巴最早成立的交易平台，是一个能为全世界数百万买方和供应商提供服务的跨国批发交易平台。阿里巴巴国际交易市场上的卖家一般是来自中国以及印度、巴基斯坦、美国和日本等其他生产国的制造商和分销商。

1688（阿里巴巴中国交易市场）创立于1999年，是中国领先的网上批发平台。1688为在阿里巴巴集团旗下零售市场经营业务的商家提供了从本地批发商采购产品的渠道。

3. 阿里巴巴SWOT分析

（1）优势

① 国内B2B市场的领先地位。阿里巴巴的B2B业务起步比较早，已经形成了自己的一套完整的商业系统，并拥有一定的品牌知名度。阿里巴巴、慧聪网、环球资源网并称中国三大综合电子商务网站，但慧聪网仍处于亏损状态。环球资源网在收入上可以和阿里巴巴相比，但是只有三分之一是在线业务收入，其盈利水平只有阿里巴巴的约25%，毫无疑问阿里巴巴在国内稳坐第一把交椅。

② 对电子商务和中国本地化了解透彻。阿里巴巴的目标是面向中小型企业，并根据中国的具体情况，推出了“诚信通”和“中国供应商”服务，这使得阿里巴巴走上了一条中国特有的电子商务道路，这充分反映了阿里巴巴团队对中国的电子商务的深刻认识。

③ 平台页面布局设置人性化。阿里巴巴网页功能丰富，操作简便，主题清晰，重点突出，符合生意人的品味。另外，它还具备其他网站没有铺设的商业论坛，方便商家们进行信息交流，寻找商机，这些都是阿里巴巴以顾客为本、服务客户的原则的体现。

④ 资金准备充足，具备危机意识。阿里巴巴具备危机意识，手中掌握着160亿元的现金，各项业务都在稳步发展。阿里巴巴拥有足够的资本来应对每场金融危机和市场波动，并保证企业的正常运营。

⑤ 高素质团队和强大的国际企业联盟的支撑。阿里巴巴的CEO与其团队之间的聚合力逐渐沉淀成一种固有机制和企业文化，并积累了一大批经验丰富的人才。通过股权关系，雅虎、日本软银、阿里巴巴结成了坚定的国际互联网同盟，与行业最顶尖企业在技术、商业模式和行业趋势判断领域的共享，为公司的成长提供宝贵的支持和经验。

（2）机会

① 政府的政策支持，电商市场的快速增长。近几年，国家不断出台促进中小型企业实施电子商务的金融政策。国内外的环境对我国企业在电子商务市场中的发展都是有利的，尤其是在网上购物中，各公司都在扩大手机等移动终端的布局，使得线上平台购物得到了快速的发展，从而带动了整个电商市场的发展。

② B2B市场潜力巨大。中国市场的B2B电子商务交易规模在不断扩大，其结构也在不断调整。B2B市场份额高度集中，竞争激烈。通过对中国B2B电子商务交易规模和交易格局的分析，发现阿里巴巴可以捕捉的机会有：进一步凸显行业特性，向细分行业深入，分行业提高服务能力，按行业特性降低交易成本；继续完善诚信交易规则；从收费模式到评价模式继续创新。

（3）劣势

① 模式简单，易于模仿。阿里巴巴从事的行业属于服务性行业，盈利模式较为简单，一旦企业双方通过B2B平台确立长期合作关系，阿里巴巴则会面临客户摒弃平台私下交易的风险。由于现代科学技术的迅速发展，技术溢出较快，资金和技术早已不是限制进入该行业的主要因素。

② 信息质量不高，对客户的深层次需要尚欠考虑。阿里巴巴有27种不同的行业类别，800～900种行业门类的信息量，但由于信息的质量较低，缺少针对不同行业的特点和竞争对手的分析，无法真正满足企业的深层需要。

（4）威胁

① 竞争对手势头强劲。百度、腾讯、谷歌等各种专业的互联网平台，都是阿里巴巴继续发展的最大障碍，阿里巴巴本身还不够完美，这就让其他竞争者看到了超越它的机会。

② 社会信用理念仍不健全。相对于国外完善的信用体系，国内的社会信用及共享理念都较低，缺少一套完善的诚信法律制度来保障个人信息真实可靠，以解决纠纷问题。

4.阿里巴巴商业模式总结

阿里巴巴作为享誉全球的领军性的B2B商业网站之一，它的很多做法都开创了商业及应用模式的先河。阿里巴巴B2B业务在不断适应市场环境的基础上进行不断创新，以“天下没有难做的生意”和“让客户第一”等经营价值主张作为其前行的依据，也是阿里巴巴持续发展的强大支撑。阿里巴巴通过搭建1688、淘宝等第三方网络平台，整合资源，进行供应链创新，大大降低交易成本，实现多方共赢。面临瞬息万变的内外部环境，阿里巴巴以求变来不断适应环境的变化，不断以市场需求为基础来进行商业模式各个方面的创新，为价值链上的利益相关者谋得利益的同时，阿里巴巴也取得了巨大的成功。

研讨：

1.你对阿里巴巴的认识体现在哪些方面。

2.试分析阿里巴巴未来可能会出现的盈利模式。

3.你认为阿里巴巴1688平台现阶段是否存在不足。如果有，表现在哪些方面?

5.3.3 代表案例：慧聪网

1.慧聪网业务介绍

慧聪网成立于1992年，依托其核心互联网产品买卖通、专业的服务及先进的技术，为中小企业搭建诚信的供需平台，提供全方位的电商服务。2003年12月，公司实现了在香港创业板的成功上市，成为国内首家信息及电子商务服务业上市公司。30年来慧聪网深耕To B市场，涉及63个行业品类，优秀的产品和服务为慧聪网不断吸引新用户，目前注册用户量已经超过2 700万，买家信息超过千万，采购线索日均分发量也超过10万。在服务方面，慧聪网服务可以说是已经覆盖到各个生态环境，助力客户搭建在线平台，协助推送运营技巧。近些年来，慧聪网积极探索转型升级，在在线交易、金融物流服务、垂直领域布局等方面做了积极的探索。

慧聪网发展沿革见表5-7。

表5-7 慧聪网发展沿革

事件时间	事件内容
1991年12月	在《计算机世界》开辟计算机产品报价版，慧聪模式的商情业务迅速展开
1992年10月	慧聪网创立于北京
1992年12月	与电报局合作，在北京承办邮电部160咨询电话的计算机、汽车、家用电器商情报价专线1601188
1993年2月至11月	成立天津、内蒙古、太原、西安、上海、哈尔滨、济南、大连、青岛等分公司
1994年10月	慧聪与富国公司签订独家代理《个人电脑》(PC Magazine内地中文版)、《电子与电脑》(PC Computing内地中文版)广告的协议，进入媒体广告代理领域
2000年7月	慧聪在全国近20个城市举办“慧聪与企业对话”巡回演讲会，慧聪网总裁与万余家企业进行面对面的交流，并做“网络时代的企业制度”的精彩演讲
2001年2月	慧聪国际研制开发的I系列软件正式对外发布，并被国家级网站中国网全面使用
2002年12月	新浪网正式采用新版慧聪新闻搜索引擎和网页搜索引擎
2003年12月	慧聪国际资讯于香港联合交易所创业板挂牌上市
2004年3月	成功举办“中国行业门户宣言”新闻发布会，将慧聪商务网正式更名为慧聪网，开通40余个行业频道和76个行业搜索引擎

续表

事件时间	事件内容
2004年9月	慧聪网与腾讯科技合作，联手为商务人士推出即时通信工具“买卖通TM”
2004年10月	慧聪网买卖通正式开始接受付费
2005年7月	买卖通服务推出尊享（VIP）会员
2005年10月	买卖通付费会员突破3万，慧聪网启用新的企业标识
2005年11月	买卖通2.0版本发布
2006年3月	买卖通服务推出银牌、金牌、铂金会员
2009年2月26日	慧聪网行业公司获得了ISO9001质量管理体系的证书，成为国内第一家获得ISO质量管理体系认证的互联网企业
2010年7月	慧聪网等企业共同承办由北京市商务委员会支持、北京电子商务协会主办的北京2010电子商务B2B高峰论坛暨“首都商网　服务中国”发布会。此次会议发起了“首都商网　服务中国”工程，郑重承诺将信守“首都商网　服务中国”宣言
2010年8月	慧聪网获得由北京市经济和信息化委员会、北京市发展和改革委员会联合授予的“北京市电子商务服务平台重点企业”称号
2014年10月	慧聪网转香港联交所主板上市，股票代码为（02280.HK）
2015年3月	慧聪网用15亿元人民币收购ZOL中关村在线
2018年1月	提出全面布局产业互联网，更加专注与聚焦，进行业务构架调整升级
2018年	慧聪网与百度爱采购达成合作
2018年12月	慧聪网与腾讯在产业互联网产品研发、服务、销售推广等领域开展战略合作
2019年5月	慧聪网出席腾讯全球数字生态大会，双方联合发布新产品“慧企通”
2019年6月	慧聪网全新首页改版上线，为用户提供清晰和快捷的浏览模式
2019年8月	产业互联网物流智慧平台——慧聪物流，全新推出线上支付功能
2020年2月	慧生意上线，定义是一款“装进口袋的业务员”
2020年9月	慧聪网首页改版，搭建“实时-智能-连接”优商优品平台
2020年11月	聚合慧聪网商机及360精准B端垂直流量，全新B2B信息聚合平台“慧优采”上线

资料来源　根据慧聪集团官网资料编写。

2. 慧聪网商业模式分析

（1）价值主张

在供应链有机会重塑的领域，在重服务的领域，在创新商业模式的领域，慧聪发挥互联网工具和技术的优势，做提高效率的价值链重构，加载服务，帮助客户做生意，通过平台、产品、技术和服务帮助传统企业在互联网竞争格局中，转型升级、提高效率、深度变革。慧聪网通过AI和算法，对平均每天超过10万条的商品求购信息在买方会员和卖方会员之间形成深度撮合和实时匹配，从营销定向化、销售转化、交易协同到客户服务，为企业提供全场景SaaS服务，助力企业在线完成“找生意”和“做生意”两个核心动作。

（2）分销渠道

①搜索引擎营销，充分利用用户对搜索引擎的依赖性和习性，在用户获取信息的同时，尽量把市场信息传达给用户。

②慧聪网通过线下方式进行推进，在三线城市设置路牌广告，并在全国30多个城市进行渠道的布局，深入到中小企业集中的地方，设立分销网点和服务体系。

③慧聪网采用渠道代理商方式对买卖通产品进行销售。

（3）客户细分

利用先进的互联网技术为中小企业提供专业的资讯服务，用户多集中于科技电子、汽车汽配、家用电器行业，主要服务于中高层管理人员和专业人士。慧聪网超过80%的用户集中在中小企业比较聚集的珠三角、长三角和环渤海及其周边区域。

（4）客户关系

为了更好地满足不同企业的市场推广需要，慧聪网将提供更加广泛的产品系列。2008年，慧聪网正式推出行业专属服务。针对不同的行业、不同的客户，制定不同的市场营销和推广战略。其最大亮点是“个性化”的服务，准确的求购信息，全面覆盖网络和纸质媒体的宣传，通过深度的新闻营销，打造深厚的企业品牌形象，保证每位买卖通客户都能得到专业的、细致的服务。慧聪网行业专属服务的推出，不但保持线下业务优势，也是对线上业务的进一步拓展和创新，提高了用户满意度，大大增强了对行业客户的黏性。

（5）重要合作伙伴

慧聪网拥有众多的合作伙伴，诸如微软、海尔、海信、徐工集团、奥迪、奔驰、雅马哈等，合作伙伴遍布众多领域和行业。另外，慧聪网与腾讯、百度、360搜索等多个互联网流量巨头深度合作，全面推出了“互通宝”、“慧生意”以及“慧企通”等互联网产品。

（6）成本结构

慧聪网致力于成为企业首选的经营服务平台，为中国中小企业推荐优商优品，提供专业互联网采购经验，让企业采购更省心省力，更高效地做生意。因此，其主要成本包括营销成本、研发成本以及管理成本。

（7）核心资源

慧聪网拥有雄厚的工业品信息服务经验积累，其产品大全、工业品行业、信息广告业已成为业界出版物的导向标，尤其在涂料、印刷、家电、汽配、水工业、安全防护、化工、教育、广播电视等行业，其专业引导功能十足。

慧聪网对行业分析报告、采购洽谈会、商业会展、商情广告、搜索排名推广、网络广告、网络商铺等诸多线上线下产品体系进行充分的整合，建立起各行业方案解决数据库，将全面的供需匹配、销售推广、行业资讯服务等提供给中小企业，对这类企业的实际发展阶段、经营特征进行了全面性总结，为其进行处理方案层面的量身定制，有效展示了交互性、个性化服务，让这类企业对于电子商务的运作更具深入理解。

（8）关键业务

慧聪网的关键业务为B2B业务，并为此开通买卖通服务。买卖通是慧聪网为企业量身定制的线上诚信平台，多场景享受专属会员服务特权，满足不同用户建站、运营、推广需求，帮助企业通过互联网开启电商市场。买卖通为企业用户提供在网上做生意、结交商友的诚信平台，企业不仅可以通过买卖通建立起集合产品展示、企业推广、在线洽谈、身份认证等多种功能的网络商铺，更可以获得多重商机，助力了解客户，领先对手抓住更多生意机会。

（9）收入来源

慧聪网年报显示，其主要业务收入来源可以归结为五个业务领域，分别是互联网服务、商业目录和黄页目录、会议及其他服务、防伪产品及服务、金融服务。

其中，互联网服务为其主要业务来源，占比80%，以买卖通、标王搜索、网络广告等主营业务向注册企业用户收取会员费、搜索竞价排名费、广告费；其次为会议及其他服务，占比11.9%，以收取佣金的方式向企业用户提供各类商家见面会谈的机会；而传统的纸质广告和防伪产品相对来说占比较小，分别为2%和6%；金融服务处于布局阶段，收入甚微，仅占总收入的0.1%。

3.慧聪网SWOT分析

（1）优势

慧聪网拥有30年专业的对企服务经验积累，并打造了各行业企业用户资源数据库，结合自身完善的线上线下双线产品系统，为客户提供全面的市场推广和交易服务。

（2）劣势

从传统的信息服务供应商到专业化的电子商务网站，相较于其他强势的B2B平台，其在品牌、网站运营、产品和交易服务等方面都有很大的差距。在激烈的竞争中，慧聪网要想赢得顾客，就必须不断地进行创新升级。

（3）机会

在竞争对手遭遇市场波动以及金融危机的大背景下，阿里巴巴、环球资源等外贸类网站在国际贸易和经济环境的冲击下，其业务发展速度较慢。慧聪网主要致力于中小型企业的内贸业务，并且本身具有较强的整合潜力，可以发掘出其他竞争对手无法比拟的服务系统。

（4）威胁

慧聪网的内部管理还存在一些问题，造成了大量的媒体负面报道，从而影响了企业的品牌形象。

4.慧聪网商业模式总结

慧聪网为企业用户提供较为丰富的产品线，能够较好地满足不同企业用户的营销与推广需求，从而使企业的业务范围和深度得到最大化。同时，慧聪网的垂直产业优势也有助于打造一个横向的贸易平台，致力于为中小型企业提供专业化的服务，从而使其成为全国强势的B2B企业之一。

慧聪网的B2B交易平台，包括信息平台、买家和卖家。信息平台主要负责供需双方的匹配机制，帮助供应商和需求方处理信息不对称的难题。同时，通过互联网的方式，将企业的线上和线下的采购、网络店铺、商业搜索引擎等工具打包整合，保证了企业和用户之间的长期交易合作，实现全方位的交流，从而提升了公司综合实力和经济效益。

研讨：

1.你对慧聪网建店、引流、撮合的商业模式的认识体现在哪些方面。

2.请尝试分析当慧聪网面对阿里巴巴时，其竞争优势有哪些。

3.你认为慧聪网现阶段是否存在不足。如果有，表现在哪些方面？

5.4 C2B模式

5.4.1 C2B模式特征

1.C2B模式概念和发展

C2B（Customer to Business）是互联网经济时代新的商业模式。其中C代表消费者，B代表商家。当消费者产生需求时，可提前向商家预订，商家根据消费者的个性化需求去为消费者定制，而不再是传统模式下商家大量标准化、流程化生产，再将产品卖给消费者。

C2B是一种以消费者为中心大规模定制的新型商业模式，其面向客户进行个性化定制业务。通常情况下顾客可按自身需求量身定制产品，或积极参与产品设计、生产和定价过程，产品、价格等均能彰显出顾客的个性化要求，生产厂家最后进行定制化生产。其本质是以个性化营销、柔性化生产、社会化物流这三大支柱搭建的消费者驱动模型，而不是厂家驱动的全新商业模式。

2000年后中国C2B电子商务才有了初始的发展，2003年，为了模仿美国平台串联消费模式，上海篱笆网问世。虽然新鲜的商业模式一度引起消费者好奇，但由于当时电商发展处于初期，各项技术和服务仍较为落后，社会情况复杂，群众接受度差，该模式没有能够坚持发展下来。2008年，C2B的概念由阿里巴巴董事长首次在国内提出，阿里巴巴成为中国C2B模式的引领者。2015年，在第十四届中国年度管理大会上，阿里董事长预言："未来的商业模式将会是C2B模式。"时隔多年，C2B已经在全球发展得如火如荼。从硅谷到中国，从最初的服装设计行业到如今的智能科技行业，"以消费者为中心，让消费者当家作主"的C2B商业模式，正在颠覆传统的B2C的电子商务模式。

2.C2B模式分类

C2B模式可分为聚定制、模块定制和深度定制。

聚定制通过聚合客户的需求组织商家批量生产，让利于消费者。各大电商平台双11节前预售，即属于这种形式。其流程是提前交定金抢占双11优惠价名额，然后在双11当天交尾款，这是双11活动最大的亮点。此类C2B形式对于卖家的意义在于可以提前锁定用户群，可以有效缓解B2C模式下商家盲目生产带来的资源浪费，降低企业的生产及库存成本，提升产品周转率，对于商业社会的资源节约起到极大的推动作用。

模块定制属于C2B商业模式里的浅层定制，它为消费者提供了一种模块化、菜单式的有限定制，模块定制模式更倾向于让消费者去适应企业已有的供应链。引领C2B模块式定制的当属海尔。海尔是国内率先引入定制概念的家电企业，通过海尔商城可以选择产品的容积大小、调温方式、门体材质、外观图案。2013年上线的青橙手机也属于典型的模块化定制产品，手机摄像头、屏幕、内存等参数均可以实现定制。

深度定制也叫参与式定制，深度定制模式是模块定制模式的升级，客户能参与到全流程的定制环节。厂家可以完全按照客户的个性化需求来定制。目前深度定制最成熟的行业当属服装类、鞋类、家具定制。这里以常见的定制家具为例，消费者可以根据户型、尺寸、风格、功能完全个性化定制家具，这种深度定制模式满足了消费者对空间的利用以及个性化的核心需求，可以给予消费者最大限度的选择自由。

3.C2B模式的特征

从整个消费市场来说，C2B模式具有以下特征：

（1）主打个性化定制。C2B的核心就是个性化，以消费者为中心，服务客户差异化的需求。

（2）数据处理能力强。为满足客户个性化需求，企业需要对客户的差异化需求进行收集、处理与分析，这就对企业的信息处理能力提出了较高的要求，并需要精准地、即时地协调供应链各个环节，来实现规模化运作，最终降低个性化定制所需成本。

（3）库存率低。相比于传统供应链管理模式集采购、生产、加工、销售于一体，供应链环节较多，链条较长。而C2B企业则是按需生产，消费者需求多少厂家就生产多少，基本实现零库存，并且能够有效处理传统供应链中资金周转难和产品库存积压的问题，为企业发展提供保障。

5.4.2　代表案例：尚品宅配

1.尚品宅配公司业务简介

尚品宅配是一家主营全屋板式家具的定制生产及销售，并向家居行业企业提供设计软件及信息化整体解决方案的企业。工业时代以厂商为中心的B2C模式，也正在逐步被信息时代以消费者为中心的C2B模式取代，而尚品宅配就是家居行业C2B模式中的先行者。尚品宅配以家居“试衣间”作为核心理念，并引入“网络+实体”的运营模式解决客户的本地化服务体验问题，在全国已经建立起1 000多家体验门店，来满足当地客户对家具纹理、色彩、风格、质感等的体验要求。在其搭建的专业服务体系下，客户只需要安排时间到店查看家具三维方案并体验家具实物效果，就可以一站式购齐自己家的全屋家具。

尚品宅配应用了业内时下前沿的三维虚拟现实技术，为消费者提供免费上门量房、免费方案设计服务，并按照消费者的个性化需求打造真实的家具“试穿”效果。除此之外，尚品宅配拥有一个由全国1 000多家体验门店构筑的地面服务系统，占地30万平方米、超过20亿元产能的现代化定制家具生产基地，为消费者的线上线下购买体验以及售后服务提供了省心、放心的保障。

尚品宅配发展沿革见表5-8。

表5-8　尚品宅配公司发展沿革

事件时间	事件内容
2004年	创立国内首家数码化定制家具连锁机构
2004年	提出三免服务：先体验，再买单
2005年	打造第二代入墙衣柜和韩尚主义橱柜
2006年	数码化家具一厂落成投产
2007年	率先提出3房2厅全屋定制模式
2008年	推广时代主题展厅
2008年	新居网上线，开创家居电商消费新模式
2009年	跨入O2O网络体验，开创家居电商消费模式：线上预约，线下体验
2010年	开创宅配新品类，巨资投入开创家具宅配元年
2011年	签约一线影星周迅作为形象代言人
2012年	“讯”营销全面发展年，百城千车宣传推动全面发展
2013年	发起“爱尚计划·爱上学”，为更多的孩子改善就学环境
2014年	尚品宅配的门店从建材卖场走进了购物中心和写字楼
2016年	我+生活方式研究，五厂正式投产，日产能突破20万件
2016年	工业4.0实现大规模个性化定制，把家从想象搬进现实
2017年	深交所上市，股票代码300616
2018年	成立C店（超集店），开启家居新零售时代
2018年	携手杨澜，为爱发声，99公益日，用行动践行“爱是做到”
2019年	行业唯一入选“CCTV大国品牌”企业
2019年	推出第二代全屋定制模式，基于智能技术，实现全屋配齐
2019年	推出全新高端环保板材——康净板
2020年	签约赵丽颖为全新品牌代言人，发布“家居5G模式”
2020年	尚品宅配在无锡的华东智能制造基地投产
2020年	尚品宅配发布“绿色家居　无醛定制”全屋无醛升级战略

资料来源　根据尚品宅配官网资料编写。

2. 尚品宅配商业模式分析

（1）价值主张

企业价值主张能够为企业所有业务发展提供指引。传统制造业以企业自身发展为价值主张，消费者、供应商以及配套服务商的活动为企业自身发展服务。然而基于C2B模式的制造企业以满足消费者需求为核心价值主张。尚品宅配一直以消费者的个性化需求作为驱动，通过满足消费者需求创造附加价值，从而提升消费者的家居品质并推动行业的变革和发展。

（2）客户细分

从门店经济到B2C模式，大规模制造的消费者群体广泛，消费者标签属性不清晰。制造企业难以有效掌握消费需求数据并针对目标消费者进行生产。基于C2B模式的制造业产品门类相对聚焦，消费者标签属性明显。目前，尚品宅配的产品主要是定制类家具产品。其目标消费者群体主要是经济基础良好、追求生活品质的消费群体。其包括新房业主、旧房翻修、商铺装修、集体场所装修等客户。

（3）分销渠道

尚品宅配目前已形成线上线下分销渠道格局。线下方面，尚品宅配构建实体连锁经营模式。尚品宅配目前在全国已经建立起1 000多家体验门店，来满足当地客户对家具纹理、色彩、风格、质感等的体验要求。线上门户平台，通过与各类门户网站合作吸引潜在消费者，将线上流量引入到线下实体门店，由实体店设计师跟进后续服务，实现定制家具的线上营销到线下服务跟进。

（4）客户关系

传统制造模式下，客户关系往往止于消费订单的完成。C2B模式下，客户关系贯穿消费过程的始终。消费前期，由于家具不是快消品，消费者通过传统电商平台线上预览家具，并不能够体验到家具的舒适度及真实品质，使得交易风险提升，客户信任度低。同时如果消费者前往线下家具售卖店，往往由于家具品类数量少，导致选择力下降，需求无法得到充分满足。尚品宅配则通过门店展示，使客户获得更好的体验，将家具真实地呈现在消费者的眼前，以真实的触感和观感来决定购买意愿，彻底消除线上购买，“实物与线上描述不符”问题，维护客户关系。消费期间，为了使顾客获得更好的定制体验，各大门店为消费者提供设计咨询、现场调查等服务。例如家具的定制，通过风格品类、设计和功能模块等层次的环节来满足顾客不同的定制需求。通过优质的定制服务，为客户提供专属家具，夯实客户关系。消费后期，尚品宅配借助自身线上系统构建IP端，定期向消费者提供定制服务，维护客户关系，提升口碑效应。

（5）核心资源和能力

尚品宅配关键资源分为数据库信息、品牌形象、人力资源、家居设计能力、产品物流。数据库信息指尚品宅配从销售端获得的家装数据和消费者信息；品牌形象指的是尚品宅配品牌知名度、产品管理等；人力资源指的是与尚品宅配C2B模式相匹配的设计师；家居设计能力指的是设计师根据家庭房屋所获得的数据，包括房屋数据和消费者对家具款式、风格等的偏好，设计出符合各种不同消费者喜好的家具，也指家具企业在接到消费者的订单时，设计师根据订单中的信息在相应款式的家具上修改不同细节处的数据并使其和谐美观；产品物流指的是尚品宅配生产的家具运送到消费者手中的过程。尚品宅配构建了自身的物流体系，提供给客户高质量的物流服务。虽然自配物流体系成本高，但是在整个生产过程中更便于管理，提高配送的效率，为顾客提供更高的物流质量。

提供个性化定制家居产品是尚品宅配的核心竞争力，具体体现在尚品宅配完成了销售端和生产端信息化改造工程，响应消费者需求。在生产端，尚品宅配的家具制版完全通过HOMKOO整装云平台完成，将无数版设计制造经验数据化，可以根据特定房屋户型提供特定设计。在销售端，尚品宅配构建了销售服务网络化和线上线下价值共创模式。数据的共享、联通和流动是实现订单准确地从销售端传递到生产端的关键。尚品宅配构建互联网大数据平台，保障尚品宅配基于用户画像的数据化并实现了研发精准化。

（6）关键业务

尚品宅配的关键业务是向具有家装需求的客户提供体系化家装定制流程，将线上互动和线下体验完美结合，以满足客户个性化家装需求。客户可先通过线上进行预约，工作人员上门量尺并沟通需求，且承诺在48小时之内给出方案。客户待约定时间前往实体店，设计师将结合三维虚拟方案，给出报价，双方协商一致，最终确定方案，签订合同。最后尚品宅配将负责产品配送和售后服务。在尚品宅配搭建的专业服务体系下，客户可以一站式购齐自己家的全屋家具。

（7）重要合作伙伴

合作伙伴网络包括供应商和渠道商。尚品宅配子公司佛山维尚对每类原材料选定一定数量的长期合作供应商，与供应商签署年度框架合同，并按订单进行采购。尚品宅配的C2B模式的合作伙伴网络目前处于扩大阶段。当前，尚品宅配以珠三角、长三角、京津冀等城市群为重点开展营销工作并建立制造基地。这一进程促使越来越多的供应商加入尚品宅配供应网络。

（8）成本结构

成本结构方面，尚品宅配的成本结构从要素成本投入向创新成本投入转变。尚品宅配在构建C2B商业模式的过程中在柔性生产线、研发人才、物流方面的投入最多。传统家具企业更重视原材料采购和大规模制造，产生大量劳动力成本和库存成本。尚品宅配建立起一个更加柔性的生产流水线，模块化生产智能流水线降低了劳动力需求。在研发方面，尚品宅配充分利用其所具有的资源优势，加大研发方面的投入，在家具设计上打造品牌优势，牢牢地抓住目标消费群体。

（9）收入来源

尚品宅配的盈利点来自个性化定制家居消费者和传统家居制造企业。一是向消费者提供个性化定制家具，包括家居空间所需的衣柜、橱柜、书柜、电视柜、床等全屋板式定制家具产品以及配套家居产品。2018年，尚品宅配在板式家具定制领域推出爵士留影、拉菲庄园、凡尔赛之光等产品。二是向家居行业企业提供设计软件及信息化整体解决方案的设计研发和技术服务，包括智能铺砖王系统、圆方衣柜销售设计系统、圆方橱柜销售设计系统。尚品宅配的盈利屏障源于技术壁垒和商业模式创新。

3.尚品宅配SWOT分析

（1）优势

① 拥有多年的家具制造经验，产品研发能力强。尚品宅配家具公司已经在家具行业打拼多年，积累了丰富的欧美风格家具制造经验和生产管理方法，目前具备自主品牌产品的研发设计能力。

② 产品风格完整、质量高，具有品牌优势。尚品宅配拥有多位国际化的产品设计顾问，以保证产品设计风格和文化底蕴的协调统一。产品包含古典、乡村、简约等多种风格，且对目标客户的定位比较精准，产品质量高，消费者对品牌的认可度高，在中高端家具市场有一定的份额，在同类产品中具有竞争优势。

③ 拥有规模化的生产基地。目前公司已经拥有多个生产不同功能家具产品的工厂，品类齐全，分工明确，生产制造基地具有规模化优势。

④ 家具供应链已经整合。尚品宅配的原材料和成品采购、生产、物流、国内外的销售部门，原来分属不同的子公司，经过家具产业链一体化建设，实现了资源的优化配置和整合，已经基本形成了家具供应链网络，提升了供应链的运行效率和盈利能力。

⑤ 人员整体素质较高、能力较强。尚品宅配注重企业文化建设和人才队伍的建设，培养出一批高技能、高素质的技术与管理人才。

（2）劣势

① 销售预测准确率低。尚品宅配的产品风格全、品类多，销售预测往往基于历史销售数据，对市场上出现的变化不敏感，受市场需求变化的影响，销售预测波动较大。

② 工厂生产缺乏柔性，自动化程度低。尚品宅配目前的生产流水线布局，仍然是早年大规模生产模式下的布局，现在已经难以适应多品种、小批量的订单需求，并且工厂的自动化水平相对较低，生产线柔性差，因产品批量小而造成的更换工装夹具、停线的情况越来越频繁。

③ 制造成本提升，库存量过大。为了满足客户交期而储备大量库存，销售预测的不准确非但没有消耗库存，反而带来了库存量的增大，进入了恶性循环。

④ 工厂对生产模式的变革抵触较大。尚品宅配多年的大规模生产模式所积累下来的经验和已经养成的习惯根深蒂固，在推广新事物、实施变革时阻力较大。

⑤ 信息化基础薄弱。公司的信息化水平不高，信息孤岛较多，很多数据信息还不能在一个平台上交流。信息的准确性、时效性不受保障，导致管理层决策缓慢，错失机遇。

⑥ 产品的标准化水平低，零件和原材料的通用性不强。欧美风格家具的造型

和结构特点，带来了产品的标准化程度较低的问题。产品设计基本是迭代式的设计，零件和材料的通用性差。随着产品开发量的提升，这一劣势凸显。

（3）机会

① 国内家具消费市场需求量持续提升。近年来，人民生活水平提高，国家城镇化建设步伐加快，对中高档家具的需求量不断提升，国内家具工业总产值也在逐年提升。

② 信息技术、制造技术的发展有利于企业的升级。科技的发展对企业制造水平和生产效率的提升、生产模式的改进、供应链效率的提升都有促进作用。企业的升级受技术制约的影响越来越小。

③ 消费者对家具的多样化、个性化需求增强。在物质丰富、选择多样的消费品市场环境下，家具消费市场已经由卖方市场转向买方市场，消费者喜欢个性化的产品并愿意为此支付相应的个性化定制成本。

④ 大规模定制生产模式已经成熟。大规模定制生产模式已经发展了很多年，在汽车、家用电器、计算机等很多行业有成功案例可以借鉴，从技术实现到管理实践，都已经日趋成熟，而且在家具行业内部也有案例可以学习。

（4）威胁

① 人工、耗能、原材料等成本大幅上涨。近年来持续上涨的人工、材料等成本，已经让尚品宅配的制造成本持续提高，需要从供应链的角度来寻找降低成本的方法。

② 招工难，员工的稳定性下降。家具企业的生产环境相对较差，且产品整体的附加值并不高，这样的劳动密集型企业对现在年轻的产业工人缺乏吸引力，且工人流动性大。

4.尚品宅配商业模式总结

在国内，尚品宅配率先将“定制”这种独特的经营理念引入家居行业，为消费者提供全屋家具定制服务。尚品宅配提供免费的家居设计方案，并且让消费者参与家具设计的过程，客户以主人公的身份参与制作过程有效地增强了企业和客户之间的信任程度，效率大大提升。

尚品宅配深度挖掘线上营销“个性化、易沟通、易传播”的优势，与线下营销“氛围感、体验感、沉浸式”的优势，形成了线上互动—线下体验—线上反馈的营销通路，尚品宅配微信服务号拥有800万粉丝，和用户建立链接、进行对话，打造了一个客户沟通生态系统。同时，尚品宅配通过大数据获得用户的搜索行为、购买行为数据，了解他们的喜好，不断丰富产品库、房型库和方案库，并对家居未来发展趋势做出科学预测。

研讨：

1.根据资料试绘制出尚品宅配商业模式画布。

2.对于C2B模式企业是否需要注重与顾客的交互过程？为什么？可通过哪些技术实现？

3.你认为实施“客户定制家具”全新商业模式的主要困难有哪些。

4.你认为尚品宅配的商业模式最终能获得成功并实现长远发展吗？

5.4.3 代表案例：红领制衣

1.红领制衣公司业务介绍

青岛红领集团是由一家个私服装企业发展起来的大型服装服饰股份制集团公司。目前该公司拥有5家子公司，为青岛市重点服装行业的龙头企业。红领打造了世界上唯一的全数字化的服装个性化定制平台，20多件西装的制作可秒速生成，从客户下订单到西装产品出库仅需用时7天。其首创的“酷特模式”，使服装的个性化定制能够实现大规模的工业化生产，由小众定制进入大众定制。

红领制衣为C2M（Customer-to-Manufactory）商业模式，可以称之为C2B模式的升级版，是一种新型的互联网商业思维模式。客户的个性化需求由C2M平台提交，经系统自动生成订单，并输入到红领公司开发的版型数据库、工艺数据库、款式数据库、原料数据库等数据库中，将数据组合建立模型。在C2M平台上，通过对生产节点的作业进行分解，将订单信息转化为生产作业，并将其分解、推送到各个车间。在制造过程中，每个客户都有自己专用的电子芯片，并且参与整个制造过程流转。每个工位都有专用终端设备，可随时查看订单信息。

在充满智能化设备的红领制衣车间，工人们的双手得到了解放，可将更多的精力投入到细节、关键部位的手工制作，锻造高品位的西装服饰，满足客户个性化需求，这些工人，这些细节，一针一线的缝制剪裁，独具匠心，成为数字化生产时代的“个性化定制”品质符号。

红领制衣发展沿革见表5-9。

表5-9 红领制衣发展沿革

事件时间	事件内容
1995年	红领品牌成立
2003年	制造业转型开始实践
2007年	酷睿智能正式成立
2011年	确定C2M战略，研究SDE工程，成立八大科研中心
2016年	开始输出解决方案
2020年	服装实验室成功上市

资料来源　根据红领集团官网资料编写。

2.红领制衣商业模式分析

（1）客户细分

首先，红领集团将更加注重西装文化的国外市场作为试验田，将更趋于平民化的正装品类作为大规模定制的目标市场，将自身的主要细分市场定位为男士正装。

目前来看，这一细分领域已经取得了阶段性的胜利成果，现在红领集团的细分市场正在逐步向女士正装领域延伸。

其次，个性化定制的目标客户除了高端定制外，客户种群更趋于平民化，给予不同人群不同的定制化服务是红领集团的发展战略之一。独特的高端定制、上乘的材质、精湛的手工和专属设计师背后是令人却步的高昂价格，而红领把制式成衣的价格和定制服装的效果结合在一起，在流水线上实现服装定制的规模化生产和平民化消费，让普通老百姓也能买得起个性化定制的产品，就此打开个性化定制的市场。

（2）价值主张

红领集团致力于打造高效运作的B端，实现消费者与工厂的直接交互，同时为传统企业转型提供咨询服务，构建一个C2B大规模定制的生态圈是其企业定位。

红领集团致力于以需求驱动生产，把互联网、物联网等信息技术融入柔性化制造中，实现以工业化的手段、效率和成本制造个性化的产品。其品牌初心是让每一个人都能“穿上像样的衣服”，让定制不再奢侈，立足本土，将民族品牌打造为国际品牌，为全球贡献中国时尚定制文明。

（3）关键业务

① 消费者端业务。酷特C2M产业互联网平台，为世界各地的服装品牌创业者、定制品牌商、时尚设计师和定制经营者提供全方位的服装定制解决方案。该平台依托酷特智能版型、款式、工艺、BOM四大数据库，并利用数据驱动的大型个性化智能工厂与C2M业务生态系统，将世界上有名的面辅料品牌整合在一起，提供高品质、高性价比的优质产品与服务，覆盖北美、欧洲、大洋洲、亚洲等区域。酷特智能孵化的服装个性化定制品牌，一方面能够在最短的时间内捕捉到市场的需求，从而进一步完善和发展服装C2M行业的网络平台；另一方面也为顾客提供了一种高性价比的定制服装体验。

② 企业端业务。服装是酷特C2M产业互联网平台的首个成熟的实践案例及落地场景，酷特智能首先聚焦西装、衬衣C2M产业互联网平台的建设，数据驱动从客户需求到研发设计、面辅料管理、生产制造、客服、物流等服装全价值链条的一站式解决方案，再横向进行品类拓展，形成服装行业的产业互联网生态。

（4）重要合作伙伴

红领的合伙人分为两类：一类是市场上的特许经营伙伴；另一类是供货商。红领集团以特许经营的方式吸引红领集团的创业者、贴牌时期的合作伙伴、老客户成为其“营销会员”，借助其社交资源及自身的背景，拓展定制化的市场。

与供应商伙伴的合作主要在于物料层面。根据每个月物料的消耗情况，供应商伙伴也能大体掌握市场行情，是一个互惠互利的举措。

（5）核心资源和能力

设计创新能力永远是服装业的核心能力，设计师实际的设计工艺对成衣效果有着决定性作用。红领集团将自身资源集中在产品设计和物流等关键业务上，为消费者制造满意上乘的服装，并通过高效的物流体系，让顾客尽早体验到产品。

C2B商业模式的核心资源同时在于数据资源、人才资源、技术能力和柔性生产能力。

① 数据资源。红领集团从代工工厂起步，进行大规模批量生产，积累了数百万套的版型数据，为后端大数据的积累提供了基础。另外，C2B大规模定制商业模式的形成是众多技术系统和数据库共同作用的结果，然而系统与系统之间并不是独立存在的，如何打通这些系统之间的屏障，将其融为一体，其中的关键就是数据驱动。

② 人才资源，指信息化人才。C2B商业模式转型的关键在于工业信息化的全方位人才。红领从2003年开始转型，十几年的转型期间培育了许许多多信息化的人才，这也得益于红领较早地进行商业模式转型的战略布局。

③ 技术能力。大规模定制商业模式集合了互联网、物联网、大数据和云计算等多种现代化技术手段于一体。通过云计算对大数据的识别、解析和驱动，实现工厂对消费者个性化定制需求的满足。将消费者个性化需求的数据运用技术能力进行数据建模、数据解析，转化为工人可以理解的文字数据信息，以射频芯片卡的形式在工序间进行传递，依靠数据下发生产指令进行组合式的生产加工。数据的运转过程人眼是看不见的，而这个派发的过程也只需分秒的时间就可完成，这是技术能力在大规模定制商业模式中发挥的重大作用。

④ 柔性生产能力。所谓柔性生产能力就是生产对市场需求变化的快速反应能力，大批量定制的柔性生产能力是C2B大规模定制企业的核心能力。对外输出解决方案，将技术系统输出，帮助传统企业进行商业模式转型，却仍未能动摇红领在定制化领域的地位，其重要原因就在于红领仍然掌握着大规模定制的生产能力。

（6）收入来源

① C2M模式直接盈利。红领利用C2M的平台，将其销售渠道由生产商转变为顾客。消费者可以在网上直接向厂商订购服装，然后在两个星期之内通过物流把衣服送到客户手中。

② 加盟模式盈利。红领与加盟商合作，充分发挥加盟商前端市场资源的优势和企业个性化生产能力的优势，进行个性化定制订单的生产来获取利润。

③ 传统企业智能化改造项目盈利。帮助传统企业实现“互联网+工业”的改革。

（7）渠道通路

红领制衣通过平台连接消费者和制造厂商，消费者可以直接定制服装，也通过企业直销、代理和加盟商渠道等进行营销。

（8）客户关系

搭建酷特智能平台，让消费者体验到“造物”的乐趣；与传统企业建立长期合作的关系。

（9）成本结构

传统服装行业的企业生产成本以原料的购买和人工成本为主，而红领集团的生产成本则以研发和人员为主导。红领投入大量的资金，在大数据系统的研发领域，用大量的高科技设备取代了人工，实现了从传统工厂到智能化定制工厂的转变。从红领集团的成本构成来看，它已经从劳动密集型转变为知识密集型，从而对公司的长期发展更加有利。

3. 红领制衣SWOT分析

（1）优势

① 高端的生产设施，生产能力强。红领集团拥有具备国际领先水平的服装成衣生产工厂、高端的现代化生产设备、全面的信息化管理系统和完善的智能化物流体系，巩固了红领大规模定制领域的霸主地位。

② 设计人员总体水平较高。红领集团十分重视技术人员的引进，其中技术人员占比3%，公司还聘请了国际知名的服装设计师、样板师，并先后邀请意大利工艺大师Fimgrund和福瑞斯加盟，使设计工艺能够深切地懂得生活，具有生活气息。

③ 通过各种认证，产品质量优良。红领服饰已通过ISO9000质量管理体系、ISO14000环境管理体系和OHSAS18000职业安全健康管理体系的企业标准认证，成为国内同行业中的佼佼者。在中国服装行业协会举办的“中国服装品牌年度大奖”评选活动中，红领集团因其公平性、权威性而受到消费者的高度认可。

④ 企业文化健康有活力。红领集团的企业文化是一种积极健康的企业文化，正是这样的企业文化引导着红领人奋发向上，员工因成为红领人而感到自豪，红领精神是每个红领人的支柱精神。红领集团以“最适合的就是最好”为核心理念，以“品质、诚信、创新、服务”为经营理念，以“完善自我、完美人生”为企业理念，以“优雅尊贵、无须多言”为品牌核心价值观，并将发展成为“中国中高档服饰的领航者”作为公司的使命。红领集团立志成为一家能够创造价值、永恒健康发展、承担社会责任的公众服饰公司。

⑤ 公司品牌具有较好的声誉。“红领”品牌连续三年保持“山东名牌”产品称号，是山东省著名商标，是公认的中国名牌产品。红领服饰连续三年进入中国服装双百强企业，已经成为同行业中的佼佼者，企业多次得到行业协会和当地政府的表彰。

（2）劣势

① 产品定价缺乏科学性。国内服装行业的竞争非常激烈，导致了国内服装市场的价格参差不齐，逐步形成了价格层级。但红领制衣没有按照自己的品牌定位来定价，在定价上保持了原来的战略，与许多国际、国内服装品牌正面对抗，缺少灵活性。

② 考核激励机制不健全。公司在对员工进行考核和激励时，缺乏科学有效的机制，特别是对于营销人员的考核，考核原则不明确，标准不统一，物质激励和精神激励不配套。

（3）机会

① 国内经济环境良好，刺激服装需求。我国经济势头整体良好，服装纺织业仍是居民日常生活中不可或缺的一环，仍保持在较好区间运行。经济不断发展，居民手中的可支配收入增多，消费结构将进一步升级，消费需求发生变化，服装需求也将相应增长。

② 消费者个性化需求不断增加。经济水平和生活质量的不断提升，使顾客的消费档次逐步提高，这一点恰好与红领服饰的产品定位相符。在我国服装中高档市场上，消费者的需求、偏好越来越多样化、个性化，喜欢穿出个性、穿出内涵。随着经济的发展，追求名牌和极致品质的顾客和具有高消费能力的顾客在明显增加。

③ 政府环保方面的要求，为公司发展提供了契机。红领集团以其“互联网+工业”的模式，依托数据支持和技术能力，精确匹配资源，基本可以达到零库存，避免像传统工业出现产能过剩的问题，高效节能。红领集团的产品均能实现各项国家相关环保指标，因此，政府环保方面的要求反倒可以为公司的发展提供契机。

（4）威胁

① 国际服装贸易限制依然存在。国际贸易壁垒问题仍然存在，红领制衣主要的试验场地位于海外市场，跨国之间的贸易易受他国海关政策的影响。

② 强手如林，国外品牌大举进入，市场竞争激烈。国内服装生产企业多如牛毛，行业内部竞争激烈。其中涉及西装、衬衫和休闲服经营的知名服饰企业“雅戈尔”、“杉杉”、“罗蒙”、“虎豹”和“七匹狼”等具有更强大的财务实力和营销网络。此外，它们引进国外服装品牌，将其创意和国内的加工能力结合起来，通过合资、嫁接、并购等手段，与国内服装企业形成一条配套的产业链，面向国内外市场进行生产和销售。外资品牌的涌入，不仅推动了我国服装的出口，也挤压了国内的服装市场，这对国内的服装品牌来说，无疑是一种巨大的冲击。

③ 行业门槛不高，便于新的竞争者进入。服装行业是一种技术含量很低的产业，进入的门槛相对较低，投资也相对容易，上市公司、服装集团，甚至是小型家庭作坊，都有可能在这个领域占有一席之地。

④ 消费者走向成熟、理性。消费者走向成熟、理性，购买行为多样化，具备初步的服装、面料知识，购物货比三家，维权意识增强，性价比的衡量更为严格；人们对休闲时尚的追求使西服正装零售市场的需求下降。

⑤ 供应商的威胁。供应商向前一体化的发展趋势，使许多面辅料生产商投资开办服装加工厂，自创品牌，利用原料优势及强大的库存储备，在集体置装市场上低价位承揽制服，部分成为西服市场的主要竞争者。

4. 红领制衣商业模式总结

创立初期，红领集团主要采用OEM代工模式。行业竞争加剧与综合成本攀升，OEM代工模式的盈利空间无限压缩。面对严酷的竞争环境，红领集团投入大量资金，从OEM代工模式转型发展为传统B2C大众化制造模式，又从传统B2C大众化制造模式变革为大数据赋能的C2B个性化定制模式。经过红领集团的转型升级，产品的个性化程度、顾客满意度、产品市场需求和企业业绩都得到了很大的提升。

研讨：

1.红领制衣的C2M商业模式转型经过一系列演化过程最终成型，独具特色的“红领模式”有哪些主要特征？

2.红领制衣的C2M定制平台相比传统模式具有哪些独特优势？

5.5 多边平台模式

5.5.1 多边平台模式特征

1.多边平台模式概念和发展

多边平台将两个及以上独立但相互依存的群体连接在一起，构成一个生态系统。多边平台是数字经济平台发展的必然趋势，也是数字经济市场的公共基础设施。数字经济是一个广泛使用5G、云计算、大数据、AI、物联网、区块链等数字技术建立起来的经济系统，它降低用户的交换成本，赋予用户权益，为人类社会的合作赋能。数字经济是继农业经济、工业经济之后的主要经济形态，是以数据资源为关键要素，以现代信息网络为主要载体，以信息通信技术融合应用、全要素数字化转型为重要推动力，促进公平与效率更加统一的新经济形态。

多边平台首先下沉的是数字金融基础服务的价值传输网络，其是基于区块链技术的价值交换系统。数字技术下沉促进了多边平台的发展，而多边平台下沉为数字经济市场的公共基础设施，是平台经济商业逻辑裂变和技术演化的结果。多边平台是分布式经济的摇篮，依托一个多元的数字金融体系和价值交易市场，在资源配置供应生产资料、生产者的工业互联网驱动下，通过物联网实现物物相连，通过多边平台实现物人相连，通过区块链实现价值相连。分布式经济基于微经济、分享经济孕育发展为多边平台下的大规模社会化协作生产，分布式经济的崛起推动了新市场、新商业规则和新商业逻辑的产生。

2.多边平台模式特征

多边平台模式具有交叉网络外部性特征与价格结构非对称性特征。

（1）交叉网络外部性特征

多边平台存在的真正意义在于平台中其他群体对至少一方用户群体的存在具有利益价值，平台通过多方互动形成一个共生系统而创造价值。如果多方平台中的多方之间不存在交叉网络外部性特征，互联网多边平台也就没有存在的价值。

（2）价格结构非对称性特征

多边平台上企业针对不同的用户群体采取不同的定价机制，低于或高于边际成本的情况都较为常见。一种极端的情况是互联网多边平台企业允许一个或多个用户群体免费使用平台。

5.5.2 代表案例：Google

1.谷歌公司业务介绍

谷歌公司（Google Inc.）成立于1998年9月4日，由拉里·佩奇和谢尔盖·布林共同创建，被公认为全球最大的搜索引擎公司。谷歌是一家位于美国的跨国科技企业，业务包括互联网搜索、云计算、广告技术等，同时开发并提供大量基于互联网的产品与服务，还涉及移动设备的Android操作系统以及谷歌Chrome OS操作系统的开发。

谷歌创始人之一拉里·佩奇指出："完美的搜索引擎需要做到确解用户之意，且返用户之需。"就搜索技术的现状而言，我们需要通过研究、开发和革新来实现长远的发展。谷歌致力于成为这一技术领域的开拓者。尽管谷歌已是全球公认的业界领先的搜索技术公司，但其目标是为所有信息搜寻者提供更高标准的服务。

谷歌的使命就是要为客户提供网上最好的查询服务，促进全球信息的交流，谷歌开发出了世界上最大的搜索引擎，提供了最便捷的网上信息查询方法。通过对20多亿网页进行整理，谷歌可为世界各地的用户提供适需的搜索结果，而且搜索时间通常不到半秒。现在谷歌每天需要提供1.5亿次查询服务。

2017年2月，Brand Finance发布2017年度全球500强品牌榜单，谷歌排名第一。2017年6月，《2017年BrandZ最具价值全球品牌100强》公布，谷歌公司名列第一位。2017年12月13日，谷歌正式宣布谷歌AI中国中心（Google AI China Center）在北京成立。2018年1月，腾讯和谷歌宣布双方签署一份覆盖多项产品和技术的专利交叉授权许可协议。2019年度谷歌在全球最具价值100大品牌榜中名列第二位。

谷歌发展沿革见表5-10。

表5-10 谷歌发展沿革

事件时间	事件内容
1998年	拉里·佩奇和谢尔盖·布林在美国斯坦福大学的学生宿舍内共同开发了谷歌在线搜索引擎，并迅速传播给全球的信息搜索者；8月7日，谷歌公司在美国加利福尼亚州山景城以私有股份公司的形式创立。同年，发明Google PageRank专利
2001年9月	谷歌的网页评级机制PageRank被授予了美国专利
2004年8月	谷歌公司在纳斯达克上市，成为公有股份公司
2006年4月	谷歌公司行政总裁埃里克·施密特在北京宣布公司的全球中文名字为"谷歌"
2006年10月	谷歌以16.5亿美元收购影音内容分享网站YouTube
2007年11月	谷歌宣布开发基于Linux平台的开源手机操作系统并命名为Android
2008年9月	谷歌地图卫星发射升空

续表

事件时间	事件内容
2010年3月	谷歌宣布关闭在中国内地市场搜索服务并将搜索服务由中国内地转至中国香港
2012年12月	宣布正式关闭在中国市场的购物搜索服务
2012年5月	谷歌以125亿美元收购摩托罗拉移动
2012年6月	Google I/O开发者大会在美国旧金山开幕，并发布代号为“果冻豆”的操作系统安卓4.1、谷歌首款自主品牌平板电脑Nexus7、社交流媒体播放器NexusQ以及概念智能眼镜“谷歌眼镜”
2012年9月	谷歌中国宣布停止在中国市场提供音乐搜索服务
2012年10月	谷歌超越微软，成为全球市值第二大科技公司，当日，谷歌市值扩大至约2 499亿美元
2012年12月	谷歌斥资1 700万美元收购一家名为BufferBox的电商储物服务公司
2013年3月	谷歌进军电商行业，推动购物快递服务
2013年6月	谷歌宣布收购导航软件公司Waze，成为谷歌较大的一次收购行为
2013年10月	谷歌收购Flutter
2013年10月	谷歌正式宣布推出新版旗舰式手机Nexus 5，此款手机搭载该公司自己的最新操作系统KitKat Android，这款操作系统也是针对全球用户设计
2014年8月	谷歌宣布与其他5家公司合作，建设价值3亿美元的太平洋海底光缆系统，从而帮助亚洲用户获得更快的网速
2014年10月	谷歌进军日趋热门的远程医疗领域
2015年2月	谷歌正式发布Android版和iOS版YouTube
2015年2月	谷歌正式推出Android for Work，由黑莓提供安全管理
2015年3月	谷歌获得智能隐形眼镜专利，谷歌拿出自己制造的智能隐形眼镜，采用多层设计和谷歌自己研发的芯片
2015年4月	谷歌获得防剧透系统专利
2015年12月	由谷歌旗下DeepMind公司开发的围棋人工智能程序AlphaGo正式发布
2018年3月	谷歌以24亿美元从Jamestown买下Chelsea Market大楼
2018年5月	Google在上海与复旦大学签署两年期合作协议，宣布成立复旦大学-谷歌科技创新实验室，建立战略合作关系
2018年6月	谷歌以5.5亿美元入股京东，双方将展开战略合作
2018年10月	谷歌收购了客服自动化创业公司Onward
2019年1月	普林斯顿大学与谷歌将合作人工智能技术
2021年6月	谷歌宣布正式加入O-RAN联盟

2. 谷歌商业模式分析

（1）客户细分

Google的三类多边平台用户分别是：普通网民、广告主和内容创作者。普通网民可通过谷歌网站进行搜索获取对自身有价值的信息，商家利用谷歌平台投放广告以扩大企业品牌影响面，内容创作者通过自己的文创产品获得广告分成。多方用户群体的关联互动满足了多边市场各个群体的需求，使得谷歌和客户之间保持长期稳定的关系。

（2）客户关系

谷歌与客户所建立的客户关系，实际上是一种网络式关系，接触节点很多，客户捆绑的效果很好。谷歌为各类用户提供的产品或服务大多是免费的，仅有少数产品收取很低的费用。谷歌相信免费项目有助于召集最大规模的双边或多边用户。

Google采取的“最大化战略”，首先花巨资创建Google平台，为各类用户提供场所。其次开发大量与核心业务（即各类搜索业务）互补的产品并把它们打包提供给用户，从而增加用户对平台的依赖性。通过这个平台，Google不但能够控制生态系统的发展和相关战略的设计与演化，还能够获得系统创造的大部分价值。最后通过免费或低费用形式吸引尽可能庞大的用户群体参与平台。如果谷歌通过免费战略能够鼓励人们在线花费更多的时间，最终它就有可能赚得更多。在庞大的双边或多边用户群体中，只要有一小部分用户（绝对数量可能很大）最终能够购买谷歌的收费业务，免费战略就可能成功。

（3）收入来源

谷歌提供的绝大多数产品为免费产品，其主要的盈利模式主要来源于搜索技术授权和网络广告及其他服务和软件。

①广告在谷歌收入中占主导地位。根据广告的内容，主要分为Adwords（关键字广告）和Adsense（内容网络广告）。根据呈现的形式，又分为竞价广告和关联广告。

竞价广告Google Adwords是指普通网民在谷歌平台初次查询相关产品或服务关键字时，谷歌将商家信息即时呈现在客户面前。广告主可自主选择广告内容，参与设计，选取关键字，使广告与客户精准匹配。

关联广告Google Adsense是指普通网民在谷歌平台浏览相关资讯时，将与该网页相关联的商家广告网站呈现在客户面前。由于所展示的广告与用户在网站上浏览的内容相关，或与用户兴趣相符，网站发布商可以在充实网页的同时，通过网页产生收益。

②搜索技术授权。谷歌向用户提供了对不同内容的搜索工具，诸如网页、图片、新闻及购物等内容的搜索工具。此外，谷歌还提供了一系列的其他搜索产品，如Blog搜索、短信搜索、移动搜索等。

③服务和软件。谷歌还提供电子邮箱、博客、社交网络等免费网络服务以及包括浏览器工具条、桌面工具条、即时通信GoogleTalk和Picasa等软件。

（4）关键业务

Google有三个关键业务，分别是建设并维护搜索引擎基础设施、管理三类客户细分群体和推广其搜索平台。搜索是Google的核心业务，从全球范围来看，不管是在台式电脑还是在移动平板设备上，Google搜索引擎的市场份额都遥遥领先。

（5）合作伙伴

广告联盟网站和安卓智能手机联盟是目前谷歌最重要的合作伙伴。

Google依靠很多硬件，而不仅仅是依靠软件来支持其全球基础架构。许多制造商都在为其巨型数据中心生产服务器和其他网络硬件。

其他合作伙伴包括：内容生成者、博客作者、在线杂志；股东——Google的投资者；Alphabet（所有者）——Google的母公司；分销合作伙伴（硬件）——硬件产品分销合作伙伴，例如Google Pixel；OEM——服务器和其他基本基础设施技术的制造商；电子制造商——英特尔等芯片制造商；开发人员——创建Amazon Cloud服务（例如Google Maps）的开发人员。

（6）成本构成

谷歌固有成本就是平台建设和维护费用，具体为流量获取、人力、销售和营销、基础设施建设和设备采购成本。

（7）核心资源及能力

谷歌的核心资源是搜索平台、用户资源和先进搜索技术，搜索平台提供网页搜索、广告投放和第三方内容货币化三种不同的服务。

（8）价值主张

从成立之日起谷歌就致力于打造“完美搜索引擎”，如创始人之一拉里·佩奇所述“确解用户之意，且返用户之需”，谷歌从客户需求出发，不断创新开发搜索引擎技术，整合全球信息，使人人皆可访问并从中受益。

（9）渠道通路

① Google.com和旗下其他网站。

② 广告联盟的其他大小网站。

③ 浏览器和其他流量获取工具。

④ 广告代理渠道商。

3. 谷歌SWOT分析

（1）优势

① 拥有全球最大的用户流量。根据相关调查数据，谷歌是全球当下最受欢迎的搜索引擎，每天需要处理超过1.5亿次查询服务，占据全球搜索量的半壁江山，并获得客户群体的一致好评，客户流量还在不断上升。谷歌还为雅虎等世界著名的门户提供后台搜索服务。从网络商业推广的角度看，庞大的客户流量是谷歌值得挖掘的宝库。

② 先进的搜索技术。相较于百度搜索，谷歌虽然在中文分词技术上略显颓势，但其仍在不断地优化改善中；谷歌的搜索技术的优势聚焦于准确性、高效性，谷歌

的PageRank技术无疑是遥遥领先的，始终将最重要的搜索结果呈现给用户。

③ 不断创新及品牌优势。谷歌的创新精神俨然成为一种企业文化，锐意创新已经成为每位员工的不断追求，譬如Gmail、GoogleMap、GoogleTalk等受到网友们的一致好评。谷歌是国际知名品牌，服务地区广泛，在世界范围内拥有众多语言版本和庞大的用户群体，影响力巨大。

④ 页面简洁典雅。谷歌典雅的用户界面设计，简洁大方，让人焕然一新，容易被记忆，这是谷歌给客户留下的普遍印象。谷歌搜索的迅速和准确性迎合了人们目的性强的心理，受到客户的广泛欢迎。

⑤ 拥有高素质的员工队伍。谷歌两位创始人都是计算机专业的博士生，现有的2 000多名员工几乎个个都是研究人员，近1/4是博士生。企业内工程技术氛围浓厚，崇拜技术英雄，而且谷歌的投资人就有很多是技术天才，这些都注定了谷歌是一个以技术领先作为核心竞争力的企业。

（2）劣势

① 收入来源较为单一。谷歌收入来源绝大部分依赖于网络广告业务，技术授权和服务软件业务仅占较低比例，业务发展不均衡，缺乏多样化的收入来源。对于一个国际互联网企业来说，风险性增大。

② 刻板印象使新业务推广受限。谷歌凭借其先进的搜索技术，较早打入互联网市场，人们已经对其产生先入为主的印象，在网络搜索业务上，受到客户群体广泛推崇。也正由于谷歌的这种品牌效应，可能会对该企业今后的业务扩张带来负面影响。更多的人认为谷歌只是一家搜索引擎服务商，因此在推出多种新业务时，难免会因人们先入为主的印象受到阻力。

③ 搜索服务退出内地，市场份额有所下降。对于谷歌来说，“退出风波”，损失更多的将是市场份额而不是收入。谷歌在中国的业务中，带来实际营收的只有Adwords和Adsense两项业务，自谷歌进入中国以来，主要是以提供免费多样化产品为主线，来带动客户流量，增加搜索市场的份额，进而带动付费产品的发展。受到影响最大的是谷歌在2006年之后在中国发展的项目，如谷歌音乐、问答、来吧、热榜、谷歌拼音输入法、265网站导航等项目。如果将其停止运营，客户流量将受到波及，并会降低谷歌在国内的市场份额。

（3）机会

① 搜索引擎等工具占据人们的生活办公时间，面对纷繁复杂的知识海洋，搜索引擎的存在可帮助人们快速锁定网页，高效获取信息，日益成为人们日常生活中必备的工具。

② 5G技术的发展无疑将带来颠覆性的变化，与4G相比大幅提速，低延迟和高速度，数据将爆发式增长，5G技术将给搜索引擎带来新的机遇。

③ 产品线不断丰富。谷歌也在在线支付市场方面有着潜在的机遇。谷歌推出Gbuy服务，旨在加快消费者在线购买速度。谷歌还在2008年推出了Google Chrome浏览器。

（4）威胁

① 其他互联网企业在搜索服务领域竞争激烈。谷歌不仅需要面临来自雅虎和微软这些老牌劲旅的竞争，同时也面临着后起之秀百度、阿里、腾讯和搜狐的挑战。竞争对手在搜索引擎技术上的大量投入，推动着谷歌技术的不断革新升级。

② 用户对于产品服务的质量要求越来越高。随着人们生活水平的提升，人们想要拥有更高质量的产品和服务。

③ 涉足众多领域招致太多竞争对手。到目前为止，Google已经提供了电子邮箱、地图查询、购物搜索、博客搜索、谷歌翻译等服务，在每个领域里谷歌都至少有两个强大的竞争对手。在购物搜索方面，Google面临与淘宝、京东的正面冲突，在新闻搜索领域也对新浪、搜狐等网站构成不小的威胁。在地图搜索市场，腾讯、高德也是其竞争对手。在翻译方面，依然面临着百度、网易的强势挑战。

4.Google商业模式分析总结

谷歌首先通过免费服务，诸如电子邮件、地图、翻译等产品，吸引海量的普通消费者。同时，采取让利补贴的形式引流内容创作者，创作知识内容扩充网页资源库。最后凭借前期积累的大量搜索数据，向广告商出售关键词广告获取收益，打造多方协调互动的生态平台。通过免费服务绑定更多消费者，对消费者的了解越清楚，进而广告商越愿意将广告投放到谷歌，谷歌因此获得更多的收入。有了更多的收入，谷歌又可以对内容创作者进行补贴，为普通消费者提供更好的搜索服务。以此形成一个正向的激励循环，使得这个商业模式得以持续地向前发展。

研讨：

1.试绘制谷歌的商业模式画布。

2.结合SWOT分析，试讨论谷歌采用何种战略能促进其可持续发展。

3.讨论人工智能技术可给谷歌带来哪些可发展的机会。

5.6 众包模式

5.6.1 众包模式特征

1.众包模式概念和发展

众包是指将一项特定的工作任务进行分解，并借助互联网分配给不同的人群来完成。Brabham指出，众包是一种在线、分布式问题解决和生产模式。企业首先通过平台在线发布问题，大众作为接包方，为企业提供解决方案，若接包方提供的方案顺利投入使用，就会得到双方约定的酬金，但相关知识产权归企业所有。由此可见，众包活动通常由3个部分构成：发包方、接包方及信息平台。信息平台就作为一个中介机构，作为发包方和接包方沟通的桥梁，我们将此平台称为众包平台。根据众包平台的应用领域，将众包平台分为两类：问题解决平台和思想生成平台。

2.众包模式特征

（1）众包与用户共享、开放式创新、用户生成等商业模式相关。

（2）众包的参与者可以是参与到互联网中的任何人，不受任何身份的限制。

（3）众包发包方可以是营利性或非营利性的个人、组织或机构。

（4）众包方式主要是利用网络公开号召方式进行。

（5）众包所产生的结果可以使多方受益。发包方可通过接包方获得创意解决方案，接包方因提供解决方案而获取发包方给予的经济利益，众包平台因提供信息渠道而获取服务费。

（6）众包商业模式同样隐藏着危机。由于众包参与者的不确定性以及众包任务完成度的不可监控性、质量程度的不确定性，都大大增加了众包模式风险。

3.众包模式的类型

（1）面向日常工作的众包，此类众包发包任务多是一些重复、机械类任务。

（2）面向信息内容的众包，发包方利用大众反馈的信息和数据来开发项目。

（3）基于创新活动的众包，发包方利用大众的创意点，用新颖方法来解决自身解决不了的难题。

5.6.2 代表案例：猪八戒网

1.猪八戒网业务介绍

猪八戒网是当前发展较为成熟的众包服务平台，聚集了来自世界各地的威客，在平台中威客可将自己的知识、智慧、创意等切切实实地转化为真金白银。当下猪八戒网拥有600多万名威客，市场占有率超过80%。猪八戒众包平台上的威客主要是为各种机构、组织以及个人提供在线创意服务。通过为服务需求者和服务提供者提供一个在线交流平台，猪八戒归属于悬赏招标威客类型，即B型威客模式。首先需求者在众包平台发包，服务者根据自身的知识和能力决定是否接单，完成任务并获得佣金，这样发包方和接包方的需求都可得到满足。从一个威客网站到平台化的定位，对猪八戒网来说是一个质变的跨越。

诸如logo设计、起名、注册商标等小型业务，这些由威客产出的微知识产品完全符合威客行业的特点。参与者大多是普通大众，通过比特流将个性化的智力成果传达给需求方。2015年平台交易额75亿元，其网站目前日均交易量在30 000~50 000笔之间，日均交易金额2 000万~3 500万元。然而猪八戒网在2016年放弃了佣金收入，专心于大数据+平台服务钻井模式，利用平台积累的近10年的交易数据，沿着交易的延伸服务方向发展，获得延伸服务的佣金，至此猪八戒网也迎来了跨越式发展。

猪八戒网发展沿革见表5-11。

表 5-11 猪八戒网发展沿革

事件时间	事件内容
2005年	《重庆晚报》首席记者朱明跃500元外包开发猪八戒网上线
2006年	CCTV《新闻联播》报道猪八戒网威客模式，猪八戒网开始商业运作
2007年	被评为“中国最佳商业模式100强”，获得博恩科技集团500万元人民币天使投资
2008年	入选“中国商业网站百强”“最具投资价值网站”
2009年	启动“腾云行动”，开启产品创新之路
2010年	注册用户规模列同行业第一名，举办首届“全球威客大会”
2011年	获IDG（International Data Group，美国国际数据集团）666万美元A轮投资
2012年	被评为“国家文化产业示范基地”，被《中国企业家》评为“未来之星”
2013年	注册用户超过1 000万，被评为“国家电子商务示范企业”
2014年	获IDG和重庆文投集团1 750万美元B轮投资
2015年	获赛伯乐投资集团和两江产业集团合计26亿元人民币C轮融资，交易免费，延伸服务收费，“数据海洋+钻井平台”模式成型
2016年	全国联动，打造首个服务电商节“八月八免单日”；举办“互联网+中国服务交易会”；开启线下战略，推出数十城市八戒工场
2017年	正式推出专业品质服务交易平台天蓬网；入选国家双创示范基地
2018年	习近平总书记2018年3月10日参加全国人大重庆代表团审议，听取了创始人朱明跃的汇报，勉励猪八戒网“不忘初心，方能取得真经”。与新加坡报业集团合资成立Zomwork，正式发布八戒企业管家
2019年	生态开放三个卖场+一个工场，实现分层服务场景全覆盖。发布生态合作伙伴计划，建议开放生态圈。建立服务产业带，精准整合资源服务地方产业
2020年	李克强总理2020年8月20日视察猪八戒网，评价猪八戒网是“聚众智、汇众力、创众业”
2021年	回归平台、回归主流、回归商业本质。推出八戒招聘、筋斗云、八戒园区云、天蓬云账等产品

资料来源 根据猪八戒网官网资料编写。

2.猪八戒网商业模式分析

（1）价值主张

猪八戒网以“找专业人做专业事”为价值主张，通过众包平台连接需求方和平台内的百万威客，或是汇集群众力量集思广益，抑或是专家学者给出建设性的意见，并在线进行交易，解决需求方的难题。此外，猪八戒网力图打造综合性服务交易平台，将多方相关利益者汇聚于此，接入服务机构、广告商等相关利益群体，促进多边平台生态化运营。

（2）客户细分

猪八戒网所服务的客户对象包含发包方的企业、组织或者个人和接包方的威客群体，其交易项目涵盖logo设计、软件开发、工艺设计、文案策划等各个行业，网站拥有众多活跃的服务商企业。

猪八戒网的战略定位是创建服务众包平台，根据所面临的内外部环境，将市场分为个人威客和企业级威客，进而建立猪八戒网和天蓬网两个产业平台，通过建立核心竞争力在市场中保持领先优势。

（3）客户关系

猪八戒网作为一个众包平台，参与者分布广泛，其之间的关系本质为网络互助关系。作为专业的众包平台向大众发布有偿任务，猪八戒网给予客户可根据自身的时间、地点自主选择的权力，既能有效地提升服务质量，又能提高平台与用户的收益。通过打造标准化的服务流程，猪八戒网可为企业和威客实现需求的精准匹配。成立交易服务团队，为用户提供全天候、全流程的柔性服务，优化顾客体验。建设虚拟产业园，为入驻企业提供体系化、流程化注册便捷服务及相关金融支持。

猪八戒网开展Zwork项目，为大大小小的威客提供多种办公空间租赁方式，打造联合办公空间，同时还融合了生活休闲、企业服务、社群活动等体验。另外，借助平台之力，Zwork还能为创业公司提供商标注册、版权申报、财税管理等一系列创业孵化服务。

（4）渠道通路

猪八戒网通过自身众包分享平台，进行信息的分享，快速寻找接包方。同时，猪八戒网还在全国范围内建设“互联网+产业共享服务”中心，打造实体园区与“八戒城市”。2017年下半年以来，猪八戒网打造现代化联合办公空间Zwork，为全球知识工作者提供线上线下整合的高效办公社区，实现“一地办公，全球服务”的目标。

（5）重要合作伙伴

猪八戒网的合作伙伴包括腾讯云、海尔地产、中交一局公司、伟略达WayLeader、喀玛斯商城、易社保、天禧运营等。

（6）核心资源能力

猪八戒网拥有海量数据资源，并开展相应延伸服务，拥有1 000万各类服务提供商和个人。猪八戒网通过“数据海洋+钻井平台”战略，基于双边市场用户的交易数据、行为数据和创意数据，来识别、挖掘顾客个性化需求和共性需求，后又将平台服务延伸至科技、金融、工程、设计等领域，为用户提供一站式企业全生命周期服务。

猪八戒网平台基础设施完备，猪八戒网加强平台基础设施建设，成立八戒知识产权、八戒工程、八戒印刷等部门，对平台利益机制重新设计，横纵双向加强用户价值挖掘，提高用户黏性和平台向心力。

（7）收入来源

① 悬赏任务酬金提成，佣金抽成。

② 赏金托管时的利润。

③ 广告收入。

④ 其他增值业务，诸如礼品定制、求置顶排名等收费增值服务。

⑤ “钻井”模式，猪八戒网通过挖掘平台累计的客户海量交易数据，沿着价值链扩展服务业务，并获得新的收益点。

⑥ 线下众创园区。

（8）关键业务

猪八戒网初期将对接logo设计等小型威客服务作为主要业务，随着雇主数量的增加，逐渐拓宽至概念文创、代码协助、文案策划、商标注册等600余种现代服务领域。企业和用户在猪八戒网上发布需求，有专业技能的网友通过接单来提供服务，作为一个服务平台，它为雇主提供定制化的解决方案，将服务商的创意、智慧、技能转化为商业价值和社会价值。

（9）成本构成

猪八戒网作为众包服务平台，平台的开发与管理费用是最基本的成本。此外，平台运营与推广成本也占不小比例。随着不断开拓新的业务还产生了合作成本，如猪八戒网的“八戒筋斗云”计划，将百度、360、腾讯、阿里等生态伙伴资源优化组合，可以在各个领域挖掘流量，扩大业务范围，节省广告费用。并且猪八戒网在当前已经形成的“大数据+服务平台”的独特商业模式上不断深挖大数据服务，技术成本也不断上升。如2022年8月，在“八八节”活动开幕之际，猪八戒网宣布旗下知识产权综合交易服务平台“企挖挖”上线。

3.猪八戒网SWOT分析

（1）优势

① 猪八戒网作为国内最大的众包服务平台，规模及用户量巨大。

② 品牌优势，平台大，诚信度高，具有良好的口碑。

③ 线上线下双端发力，推广力度大，吸引众多客户。

④ 网站和应用程序具有友好的移动应用界面、流畅的操作和良好的用户体验。

（2）劣势

① 免佣金后，通过刷单做假提升交易额，服务商作弊现象严重，导致客户对平台产生信任危机。

② 接包标价机制不明确，威客的知识和智慧成果报酬难以量化，很容易成为廉价劳动力。

③ 标准化缺失，知识产权保护难，法律和版权等问题仍未得到很好解决。

④ 纠纷处理机制不够完善。

（3）机会

① 威客市场还未饱和，市场广阔。

② 政府针对中小微企业给予利好政策，促进威客的发展。

（4）威胁

① 国内同行竞争激烈，同类威客网站数量众多，如“云活”“一品威客”等。

② 知识产权问题的困扰，阻碍威客平台长远发展。

4.猪八戒网商业模式总结

猪八戒网在初期采用传统的固定抽佣模式，但随着平台发展，抽佣模式的弊端逐渐彰显，服务商和客户容易绕过平台进行交易产生“跳单”现象，且服务无法标准化、沟通难以进行。经过一系列探索，猪八戒网完全放弃佣金模式，采用新颖的“数据海洋+钻井平台”的商业模式，利用海量的用户数据和作品数据，进行平台革新升级，扩大服务领域规模，与产业链上的合作伙伴众创掘金。

此外，猪八戒网依靠强大的人才资源打造“一个全球领先的在线服务交易平台、一个推进万众创业的超级孵化器、一个产业升级的助推器”。通过构建“两平台（猪八戒网、天蓬网）+一社区（Zwork）”的O2O工作物理空间服务模式，猪八戒网不断升级和优化人才共享服务模式，持续地协助政府推动双创事业的发展。

研讨：

1.试绘制猪八戒网商业模式画布。

2.如何理解众包模式的内涵？

3.猪八戒网是如何逐步实现从免费积累流量到钻井战略挖掘平台数据转变的？试分析转型的优势。

5.6.3 代表案例：一品威客

1.一品威客业务介绍

厦门一品威客网络科技股份有限公司成立于2011年3月25日，总部位于福建厦门，是《中国共享经济发展报告》（国家发改委发布）共享经济典型案例企业，国家级电子商务示范企业和国家科技支撑计划的项目承担单位，致力于打造中国中小微企业发展和撬动百万级创意服务人才在线就业新引擎。2018年8月，一品威客完成B轮1亿元融资。随后，一品威客进行架构调整优化，并做了集团品牌跃升，于2018年10月在北京推出全新的集团品牌“智汇一品”，形成了创意交易服务、创业孵化、知识产权等多个业务板块，拥有小威智能、一品威客网、一品优选、一品创客、一品知识产权、一品财税等系列企业服务子平台。

一品威客发展沿革见表5-12。

表 5-12　　一品威客发展沿革

事件时间	事件内容
2010年7月1日	一品威客网创始人、CEO黄国华联手其堂弟黄志南，组建30人互联网项目团队，创办一品威客网。一品威客正式上线试运营
2010年11月2日	一品威客网在中国首推全免费威客网站概念，取消悬赏任务赏金抽佣，威客赏金不打折，开国内威客业界多年的“潜规则”之先河
2010年11月29日	全球首届威客大会及威客网站高峰论坛在重庆召开。会上发布了《2010年中国威客白皮书》。一品威客网免费商务模式和多结构悬赏任务受到肯定，被誉为“中国新生代威客网站的代表”
2011年1月4日	一品威客网结合市场实践，再推“体验悬赏”模式
2011年4月10日	一品威客网人员突破30人，初步形成“产品研发 + 客服支撑 + 策划推广 + 市场营销”等四位一体模式
2011年4月15日	一品威客网在威客业界首创“公司商铺”概念，探索威客网站增值服务和持续增长新模式，公司商铺定位于“国内中小创意服务企业电子商务解决方案提供商”
2011年5月1日	一品威客网新版上线，突出“人才商铺”“社区互动”“商城模式”等新特色
2012年5月2日	搜狐网等媒体报道《一品威客网荣膺中国威客网站客单价排名第一》，行业统计数据表明：一品威客网客单价排名中国威客行业首位。其2012年3—4月的平均客单价达到1 500元，是排名第二位的国内某威客网站的7.7倍
2012年10月24日	一品威客网APP终端正式上线，带给手机用户“一键”获取信息的良好体验
2013年6月13日	为了帮助更多大学生实现网络就业，一品威客网推出了“2013年大学生网络自主创业直通车”服务，助力大学生实现网络就业
2014年5月6日	为了更好地服务用户群体，一品威客网推出了移动客户端，而iPad版本完成升级全新上线。iPad版进行了全新的界面设计
2014年8月26日	行业高端品牌聚集地，精准用户群体定位，开启互联网品牌渠道。一品威客网工业设计馆正式开馆
2014年11月1日	一品威客网首开行业先河，在全网推出“三大免费”服务，即免任务交易抽佣费、免技术服务费、免赏金提现手续费。这些服务惠及了平台的百万用户
2015年8月17日	一品威客网商铺（包括VIP商铺和普通商铺）在全新改版后正式上线
2016年3月23日	实体经济+互联网众包平台+线下孵化创客空间，中国传统产业转型升级的新探索
2018年10月18日	一品创客孵化的中国台湾创业项目“合不合AI大数据选才系统”被选送Draper School创业训练营，登陆美国硅谷进行项目路演
2019年3月19日	国内面向千万级中小企业，拥有AI人工智能和大数据关键核心技术，基于企业智能起名和智能logo设计等真实应用场景的“起名+设计机器人”——小威智能平台上线
2019年8月5日	一品威客网“V客优享”品牌全新上线，这是对原有VIP商铺产品的升级
2019年11月20日	一品威客网重磅推出的“易推百应”广告自助投放系统正式上线
2020年12月15日	一品威客“雇主-任务-服务商个性化推荐技术”——基于威客-任务-标签三方图的威客任务推荐方法，获得国家知识产权局发明专利
2021年9月16日	一品威客网推出的基础会员服务产品“V客优享青春版”上线，助力文案写作、室内设计、营销策划、SEO优化、网络推广等五大细分品类服务商在线低成本创收创业
2021年3月19日	一品威客网“V客优享”会员产品完成升级
2022年2月18日	一品威客网“雇主优享”产品正式上线

资料来源　根据一品威客官网资料编写。

2.一品威客商业模式分析

（1）价值主张

企业定位为中国创新性威客众包服务平台，包括创意交易服务板块、知识产权服务板块、创业孵化服务板块、其他业务板块等。“让企业主通过便捷的方式，得到专业、省时、省心的产品，服务商凭借知识、技能和智慧，足不出户，低碳环保，绿色工作，赚取真金白银，创新创业就业，是我们创办这一平台的初衷。”该企业致力于做一家受尊重、可持续为社会和用户创造价值的领先的平台型互联网公司。

（2）客户细分

一品威客主要服务的客户为国内外的文创组织及个人，以及国内中小微企业，为服务商和中小微企业搭建中介桥梁，提供创意交易、知识产权、创业孵化等服务项目。

（3）客户关系

一品威客为威客及各个中小微企业提供咨询帮扶服务。在发包方层面，服务平台协助雇主进行发包设计，助力发包任务能够被标准量化和顺利通过考核。从接包方层面，平台帮助威客搭建和装修店铺，提供接包及服务优化技巧培训等增值服务，同时帮助威客联系雇主，精准进行匹配，促成双方的合作。

为了吸引更多用户聚集到平台社区参与话题热议，一品威客以用户为核心，将简洁轻便的理念贯彻到网站页面及操作系统的设计中来。

此外，一品威客设置合理的激励机制，驱动威客在雇主发布任务后积极及时地进行接包，使受到激励效果的威客获得才能和经验被认可的愉悦感。除了金钱激励外，一品威客平台还打造明星威客，满足威客的外部成就感，激励用户高质量完成接包任务。

（4）核心资源

技术：大数据的匹配技术，解决的核心问题就是不断提升供需双方（雇主、服务商）的匹配效率及双向匹配精准度。为了达到更高效的匹配效率，一品威客产品研发团队经过多次攻克，最终形成两项核心专利技术，即“雇主-任务-服务商个性化推荐技术”和“隐含因子模型威客任务推荐方法”。这两项技术很好地解决了威客平台出现的信息过载问题，向用户推荐适合的任务，有效提升平台用户体验，推动行业发展。

人才：历经十余年发展，一品威客平台累积的注册用户超千万，先后成功帮助数百万知识技能人才实现在线创业，为百万级雇主用户找到了专业化的人才和服务。

（5）重要合作伙伴

与宝岛台湾合作，开展“101台湾青年创业扶持计划”；与中国香港创意产业及科技创新委员会、中南科技、结网等开展合作。

（6）关键业务

一品威客已建立起创意交易服务、知识产权、创业孵化等多个业务板块。

在创意交易服务方面，中小微企业或政务部门可以通过“一品威客网”征集创意解决方案，如logo设计、创意文案、活动策划、网页开发等一系列创意需求。

在知识产权方面，一品威客旗下“一品知识产权”是一个互联网+知识产权服务平台，为广大中小企业和个人提供方便快捷的知识产权保护及交易一站式服务，包括商标注册、版权登记、专利申请、贯标咨询等知识产权服务。

在创业孵化领域，一品威客旗下“一品创客”作为创业孵化服务品牌，为广大创新创业者提供了便利化、开放式、低成本的工作空间、社交资源共享空间，提供一站式创业服务。

（7）收入来源

一品威客网是中国威客行业的先驱，在企业运营方面首创了基础任务不抽佣的文化创意产品交易的新模式，通过开辟增值业务获利。一品威客网的任务模式包括悬赏模式、招标模式、计件模式、发帖模式及速配模式等，网站放弃了原本的任务抽佣获利方法，开辟了增值业务及VIP会员收费模式，向VIP会员提供实时匹配的任务信息、广告位置推荐等相关服务来实现企业盈利。

（8）渠道通路

“一品同城”项目，作为一品威客的渠道招商品牌，通过开启城市创始人招募计划，助力中小微企业成长。通过“百城千店”，招募志同道合的合作伙伴，平台赋能加盟商，向所在区域企业提供“公司注册、品牌创立和运营、项目申报、知识产权保护与布局等”一站式贴心服务，助力中国中小微企业发展。

上线一品众包APP，实时推送供需信息，持续改进，让用户拥有更好的体验。每天有超过数十万会员通过APP使用一品威客网的服务。

（9）成本构成

一品威客网的成本结构主要包括众包平台的开发与维护成本、运营与推广成本。此外，随着不断开拓新的业务以及技术创新，如一品威客深耕大数据+AI细分领域，通过技术赋能，为国内中小微企业创建、成长和升级助力，都需要投入研发成本。一品威客网的平台开发、业务开发以及技术创新等都离不开人才资源的投入，因此人才资源成本也是主要成本之一。

3.一品威客网SWOT分析

（1）优势

① 基于平台独具的众包功能，一方面为雇主提供高性价比的创意设计、网络营销、知识产权保护等方面的服务；另一方面，自由工作者和专业公司可通过平台拓宽自身业务渠道，获得更多交易信息，使得自身的价值得到更多的发挥。

② 技术革新，服务升级以不断提升行业交易效率。研发投入占比17%，秉持为用户创造价值的理念，不断优化匹配技术，解决平台信息冗余问题，向用户推荐适合的任务，有效提升平台用户体验，推动行业发展。

③ 注重产学研合作和行业标准建设，与厦门大学建立科技合作关系，参与国家科技支撑计划项目“基于移动互联网的大学生创新创业网络平台与示范应用”的开发推广；参与人民网牵头负责的国家重点研发计划重点专项“基于可信与共治的全媒体内容社会众创服务平台研发与运营示范”项目。

（2）劣势

① 产品质量难以控制，由于众包的参与者可以是网络中的任何人，且一品威客众包平台产出的产品大多是文化创意产品，缺乏量化和审查标准，这就对产品产出的质量和进程监控带来不小的挑战，最终导致雇主和威客易产生争执分歧。

② 收入构成单一，一品威客业务收入主要来源于其增值服务、VIP商户年费，缺乏多样化的收入来源。对于一个互联网企业来说，风险性增大。

③ 平台的监管机制信用体系不完善，一品威客服务平台作弊问题依然存在，雇主、服务商利用平台漏洞非法牟利，对平台造成负面影响。

④ 定价机制不完善，同类型众包任务不同雇主定制金额相差悬殊，其中难免出现雇主随意发布任务价格的现象。

（3）挑战

同行竞争激烈，国内同类威客网站数量较多，如“云活”“猪八戒网”等，不可小视。同时还受知识产权问题的困扰。

（4）机遇

威客市场还未饱和，市场广阔；政府针对中小微企业给予利好政策，促进威客的发展。

4.一品威客商业模式总结

与传统威客行业收取佣金的做法不同，一品威客在行业内首创平台免佣金模式，并以此迅速聚集了高质量的开发、设计等服务商，降低他们的线上就业创业成本和门槛。平台从用户需求出发，首创了V客优享会员制服务模式，着眼解决知识技能型创业者常见的商务洽谈、品牌曝光、流量运营短板，为他们提供商机、流量、品牌、经营、培训及服务六大优享服务，并形成了分级多元化的线上服务产品体系。一品威客网打通了线上众包+线下众创+多样化衍生服务相结合的一站式、全生命周期的服务体系，满足不同用户的各类服务需求。

研讨：

1.一品威客网的商业模式是什么？

2.比较猪八戒网的商业模式路径，一品威客网在渠道通路建设上存在何种异同？

3.猪八戒网与一品威客网作为共享众包平台是如何从收取佣金到免费增值商业模式转变的？

本章小结

商业模式的发展日新月异，各大企业依靠引进新的商业模式来保持持续的变革和创新能力，针对商业模式的创新研究不仅可以帮助企业最大化发挥资源的作用，同时也可突破成长的天花板，实现跳跃式发展。结合前几章所介绍的商业模式概念、理论及相关分析方法，自本章开始我们进入了案例分析章节。

本章我们基于参与主体特征将商业模式分为B2C、C2C、B2B、C2B、多边平台和众包等商业模式，分别从概念、发展现状、类型和特征介绍了六大商业模式。另外，本章还列举了各大商业模式典型的商业案例，诸如京东商城、亚马逊、慧聪网、红领集团、谷歌、猪八戒网等案例，基于商业模式画布和SWOT分析法进行商业模式分析。

思考与实践题

1. 尝试使用PEST分析方法对上述相关案例进行分析。
2. 对比分析国内外同类型企业的商业模式，试阐述其借鉴意义。

课程思政讨论

eBay、亚马逊等国际电商巨头相关业务相继退出中国市场，究其根本是因为其不了解中国国情，产品理念、营销策略上本土化程度不够。由于东西方文化差异巨大，中国消费者与国外消费者在消费理念、消费习惯上存在着巨大差异，因此eBay、亚马逊等照搬之前的路子，自然会出现中国消费者“不买账”的现象。而反观国内几大领军电商，淘宝、京东、拼多多等，根植于本土，深刻挖掘本国消费者购物、支付习惯方面的需求，贴近中国消费者的心理，因此占据国内电商市场的巨大份额。企业要想成功，需深入了解面对的消费群体的特殊需求，根植于当地人文环境、传统文化及制度政策。

研讨：借鉴国际电商巨头折戟中国市场的经验，中国本土企业如何更好地实现自身全球化发展战略？

第6章 基于渠道通路特征的互联网商业模式

6.1 O2O模式

6.1.1 O2O模式特征

1.O2O模式概念和发展

O2O模式是把线上电子商务平台与线下实体经济相融合，运用网络平台这一线上商务模式拓展延伸至线下的实体经济，抑或把线下的资源供给于线上的用户，进而使网络平台转化为线下交易的一种前台电商模式。互联网的发展深刻影响着消费者的购物行为习惯以及获取信息的方式，为应对这些变化，企业需要在营销方式、资源分配和运作流程等方面进行全新转型。

O2O模式将资金流和信息流置于线上，然后将商流和物流置于线下。通过O2O模式销售平台，消费者获得全新的了解产品（价格、质量、受众等）的渠道，货比三家，避免冲动消费，以优于实体店的价格获取产品或服务。商家通过线上平台集聚一些有意向的消费者，增强商户的曝光度，对买家进行一轮“过滤”，引流至实体店进行消费，营销成本得到实质性降低。

O2O这个概念在2011年才被提出来，而O2O模式在现实中的应用则要更早一些，比如携程和艺龙等，在1999年就开始在网络平台上为消费者提供服务，酒店预订服务就是O2O的一种形式。2003年以后，大众点评、赶集网和58同城等各类资讯服务网站纷纷涌现。这些站点以免费的形式累积了庞大的流量，从而为平台的建立打下了坚实的客户基础，同时也为企业带来了更好的市场推广效果。在此阶段，O2O模式得到了进一步的丰富。

团购网Groupon在2008年把网上付款引入当地的生活网站，宣告O2O模式的正式来临；2010年，国内的团购公司在中国掀起了一股新的浪潮；2011年“千团大战”成为团购发展的一个新的高峰。

在经历了一轮洗牌之后，团购网站还能保持完整的只有寥寥几家，O2O模式从2012年开始向垂直方向发展，滴滴打车、云家政和微信支付等也随之兴起，移动互联网时代，O2O模式呈现出渠道碎片化和场景化的特点。随着智能手机等便携产品和移动互联网的迅速发展，本地APP的应用得到了越来越多的普及，O2O模式由网站向APP发展，O2O平台将会不断完善服务，从而在市场竞争中获得更好的发展。

2.O2O模式特点

（1）渠道增加

O2O模式相当于帮助商家在线上打造了一个全新的营销渠道，依靠平台的品牌形象所带来的巨大流量，商户可以拒绝具有高昂费用的传统广告媒介，节省大量广告费用。此外，平台也为商家和消费者打通了“互动”渠道，通过平台的管理反馈，及时解决客户问题。

（2）信息不对称风险降低

单纯的线上购物，消费者对于实体的商品品质不清晰，交易条款的误解，易导致后期的纷争。而O2O模式通过线上线下双渠道，让顾客可以对商品有全面的把握，不会因为一眼的偏好，造成盲目消费，而忽视质量问题，因此有效减少了信息不对称的风险。

（3）在线预付

O2O销售模式重点是在线预付。通过O2O模式，网上展示线下产品和服务，并提供在线支付“预约消费”，为消费者增加了更多的选择空间，也为消费者提供了更优质服务。

3.O2O电商模式分类

（1）线上到线下

线上到线下，即“线上社区，线下消费”，是O2O线下消费的一种形式。线上主要是网上的互动交流，以及一些促销活动，吸引顾客到线下体验服务。这种模式为O2O的经营奠定了坚实的基础，具备较强的资源流转化能力和促进其线上线下互动的能力。在实际情况下，这个模式更适合于消费者需亲身实地到达的酒店、餐饮和其他行业。

（2）线下到线上

线下到线上，即“线下社区，网上消费”，是O2O仅在网上销售的一种形式。网上有网络沟通和推广的功能，线下则以面对面的交流或现场演示为主。这种模式适合没有线下门店，只有网上店铺的纯粹线上电商。线上店铺能缩短产品供应链，降低产品销售成本，使消费者在购物时不受时间和地域限制，方便快捷地购买产品。

（3）线上线下并行

线上线下并行，也就是“网上消费/社区，线下消费/社区”，是O2O在线及线下销售的一种形式。线上线下均有沟通、互动需求，线上线下均可进行推广。在O2O模式下，其基本结构是：首先开设实体店，然后建立在线商城，最后将线下实体店与网络商城进行同步运作。

6.1.2 代表案例：美团

1. 美团业务介绍

美团是中国领先的生活服务电子商务平台，公司拥有美团大众点评、美团外卖等消费者熟知的APP，服务涵盖餐饮、外卖、生鲜零售、打车、共享单车、酒店旅游、电影和休闲娱乐等200多个品类，业务覆盖全国2 800个县、区、市。美团的使命是“一起更好”。创始人王兴将“共同富裕”植入在美团的基因里。

美团的战略重点是Food+ Platform建设，以“吃”为中心，构建由需求端向供应端的多层次生活服务业平台。美团正在努力把自己打造成为一个社会企业，并与政府、高校、科研机构、主流媒体、公益组织和生态伙伴等紧密合作，共同打造一个智慧城市。

美团发展沿革见表6-1。

表6-1 美团发展沿革

事件时间	事件内容
2010年3月	王兴推出美团；获得天使投资人王江的种子投资
2010年5—12月	美团上海站、武汉站、西安站、广州站、无锡站、南京站、石家庄站先后上线
2010年8月	获得了红杉资本1 200万美元A轮投资
2011年7月	美团获得阿里巴巴和红杉资本5 000万美元的B轮融资
2011年12月	美团荣获“年度最佳团购网站” 称号（中国网）
2011年12月	美团11月销售额超2.5亿元，稳居团购业第一（中国经济网）
2012年	推出电影票线上预订服务
2013年	推出酒店预订及餐饮外卖服务
2014年	推出旅游门票预订服务
2014年5月	美团获得3亿美元C轮融资，领投机构为泛大西洋资本、红杉资本及阿里巴巴跟投，美团C轮融资的估值在30亿美元左右
2014年7月	美团全年交易额突破460亿元，较2013年增长180%以上，市场份额占比超过60%，比2013年的53%增长了7个百分点
2015年1月	美团完成D轮总额7亿美元的融资，估值达到70亿美元
2015年7月	美团向媒体证实已经确定全资收购酷讯，该项收购价格为数千万美元
2015年10月	美团与大众点评宣布合并
2015年11月	阿里确认退出美团

续表

事件时间	事件内容
2016年1月	美团完成首次融资，融资额超33亿美元，融资后新公司估值超过180亿美元
2016年7月	生活服务电商平台美团宣布，获得华润旗下华润创业联和基金战略投资，双方将建立全面战略合作
2016年9月	美团宣布收购钱袋宝，正式获得第三方支付牌照
2016年	推出面向商家的服务，如聚合支付系统及供应链解决方案
2017年1月	美团双平台同时推出海外酒店
2017年2月	美团在南京推出“美团打车”服务
2017年4月	美团推出榛果民宿，主打整租业务
2017年4月	美团加码酒旅业务，发布旅行品牌美团旅行
2017年6月	美团上线掌鱼生鲜，还要线下开店
2017年9月	美团旅行APP上线
2017年	推出生鲜超市业务，进一步扩展即时配送服务至生鲜及其他非餐饮外卖类别
2018年4月	美团旅行与银联国际达成深度合作，将在技术、大数据与购物体验方面加深探索，让旅行购物更加优惠、便捷。双方共同打造的银联国际品牌馆于2018年4月3日正式登陆美团旅行
2018年5月	美团全资收购屏芯科技
2018年6月	美团正式向港交所递交IPO申请
2018年7月	美团无人配送开放平台宣布上线，2019年实现片区规模化运营
2018年9月	美团登陆港交所
2018年10月	战略聚焦Food +Platform并对组织体系进行升级
2019年5月	美团正式推出新品牌“美团配送”，并宣布开放配送平台
2020年1月	美团与法雷奥合作推出首款电动无人配送原型车
2020年2月	美团收银升级“手机点餐”功能，让顾客可以“无接触点餐”“无接触取餐”，从而保障商户和消费者的安全
2020年7月	美团取消支付宝支付狙击阿里
2020年12月	“摩拜单车”停止服务，全面接入美团。被收购后的摩拜单车，更名为“美团单车”
2021年7月	美团宣布腾讯认购事项已完成，所得约4亿美元将用于技术创新

资料来源　根据美团官网资料编写。

2.美团外卖商业模式分析

（1）重要伙伴

美团外卖是基于美团点评"大生态"之下的重要业务，美团点评上市的基石投资者包括腾讯等在内的5家基金；美团支付允许接入微信支付、银行卡支付。

（2）关键业务

美团外卖作为O2O的头部平台，其核心业务就是建立一个将餐饮和消费者通过线上、线下联系起来的平台，实现信息流、资金流、物流和商流的流动。顾客在线查询、订购、付款，线下享用产品及物流配送，商家线上宣传、接单并招揽顾客，线下将货品交给顾客。美团外卖的主要职能是为消费者、商家和配送骑手提供一系列服务，并对物流配送系统进行不断的革新升级。

（3）价值主张

美团外卖一直都主张承担社会责任，履行自身的职责。此外，美团外卖深挖各个利益相关者所关心的商业链条，保障其各自的权益不受到侵害。美团外卖，送啥都快。美团网可以把消费者和商家直接联系在一起，以较低价格销售给顾客，实现商家的薄利多销，量大从优。

（4）客户关系

美团外卖以大数据为基础，通过对顾客数据的分析，根据顾客群的特征，为顾客提供个性化的广告投放、精准营销和售后服务。

（5）核心资源

美团外卖最大的优势就是它的T形资源，具有行业的深度和广度。此外，团购的优势是获得海量的用户资源。凭借着美团点评的品牌和技术优势，它已经成为外卖行业的领军企业。

（6）渠道通路

美团外卖在O2O模式下扮演着中介的角色，而渠道通路则是实现其价值的传播途径。在物流和配送上，美团推出了"美团专送"，这就是为提升配送品质而组建的配送队伍；所谓"众包"，就是指在高峰期运输能力不足的情况下，将社会上的闲散力量加以利用。在这种模式下，交易的渠道和流程，让共享经济交易变得更加自由、便捷和高效。

（7）客户细分

美团外卖主要针对两方利益相关客户。一方是餐饮商家，可将其分成自营式的小商户和品牌连锁店；另一方是消费者，主要针对学生和白领，以方便学生和白领享用餐饮外卖，对于学生，他们更注重便宜的价格，而白领则更注重品牌、及时、安全和口味。

（8）成本结构

美团外卖的成本构成：骑手费用、运营费用和补贴费用。作为美团主要运力支撑，骑手费用占据了很大比例。经营费用包含推广和开发费用。为占据市场以及吸引商户和消费者，美团外卖平台大量进行广告投放。美团外卖在研发方面的投资是其核心竞争力的重要因素，要不断加大研发力度，完善配送体系算法，提高配送效率，优化配送路径等。为调动商户热情，刺激客户消费，美团外卖平台采取补贴策略，拉动效益的提升。

（9）收入来源

美团外卖的收入来源主要为：商家抽成（佣金）、配送费和店铺竞价排名等。其中，商家抽成是外卖平台最核心的盈利模式。同时，美团外卖还会收到一笔由消费者支付的配送费。店铺竞价排名收入，是指商家如果想要自己的店铺在搜索后排名靠前所要支付的费用。还有一些其他收入来源，比如红包广告等，但这在目前不是美团的主要收入。

3.美团外卖SWOT分析

（1）优势

① 基于美团点评的T形战略，延伸行业的深度和广度，形成良好的口碑。

② 高性价比的团购优势，美团外卖获得庞大的客户流量和相对低廉的获客成本，在市场上占据主导地位。

③ 专门的外卖配送队伍，提高了外卖配送效率。

④ 技术上的领先优势，具备持续优化的物流和市场营销系统，提升了用户的服务质量。

⑤ 得到外界的支持，腾讯公司不仅进行投资，还在自身企业社交生态体系中为美团外卖提供入口渠道。

（2）劣势

① 商户素质参差不齐，美团外卖为维持较高的市场份额，在吸引大量商户进驻的同时，其产品质量参差不齐，也给消费者带来了食品安全隐患。

② 混合配送管理困难，“众包”配送最初是为了缓解高峰时段的物流压力，但由于配送队伍的专业化水平不高，管理起来也比较困难。

（3）挑战

① 在传统的外卖业务中，作为美团的主要竞争对手，“饿了么”比美团更有市场资历。“饿了么”作为阿里巴巴旗下平台，背靠大山，资金力量雄厚。

② 新入侵者的威胁，顺丰公司借助其自身的物流和配送优势，推出了“丰食”，目前以企业团购为主，但将来也有可能成为美团外卖的劲敌。

（4）机遇

① 5G技术、互联网、物联网和区块链技术的革新，为物流的发展提供了技术支撑。

② 随着“健康饮食”观念的流行，消费者对于销售食品的需求也越来越高，不仅要吃得好，还要讲究卫生、健康，这也为外卖平台带来了新的发展空间。

③ 新冠肺炎疫情暴发后，人们的出行格局发生巨大转变，远程办公、居家隔离、无接触配送等名词升级为热点词汇。外卖所服务区域不单单局限在食品配送领

域，生鲜、商超、医药等都被纳入到了外卖服务当中，发展空间不断扩大，推动外卖业发展蒸蒸日上。

4.美团商业模式总结

美团在全球服务领域的电子商务概念上进行了革新，通过B端为商家赋能，腾讯为C端提供流量支持，为美团和大众点评提供流量，为用户提供“吃、住、行、游、购、娱”，构建了一个完整的生态圈，从需求端扩展到供给端，提升了整体服务行业的互联网渗透率。美团的业务范围不断扩大，从线上到线下，从横向到纵向，帮助线下实体IT和信息化，形成了自己的商业模式，致力于为用户提供更美好的生活，为商家提供更广泛的解决方案，精准营销，推动生活服务业实体经济转型升级。

研讨：

1.团购网站的商业模式是什么？

2.在起点低、模式简单的团购行业，美团为何能在竞争红海和行业洗牌中脱颖而出？

3.美团外卖作为美团的主打业务，对比阿里的饿了么有何独特的竞争优势？

6.1.3 代表案例：Groupon

1.Groupon公司业务介绍

Groupon网成立于2008年11月，是一个借助在线团购获取折扣的生活服务平台。它将欧美地区作为其主要销售市场。平台要求每天只推一款折扣产品，每人每天仅限拍一次，渲染高性价比且新鲜紧迫的氛围，因此受到消费者广泛关注。Groupon团购模式一经问世就受到广泛推崇。

Groupon网并不是一个传统意义上的电子商务网站，它是集电商、Web2.0、互联网广告以及线下模式于一体的综合体。Groupon网以团购收取佣金的形式作为其主要的收入来源，但Groupon在未来拥有更多样化的发展选择。Groupon的模式特点是线上和线下结合，商家通过第三方网站平台发布商品信息，网站利用一定的推广和营销策略聚集有此类需求的消费者，吸引其报名参与线下的团购现场活动，让网友亲身体验议价过程，以此促成交易。每一笔订单、每一次团购，Groupon都做到了数据化。Groupon的团购模式更多地适用于大宗商品的交易，如房屋（团房网）、汽车（团车网）、家居建材（齐家网、城团网）等，消费者购买这类商品的时候，需要一次性或者按揭付出大笔款项，而网络的不确定性在很大程度上影响了其在线交易的达成，团购模式则很好地解决了这一问题，即消费者无须在线支付，而是通过从网上浏览、筛选商品，到现场切身感受专业砍价师的砍价过程，最终对有购买意愿的商品签单认购。

2.Groupon商业模式分析

（1）客户细分

Groupon客户主要分为两类：一类是商户；另一类是消费者。对于商户而言，在创业初期Groupon针对的是小型商家或服务提供商，为这些无力承担高昂广告宣传费用的商家提供销售渠道，吸引客户汇流，并以此拿到较低的折扣价格。发展壮大后的Groupon也与知名品牌商建立合作伙伴关系，借助双方名气和口碑，做大做强，实现共赢。

对于广大消费者而言，Groupon抓住了消费者“爱占便宜”获取较大折扣的心理，进而设计新鲜且深具紧迫感的营销方案，使消费者通过Groupon团购平台即时互动，自发成团，参与商品的拼单购买。

（2）价值主张

Groupon的价值主张是为商家提供营销服务，扮演好精准的营销媒体角色，为用户提供高性价比的产品或服务信息，作为两者的中介更好地匹配商户和消费者的需求。

（3）渠道通路

① 社交网络传播，Groupon网限时限量的团购模式，促使消费者通过自身的社交圈，转发扩大信息覆盖，自发组队成团，形成了社交传播，增加其网络影响力和用户黏性。

② 线下销售团队，将商家的推广营销任务分配给自己营销团队或外包给本地资源服务团队。

（4）收入来源

交易佣金、商家广告费构成Groupon网主要的收入来源。

Groupon在商户成单后会获得一定的抽成，在美国本土，提成比例在30%～50%，国内提成，大概只有10%。此外，中国的高朋团购网站会收取一定的商户广告费。

（5）客户关系

Groupon与各大商户为合作伙伴关系，作为一个营销媒介，为服务商提供精准营销服务。与消费者构建团购平台，利用以往商户和消费者数据，将产品和服务与消费者的年龄、性别和偏好相结合，更好地匹配消费者的需求，增强消费者与Groupon网的黏性。反过来，消费者又通过自身QQ、微博和SNS等社交平台对Groupon团购商品二次传播，拉动客户流量，以此形成平台与消费者的良性互动。

（6）核心资源

客户流量：以低成本汇集线下商家，以高性价比的团购折扣价格吸引消费者，具有庞大的客户流量。

管理团队：拥有强大的管理团队、产品和视野。

品牌形象：利用消费者社交网络，扩大品牌影响力，推广高质量的产品、优质的服务，打造了良好的品牌形象，锁住了本地商家和消费者。

（7）成本结构

Groupon团购网日常成本主要由人力成本与营销成本两个部分构成，其他还可能包括网站托管、制作生产成本和商家成本等费用。人力成本主要包含线上运营团队、线下营销团队的工资、福利与提成等。营销成本主要包含广告投放和搜索引擎营销费用。

（8）重要合作伙伴

Groupon相关团购网站能顺利运转，还需要部分外部合作伙伴的支撑。除合作的商家之外，主要还会使用到诸如支付宝等支付工具的支持。

（9）关键业务

关键业务为通过团购网站联系商家进行团购。Groupon团购网站以较低的折扣来吸引顾客，通过购买人数和订购商品的数目上升将商家价格压低。与此同时利用一定数量的用户来吸引商家，对于商家来说，尤其是利润高的行业，可以通过团购获得更多的订单，从而在降低生产成本的情况下，扩大市场的影响力，提高利润，改善企业的运营。

3.Groupon网SWOT分析

（1）优势

① 公司盈利方式明确。公司的盈利主要通过交易提成，且资金回收较快。

② 客户流量庞大。以低成本汇集线下商家，高性价比的团购折扣价格吸引消费者，具有庞大的客户群体，而且市场潜力巨大。

③ 利用群体效应带来实质优惠。团购模式汇聚了群体的力量，提升了消费者砍单议价的水平，以获得较低价格的产品或服务，消费者获得了实质性的优惠。

（2）劣势

① 商品同质化严重。相对于无形的服务类产品，实体产品对于库存和物流要求较高，为了追求利润最大化，网站提供的产品和服务类型有限，同质化问题严重，竞争压力较大。

② 地域性限制较大。团购网站致力于打造本地化的生活服务一体化网站，每次业务拓展都要深入本地，找到合适的商业资源，根据当地消费者的喜好进行团购。有些产品或服务只是针对某区域，到另外的区域可能不适用。

（3）机遇

① 社区团购市场规模扩大。团购网站已在主流城市获得十足的发展，但下沉到最基层的社区仍需进一步完善发展，社区经济发展潜力巨大。

② 国内网络环境转好。随着互联网技术的发展，网络营销不断普及，网络用户对在线团购模式的接受度越来越高，为团购网站的发展带来诸多机遇。

（4）挑战

① 采用这种方式的团购网站，其初始投资较少，进入门槛较低，易受到同行的激烈竞争，诸如国内淘宝、美团和拼多多。

② 诚信问题日益引起人们的重视，成为整个团购业的一大隐患。

4.Groupon商业模式总结

Groupon是团购2.0的先驱者，通过每天一团、超低折扣，吸引到一定数量的消费者，从供应商处获得50%的提成，如果未达最大的订购量，此单就会被取消。

消费者可以在网站浏览，或者通过电子邮件订阅，了解到自己的城市有哪些折扣惊喜，通过Email、WeChat等社交平台，鼓励招揽身边好友一同购买。网站不需要花费太多的库存和物流费用，而只需要提供更多优质服务，这就是一家典型的轻资产公司。

研讨：

1.Groupon网站是如何将社交化体系融入自己的商业模式中的？

2.在起点低、模式简单的团购行业，早期高朋网是如何与其强劲的竞争者美团竞争的？面临哪些挑战和机遇？

6.2 社交电商

6.2.1 社交电商模式特征

1.社交电商概念与发展

社交电商是新型电子商务的重要表现形式之一，是指将关注、分享、沟通、讨论和互动等社交化的元素应用于电子商务交易过程的现象。具体而言，从消费者的角度来看，社交化电子商务，既体现在消费者购买前的店铺选择、商品比较等，又体现在购物过程中通过IM、论坛等与电子商务企业间的交流与互动，也体现在购买商品后消费评价及购物分享等。从电子商务企业的角度来看，它使用社交网站、社交媒介和网络媒介等来进行传播，借助社交互动、用户自身内容等方式来完成企业营销、推广和商品的最终销售。

从2011年开始兴起的社交平台微博是中国社交电商的发源地。微信的出现加速了中国移动互联网时代的到来。2012年4月19日微信4.0版本发布，更多拥有商业头脑和前瞻意识的创业者开始涌入微信创业，一时众多草根社交电商品牌崛起。2012—2014年可以称为能轻松赚到钱的社交电商红利期，这段时期的社交电商主要是产品为王和速度为王，做得好的社交电商要么选对了产品，要么是用速度抢占了市场。随着社交电商的发展，政府持续关注社交电商行业，发布了一系列的政策，为社交电商提供了良好的发展环境。

2012—2021年社交电商行业发展相关政策规划见表6-2。

表6-2　2012—2021年社交电商行业发展相关政策规划汇总

发布时间	政策名称	主要内容	政策要点
2012年		2012年正式启动“工业和信息化领域急需紧缺人才培养工程”，2017年下设“创建社交电商能力培训项目”，经培训考核，合格者可获得社交电商培训师或社交电商运营顾问等称号	工业和信息化领域急需紧缺人才培养工程

续表

发布时间	政策名称	主要内容	政策要点
2015年11月	《关于加强网络市场监管的意见》	研究社交电商、跨境电子商务、团购、O2O等商业模式，关注新兴业态的发展变化，针对性提出依法监管的措施方法	首次纳入监管
2016年11月	《“十三五”国家战略性新兴产业发展规划》	推动数字创意在电子商务、社交网络中的应用，发展虚拟显示购物、社交电商和粉丝经济等营销新模式	首次提出鼓励发展
2016年12月	《电子商务“十三五”发展规划》	积极鼓励社交网络电子商务模式。鼓励社交网络发挥内容、创意及用户关系优势，建立链接电子商务的运营模式，支持健康规范的微商发展模式，为消费者提供个性化电子商务模式	鼓励发展
2017年7月	《微商行为规范》（征求意见稿）	研究规范微信等社交网络营销行为，研究社交电商等新兴业态的发展变化，针对性提出监管的措施办法	首部微商行为法规出台
2018年7月	《社交电商经营规范》（征求意见稿）	旨在建立社交电商发展良好生态环境，加快创建社交电商发展的新秩序。促进社交电商市场健康有序发展，落实互联网法律法规及标准规范，夯实行业自律基础，界定相关主体责任。加快建设社交电商信息基础设施，健全社交电商发展支撑体系	商务部唯一批准的社交电商行为规范
2018年8月	《中华人民共和国电子商务法》	国家鼓励发展电子商务新业态，创新商业模式，促进电子商务技术研发和推广应用	电商领域首部综合性法律正式实施
2018年12月	《关于做好电子商务经营者登记工作的意见》	在法律法规层面正向鼓励电子商务发展，为合规经营者提供主体登记便利	在法律法规层面正向鼓励电子商务发展
2020年7月	《关于支持新业态新模式健康发展 激活消费市场带动扩大就业的意见》	在鼓励发展新个体经济，开辟消费和就业新空间部分提出“支持微商电商、网络直播等多样化的自主就业、分时就业”	支持微商等多样化自主就业
2021年3月	《网络交易监督管理办法》	通过网络社交、网络直播等网络服务开展网络交易活动的网络交易经营者，应当以显著方式展示商品或者服务及其实际经营主体、售后服务等信息，或者上述信息的链接标识	规范交易行为、压实平台主体责任

随着社交流量与电商交易的融合不断深入，社交电商占网络购物市场的比例也不断提高，2015—2018年，社交电商占整体网络购物市场的比例从0.1%增加到7.8%。根据中国互联网协会发布的《2019中国社交电商行业发展报告》，2019年社交电商保持高速增长，预计市场规模达20 605.8亿元，同比增长高达63.2%。2019年社交电商消费者人数已达5.12亿人，成为电子商务创新的主要力量，社交电商行业的参与者已经覆盖了社交网络的多个领域。网经社“电数宝”电商大数据库显示，2020年社交电商市场规模为23 000.5亿元，同比增长11.62%，用户规模达到7.8亿人。其中，从增速来看，2016年增长率高达98.19%，2019年同比增长71.71%，受疫情影响，2020年增长11.62%，增速呈下滑趋势。近些年，社交电商用户规模逐渐递增，2017—2018年，用户规模从4.73亿人增长到6.08亿人。

2.社交电商特点

社交化电子商务具备三个核心特征：

（1）具有导购的作用。

（2）用户之间或用户与企业之间有互动与分享，即具有社交化元素。

（3）具备“社交化传播多级返利”的机制，即“SNS”传播，即可获益。

3.社交电商类型

按照社交电商模式的特征，社交电商可分为六种类型。

（1）拼购类社交电商。这种模式是聚集2人及以上的用户，通过拼团的方式，降低商品价格，主要是激励用户分享商品的有关信息，从而吸引更多的用户。与以往的团购模式相比，这种模式的社交属性更强。比较典型的代表有拼多多、京东拼购等。

（2）导购类社交电商。导购类社交电商是以平台商家给的返利及优惠券为依托，借助于社交软件进行推广引流吸粉。可以理解为社交工具及场景赋能零售，是以个体自然人为单位通过社交工具或场景，利用个人社交圈的人脉进行商品交易及提供服务的新型零售模型。这类模式一般整合供应链多元品类及品牌，开发线上分销商城，招募大量个人店主，一件代发，如返利网、一淘吧和红人装等。

（3）会员分销类社交电商。用户通过交纳会员费、完成任务等方式成为会员，利用社交关系进行分销。其主要是S2B2C模式，分销平台（S）上游连接商品供应方，为会员（B）提供采购、仓储、物流、IT系统和售后等一系列服务，再由会员负责C端商品销售及用户维护。比较典型的代表有云集、贝店等。

（4）内容类社交电商。通过KOL（Key Opinion Leader，关键意见领袖）的口碑，由内容驱动成交。基于消费者的兴趣，通过各种内容吸引消费者，并使消费者产生购买行为，内容往往是创作者的亲身体验和经历。比较典型的代表有小红书、宝宝树等。

（5）直播类社交电商。从2019年开始，淘宝、京东、苏宁、抖音、快手、拼多多、西瓜、火山、蘑菇街和小红书等各大平台已把直播作为标准配置。2021年已超级火爆的直播社交电商，不管是达人还是商家都在快速跟进，把握互联网行业爆发的一次十年一遇的商机。直播电商有快速出高销量的特性，网红一个小时出货过亿元就是一个很好的例证。

（6）社区团购类社交电商。社区团购是以生鲜等高频消费品类切入，在社交基础上，依靠社区和“团长”资源实现商品流通的新零售模式。典型代表有同程生活、十荟团和小区乐等。

6.2.2 代表案例：拼多多

1.拼多多公司业务介绍

拼多多由其创始人黄峥创立于2015年4月，拼多多以农产品零售平台起家，专注于拼团模式，以较低的价格，提供给客户全品类产品的“综合性电子商务”平台，是全球唯一具备规模的纯移动电商平台。拼多多专注于拼团模式，用户可以和家人、朋友、邻居等拼团，以更低的价格购买到商品。拼多多以“拼得多，省得多”为口号，致力于为最广大用户创造价值，让“多实惠，多乐趣”成为消费主流。拼多多上线仅仅两周，公众号粉丝数便破百万。2018年7月，拼多多在美国纳斯达克证券交易所正式挂牌上市。截至2021年6月，平台年度活跃用户数达到8.499亿，商家数达到860万，平均每日在途包裹数逾亿单，是中国内地用户数最多的电商平台，更是全世界最大的农副产品线上零售平台。

拼多多发展沿革见表6-3。

表6-3　拼多多发展历程

时间	发展
2015年9月	拼多多平台上线
2016年1月	平台单日成交额超过1 000万元，付费用户数达1 000万
2016年3月	A轮融资900万美元
2016年7月	B轮融资1.1亿美元
2016年9月	和拼好货战略合并
2017年2月	C轮融资2.3亿美元，估值30亿美元
2017年9月	平台成立两周年，用户数达2亿
2018年4月	D轮融资13.69亿美元，估值为124.45亿美元
2018年6月	平台用户数达3亿
2018年7月	成功登陆纳斯达克，市值达到240亿美元
2018年10月	国美电器与拼多多开展合作，前者为拼多多提供电器类商品经营业务
2018年12月	在年度活跃用户方面达到了3.855亿人，超过京东的3.052亿人，成为中国第二大电商平台

续表

时间	发展
2019年2月	拼多多纳入MSCI
2019年6月	拼多多入选“2019福布斯中国最具创新力企业榜”
2019年10月	市值达到464亿美元，超越京东
2019年12月	拼多多入选“2019中国品牌强国盛典榜样100品牌”
2020年8月	中国最大的农产品上行平台拼多多正式开启第二届“农货节”
2020年8月	拼多多孵化平台——上海寻梦信息技术有限公司获得脱贫攻坚奖中的组织创新奖
2020年9月	拼多多成为2021年春晚独家红包互动合作伙伴
2021年3月	黄峥辞去拼多多董事长职务，由联合创始人陈磊接任
2021年8月	平台年活跃买家数达到8.499亿，正式启动“百亿农研”专项，宣布投入100亿元致力于推动农业科技进步、科技普惠

资料来源　根据拼多多官网资料编写。

2.拼多多商业模式分析

（1）价值主张

“拼多多，拼得多，省得多”是耳熟能详的口号，反映出拼多多的价值主张包括拼购、省钱。拼多多通过“社交+电商”的运营模式，将低价拼团的消费方式带入目标用户的生活中，用户可以通过社交平台分享链接，邀请亲戚好友共同拼团，也可以和其他购买者直接拼团，以低价获取商品。

拼多多除了通过拼购的方式让利给消费者外，还采用C2M模式，强调制造业与消费者的对接，对传统供应链进行极致压缩，省去诸多中间环节，把同样的商品以极低的价格提供给消费者，又通过“多多果园、多多爱消除”等一些类似的游戏，能给用户带来趣味性，让“多实惠，多乐趣”成为消费主流。

此外，拼多多还立志打造中国最大的农产品上行平台，将农产品销售作为其差异化发展战略的一部分。

（2）关键业务

拼多多是一个C2B、C2M模式电商平台型企业，其关键业务主要包括：

① 平台的开发与管理。拼多多主要提供技术支持，负责拼团砍价商城的系统研发，拼购功能的开发与维护，针对农副产品类目搭建专门的农货中央系统，准确且迅速完成信息匹配，以及平台交易系统的维护与管理。

② 平台营销与推广。对于电商企业而言，有效的营销策略能够使得该平台有更大的竞争优势，而拼多多作为社交平台与电商平台的结合，在营销策略的使用上就显得尤为重要，拼多多为了让消费者顺利拼购成功，开发了将商品链接发至各个社交平台和群组的功能，同时开发了“现金大转盘”等砍一刀获取现金补贴的社交

游戏环节，这些过程都会起到宣传作用，使拼多多获取到更多的用户和市场；拼多多通过举办各大购物活动，引导用户在平台上消费。尤其是关于农产品，拼多多每年都会举办“农货节”，吸引大量买家在平台消费农产品。

③ 平台商户管理。在C2B或C2M的商业模式下，满足消费者物美价廉的产品需求是需要解决的问题，因此，在对平台商户的管理环节中，拼多多主要通过为商户提供低门槛低收费或补贴模式，以增加平台商户入驻数量并降低商户运营成本的方式进行商户运营管理。

（3）核心资源

① 拼多多作为一个社交电商平台，核心资源首先是交易平台，为消费者和商家提供交易场所和保证。

② 用户流量。拼多多出现初期，面对淘宝、京东这样已经成熟的电商，通过“拼购”和“砍一刀”等社交分享设计，使其商品链接如病毒一般迅速扩散到每一个人的社交平台上，从而获取用户流量。极光大数据发布的《2018年电商行业研究报告》显示，在用户最常用的电商平台中，拼多多占比33.2%，排名第二，平台用户忠诚度为78.4%，超越京东。

③ 拼多多的另一核心能力就是能够缩减生产成本和运营环节，大大降低产品成本。而实现这一核心能力的方式就是“拼工厂”的建立。在“拼工厂”模式下，生产一个产品所需要的所有步骤都集中在一个工业园里完成，既节省了运输的时间，也削减了生产中不必要的环节，同时还有利于产品质量的把控。所有的这些核心资源能力，共同造就了拼多多。

（4）重要合作

拼多多作为电商交易平台，物流和第三方支付是重要合作之一。在支付方面，拼多多与微信钱包、支付宝、银行等各大支付平台达成合作以保障其订单支付；在物流方面，拼多多与几大物流公司成为战略伙伴，并就农产品运输与中国邮政达成战略协议。2020年4月，拼多多与国美零售正式达成深度战略合作，利用国美自有的物流网络提高平台其他大件物流的配送效率，降低大件物流的配送成本。

拼多多通过与腾讯合作使其商品链接和拼单链接能够在微信上不断转发传播，获得了腾讯的用户资源，因此腾讯是拼多多的重要合作伙伴之一。

拼多多最根本的业务是农产品业务，拼多多与贫困地区和广大农户进行重要合作，打造自身的扶贫助农新业态，开展“扶贫”工作，在消费者与扶贫县之间建立一个网络服务平台，开设了“爱心扶贫商品特卖区”，促进消费又扶贫助农。此外，拼多多还利用先进的分布式AI技术，精准识别农产品的潜在消费者。

（5）客户细分

拼多多作为多边电商交易平台，其客户主要包括消费者和商家。区别于阿里、京东等电商企业主要服务于一二线城市用户，拼多多将目标客户定位为三四线城市用户，这些用户多数对品质要求不高、追求物美价廉的实用产品，通常被称为“价格敏感型用户”。拼多多服务的商家主要是小微企业。小微企业本身投入不多，希望通过低成本走量获取较高的利润。

（6）客户关系

拼多多社交商务的一个典型特点体现在客户关系上，通过社交特点维护用户市场、保持流量。拼多多推出了现金大转盘、多多果园、多多矿场等小游戏，砍价免费拿以及各类现金补贴、拼小圈等来增强用户黏性。

现金大转盘，通过购买商品、分享好友和拉新人砍一刀等方式，有机会获得金额较大的现金，这种方式在拉新方面效果显著。

发放现金红包也是利用微信这一社交平台，开展分享APP获得现金的活动，从而帮自己积累红包金额，当红包金额达到一定数量后能够直接提现到微信钱包中，这一活动大大提升了拼多多用户对APP的使用时长，提升了用户黏性。

砍价免费拿机制，拼多多经常有砍价推送，免费拿的商品从农产品到数码产品等应有尽有，用户可通过微信群或者QQ群获分享砍价，拼多多利用这种砍价免费拿的形式，吸引对免费商品感兴趣的顾客的同时，也为拼多多开辟了有效的宣传渠道。

多多果园、多多矿场等小游戏，通过每天游戏的方式刺激了用户每天使用拼多多，满足游戏规则后，获得水果等免费商品，同时用户在购物中拥有了游戏般的快乐。拼多多通过小游戏的形式增强了用户黏性。

拼小圈是拼多多推出的新功能，用户将能够主动与拼过团的好友分享商品评价等信息，对朋友的分享进行评价或点赞，为好友提供购物决策参考，好友的评价和推荐更能获得信任，有效地实现了消费者“信息互助、聪明决策”。

（7）渠道通路

拼多多作为一个电商平台，主要的销售渠道便是网络。拼多多通过建立和推广自己的平台，使各种商品可以低价出现在其平台上，以此将商品卖给消费者。拼多多主要通过社交软件分享来接触用户，拼多多与微信合作，用户将自己购买的链接分享给微信好友，也可以直接在微信公众号进行拼单。

（8）成本结构

电商平台的成本结构主要分为两大类：收入成本和运营成本。收入成本包括在线市场服务成本和商品销售成本；运营成本包括运营支出、销售和营销费用、一般和行政费用以及研发费用。拼多多的主要成本费用可以概括为三方面：销售费用、管理费用和研发费用。具体来看，2018—2020年，其销售费用依次为134.42亿元、271.74亿元和411.95亿元；研发费用依次为11.16亿元、38.70亿元和68.92亿元；管理费用依次为64.57亿元、12.97亿元和15.07亿元。由此可以看出，拼多多的主要成本是研发和销售费用两部分，说明公司越来越重视技术开发，加大平台研发的资金投入。

（9）收入来源

拼多多的收入来源主要分为两方面，分别是在线市场服务和商品销售，而在线市场服务又分为在线营销服务和佣金。具体来看，表6-4展示的是2016—2021年拼多多收入来源，其中2018—2021年营业收入依次是131.20亿元、301.40亿元、594.92亿元和939.49亿元。其中全年归属于普通股股东的净利润分别为-103.00亿元、-69.68亿元、-71.80亿元和77.69亿元。由此可以看出，拼多多在“百亿补贴”的政策实施下，实现了用户规模的快速增长，营收呈逐年大幅度增长的趋势，但2021年以前公司仍处于亏损状态，2021年成功止损盈利77.69亿元，说明拼多多在更底层、根本问题上已采取行动，在核心科技和基础理论上寻找扭亏为盈的答案。

表6-4　　拼多多收入来源　　单位：亿元

项目	2016年	2017年	2018年	2019年	2020年	2021年
营业收入	5.05	17.44	131.20	301.40	594.92	939.49
其中：商品销售收入	4.57	0.04	—	—	57.51	72.46
交易服务	0.48	5.31	16.04	33.28	57.87	141.4
在线营销服务	—	12.09	115.16	268.14	479.54	725.63

数据来源：根据拼多多2016—2021年财务报表整理。

3.拼多多SWOT分析

（1）优势

① 社交商务模式，获取庞大的消费群体，具有低获客成本、高转化率的优势。拼多多创始团队在社交媒体和电子商务平台之间寻找联系，成就了电子商务与社交新模式。拼多多与腾讯合作，既获得了腾讯的用户流量，也通过腾讯社交平台，推广拼多多平台和商品，这一独特的运营模式，使得拼多多成功地跻身于电子商务市场的前列，也成为电商市场新兴独角兽。

② 拼购和以货找人的新型购物流程，获取低价优势。拼多多另辟蹊径，吸引了腾讯的投资，借用微信拥有的近10亿用户，开启了电商发展的新模式：拼团购物。团购加上低价，消费者购买商品是以分享链接为切入点，通过“拼团”的形式在社交平台上迅速扩散，即使商家单个商品价格低了，利润率降低，但是销售量大幅度增加会给商家带来丰厚利润，不仅增加平台入驻商户数，而且提高APP知名度。拼多多依靠自身的社交属性和低价商品成功激发用户的即时消费，通过商品分享推荐、以货找人的新型购物流程也使其能在当前激烈的市场竞争中夺得一席之地。

③ 科技赋能AR、大数据、云计算和5G等逐步从一线城市过渡到一线以下城市，实现拼多多科技体验的普及化。拼多多引入ERP（Enterprise Resource Planning，企业资源计划）、OA（Office Automation，办公自动化）、EAP（Enterprise Application Platform，企业应用平台）等系统，优化信息化管理环节。同时，拼多多依据大数据推荐算法，通过社交网络推荐商品，这体现了拼多多的技术优势。

（2）劣势

① 产品质量较差，投诉率高。拼多多购物平台的商品因平台补贴、拼购方式使价格低于市场价，但是也存在因压低价格而牺牲质量的产品，同时平台所售卖的商品中还夹杂着大量假货，因此拼多多曾被很多消费者认为是被其他电子商务平台严厉打击的售假商家的聚集地，这使得大量用户从拼多多平台流失，甚至选择竞争对手平台，这使得拼多多用户量损失惨重。

② 社交分享引发消费者厌恶情绪。拼多多在前期推广市场时借助微信的社交力量，带来了用户流量和利润。但是微信是社交软件，随着时间流逝，众多拼多多团购或者砍价免费拿链接在朋友圈或者微信群不停轰炸，直接导致用户对于这种模式从厌倦到厌恶，从而导致用户流失。

（3）机会

① 国家精准扶贫，扶贫助农政策给拼多多的发展带来机会。2014年以来，国家有关部门为鼓励积极开展网络经营活动，实现助农增收，带动就业，第三方平台以扶贫为导向，为贫困地区提供市场红利，陆续出台了《关于促进农村电子商务加快发展的指导意见》（国办发〔2015〕78号）、《关于促进电商精准扶贫的指导意见》等政策。拼多多成立之初就顺应国家的扶贫策略，着手打造“拼扶计划”，助推地方农产品上行战略，运用流量倾斜和运营扶持等手段，帮助消化农村滞销农产品，提高农民收入，也为拼多多的可持续发展提供了机会。

② 竞争企业率先开辟市场，市场前景开阔。阿里巴巴和京东等各大电子商务平台早于拼多多平台多年，消费者已经习惯在网上购物，拼多多享受了“前辈”开发的市场，而且目前阿里巴巴和京东的发展速度与之前相比都出现了不同程度的下滑，两大巨头纷纷处于发展状况不良的境地，这给了拼多多广阔的发展市场。

③ 抓住市场空缺，客户定位准确。拼多多将目标客户群体定位于对价格十分敏感的消费群体，他们大多是中低收入群体，愿意花费时间、人力甚至是人情去节省少之又少的成本。在以往的几年中，阿里巴巴和京东所提倡的消费升级，事实上是收入较高人群的消费升级。这无疑给拼多多一个良好的市场定位，针对价格敏感的消费者群体，提供性价比较高的产品和服务。

（4）威胁

① 竞争电商企业开始反击。拼多多迅猛发展，严重威胁了阿里巴巴和京东在电商界的地位，为了阻止这匹“黑马”的前进，淘宝首先推出“淘宝特价版”，同时京东也推出类似拼团模式的京东拼购。这三家平台在同一时间聚焦于低价，每家都有九块九包邮、限时秒杀和品牌清仓等活动。况且淘宝和京东最大的优势在于这两家集团对于商品有着严格的把控，严厉打击假冒伪劣产品，而拼多多商家入驻门槛就要低得多，只要按照流程申请即可。这使得在相同条件下，消费者更愿意在淘宝或者京东购物。而且拼多多的低价拼团的营销模式，一旦被其他电商模仿，那么它就会失去大量用户。

② 消费升级，低价模式的不可持续性。拼多多凭借低价取得初期的部分用户流量，但是这并不是长久之计，随着消费升级，消费者在价廉基础上更希望获得质量好的商品，拼多多必须在把握商品品质上下功夫。

③ 拼多多过多依赖微信，一旦微信平台进行限制，会带来不可估量的后果。

4.拼多多商业模式总结

在对拼多多商业模式有了一个较为具体的分析之后，我们发现拼多多与其他电商巨头差异仍较为明显，但对于拼多多这样一个年轻的科技公司来说，仅用2年时间GMV就破1 000亿元（京东用了10年，淘宝用了5年）。目前拼多多活跃用户有8.238亿，市值为2 000亿美元。拼多多所在的领域是实物电商，是红海中的红海，其取得的成绩在业界近乎奇迹。由此说明拼多多商业模式是较为成功的。

“2015年底，拼多多刚刚成立不久，黄董就在部门会议上强调，我们要顺应国家的扶贫策略。于是我们开始着手打造‘拼扶计划’，助推地方农产品上行战略，运用流量倾斜和运营扶持等手段，帮助消化农村滞销农产品，提高农民收入。通过拼扶计划，农户能够将农产品滞销信息上传拼多多，我们会安排专门的页面给予流量推广，借助公司积累的平台优势和消费用户来解决农产品滞销问题。”蒋总如是说道。拼多多扶贫项目实施及成果见表6-5。

表6-5 拼多多扶贫项目实施及成果

实施项目	开始时间	实施项目简介
参与扶贫，推出“拼扶计划”	2015年	2015年9月拼多多成立，拼多多经由农产品销售为主要营销手段的独特扶贫模式来积极参与到商务部出台的相关扶贫政策中。与当地的农户签订相关的合作协议，加强农户与平台之间的联系与合作，从而进一步帮助当地农户解决农产品滞销的问题
实行“新农人返乡体系”	2017年	拼多多逐步推出“多多大学”以及“新农人返乡体系”等项目，通过这些项目来吸引全国各地有能力、有意向的青年一代返乡创业
推出“多多果园”，进一步推动扶贫计划	2018年	2018年4月，拼多多推出一款名为“多多果园”的社交游戏软件，第一次将贫困地区农产品与游戏结合起来
打造“多多农园”项目，形成全产业链扶贫	2019年	2019年4月，拼多多改进扶贫模式，打造“多多农园”项目。通过将生产、推广、销售、盈利、加工和教育等各项环节一体化的产业链模式将消费端和生产端直接联合，打造全产业链扶贫项目来解决农产品生产端到消费端的流通问题，使贫困农户能够真正从生产端获益
政企合作，直播扶贫	2020年	2020年起拼多多通过与政府机关合作进行直播助力扶贫，以政府公信力为扶贫项目背书
与邮政达成战略合作	2020年	2020年9月，拼多多和中国邮政达成战略合作，全面推进农产品产销对接

研讨：

1.试通过商业画布工具绘制拼多多的商业模式。

2.结合案例，运用PEST分析方法分析拼多多商业模式。

3.拼多多商业模式中有哪些契合扶贫助农的要素？

4.拼多多社交电商具体体现在哪些方面？

6.3 直播电商

6.3.1 直播电商模式特征

1.直播电商的概念和发展

2016年被称为“直播电商元年”，蘑菇街电商APP率先跳出常规，将直播与电商带货结合到了一起，成为第一个吃螃蟹的人。同年4月淘宝直播上线，并签约了第一批带货主播。随后京东、快手和抖音直播纷纷上线，到2019年直播电商逐渐走红。2020年，由于新冠肺炎疫情原因，实体经济备受打击，各地产品滞销严重，直播电商迎来了发展契机，成为关键的销售渠道。众多国家公职干部、头部明星等也摇身一变成为“带货主播”，拉动一方经济的发展。此外，一些备受关注的传统媒体也投身到直播带货中去，在商品销售中取得了一定的成绩。

直播电商实时直播实现了从图片到多维互动，多个角度的产品介绍提升了消费者的临场感，直播的可视性、互动性和真实性将对消费者的购买意愿产生推动作用。直播电商应以消费者为中心，进行个性化推荐，为客户营造线下购物的氛围。此外，带货主播需要不断提高自身的专业能力，充分了解产品的性能，增加消费者信任感。直播需增设娱乐性的环节，刺激消费者感性情绪，引导参与主播互动，让消费者与主播产生情感共鸣，对主播所推荐的产品产生购买意愿。

2.直播电商的特点

（1）线上虚拟互动，建立消费者临场观感

消费者可以通过实时直播，与主播、弹幕和买友进行实时互动，了解产品的情况，交流购物心得。这种虚拟的存在，让消费者仿佛置身于线下真实购物环境，拉近直播间与消费者的距离。

（2）“粉丝经济”效应更加彰显

直播间借助明星主播的粉丝社群进行运营，挖掘销售市场。粉丝经济是以消费者为主体，以顾客的情感为导向，借助商家的力量，实现对品牌和偶像的情感资本的增值。在直播中，主持人一般都是有一定社会影响力和号召力的公众人物。他们会将自己的形象、语言和姿势等与自己的直播产品进行绑定，以此来吸引粉丝的关注和订购。

（3）情绪传播促进了现场直播的消费

直播间通过趣味化活动设计，引导消费者情绪变化，参与主播互动，利用主播情绪传播，点燃直播间氛围，带动消费大军产生情感共鸣，增加消费者购买意愿。

3. 直播电商的分类

根据直播的获利性质，直播电商可分为商业性质的直播、公益性质的直播。

6.3.2 代表案例：抖音

1. 抖音公司业务介绍

抖音是一款专注于年轻人的音乐创意短视频社交软件，由北京字节跳动科技有限公司于2016年9月推出。以专家、专业生产内容的PGC+用户原创内容UGC相结合的形式，用户通过抖音短视频社区，将自己的短视频作品，借助软件提供的视频剪辑、速度调节、滤镜、文字撰写、背景音乐和表情符号效果等技术，创作自己的作品，快捷分享的同时，也即时享受着他人海量的信息作品。现今抖音短视频深受广大用户喜爱，并形成了一个特定的短视频用户社群，显而易见也能够提高用户体验和工作生活社交质量。

2018年2月初，快手和抖音几乎同时上线直播板块。快手采取的是人人平等的方式，开放全民直播。而抖音，只有优质头部用户才享有直播特权。高质量的直播内容和不菲的打赏收入给抖音带来了不少流量和商业利润。

短视频APP+直播是一种很常见的盈利模式。抖音的直播功能类似于Instagram，用户可以观看自己所喜欢的明星直播，并进行社群互动。粉丝们给主播们刷的礼物，是直播间最直观的收入，同时采取直播也是一种很强的互动方式，可以让粉丝和达人之间的关系更加紧密，提高用户的黏性和活跃程度。但如果运营商没有持续不断的更新和新颖题材内容的吸引，那么这些变现将不会持久。

“直播+”是指以电商、游戏、教育、体育、企业服务和旅游等行业为主要服务的行业，其中电商、游戏和企业服务等行业的发展最为迅速。抖音上的主播，大部分都是通过直播+电商方式来获取收益，通过粉丝社区聚集流量，使得直播平台的商品价格比官方网站、天猫商城要低，所以才能吸引到更多的粉丝和观众。在直播中，商品的曝光率、交易量都在不断地攀升。

抖音发展沿革见表6-6。

表6-6　抖音发展沿革

事件时间	事件内容
2016年9月	抖音1.0.0版本上线
2017年4月	完善各种拍摄和社交功能
2017年7月	开始利用明星效应宣传
2018年春节	抖音火爆短视频市场
2019年下半年	抖音开始布局电商
2019年7月	抖音收购英国初创公司Jukedeck
2020年3月	抖音电商崛起
2020年10月	禁止第三方来源的商品进入直播间

资料来源　根据字节跳动官网资料编写。

2.抖音商业模式分析

（1）价值主张

抖音的宗旨是记录美好生活。如今用户已经不仅仅是注重新颖有内涵的内容，而是更多地关注通过内容来进行互动，参与到视频的制作中来。抖音关注用户的需求，注重用户的个性化体验。这种以用户体验为基础的情感连接方式，实现了平台和用户之间的共享价值。

（2）客户细分

抖音的服务对象包括用户、商户以及平台合作伙伴。在移动用户端，抖音为用户提供即时发布视频和在线交流的平台，并为其提供社交互动、内容整合和分发服务。在广告和营销客户端，抖音帮助商户向抖音的用户投放广告，扩大宣传。在平台合作伙伴端，抖音基于平台用户基础为平台合作伙伴提供用户引流和消费功能。

（3）渠道通路

APP作为客户端工具，是抖音的主要渠道。首先抖音采用明星带动效应，利用明星的影响力，再加上社交网络口碑传播，渐渐地被人们所熟知推崇。此外，各大综艺节目的冠名也扩大了知名度，在获得《中国有嘻哈》独家赞助后，抖音于2017年10月正式走红。之后又与多家综艺平台合作，诸如《快乐大本营》《天天向上》等综艺节目。

（4）客户关系

抖音与用户之间存在着一种合作伙伴关系，它的使用者不仅仅是它的消费者，同时也是它的生产者和出版商。用户可以在平台上使用所有的资源来制作视频，并在此平台上发表。强大推广能力，也吸引了众多的广告主入驻抖音，借助抖音流量，增强自身品牌宣传力度，扩大商机。

（5）关键业务

抖音开通直播功能，与粉丝线上互动，同时带货销售。目前抖音也为企业开通企业版抖音号，利用抖音平台的用户流量对品牌进行宣传。

（6）核心资源

用户数量庞大；个性化推荐算法；多元化平台内容。

（7）重要伙伴

抖音与四类人群建立了合作伙伴关系，分别为网红、明星大V、企业商户和政府。网红和明星大V作为抖音获取流量的支柱，大量吸粉。各大企业商户也通过抖音平台建立自身抖音企业号，扩大品牌的知名度。政府部门建立专门抖音号作为官媒，来宣传政府工作报告。

（8）成本结构

抖音的成本主要由平台开发和维护成本、业务合作成本、技术研发成本和运营推广成本构成。对于抖音产品层面而言，音乐的版权购买，AI等技术的加持，是一笔不小的费用，还有使用阿里云或者腾讯云提供的服务，光是网络加速技术（CDN）服务的费用，就是一笔天文数字。另外，还有APP团队的研发费用、运营团队费用等。推广成本主要用于举办线上线下营销、推广活动。

（9）收入来源

抖音的盈利主要来自广告变现、打赏分成和电商。抖音首先通过信息流和开屏广告为商户推广宣传来实现变现。其次通过直播间内观众和粉丝为网红和明星打赏数量进行一定比例的抽成。抖音自身为电商平台打开流量入口，将自身流量灌注网购平台进行返现。

3.抖音SWOT分析

（1）优势

① 抖音入驻门槛低，易操作。个人和企业从注册到视频发布，流程简单，无须任何费用，一部手机移动端就可录制短视频，是企业以较低成本获取客户流量的手段之一。

② 用户生成，参与性提高。抖音用户根据自己的想法创作视频，然后利用抖音上视频修饰工具进行精加工。用户之间以模仿共享为核心，以共同的兴趣为基础，在抖音上建立起一种不需要刻意构建的关系，构成抖音社群的凝聚力和吸引力。用户自己去发现自己的兴趣点然后去挖掘，从而引发了一波又一波的热门话题。

③ 强大的个性化推荐引擎。利用字节跳动的AI引擎，根据用户的关注、转发、评论、点赞和直播等不同的关键词，判定用户兴趣方向，添加相关内容出现权重。这种个性化推荐使得客户只需动动手指就可以浏览到自己喜欢的内容，而无须花费大量的时间进行筛选，从而让用户对抖音的“舒适区”产生依赖。

④ 多元化内容，跨界渗透。用户可以通过抖音丰富的内容、多样化的特效来进行个性化的挑选，社交、电商、养生、美食和旅游等多个方面的融合，创造出一种新型的视频创作方式。

（2）劣势

① 内部审查不严，内容参差不齐。抖音在提供优质视频服务的同时，在其对立面仍然存在一些质量低劣的视频，恶俗趣味、“擦边球”和虚假谣言等内容，内部审查部门对此负有最直接的责任。审查部门的监管不力，导致抖音内容质量滑坡，降低了用户忠诚度。

② 内容缺乏深度，同质化严重。为获取客户流量，视频内容制作者深抓短视频用户“碎片化”“短期快感”的心理，创造出大量泛娱类内容，让大众都能够沉迷于浅层的快乐之中。长此以往视频内容娱乐化信息泛滥，同质化严重，缺乏有深度的内容挖掘。

③ 盈利点不清晰。抖音现在的利润主要来自广告，但用户天生就对广告存在排斥心理，在投放广告后，客户会选择无视，或选择不感兴趣，而在抖音推送机制的基础上，会降低广告投放频率。现在抖音上也出现了类似于视频主播同款购买的链接，但只是为第三方渠道提供了一个流量入口，抖音获利较少。如果抖音没有了直播，没有了专业的销售团队，那么主播就会很难将粉丝流量变现，而影响到他们

的创作热情。

（3）机会

① 抖音市场覆盖面大。抖音不仅打通了国内市场，还拥有国际版本“Tik Tok”。抖音的全球战略布局是全球的电子商务市场。“Tik Tok”融合了外国本土文化，同时又遵循国内的简洁原则，抖音与国际的接轨，更注重用户体验。国际应用市场研究公司Sensor Tower的数据显示，抖音仅在2018年第一季度在App Store的下载量就达到458万，超越Facebook、Instagram和YouTube，成为世界上下载量最多的iOS应用程序。

② 生活节奏加快，碎片化经济不断发展。时间的碎片化，给予了短视频行业红利。在生活节奏不断加快的今天，人们拥有大量短暂的休息、空余时间，抖音的出现迎合了互联网碎片经济，通过剪辑的方式压缩视频时间，减少用户观看时间成本，提高观看效率，获得情绪上的满足感。

③ AI技术不断发展。自然语言识别系统及数据挖掘技术的飞速发展，为短视频行业的发展提供了动力。抖音基于客户各种行为特征，如点赞、转发和停留时间，利用AI技术挖掘数据，形成用户标签，对用户进行个性化推荐。此外，甚至脱离了双手，通过简单的语言对话，抖音就能迅速判断用户当前的喜好点，增加相关内容的反馈推送。

④ 官方和主流媒体入驻，助力发展。2018年8月31日，抖音在相关部门的指导下，正式在北京举行了政务媒体号的“成长计划”，并在外交部、生态环境部等多个政府部门和媒体组织的支持下，正式开通了官方账号。官方和主流媒体的入驻，也说明了抖音一直在积极响应国家的号召弘扬主旋律。

（4）威胁

① 同行竞争日益激烈。抖音一直面对着老对手“快手”平台的激烈竞争，其创作内容和用户量跟抖音不相上下。此外，腾讯的微视启动大规模补贴计划，邀请达人入驻，不断优化视频的拍摄功能，之后在微信平台推出视频号，借助腾讯的社交生态平台进行内容的记录与创作。竞争对手的快速发展，对抖音的市场地位造成了挑战。

② 政府对短视频市场严格监管。随着短视频领域的飞速发展，政府对短视频行业越来越重视，制定了规范的制度，加大监管力度，对短视频从业者的审查更加严格，增加了短视频行业发展的难度，从业者将面临优胜劣汰的艰难处境，极大程度上压缩了实力薄弱平台的生存空间。

③ 视频的审核难度大，审核成本高。抖音的审核机制是以算法审核为主，人工审核为辅。抖音每天日活跃人数超过6亿，日上传的视频量也早已超越千万，完成视频的审核是一项艰巨的任务，就算大部分的视频都经过了算法的审核，也会有一定的人工审核。抖音的人工审查队伍超过3 000人，对于任何一家网络公司而言都是一笔不小的开销，极大地制约着它的发展。

4.抖音商业模式总结

抖音短视频平台的高速发展在满足人们闲暇之余娱乐休闲的同时也带来了全新的商业模式，成为电商发展的一种新方向。抖音带货的多种途径以及众多的个人短视频博主的成功也印证了这点。平台需要优质内容，商家需要商品推销，短视频博主需要变现，短视频用户又能够买到物美价廉的商品。良好的平台商业环境建设需要各方共同发力。

研讨：

1. 短视频这一新兴的媒体形式是在什么背景下产生的？
2. 抖音短视频的平台成为电商直播的热门选择的关键成功因素是什么？

6.3.3 代表案例：快手

1.快手公司业务介绍

快手是北京快手科技有限公司旗下的产品。快手的前身叫“GIF快手”，诞生于2011年3月，最初是一款用来制作、分享GIF图片的手机应用。2012年11月，快手从纯粹的动图工具应用转型为短视频社区，用于用户记录和分享生产、生活的平台。后来随着智能移动终端和互联网通信技术的发展，快手在2015年以后迎来了大发展。用户在快手平台可以用照片和短视频形式记录日常生活并点击上传与网友互动分享，也可以通过直播形式与粉丝隔屏互动。快手的内容覆盖生活的方方面面，用户遍布全国各地。在这里，人们能找到自己喜欢的内容，找到自己感兴趣的人，看到更真实有趣的世界，也可以让世界发现真实有趣的自己。

快手发展沿革见表6-7。

表6-7　快手发展沿革

事件时间	事件内容
2011年	推出原创移动应用程序GIF快手，供用户制作并分享GIF动图，是短视频雏形
2012年	成为中国短视频行业先驱，帮助用户在移动设备上制作、上传及观看短视频
2013年	推出短视频社交平台
2016年	推出直播功能作为平台的自然延伸，开始发展电商业务
2018年1月	快手主站的平均日活跃用户数突破1亿
2019年8月	正式推出快手极速版
2019年12月	以商品交易总额计，快手成为世界第二大直播电商平台
2020年上半年	快手的中国应用程序及小程序的平均日活跃用户数突破3亿
2020年8月	快手极速版平均日活跃用户数突破1亿

资料来源　根据快手官网资料编写。

2. 快手商业模式分析

（1）客户细分

快手是一个面向大量移动端用户的平台，致力于建立一个低门槛的、具有一定社会影响力的短视频社群。快手关注的是下沉市场，超过一半的用户在三线以下的城市，一、二、三线城市的人口分布比整个网络群体的地域分布要少一些。用户主要是18～30岁的青少年，并且在中老年人中的渗透率逐步提高。

（2）价值主张

快手的品牌宗旨是“记录世界记录你”，坚持公平普惠、记录分享、真实向善的企业价值主张。整洁的页面以及简单的操作程序降低了使用门槛；去中心化，不干预流量的分发让每个创作者都有平等的机会获得曝光；快手所包含的内容就是情真意切的日常生活，凸显了不同阶层的真实生活，赢得了用户的信赖和喜爱。

（3）关键业务

快手的核心业务主要有内容生态建设、商业化运营以及其他新业务。快手始终注重内容社群的构建，快手不断优化价值创作平台，完善视频编辑和制作工具，提升产品质量，并利用AI技术对视频内容进行个性化推荐。此外，快手通过鼓励用户、行业间的协作来推动内容的创新，从而使垂直领域的内容更加多元，同时也加强了对内容的审查与监督，从而形成健康可持续的内容生态。

快手的商业化业务主要包括直播、电商、广告营销等。在转型之前，直播是其主要的盈利方式，而电商业务和广告业务则是快手商业化转型的一个新的切入点。此外，快手也在积极开拓新的商业模式，以推动用户的成长和多样化的利润实现。

（4）核心资源

快手的核心资源主要由技术能力、用户视频创作能力和企业内部能力构成。

技术能力是指快手特有的算法和产品逻辑，以及硬件设备的投入。作为其核心技术，人工智能与大数据分析技术已经深入到快手业务流程的各个环节，是其业务运行的基础。此外，快手通过建设大型的数据中心，为用户提供数据存储和深度学习引擎，增强企业的技术竞争力。

抖音的用户遍及全国各地，其普惠的流量模式给予用户平等曝光的机会，极大地刺激用户视频创作的热情，产出更多优质视频内容。由于创作者来自全国各行各业，其产出内容呈现多元化的特点，超200亿条的视频内容激发了3亿的日活跃用户。

在经营能力上，快手由“佛系”向“狼性”转变，强化了公司的内部管理，在多个区域建立了研究中心，并引入了技术和经营人才，提高了公司的内部竞争能力。

（5）合作伙伴

快手通过与MCN机构、媒体、中小商户、高校及其他企业进行合作，通过激励机制、强内容运营和企业合作等手段，赋予双方资源和变现能力，实现资源置换和双赢。

（6）客户关系

快手利用人工智能技术，将用户感兴趣的内容进行智能推送，为用户提供便捷的信息反馈渠道，并根据用户的建议，对平台进行优化和产品的更新。

快手为内容创作者们带来了优质的视频创作工具、公平的流量展示、活跃的私域流量和高效的收入转化途径。在商业模式创新方面，倡导“不干涉用户”的快手，也开始采用更加主动的经营方式，比如推出“创作者奖励计划”之类的流量奖励，鼓励优质内容创作者、电商伙伴，协助扶持并为其带来收益，推动内容社区质量的提升。

（7）渠道通路

快手通过网络、广告投放等途径，实现了用户的增长和品牌知名度的提升。由于其独特的社会属性，以KOC为核心的用户网络，通过社会化属性来实现用户的自然成长。而快手在用户流量达到顶峰后，除了自然增长外，还会利用合作伙伴的渠道来吸引和投放广告。此外，快手还通过传统的线上、线下的媒介渠道，如地铁广告、综艺冠名、春晚合作等，迅速地获得了大量的用户和流量。

（8）盈利模式

快手在盈利模式上有电商盈利、广告盈利和直播盈利。

快手从2018年开始商业化，从以用户增长为核心的业务模式逐渐向以利润为核心的业务模式转变。在此之前，快手的大部分收入来自直播的打赏，而其他的收入则来自信息流。为了迅速实现商业化，快手利用“短视频”带来的高收益，大力发展自己的电商平台“快手小店”，并与淘宝、拼多多、京东等电商巨头进行了合作，打通了上下游的供应链，并通过与明星、MCN等机构合作进行直播。

在广告收入方面，快手加快了广告商和内容商之间的联系，利用“快接单”的智能算法，让广告商和短视频之间的匹配变得更加高效。与此同时，快手也将广告的种类扩展到信息流广告、内容植入广告、品牌标签广告及粉丝头条等多种广告形式，这使得快手广告的盈利能力得到了极大的提升。

直播变现是快手的主要收入来源，它的流量增长以及丰富礼物种类、提升用户的打赏热情一直是快手的主要目标，直播平台的发展必然会带来新的增长。

另外，快手也在不断地向产业链延伸，探索新的商业变现模式，如增值服务、游戏运营、教育变现及内容版权孵化等，构建一个健康、多元化的盈利网络。

（9）成本结构

快手在业务模式的创新上，通过持续优化成本结构，减少价值网络的交流、用户的获取、研发、运营和管理等方面的成本投入。在价值创新链条上，快手通过加强技术研究与中台的建设，减少了价值网成员与核心节点之间的交流费用，从而实现了有效的互动和快速获得价值。同时，通过扩大快手的渠道，可以减少用户的获取成本，并将更多的资金用于增加用户数量和提高品牌的质量。而快手为了进一步推进商业化，打造高质量的内容生态，提高了运营成本，包括流量补贴、话题活动成本和监管审核成本等。

3. 快手SWOT分析

（1）优势

①服务大众，门槛低，操作方便。快手的用户群体是各行各业的普通人，大部分都是三四线城市或者来自农村的年轻人，他们没有接受过高等教育，但对文化充满渴望，而快手则可以让他们在平台上录制自己的作品，让更多的人看到。

针对不同的用户群体特征，快手的产品设计和应用非常简洁。其交互设计的原则是易于上手、适合新手，使用者可以在较短的时间内生成创作内容。这种方式是为了满足更多的受众，让基层民众有机会在网络上记录分享自己的生活。如此，快手以贴近现实的方式，快速地获得了海量用户，为未来的发展奠定了基础。

②个性化推送及内容分发算法成熟。快手在短视频行业中占据一席之地，拥有搜索和推荐这两方面技术上的优势。快手采用了一种个性化的推荐算法，通过观察分析用户对快手的关注点，为用户提供更多的兴趣话题。在创作内容的曝光率上，快手不过分发展头部用户，鼓励腰部和尾部用户创作发展，给予大众更多的创作热情。

③内容涉及面广，满足用户猎奇心理。快手的用户涉及全国各行各业，同时他们也作为内容的生产者，能够将自身日常所遇所见通过平台分享传递，这些场景有可能对他人来说是日常难以接触到的，比如养殖户喂猪马牛羊鸡鸭鹅、乡村流水席、洪水咆哮、山体滑坡等。同时，快手平台上各种浮夸的表演也满足了用户不同的猎奇心理。

（2）劣势

① 受众面广，但用户群体文化层次较低。虽然快手通过快速抢占下沉市场获得庞大的用户流量，但据调查，平台的观看用户与视频发布用户集中在三四线城市及农村，普遍学历层次较低，认知水平参差不齐，导致快手在知识内容生产方面仍需进一步发展。

② 短视频质量有待提高。由于快手本身定位较为模糊且与抖音产品重合度较高，需要打造属于自己的logo和标签。早期网红为博取流量关注，各种猎奇、低俗等低质量视频不断刷新着人们对快手的认知，被人们打上“低俗”的用户评价标签。更有甚者为了追求关注失去正确的价值立场，无视道德立场，价值观扭曲。

（3）机会

① 短视频+电商趋势的发展。各大电商平台都很注重短视频的推广和流量，2021年短视频电商转化率显著提升，五大最受欢迎的商品类型分别为日用百货、休闲娱乐消费、食品饮料及服装服饰。其中，运动健身、旅游、图书、教育和医疗保健品类的购买率增速最快，预计未来发展潜力巨大。淘宝通过与抖音进行合作，在抖音平台安置流量入口，继而引流，开拓商机。京东决定与快手合作直播，把快手的流量拉到京东商城，以此来提升自己的销售能力。短视频平台和电商的合作，证明了短视频平台已经成为一个重要的流量入口，也是很多品牌的重要渠道。

② 互联网5G时代的来临。5G时代下，网速保障了视频观看的清晰度，为用户

提供了更高质量的服务，所以短视频行业在5G时代将会获得更多的用户流量，短视频市场也会出现增量式的发展，同时也会带动社交、直播、电商和零售业等多个领域的市场发展。

③ 海外市场的开拓。快手在全球近十个国家和地区发行了海外版本，扎根本土深入了解当地的用户特征和文化，同时贯彻自己的平等、连接、记录的核心理念。快手在短时间内就拥有了2 800万的海外用户。在未来的发展中，国外市场发展会为快手带来巨大的发展契机。

（4）威胁

① 网络歪风邪气野蛮生长。快手拥有超过7亿的粉丝，其所创作的内容有记录人生的，有搞笑的，有技术的，有哗众取宠的，有炒作的，有道德败坏的，各类内容层出不穷。如果快手不加大对内容的审查力度，各种低俗化内容充斥平台，势必会影响用户对平台的信任度，将平台未来的发展置于不利局面。

② 同质化严重导致用户审美疲劳。大量重复模仿、同质化严重的短视频使得用户审美疲劳。这使得差异化、创新型的内容生产已经迫在眉睫。不同的创作形式、独树一帜的风格、多元化是一种必然的潮流。

4.快手商业模式总结

宿华将快手公司的使命定位为记录世界，用普通人的力量记录他个人的世界，汇总在一起。快手是普通人分享自己快乐生活的平台，没有大V、网红以及签约主播，相对其他平台，对于普通人更加公平。对于广告投放也极力克制，不以广告作为盈利点，避免整个平台沦为广告重灾区。

快手快速发展得益于其精准智慧的竞争战略。快手找到了3亿用户的共通性，不给用户贴标签，不打扰用户，让平台自然生长，所以某些获利功能从未考虑过。此外，通过改变推荐算法，对用户兴趣爱好、所在地理位置、个人属性进行分析，并结合当下社会热点进行个性化推送，改变算法后的第一年，快手日活用户数从几万上涨到上百万。快手几年间从一个专业制作GIF动画的工具华丽转身成短视频领域的一哥，与其精准的商业模式与竞争战略关系密切。

研讨：

1.快手转型后的商业模式所倡导的价值主张是什么？它是如何打通产品与用户之间的渠道，进而维护客户关系，实现利润最大化的？

2.在商业变现方面，快手如何进行商业模式创新？

3.结合快手的SWOT分析，试分析快手未来可采用什么战略进行可持续发展。

6.3.4 代表案例：淘宝直播

1.淘宝直播业务简介

淘宝直播是阿里巴巴推出的直播平台，定位于“消费类直播”，用户可边看边买，涵盖的范畴包括母婴用品、美妆、食品与服饰等。淘宝直播初上线，首先借助明星造势营销，利用明星的影响力和号召力增加大众对淘宝直播的关注度，淘宝直播与湖南卫视联合打造PGC节目，通过IP营销方式，突破单一平台的束缚，从多个平台获取流量，得到大众对淘宝直播的广泛认知。在实现从0到1之后，9个月的试运营阶段结束，2017年淘宝直播面对新的市场环境进行了包括人群、内容、流量、玩法和商业化在内的五大升级，对其商业模式进行了创新。

淘宝直播存在两种运营模式：其一，淘宝与直播平台直接合作，由直播平台统一对货物进行营销，所得利润由淘宝与合作直播平台分成。其二，淘宝与主播合作，由淘宝平台开辟直播业务，通过直播带货获得盈利并直接与主播分成。

淘宝直播发展沿革见表6-8。

表6-8　淘宝直播发展沿革

事件时间	事件内容
2016年3月	产品上线，进入试运营阶段
2016年双11期间	专题节目《九牛与二虎》播出，结合直播、综艺和购物，消费者可以边看边买，节目开播3小时收获1.4亿点赞
2016年双12期间	淘宝直播日活峰值达到千万级
2017年2月	淘宝直播和天猫直播宣布合并。公布2017年战略：围绕人群、内容、流量、玩法和商业化五个维度进行升级
2017年12月	淘宝主播端APP发布上线
2019年1月	淘宝直播独立APP发布上线
2019年3月	淘宝直播宣布启动“启明星计划”
2019年双11期间	全网共开播了139.74万场直播，有8.92万主播进行直播带货，直播合计时长688.18万小时，参与直播售卖的商品达到4 111.95万件
2020年2月	淘宝直播为线下商家打开零门槛快速免费入驻通道，成了多个行业实现在线云复工的支撑平台

资料来源　根据淘宝官网公告资料编写。

2.淘宝直播商业模式分析

（1）价值主张

淘宝直播核心产品的逻辑是通过向消费者提供与商品相关的视频内容，影响其购买决策，从而促成买卖双方的交易。淘宝直播以打造“消费类直播”为目标，布局内容矩阵，主张将电商内容化，以引导顾客的消费热情。此外，力推网红及其他具有公众影响力人物作为主播，大量吸粉，通过粉丝社群运营，利用网红经济，主张将消费社区化。

（2）客户细分

淘宝直播最主要的受众群体是女性，据调查通过直播进行消费的80%以上为女性，晚上8点到10点，是消费者下单的高峰期。随着直播业务的不断发展，淘宝直播对用户进行了全新的定位，并将其定位转变为中、高端人群和男性人群。淘宝直播一开始专注于化妆品、服饰，更多对女性匹配服务，针对中、高端男性，淘宝将对直播内容进行细分，以扩大淘宝直播的受众群体，从而吸引更多的潜在消费者进入淘宝直播平台。

（3）客户关系

淘宝直播成立之初，就引进KOL。通过与明星的合作，吸引优秀人才入驻，获得大量的早期用户。相较于实体店购物，淘宝直播通过一定折扣和购物礼券来吸引顾客。此外，直播间也为具有共同消费意向的客户提供了交互的场地，使消费者足不出户就可获得主播关于商品的详细介绍和其他顾客的评价反馈，点燃直播间购物消费的热情。

（4）渠道通路

立足于淘宝移动端，在其首页搭建首焦pass推广位置，以闪动醒目的图标抓取顾客眼球，进入直播平台，并通过海报的形式进行直播间链接的推广。

直播广场是在实体精选位置的首屏当中，卖家在进行该渠道的推广以后，若已经对直播进行关注的人群就可以通过这样的方式直接进入到直播间当中，这是针对已经是店铺粉丝或者是直播间粉丝的推广渠道。

商家还可以通过电商工具当中的钻展或者是超级推荐的方式进行直播推广计划的建立，商家根据自己直播推广的需求进行相应的投放方式、推广人群方式、出价及创意等内容的规划。

（5）关键业务

直播带货是淘宝直播的主要业务，以直播的形式，将电商作为基础内容，通过与顾客直播互动达到为商家销售产品的目的。在直播期间，消费者可以通过弹幕与直播间的其他顾客进行互动交流，商家主播可以实时掌握商品的售卖数量和库存数量，抓住重要节点设置限时礼金、优惠券，形成紧迫的购物气氛，刺激顾客消费。

（6）核心资源

淘宝直播具有强大的资源整合能力，借助淘宝平台的力量助其快速发展。它将淘宝平台上的所有供应商和合作伙伴进行整合，成为其发展的重要资源。另外，淘宝直播邀请众多知名主播加入，与阿里云、湖南卫视等公司合作，打造自己的PGC栏目，并建立自己的粉丝群体，整合营销资源，提升平台的知名度和用户数量。

成熟的直播相关技术，包括端上窄带高清技术、零转码系统以及低延时技术，在不断降低平台直播成本的同时，为平台承载更大的用户量的数据处理能力提供坚实的技术支撑。

（7）重要合作伙伴

① 与知名主播等进行合作。

② 与国际知名品牌合作，如宝马、奥迪，以及其他23个世界知名的汽车品牌，都在现场直播销售自己的车，吸引着无数的车迷；小米、阿迪达斯等品牌选择在淘宝上进行产品发布。

③ 与文化和娱乐业合作，利用淘宝进行“云工作”的直播，“云演唱会”在淘宝平台进行直播，当晚吸引了400万名粉丝。

④ 与政府及公益组织合作，淘宝实施“村播计划”，开展助农项目，各贫困地区由领导干部带头利用直播平台对外进行销售。除此之外，中国博物馆、苏州博物馆及敦煌博物馆等著名博物馆也纷纷开设了淘宝直播平台，吸引了近亿人次的游客。

⑤ 与物流、第三方支付等方面合作，助力直播商城的运营。

（8）收入来源

① 打赏服务。在网络直播平台上，主播与观众互动交流，持续吸粉，粉丝可从平台购买虚拟道具对主播进行打赏。淘宝直播中，主播可将礼物通过平台变现，然后由平台抽取一部分佣金。

② 广告业务。淘宝直播平台开展广告业务帮助广告主或赞助商进行品牌推广，赚取佣金。这种靠广告收入来获取收益的方式是建立在流量的基础上的，淘宝可以不断地扩大用户渠道，从而产生更多的高质量的内容。

③ O2O线上线下盈利模式。以网上购物带动线下销售的方式，是近年来淘宝上最流行的一种销售方式。淘宝直播平台，可以根据直播的内容，打出相应软广告，再将产品的购物链接推广到网上购物和线下购物，并通过这种方式盈利。

（9）成本构成

淘宝直播的成本主要由直播技术成本、装修成本、主播团队成本及营销成本构成。

淘宝直播需要对技术层面进行大量投资，以维持直播的画面清晰、流畅度。比如，每个月的带宽费用高达千万元，随着客户流量攀升，也会增加带宽成本。

直播间背景设置、产品陈列架、直播拍摄设备及灯光设备均需要进行精细布局，以吸引人气，这就需要耗费大量的装修费用。

一场成功的直播，不仅需要专业的主播，幕后的运营团队更是至关重要。正常操作的直播间至少要有直播助理、客服、选品师和场控等人员。活动的策划、实施需要团队的全方面协作，因此主播团队成本也是不小的费用。

淘宝直播的商家意图吸引更多的客户到直播间，需要对直播进行推广。另外，直播商家为了让直播带货达到最大的效果，尽力留住正在观看的用户，利用时间节点推出满减券、免单、红包等福利吸引用户。这也是一项不菲的营销成本。

3.淘宝直播SWOT分析

（1）优势

① 淘宝作为阿里巴巴集团下的子公司，其企业管理层深受阿里创新文化的影响，在面对新形势和新技术时，有敏锐的洞察力和创造性，善于发现新的市场机会创新其商业模式。因此，企业管理层的创新性推动了淘宝直播的诞生。

② 淘宝本身更是电商平台的翘楚，拥有强大的资源和技术，且自带有大量的顾客，阿里云平台为淘宝直播的数据处理、内容分发等相关技术提供了坚实的基

础。因此，不仅能够为淘宝直播注入不同于市场上其他APP的新元素，也为其商业模式创新提供了有力的支撑。

（2）劣势

① 主播素质参差，可能引导错误消费观。商家为抢占人气流量，急于签约热点网红主播，未对其背景进行全面了解，导致主播素养层次参差不齐。作为公众人物，对于某一社群的消费观具有导向作用，在直播营销过程中，网红主播的整体素质难以把控，素养较高的带货主播不会为了利益错误引导消费者进行非理性疯狂消费，而素养较低的带货主播利欲熏心，错误诱导顾客非理性消费，挑战道德底线。

② 直播产品同质化且竞争大，直播转化率低。淘宝直播年度新消费趋势报告显示，女性的“服饰”“美妆”等直播品类一直占据直播榜首。淘宝直播日均5 000多场直播，各种直播应有尽有。淘宝直播迅速火爆，头部品类竞争对手也在不断增加。部分商家为了不淹没在直播大军潮流中，每日定期直播。比如，为了按时上新，时间紧迫的形势下，不得不舍弃自己设计、制作周期较长的原创产品，而选择广州等地的热门品牌，抢占“爆款”市场，造成服装的同质化问题。平台的人气流量多聚集在头部主播的直播间，获得了巨大的商机，反观腹部和尾部的直播间，因为缺少高颜值主播、庞大的粉丝基础，造成直播转化率低下。

（3）挑战

① 同行激烈竞争。电商市场竞争日益激烈，京东和拼多多等头部电商平台分别开展直播业务，根据平台自身特色，取长补短，发展独特内容，抢占市场份额，分流顾客。淘宝想要增强其竞争力，需要准确发现新的市场机遇，抓住客户需求，在众多电商平台中脱颖而出。

② 政府监管力度加大。随着直播领域的飞速发展，政府对直播带货行业关注度逐渐增高，制定规范的制度，加大监管力度，对直播从业者的审查更加严格，提升了行业发展门槛。随着网络直播环境的规范，只要在重视法律法规的情况下开展合理的直播带货，那么未来的发展可期可待。

（4）机遇

①技术的发展为直播创造了条件。随着互联网的发展，社交文化的流行，仅仅是图片和文字对于商品的描述已不再能够满足顾客日益增长的需求，社交和视频正在成为众多互联网平台的变革新趋势。顾客对社交性和购物体验感的需求推动了新的电商模式的出现。

5G技术的发展，推动网络上的信息传播从文字到短视频转变，淘宝、蘑菇街、拼多多与唯品会都在开展直播业务，造就了一批高质量的带货网站，从微商到电商，网红经济进入了“快车道”。网络主播的影响力，为其带来了大量的粉丝。网红经济已经成为一种热门的商业方式，“直播带货”也成了人们最喜欢的一种营销方式。

②政策法规完善，网络带货平台日趋专业化。近年来随着网络技术和网络娱乐服务业的迅猛发展，各大平台消费人群日趋年轻化，随着依法治国道路不断推进，

我国政策法规也日趋完善。监管效率逐步提高，监管力度增强，平台监管力度提升，对网红带货主播行为制度性规范要求也渐趋严格，网络经营活动壁垒升级，行业发展逐渐规范。

“直播带货”“直播卖货”已成为当下网购新形式，“互联网营销师”职业下又增设了“直播销售员”工种，这对于网络直播带货而言是不可多得的机遇，这既是对带货主播的肯定，也有利于带货平台的规范化。

4.淘宝直播商业模式总结

面对众多电商平台的同质化竞争和突发的疫情，淘宝直播平台在疫情对全行业的冲击中准确发现新的市场机遇，抓住客户需求，基于阿里云搭建直播云平台，和阿里云深度结合，在全链路上做更强的优化，打造沉浸式的商业体验，应用阿里巴巴实景技术、虚拟现实、场景互动，实现商业增量，完成了电商内容化向平台生活化的过渡。文化类等其他类直播的入驻，让平台的直播内容几乎全行业覆盖，从单一的电商直播转变为能承载文化传播媒介的生活化平台，从而借助突发疫情带来的机遇从众多电商平台中脱颖而出。

研讨：

1. 在面临众多平台的同质化竞争和突发的疫情时，淘宝直播是如何实现突破并走出困境的？

2. 结合案例材料，分析淘宝直播为何能够持续成功，其核心要素是什么？

本章小结

本章我们基于渠道通路特征将商业模式分为O2O、社交电商和直播电商等商业模式，分别从概念、发展现状、类型和特征介绍了三大商业模式。本章还列举了各大商业模式典型的商业案例，诸如美团外卖、Groupon、拼多多、抖音及快手等案例，基于商业模式画布和SWOT分析法进行了商业模式分析。

思考与实践题

1. 尝试使用PEST分析方法对上述相关案例进行分析。

2. 针对当前国家大力宣传的社区经济，谈一谈其进一步发展的潜力。

课程思政讨论

疫情加速了社区经济的发展，让更多的人知道了社区的价值。美团外卖率先提出无接触配送，又如多多买菜、美团优选、盒马优选及橙心优选等团购平台提供线上选择、线下配送的服务，有力保障了居民们封闭期间的生活供给，促进社会稳定。社区物业及社区便民服务中心等的志愿服务人员主动承担起社会责任，冲在第一线与社区用户保持着沟通与服务，并将生活物资及时安全转交到居民手中。疫情期间，O2O等线上线下相结合的商业模式，有效减少了人员流动以及接触机会，彰显了美团及其他团购网站在社会危机期间的社会责任感。

研讨：美团旨在打造社区经济构建“食品+平台”模式的主要措施有哪些？

第7章
基于盈利模式特征的互联网商业模式

7.1 免费+广告商业模式

7.1.1 免费+广告商业模式特征

1.免费+广告商业模式概念

广告是一种实现免费供给的、成熟的收益来源。我们可以从电视、广播以及网络上看到以多种形式呈现的视频音频广告，或如谷歌靶向广告的形式。随着互联网的日益普及和社交媒体的发展，出现了一种免费+广告的多边平台商业模式，即一方面基于互联网传播技术，广泛地向互联网用户提供免费信息，或设计内容、产品或服务，以此吸引和积累用户，另一方面通过基于特定的技术，如个性化推荐引擎技术，根据每个用户的兴趣、位置等多个维度进行个性化推荐，实现通过广告盈利的商业模式。

免费+广告的模式在实际生活中也有不少应用，在一些为用户提供一定免费服务的网络平台上，诸如哔哩哔哩和优酷等视频网站，知乎、论坛和贴吧等知识性社区，微博、微信和QQ等社交平台中，通过提供的免费服务吸引和积累大量的用户，通过问答、评论和推广的形式向用户做广告营销，收取商家广告费用作为一种盈利模式，补贴前期的免费服务。

2.免费+广告模式的分类

免费+广告模式的平台很多，根据广告推广的模式，可以分为两类：一类是基于个性化推荐引擎技术，根据每个用户的兴趣、位置等多个维度进行个性化推荐和引流，推荐内容不仅包括新闻，还包括音乐、电影、游戏、购物等资讯或广告。如今日头条、搜狐、微信、微博等平台采用了此类免费+广告模式。另一类是广告植入平台提供的内容中，根据用户对内容的兴趣进行推荐，实现广告的推广，如哔哩哔哩、腾讯视频、优酷视频、贴吧等知识性社区采用此类模式。

3.免费+广告商业模式的特征

（1）多边平台商业模式，服务的客户群体在2个以上。

（2）用免费的产品或服务吸引和积累客户。

（3）广告收费是主要盈利模式之一。

7.1.2 代表案例：今日头条

1.今日头条公司业务介绍

今日头条是北京字节跳动科技有限公司开发的一款基于数据挖掘的推荐引擎产品，为用户推荐信息、提供连接人与信息的服务产品。今日头条由张一鸣于2012年3月创建，目前拥有推荐引擎、搜索引擎、关注订阅和内容运营等多种分发方式，囊括图文、视频、问答、微头条、专栏、小说、直播、音频和小程序等多种内容体裁，并涵盖科技、体育、健康、美食、教育、三农、国风等超过100个内容领域。

今日头条在持续发展过程中，以用户需求为主导，开发出头条搜索、头条号、微头条等产品或服务，不断完善产品线。头条搜索是今日头条推出的搜索引擎服务，支持海量优质内容和全网公开内容的检索，为用户提供精准、专业、快捷的搜索结果。用户可以在今日头条客户端内体验，除了默认的综合搜索频道外，还有视频、资讯、小视频、图片、音乐、影视等多个垂直搜索，全方位满足搜索需求。头条号是今日头条旗下开放的内容创作与分发平台，实现政府部门、媒体、企业、个人等内容创作者与用户之间的智能连接。截至2019年12月，头条号账号总数已超过180万，平均每天发布60万条内容。微头条是今日头条旗下的社交产品，用户可通过发布图文、短视频、直播等多形式的动态与人互动，逐渐与人建立起社交关系；在微头条，用户每天产生的互动数量超过2 000万，发布量近1 000万，活跃的大咖超过1万位。

今日头条的商业模式通过向用户提供免费优质的内容信息，吸引用户的关注，积累用户。同时依托平台流量售卖广告位，通过大数据将广告精准投放，进行个性化推送。投放广告的形式可分为开屏广告、信息流广告和搜索广告。

今日头条发展沿革见表7-1。

表7-1 今日头条发展沿革

事件时间	事件内容
2012年3月	创建今日头条
2012年8月	发布第一个版本
2016年9月	今日头条宣布投资10亿元用以补贴短视频创作
2017年2月	全资收购美国短视频应用Flipagram
2018年2月	今日头条完成对Faceu的收购
2018年5月	今日头条正式成立专家团，邀请学者、媒体人、公职人员参与，监督平台内容与服务
2018年7月	今日头条透露在内测付费阅读功能

续表

事件时间	事件内容
2018年12月	国家企业信用信息公示系统显示，北京华夏保险经纪有限公司和福建字节跳动科技有限公司都由今日头条有限公司100%持股
2018年12月	今日头条APP在九宫格中正式加入了“保险”板块
2021年7月	据《晚点LatePost》报道，字节跳动正在开发一款高端版今日头条，只聚焦于相对有限的领域，包括商业、文化、财经和历史等的精品内容

资料来源 根据字节跳动官网资料编写。

2.今日头条商业模式分析

(1) 价值主张

今日头条最初的价值主张为“你关心的才是头条”，随后调整为“信息创造价值”。今日头条立足于精准营销，以信息服务用户，创造价值。从商业角度来看，今日头条为不同规模的公司提供了多种不同的广告投放方案。其中，为中小企业在自己所涉及范围内的城市进行广告投放，而针对大型企业则是从公司所在地向全省甚至是全国范围内扩散进行广告投放。

(2) 客户细分

今日头条成立商业化公司负责商业化运营，商业化的目标市场群体分为三部分：中小企业客户、大客户和关键客户。普通用户为移动智能手机用户及PC端用户，用户调查显示，分布在一、二线城市的中年男性群体更关注今日头条。

(3) 客户关系

今日头条对客户进行个性化服务、社交化运营，不再侧重于内容的制作，而是侧重于通过数据获取来聚集和满足用户的个性化需求，节约了用户筛选不感兴趣内容的时间，并且自动将符合其口味的内容呈现出来，满足用户获取个性化信息的需求。

今日头条可通过QQ、微信、微博等社交平台进行登录，或者通过手机号注册登录，从一开始用户就将自己的社交网络带入今日头条。此外，头条加入好友通信录功能，客户可以在群内畅所欲言，及时查看好友动态，可以点赞、评论、转发并分享自己感兴趣的东西。通过社交化互动，用户可从平台结识新友，进行“互粉”，并通过发起或参加主题来扩展自己的社会关系。

(4) 核心资源

① 今日头条平台是核心资源之一，商业模式的运营依托日趋完善成熟的平台。

② 今日头条拥有大量的用户流量也是核心资源。

③ 先进的个性化推荐算法与数据抓取技术是企业的核心资源。

(5) 重要合作伙伴

今日头条合作伙伴包括相关传统媒体，企业、政府部门、社会团体、网站等内容生产组织，头条号内容的创造者等。今日头条目前拥有160多万家头部媒体，涵盖经济、政治、科技、旅游、娱乐、文化和短视频等领域。为了保障内容创作者的合法利益，今日头条推出了全国第一个“灵石”短视频版权保护平台，与400多个制片公司进行了合作。

（6）关键业务

广告是今日头条的核心业务，今日头条通过专业的数据挖掘和分析技术为用户推荐其感兴趣的话题内容，并将信息流广告结合大数据AI精准投放到用户喜欢的新闻资讯、短视频中。

（7）渠道通路

今日头条除了手机端平台和PC端平台，还有微信公众号、微博等社交媒体渠道进行内容推广。

（8）收入来源

今日头条收入主要包括广告收入、订阅收入、电子商务收入和增值业务收入。今日头条的主要收入来源是广告，主要包括信息流广告、开屏广告和搜索广告。另外，今日头条还通过自己的个性化推荐技术，为商家准确地挖掘出自己的目标客户，并利用自己的平台优势，为电商平台提供流量，从而实现更高的利润。

（9）成本构成

今日头条的费用构成为：技术创新投入、平台管理支出、侵权赔偿、人力资源管理支出、公司日常管理支出及其他固定成本等。

3. 今日头条SWOT分析

（1）优势

① 技术革新，较早占领市场。头条作为国内第一家应用个性化推荐技术的网络公司，通过数据挖掘、推荐引擎、智能算法等技术创新，吸引了大量用户、内容创作者和广告主，拥有了庞大的用户群体，从而迅速占领了市场。

② 多元化的创作内容，使平台保持活力。头条号的成立，将大量的内容创业者和传统媒体引入其中，使创作者能够更好地进行内容的创作，从而使内容更加多元化，为用户的个性化推荐提供强有力的内容保证。

③ 社会化运营，增加用户黏性。用户可通过常见的社交平台，诸如微信、微博、QQ进行登录，也可使用手机密码与短信验证码进行登录，通过这些方式，引入社交基因，能够让今日头条通过挖掘技术迅速获得用户生活圈层和以往的社交信息，这些数据资源为制作更为精准的用户画像，判断用户的喜好提供巨大帮助。用户在头条平台中也很方便将自己所感兴趣的阅读内容转发给朋友，增强了用户的使用黏性。

（2）劣势

① 变现方式单一，未形成完整产品生态。今日头条以广告投放为主要收入来源，存在着平衡广告投放与用户体验之间的难题。过多的广告推送，影响了用户体验，给今日头条带来了用户流失的风险。此外，电商作为今日头条次要的变现形式，则与产品本身所提供的场景吻合度不高，用户认可度低，未来还需要进一步完

善电商频道类型和推广力度。

② 编辑业务缺乏沉淀，内容质量较差。相较于传统新闻客户端，多年积累的编辑业务水平和内容分类板块，在权威性上远高于头条号上的自媒体创业者，由于缺乏专业的写作功底，内容质量上存在不小的差距。

③ 技术优势减少，竞争力减弱。百度、腾讯、网易等传统媒体，在采用个性化推荐技术的情况下，今日头条的技术优势已经消退，受到了巨大的冲击。头条旗下新产品的诞生时间较短，竞争能力较弱。

（3）机会

① 碎片化经济发展，个性化资讯市场庞大。生活节奏的不断加快，导致人们可使用时间向碎片化方向发展，人们要求以较小的时间成本，获得专属的知识收益，这就给个性化资讯市场发展创造了利好环境。

② 自媒体创业是互联网大趋势。自媒体创业成为互联网时代的趋势，头条号能够让自媒体创业者的内容精准地向用户推荐，减少了创业者寻找用户的成本，对自媒体人有强大的吸引力。高频率的曝光度也让创业者更好地通过媒体宣传自己的创意和产品，更好地与外界资源进行沟通。

（4）威胁

① 传统的门户网站纷纷进入信息市场。腾讯新闻借助着微信和QQ这两个强大的流量窗口，拥有庞大的用户基数。微信平台背后的公众号数量超过2 000万，吸引了不少内容创作者。阿里巴巴利用UC浏览器，推出了UC头条模式，创立UC号，并且通过大量的补贴来吸引更多的优秀作家。百度形成了百家号、百度新闻、百度贴吧等百度的产品矩阵，并进行多渠道分发。传统的门户网站更多地投资于个性化信息资讯，各大平台都采用了大额的扶持方案，今日头条目前在内容上不具有竞争优势。

② 版权问题突出。由于头条信息爬取技术以及内容创作者的侵权增多，面临着维权与侵权的风险。尤其在头条号设立之后，内容创作者纷纷入驻，内容抄袭、搬运行为频繁发生，原创内容难辨，维护版权的需求也越来越大。

4.今日头条商业模式总结

在个性化的资讯传播领域，今日头条选择了一种新的业务模式。基于互联网时代的特点，利用SoLoMoPe模式，设计和搭建了一个信息发布平台，并逐步站稳了脚跟。

首先，今日头条主打社交化，由于互联网时代人们离不开社交网络，今日头条将社交化融入全线程；其次，注重本地化，在定位技术的推动下，本地化的资讯能够快速地进行推送，头条号平台上面也入驻了多家地方性纸媒和一些政府机构，用户可以关注本地的媒体号了解身边动态；再次，重视移动化，今日头条上线之后占据三端，即PC端、手机端和平板端，机器后台24小时提供服务；最后，重点关注个性化，聚焦于单个消费者的个性化需求，基于大数据算法，构建用户的兴趣图谱，实时挖掘价值资讯。

研讨：

1.根据案例资料绘制今日头条商业模式画布。

2.互联网时代的创业失败率很高，分析互联网时代下用户获取信息资讯的特征，今日头条的创新商业模式是怎样的？

3.借鉴今日头条的案例，您对于传统纸质媒体的转型可以提出哪些好的建议？

7.2 免费增值模式

7.2.1 免费增值模式特征

1.免费增值模式的概念和发展

免费增值模式通常是指企业利用免费产品或服务吸引客户流量，然后通过产品升级或者增值服务，将部分免费用户转化为收费用户，以此获得企业收益。通俗来讲，对价格不敏感的小部分高端用户，愿意付出一些额外的功能费用，构成服务提供者的主要收入来源。目前大部分的开发商都在摸索Freemium（免费增值模式）的应用，因为用户对网络的依赖性越来越强，各种APP和客户端平台也层出不穷，如何才能更快地吸引更多并持续增长的用户流量是开发人员亟须解决的难题。当下Freemium的“免费+付费”模式成为游戏、音乐、云服务、社交、电商等软件的主要运营模式。

免费增值模式在腾讯QQ、新浪微博、360杀毒、手机游戏、大众点评、淘宝等各个领域都在蓬勃发展。根据移动分析公司Annie和IDC的数据，在谷歌Play和App Store排行榜上，83%的应用程序都是免费的，92%的收入来自免费的增值服务。可见，目前的免费增值模式已经是一种较为成熟和受欢迎的模式。

对于视频网站而言，90%的内容是免费的，10%是收费的，这部分收费的内容对用户具有高附加值如独占性、时效性等属性。免费增值模式充分利用了网络的规模效应和双面市场原理。随着用户的增加，愿意付费的用户也就增加了。视频网站通过免费视频吸引大量用户，再通过对稀缺性电影和视频实行仅限付费会员观看的模式来实现盈利。如何提升付费会员的转化率成为视频网站的创新重点。

2.免费增值模式的分类

免费增值商业模式通常是限制功能或者使用时间，据此特点可将免费增值商业模式分为以下两类：

实行免费增值商业模式的互联网企业往往会将自己的软件产品分成几个版本，并相应地标注不同的价格，而对于底层的版本则是免费的，这是一种非常极端的情况，它可以让公司通过产品的差异化来划分市场。更多的基础免费用户会带来更大的、积极的网络外部效应，而通过付费购买更好的产品和服务，可以使他们更有成就满足感。

另外一种是限制使用时间的免费增值商业模式，因为这种模式的持续时间很短，不能引起持续的吸引力，所以其应用范围往往局限于工具软件。

3.免费增值模式的特点

免费增值模式的特点是，小部分的高端付费用户补贴大部分免费用户，维持平台的持续运转。用户均可以享受基本的免费服务和付费后的附加升级服务。

7.2.2 代表案例：腾讯视频

1.腾讯视频业务介绍

作为全国最大的视频网站，腾讯视频从2012年开始迅速发展，目前已跻身互联网视频产业前三名。腾讯成立于1998年，是国内领军型互联网公司，随着视频产业的发展，腾讯也将重心放在了网络视频产业上。2011年，腾讯视频成立，正式运营，旨在打造一个全方位的视频平台，通过智能电视、电脑和移动客户端为用户提供精致的视频观看体验。

2016年年末，腾讯视频以“不负好时光”为品牌口号，将目标定位在年轻人身上，期望与观影者建立起情感上的共鸣。腾讯视频也在不断寻求差异化的竞争优势，持续为观众和广告商创造价值。

腾讯发展沿革见表7-2。

表7-2 腾讯发展沿革

事件时间	事件内容
2011年4月	腾讯视频正式独立上线运行
2012年11月	腾讯视频会员正式开通
2013年1月	腾讯视频好莱坞影院VIP推出包月付费和单点付费的VIP会员服务
2013年4月	腾讯视频首部英剧《欢喜冤家》上线，全网独播，同月宣布，与BBC等六大制作公司达成中国最大英剧资源引进合作
2013年6月	上线英剧频道，成为中国第一英剧平台；同年独家引进《权力的游戏》等多部获奖剧集
2015年4月	独家引进国家地理频道的数千小时精品纪实娱乐节目
2015年11月	联手TVB打造《使徒行者2》
2016年11月	腾讯视频提出全新的品牌理念——“不负好时光”，发力自制内容
2017年2月	腾讯视频VR频道上线
2017年5月	儿童视频平台“小企鹅乐园”上线
2018年3月	腾讯视频联手广东广播电视台，启动互联网影视青创计划；与乐视网子公司新乐视智家联合，开展客厅内容合作
2018年9月	腾讯视频和喜马拉雅宣布联合会员计划
2018年9月	企业战略升级，扎根消费互联网，拥抱产业互联网
2019年9月	腾讯视频付费会员数突破1亿

资料来源 根据腾讯官网资料编写。

2.腾讯视频商业模式分析

（1）价值主张

腾讯视频当前的定位是以内容为主，注重用户体验的在线视频网站。腾讯视频希望借助网络的力量，实现全方位的网络营销策略，为用户提供高质量的视频。腾讯视频在其内容编排方面，力求为广大用户提供更加全面、优质的视频产品，在购买视频的同时，还在影视制作方面持续投入。目前腾讯视频形成了以电视类、电影类、综艺类为核心，以体育类、娱乐类、音乐类为特色，包括动漫类、纪录类等多元化的节目形态。腾讯视频提出全新的品牌理念——“不负好时光”，在自制内容方面发力，以满足不同层面的娱乐文化消费需要。

（2）客户细分

对于腾讯视频而言，其客户主要可分为：

视频用户，通过客户的付费能力和意愿可以粗分为付费用户和免费用户。根据相关调查，付费客户主要为中青年群体，针对这些人的兴趣爱好可以细分出影视会员、体育会员和亲子会员等，并予以区分来打造内容策略。

广告客户，对于广告客户可以根据其行业产品的特性、广告主付费能力等进行细分。腾讯视频提供不同的广告栏位和广告时长来满足不同付费能力的广告客户，根据视频用户的差异性来为不同的细分广告客户提供更匹配的投放策略。

内容提供者，可细分为用户自制视频、直播、VR、影视公司、电视台等。

其他视频平台，可细分为直播、用户自制内容（UGC）、专业自制内容（PGC）、联合生产内容（OGC）、网络电视类等不同的视频平台。

（3）渠道通路

① 基于微信、QQ社交平台传播。网络视频媒体不仅要打造内容上的优势，还要与使用者存在“互动”，并向社交网络视频媒体转型。在腾讯的高质量平台的支持下，用户可以在QQ、微信等社交平台上一键共享或上传，让腾讯视频通过社交网络进行“二次传播”，从而达到更好的传播效果。在观看完视频后，用户对社区媒体的兴趣会更加集中，而且这些目标明确的主题群也会让他们在观看完视频后获得更好、更全面的社会体验观感。

② 基于大数据的精准营销。腾讯视频在大数据的基础上，对用户个人IP和粉丝的心理需求进行了精确的解读，从而为用户提供了多样化的服务。腾讯视频的社交平台迅速聚集了海量的粉丝，让他们可以根据自己的喜好，通过粉丝的互动来加强自己的分享，借助明星的影响力以及新媒体，为自己的网站和用户提供一个新的交流渠道。

③ 依靠腾讯完整的产品线联动营销。腾讯视频以其母公司腾讯为基础，将腾讯所有的社交产品整合在一起，利用QQ、微信、腾讯新闻等平台，对社会图谱进行分析，从而使观众的观看场景更加丰富，观看方式更加灵活。腾讯视频在满足用户的线上生活需要的同时，也可以通过各个平台的产品触达到视频内容，从而形成一个内循环，利用多平台的优势，腾讯视频深入挖掘用户的庞大数据，并利用腾讯

的智能分析系统，对不同的受众进行分类，并利用腾讯的全方位网络直播平台，将QQ、微信、腾讯新闻客户端、腾讯网等多种渠道整合，使得视频传播得更准确。

（4）客户关系

腾讯视频提升客户关系有如下创新策略：

① 共同创作。视频网站在自制影视剧时可以要求广告主一起参与，在影视剧中无害地插入广告推广，对于直播或谈话类视频可以邀请相关领域专家一起制作，如意见领袖、科普专家、行业专家等。

② 围绕社区建设创新。社区化的建设不仅能让客户建立与平台的联系，更能让具有相同兴趣爱好的客户建立社交关系，这种客户关系的维持能大大提高客户黏性。为客户提供便利的自助化服务，如客户在管理自身视频频道时的上传、编辑、管理等自助服务操作，提高客户对自身频道的掌控感。

③ 个性化服务。针对不同的细分客户推出个性化的内容。针对年轻观众投放青春类视频，针对白领观众投放娱乐类视频，针对亲子观众投放动画类视频，针对文艺青年投放人文类视频，针对体育观众投放体育类视频，从而达到增加用户黏性的目的。

（5）收入来源

① 广告收入。广告是最基本的利润来源。根据艾瑞公司的统计，目前中国网络视频产业的广告市场已经达到83.8亿元，而手机广告业务也有了很大的发展。腾讯公司在自制剧里植入的广告是直接由演员自制，广告就是内容，腾讯视频中植入与休闲娱乐场景高度契合的广告内容，多个素材同时投放，提升了广告效果。

② 视频电商收入。电商盈利是指视频播放时出现的弹窗广告，它的特色就是方便灵活，用户可边看边买，点击链接就能买到商品。电子商务的广告是即时的，可以节省观看者寻找相同类型的商品的时间。视频电商的兴起，将会是整个网络生态体系的重要组成部分。

③ 会员付费。会员类别包括腾讯视频VIP、超级影视VIP、体育VIP等，付费会员根据级别享受不同权益，包括内容特权、视听特权、身份特权、娱乐特权等，提供多种增值服务，在满足用户的不同需求的同时获取收益。

（6）核心资源

腾讯视频的核心资源主要有视频平台、视频版权内容、用户流量、自制剧资源。

各大视频平台视频版权争夺之战从未间断，腾讯影视也积极收购版权，2015年通过“全覆盖、大剧齐发”的营销战略，覆盖全网视频。2016年以IP为核心，构建流行热播剧阵营，进一步打造优质版权在国内视频行业中的规模性覆盖。

腾讯视频在上线的第一天就吸引到了一大批访问量。腾讯视频在2011年创立，成为腾讯集团社会化网络策略的一部分，其用户数量从2011年的100万到现在Q1会员数已经突破1.25亿。

扩大视频平台在市场上的影响力，仅靠网络上的大量片源和独家播出是远远不够的。在影视、综艺等版权产品同质化的今天，腾讯视频倾力创新自制视频，以创意和新奇等特点吸引并持续扩大客户数量。

（7）关键业务

视频广告植入以及会员服务业务是腾讯视频关键业务。腾讯视频聚合热播影视、综艺娱乐、体育赛事、新闻资讯等海量内容资源，并通过PC端、移动端以及客厅产品等多种形态，为用户提供内容更丰富、观看更高清流畅的视频娱乐体验，以此吸引客户流量，以优质视频资源接入广告，实现变现。同时通过推出会员增值服务功能，会员可享受院线新片持续更新、热剧提前看、每月赠送观影券等特权。

（8）合作伙伴

在视频资源方面，腾讯视频规模化覆盖版权内容，与HBO、米高梅签订独家合作协议引进热门美剧，与BBC、ITV合作引进英剧，还争取热门内容的网上独播权，如《中国好声音》与NBA直播。

在自制内容方面，差异化竞争战略使得腾讯谋求与全球内容拥有者的合作。2018年5月25日，腾讯联手乐高推出乐高视频专区，可以通过腾讯视频儿童频道、手机移动端、电视平台等平台上的APP“小企鹅乐园”，观看乐高集团提供的500多个视频；体育方面，花重金买下多项体育赛事的转播权，包含NBA等篮球赛事以及英超等足球赛事；动漫方面，腾讯视频与全球顶级视频游戏公司Epic Games合作，打造“技术平台+开发公司”合作模式，对核心动画内容进行技术支持。

（9）成本结构

当前腾讯视频的成本结构由网站建设的服务器和带宽成本、购买视频的版权成本、影视自制发行成本和终端硬件成本组成。

3.腾讯视频SWOT分析

（1）优势

① 完善的SNS传播平台生态体系。腾讯视频基于腾讯的强大社交平台，在国内和全球范围内进行推广。腾讯视频节目也因此利用腾讯旗下的各类社会化媒介进行宣传，从而提升了节目的知名度。

② 全网覆盖面广，优质资源迎合受众。腾讯视频网站涵盖了电视剧、娱乐、电影、儿童、综艺、纪录片和体育等多种类型的内容，形成了一个覆盖全国的综合性视频网站。随着原创电视剧数量的增多，与之前单纯地为用户提供视频服务相比，腾讯影视还将提供更多精彩的自制原创电视剧内容。

③ 庞大的用户资源库。从目前腾讯的用户规模来看，腾讯视频在上线的第一天就很容易地吸引到了海量的网站流量。随着网络的迅速发展，媒介终端上的内容也在不断地进化，腾讯的社会化产品也在不断地向人们的生活渗透。腾讯视频凭借庞大的用户流量迅速成长，成为视频行业领头羊。

（2）劣势

① 节目的同质化现象严重。由于没有相应的规范，盗版行为时有发生，导致

产品同质化的问题一直没有得到有效的解决。腾讯视频的市场定位不清，业务模式也不明朗，即便有母公司的资金支持，腾讯也会一而再再而三地追求自己的电影和节目，盲目地购买，造成了越来越严重的同质化。

② 频繁的视频版权纠纷。版权问题是影响影视行业发展的一个重要因素，腾讯视频也是如此。作为业界的领军人物，腾讯视频并未逃脱著作权之争。盗版问题是网络视频网站面临的一个重要问题，网络版权费的不断攀升，导致了网络盗版行为的出现。

③ 运营费用不降反增。视频网站的经营模式过于单一，导致其经营成本高企，版权购买成本持续上升，并在自制原创节目上投入大量资金，导致其收益远远小于运营成本。

（3）机遇

① 优越的市场环境。高质量的网络视频为其带来了稳固的经济增长，用户规模持续增长。中国的网民数量在不断增长。随着互联网视频网站的迅速发展，电视、报纸和广播传媒企业纷纷采用在线视频。视频广告公司对腾讯视频的热捧，让其在金融、技术等方面都有很好的支撑。

② 政策支持。国家广播电视总局、司法部等有关部门相继出台了多项政策扶持和鼓励网络视频行业自制剧的制作与发行，如《中华人民共和国文化产业促进法》《关于进一步加快广播电视媒体与新兴媒体融合发展的意见》等，对网络平台自制剧的发展给予了多项政策优惠，这些政策增强了视频平台发展自制剧的信心，解决了目前视频平台面临的部分问题，推动了行业自制剧的发展。

③ 网络自制剧迎合新媒体时代用户的休闲需求。新媒体的兴起和发展使信息呈现出碎片化和去中心化的特点，去中心化带来的是用户选择的多样性，碎片化要求内容必须极具吸引力，否则用户极易流失。网络自制剧凭借“时间短、笑料密集”的特点和题材内容的吸引力能在最短时间内抓住用户的眼球。

（4）挑战

① 竞争对手实力雄厚。视频网站是一个新兴的产业，在经历了多次竞争之后，只剩下了爱奇艺、优酷视频和腾讯视频处在第一梯队。百度是爱奇艺的赞助商，阿里巴巴是优酷视频的赞助商，腾讯是腾讯视频的赞助商。这三大网络公司都是中国的网络巨头，它们的市场竞争力、资本实力和用户数量都很大。

② 政策监管限制自制创作。对网络自制剧的宽松管理可能会导致网站为追求点击率而走政策的“擦边球”，因此，有关部门已经制定了相应的法规，对自制剧、微电影等进行了严格审查。

4.腾讯视频商业模式总结

腾讯视频借助公司的全平台联动，形成了一个多平台协同发展的新模式。通过数量巨大的用户数据和持续的社交化视频传播渠道，吸引大量用户的关注。同时，腾讯视频的视频内容全网覆盖，然后打造独一无二的视频内容，让受众成为其忠实客户。另外，腾讯视频寻求差异化，避免同质化的竞争，加大自制剧的投入，并进行跨界合作。腾讯视频在短时间内脱颖而出，正确地分析了所面对的受众群体的特点，并制定出适合自己的营销战略，形成鲜明的传播特色和强大的号召力。

研讨：

1.归纳总结腾讯视频免费增值商业模式的构成要素有哪些。

2.在发展过程中腾讯视频采取了哪些措施来避免视频内容同质化问题，形成自己的竞争优势？

3.腾讯视频目前面临哪些问题和挑战？你认为腾讯应该制定怎样的发展战略应对这些问题和挑战。

7.3 诱饵模式

7.3.1 诱饵模式特征

1.诱饵模式概念及发展

在商业发展史上，吉列是广为人知的国际大品牌，不仅生产的产品质量高，而且它还创造了一种被广泛应用的商业模式。早在100多年前，吉列公司就以一种我们现在看来很平常的方式销售剃须刀，即通过赠送或以赔本的价格售卖剃须刀刀柄。刀柄作为耐用品，质量极高，以此培养一批忠实用户。但是刀片作为损耗品需要经常更换，吉列公司主要是通过售卖与刀柄配套的刀片进行获利。这一商业模式的核心在于企业所提供的免费或低于成本价的初始商品是否与后续消费品存在紧密连接，通常后续的消费品是可替换的，企业往往从中获取较高的收益。这种模式，也叫作诱饵模式，刀柄是诱饵，刀片赚钱。在现实生活中，几乎每个生意人或多或少都要用到诱饵模式。诱饵模式依赖于企业对这种“锁定关系”的严格把控，企业通常以专利的形式对外设置壁垒。如今吉列公司所申请的专利数量超过1 000项，通过专利法案的保障，确保了竞争者无法以更便宜的价格提供吉列剃须刀适用的刀片。

在日常生活中，该模式最常见的在于设备与其易耗品或服务的锁定销售上。商家以低价销售甚至赠送设备，但以较高价格提供以后的易耗品或者配套服务。通常诱饵模式需要很强的品牌吸引力或者产品优势，例如吉列剃须刀、佳能打印机等。这种商业模式的优势是把一次性生意变成了多次或高频，保证了公司收入的可持续，且利润丰厚。

2.诱饵模式特征

（1）基础产品赠送或低价出售以获取大量的客户流量。

（2）附属产品高价出售，从中获取持续性收入。

（3）基础产品与附属产品之间具有“锁定关系”，提高客户对产品的依赖性。

7.3.2 代表案例：亚马逊Kindle

1. 亚马逊Kindle简介

亚马逊公司（简称亚马逊，Amazon）成立于1995年，是美国最大的一家网络电子商务公司，也是全球第一大网络书店。1997年5月，亚马逊上市，最初每股价格仅9美元左右，而到1998年11月股价涨了23倍，达到209美元。亚马逊公司在网络商业界建立了一个前所未有的网络书店王国，在亚马逊网站上读者可以买到近150万种英文图书、音乐和影视节目。其为全世界100多个国家和地区的客户提供服务，据统计，1999年就有近620万人次在该网站上购物，比1998年增长了近7万人次，是全球电子商务的成功代表。

在信息化的今天，人们的阅读习惯逐渐由传统的纸本向电子书转变。电子图书之所以如此受欢迎，是因为阅读终端的日益普及，以及网上大量的高质量内容资源的不断涌现。尤其是在抗击新型冠状病毒的过程中，电子书读者数量急剧增加，读者的支付意愿和市场需求的增长，使得阅读形式的碎片化已经成为一种趋势。

亚马逊于2007年11月19日发布了首款电子阅读器，该设备是由工业设计师罗伯特·布伦纳设计的。此举推动了出版革命，使得美国的电子图书蓬勃发展，并很快在全球范围内流行开来。亚马逊首席执行官贝索斯在介绍Kindle的时候说，Kindle的卖点是“服务而不是产品”。亚马逊公司的终极目标仍然是将电子书卖给读者，Kindle仅仅是一种媒体，帮助他们进行销售。Kindle是亚马逊在线书店的一个无限延伸，它可以为读者带来更多的阅读体验，而不是像iPad一样带来更多的娱乐功能，Kindle没有摄像头，没有麦克风，没有社交媒体，没有邮件，没有短信，只提供与阅读有关的功能，比如添加、分析、英文生词提示和中文生字注音，跨平台同步阅读，即时翻译等，确保使用者专注于阅读。

Kindle发展沿革见表7-3。

表7-3 Kindle发展沿革

事件时间	事件内容
2004年	贝索斯开始准备开创自己的电子书事业
2007年11月19日	发布第一代Kindle阅读器，一举引爆了全球电子书产业
2009年2月	亚马逊推出第二代Kindle阅读器
2010年7月	第三代Kindle阅读器面世
2011年9月28日	亚马逊宣布推出触屏版的Kindle Touch电子书阅读器，同日推出Kindle Fire正式进军平板电脑市场
2012年9月7日	亚马逊发布新一代电子书阅读器Kindle Paperwhite，同日还发布了平板产品Kindle Fire HD

续表

事件时间	事件内容
2013年6月7日	Kindle正式进入中国市场
2014年9月12日	亚马逊又发布了最新一代的电子书阅读器Kindle Vogage
2016年4月13日	亚马逊发布全新一代Kindle Oasis，这款产品对阅读器的体积进行了大幅优化
2016年底	中国已成为亚马逊全球Kindle设备销售第一大市场
2017年6月27日	亚马逊与中国移动咪咕公司正式推出专为中国市场定制的全球首款联合品牌亚马逊Kindle X 咪咕电子书阅读器
2019年3月21日	亚马逊推出了Kindle全新青春版

资料来源 焦昱纬．Kindle品牌运营研究［D］．重庆：重庆工商大学，2015.有改动和增加。

2.亚马逊Kindle商业模式分析

（1）价值主张

用户购买亚马逊的Kindle设备，使用Kindle的阅读软件，购买Kindle的电子书，最终的目的就是阅读。Kindle的口号是“为阅读而生”，这一点足以说明亚马逊在Kindle的核心理念上和消费者有着很高的契合度，亚马逊Kindle所能提供的所有东西，都是消费者渴望得到的。Kindle的所有产品都是以“阅读”为主题的；同时，Kindle的电子书平台也将为消费者带来更多的消费选择；Kindle的阅读软件旨在使读者更好地阅读。亚马逊的产品与服务都是以“臻美阅读体验”为核心理念的，这种理念是亚马逊Kindle电子图书品牌推广的基础。

（2）客户细分

Kindle的使用者都是喜欢阅读的人，他们对生活品质和阅读环境有很高的要求，亚马逊瞄准了读者的需求，将重点放在了阅读的设计上，为不同的读者提供更加周到的服务。

Kindle将阅读群体分为三类：第一类人是“有情怀”的读者，他们是热爱阅读、热爱书籍的人。这些高学历、高收入群体的阅读具有强烈的目的性，他们当中有的人是为了获得知识而不断成长，从而获得更好的发展和社会地位；有的人阅读是纯粹的精神享受，获得知识，寻求精神财富。第二类人读书针对性强，想要快速获得书中核心观点，提取书中某个有用的片段总结，成为日常社交中的谈资。在快速碎片化的生活中，坚守自身人生准则。第三类人，读书并不是很有目的性，只是为了消遣和娱乐，在书籍上的花费也很少。

（3）客户关系

Kindle以完善的服务与上游出版商建立良好的合作关系，同时也在对其下游客户进行深入的调研，并与其进行持续的交流。Kindle自进入中国后，一直在与国内数以百计的国有和私营出版商进行业务拓展，以“认真做内容”的态度为出版商提供优质的服务。在平台运作上，亚马逊Kindle中国一直在拓展自己的思维，通过精心设计的模式和有趣的活动，来提高网站的活跃程度和用户的参与度，从而促进了销量的增长。

亚马逊Kindle一直秉承客户至上的理念，打造互动社区，倾听读者的意见，提高自身的服务水平。亚马逊Kindle设立了一个“读者评论”专栏，让读者可与作者和读友们进行互动，分享在阅读过程中的新发现和想法。亚马逊Kindle反过来还可以利用互动平台，了解到读者的需求，升级服务，提供高质量电子书，提高用户的忠诚度，从而增加网站的流量转化和交易。

（4）渠路通道

电子书版权渠道的拓展。与出版商合作是早期电子书的主要来源。伴随着科技的进步，Kindle和作者的合作扩展了电子书资源获取的渠道。亚马逊与作家签订合同，通过网络方式，省去了出版商的工作，这不仅可以加快出版速度，也可以大大降低原本为出版商支付的成本，从而为亚马逊和作者带来更多的收益。

消费者使用电子书的渠道拓展。电子图书的获取途径变得更为广泛，以前只能在Kindle终端上进行电子图书的下载，如今则可以通过Kindle软件来获取，比如亚马逊在APP商店里免费提供面向苹果用户的服务，比如iPhone等苹果产品的Kindle插件，这样用户就可以在iPhone上阅读亚马逊的Kindle格式的电子书了。

从销售渠道来看，Kindle的产品主要是通过亚马逊的官方网站进行销售，京东、淘宝和苏宁易购等网络商城均有销售，扩大了产品的销售渠道。在电子书内容上，亚马逊与苏宁已经达成新的合作模式，苏宁电子书城拥有将近5万本的电子书资源，也就是说，Kindle可以在亚马逊、苏宁等线上途径进行下载和出售，极大地促进了Kindle在中国的发展。

（5）关键业务

产品是品牌的基础和核心内容，按照亚马逊网站的商品分类，Kindle电子书产品包括内容（即电子书资源）、载体（即Kindle电子书阅读设备以及延展媒介）和Kindle APP阅读应用这三大类别。阅读设备和阅读应用是内容的载体，是电子书资源得以呈现在读者面前的方式。这三者都是消费者和读者能直接接触和感知到的，是用以满足消费者需求的核心内容。

（6）核心资源能力

亚马逊Kindle阅读器的优质产品设计和亚马逊Kindle商店提供的海量丰富电子书资源是亚马逊Kindle电子书优质阅读体验的两项保证，是亚马逊Kindle电子书的核心价值，也是区别于其他竞争者最明显的优势。

另外，亚马逊Kindle拥有独创的AZW电子书格式，经过亚马逊电子书平台DRM技术加密的以AZW格式发表的数字出版物可以最大限度地防止盗版及非法获取，有利于保证作者的版权，保护作者或出版商的利益。

（7）重要合作伙伴

亚马逊Kindle中国在2017年与中国移动咪咕公司建立了战略伙伴关系，共同打造了一款专门针对中国市场的Kindle——亚马逊Kindle X咪咕电子阅读器，一次将800 000多种图书及网上文学作品纳入Kindle阅读器，为中国读者提供了更多的选择。

自2020年3月起，亚马逊Kindle中国和建设银行携手开展“龙卡阅读日”系列活动，定期面向龙卡信用卡持卡人发布精选书单并赠送电子书。

作为外资背景的亚马逊，进入中国以后也与中国本土互联网巨头腾讯、阿里进行深度合作。亚马逊Kindle中国与微信合作阅读小程序的功能，一方面用自己的优质数字内容服务庞大的微信用户，另一方面也可以将微信用户中对于阅读感兴趣的那部分人群吸纳成为自己的用户。亚马逊Kindle中国也曾与天猫宣布携手发起“百天夜读”计划，在手机淘宝或天猫APP搜索“今夜不孤读”，每晚会推荐一本书，每周三晚都可以让一名大咖在天猫直播陪你夜读，蔡康永、马伯庸等文化圈名人都参与了此活动。活动期间，在天猫超级品牌日，亚马逊Kindle中国还推出Kindle天猫定制款AR礼盒，并推出买赠70元书券、分期免息等福利。

（8）收入来源

亚马逊推出了一种“硬件+内容”的双管齐下的策略，Kindle的硬件是以成本价出售，而亚马逊的官方网站则是以电子书和广告为主要收入来源。一些学者把这种模式称作“资源集成平台+ Kindle阅读终端”。

总体来说，Kindle的售价是接近出厂价的，亚马逊的盈利点并不是Kindle的销量，而是在Kindle上的数字产品。电子图书没有印刷成本、库存成本、运输成本，其边际成本接近于零，因此，降低成本将成为企业盈利的关键。亚马逊的捆绑价格战略是指在Kindle电子图书商店里的电子书只有依靠Kindle才能阅读。电子书和Kindle的终端是捆绑在一起的，销售也是互相促进的。

（9）成本结构

Kindle产品研发成本，包括核心技术层面、研发人员聘用和专业技能培训方面的成本；电子书内容成本；平台运营成本，包括平台与上游出版商和下游用户关系的维护、广告推广和营销活动策划方面的成本。成本结构可以首先从外部合作关系来分析，其次从内部运营方面来分析。亚马逊公司会在商业网站上对平台上的卖家进行统一而且有序的管理，同时也会对平台上的资源进行严格的把控。

3. 亚马逊Kindle SWOT分析

（1）优势

① Kindle自身的特征优势，便携、护眼、环保、性价比高，资源获取渠道便捷，同时有效提升读者阅读专注力，而不像手机阅读容易被各种推送资讯转移注意力。

② 亚马逊有很强的商业背景且具有很好的品牌背景，Kindle的海外销售经验可以作为中国市场的参考。

③ 亚马逊具有强大的技术研发能力，改善后的Kindle外观更符合用户的审美，语音、音乐、网络等，也为用户提供了更好的体验。数据挖掘技术为出版商提供实时的资讯，能够对未来的书籍销售趋势进行预测，并能及时掌握读者的需要，并根

据读者的阅读习惯，为其带来更多的个性化推荐。

（2）劣势

① 亚马逊Kindle中国跨区域发展水土不服。产品想迈入一个新的区域，就必须适应当地的市场。尽管亚马逊推出了Kindle中文书城，为中国消费者带来了极大的便利，但亚马逊在中国的本土化并未得到很好的发展，这主要是因为中外文化和消费习惯的不同，中国的读者对Kindle的阅读习惯尚未形成，更多地依赖于纸质书。

② 同类型的产品具有很强的竞争力。除了iPad这种集视频、社交和娱乐于一体的多功能设备之外，中国也有许多与之相似的产品，例如，汉王科技就推出了一款与亚马逊相似的电子书，其定价比亚马逊的Kindle要便宜得多，它可以通过价格上的差别来吸引中国消费者。

（3）机遇

① 市场需求很大。亚马逊Kindle中国消费者基础很大，现在用户的消费比例不高，但潜力巨大。随着Kindle在中国市场的扩张和销售渠道的不断扩大，将逐步提高其在中国的市场占有率和改善用户的使用体验。

② 中国的读者在阅读方式上发生了变化。电子书的阅读方式以青年人为主，但由于Kindle的市场推广及Kindle的优势逐渐显现，中国读者的阅读习惯将会发生变化。

（4）挑战

① 传统的纸质图书翻身之战，探索变革道路。与传统的纸质图书相比，电子图书有着明显的优越性。然而，传统的纸质图书正不断地探索着变革的道路，从而给今后的电子图书带来巨大的冲击。传统报纸媒体在借鉴网络思维的基础上，充分发挥自身的优势，以新闻的专业和可靠度占据一定的市场份额，并勇于创新以适应市场的竞争环境。

② 中国人传统的消费习惯。尽管人们的阅读习惯正在慢慢地发生变化，但中国的传统消费者并不喜欢付费的电子图书，他们更倾向于购买免费图书。在中国的市场环境下，由于盗版行为难以根除，0.99元的电子书在定价上并没有明显的优势。

4. 亚马逊Kindle商业模式总结

亚马逊Kindle为中国的电子图书市场开拓了一条新的道路，它突破了传统销售渠道储存空间有限、保存环境要求高、易损耗等限制。亚马逊面向消费者，提供高质量的电子书，并通过其遍布世界各地的网站和市场渠道，实现电子图书跨越国界的转变。

通过根本性的数字化变革，Kindle电子书实现了纸质书籍的信息化，“硬件设备+软件内容”的形式使得一个Kindle可以包含百本纸质书籍的容量，信息化的支持更加方便突破时空的限制，在任何时间、任何地点可以下载和阅读，避免了纸质书籍的携带和损坏的可能。

用户付费意愿的提升，意味着我国出版产业数字化的前景会持续向好。依托5G超高网速、虚拟现实、人工智能等新技术的快速发展，数字阅读的服务和体验将进一步提升。数字内容不断优化，价值作用日益凸显，服务模式不断创新，各类用户规模持续攀升，将释放出巨大的市场潜力。

研讨：

1. 试绘制Kindle商业模式画布，分析Kindle核心竞争力是什么。

2. 随着时间的推移，越来越多的企业进入到数字阅读领域，面对诸如微信读书、京东读书、当当云阅读等强有力竞争对手的不断挑战，亚马逊应该采取什么样的战略来使自己持续地保持竞争力？

7.4 共享经济模式

7.4.1 共享经济模式特征

1.共享经济模式概念及发展

共享经济，从狭义来讲，一般是指面对互不相识的双方或多方，将产品或服务的使用权进行分享，整合大量闲置的资源，实现资源高效利用的一种新经济形式。现代意义上的共享经济必须有一个由第三方创建的互联网平台。

共享经济模式中，人们在其需要时，使用某种产品或服务，享受其给自身带来的价值。一旦人们不需要时，可将使用权让渡给需要的其他人，继续实现产品和服务的价值。人们更多地采取一种合作共享的思维方式，使用而不占有，是共享经济最简洁的表述。

共享经济商业模式是从美国兴起的，其理论渊源于1970年。共享经济是一种经济转型，它从2000年就开始了，而且可以追溯到更早的时候，很多公司都在尝试将共享经济运用到各个行业，比如WeWork，它可为大大小小的企业提供办公空间，从而提高工作效率，节省成本；Kickstarter通过为有创造性计划的顾客提供众筹服务来分享基金。但在初期，共享经济在市场上的反应平平无奇。直到2008年金融危机之后，政府、机构和个人为了应付严峻的经济环境而不得不削减支出，对于共享资源的需求与日俱增，这极大地促进了共享经济的快速发展。

2014年和2015年，共享经济飞速发展，仅仅两年，其投入已经增长5倍。根据有关部门的数据，2014年和2015年的投资总额为227.06亿美元，而从2000年到2013年，全球流向共享经济的投资额累计仅43亿美元。从产业层面来看，共享经济已经深入到了生活各个方面，对人们的生活产生了深远的影响。随着互联网和信息技术的广泛运用，世界范围内的商务环境也随之发生了深刻的变革，共享经济也随之步入了一个新的时代。

目前，共享经济已在汽车租赁、P2P网络借贷、众筹、住宿等行业中得到广泛的应用，而且参与的对象也从单一的个体变成了企业间的共享。共享经济在国民经济中所起的作用，远远超过了人们的期望。另外，共享经济正在动摇传统经济学的基础，在2016年，Uber和Airbnb的市场价值分别为600亿美元和250亿美元。

2. 共享经济模式特征

共享经济最突出的特征就是在网络市场平台的支持下，通过双向的补贴来吸引供给方和需求方，在这个平台上，满足不同需求方的需求可以有更多的选择。

（1）从资源的分配角度看，“善用”社会资源是实现共享经济的先决条件。

（2）在所有权方面，消费者共享的消费品和服务不会被特定的消费者所垄断，而会被大量的消费者所共享。

（3）在消费方式上，共享经济不是持续而集中的消费方式，而是大量短暂而分散的交易。

（4）从技术层面看，网络交易平台是实现共享经济的重要技术支持。

（5）在交易成本上，成本的降低使共享的各方获益。

3. 共享经济模式类型

尽管共享经济在各个行业中的规模、发展速度、发展前景等方面都存在着差异，但总体上来说，共享经济模式可以概括为产品服务化模式、协作式模式、市场再分配模式和协同生活模式。

（1）共享固定资产的产品服务化模式

以共享固定资产为主要特征，自2008年越来越多的网络平台开始出现，将个人的闲置资产诸如汽车、车库、办公室空间等，共享给其他人以获取收益，共享成员付费获取短期使用权而不必拥有产品。企业将闲置的有形资产转化为无形的使用权分享，利用互联网作为中介，通过监督和收费，可以提高企业的生产效率，完善企业的资源配置。

（2）非有形资源的协作式模式

非有形资源往往和数字化相结合，通过网络平台与众人分享。这些基于信息的无形资产可以同时用于多种用途，并能够在传播和共享的过程中创造新的价值。在数字文化中我们能够更好地发现并理解在线的各种共享行为模式。在这种模式下，人们分享相同的兴趣或协作实现某个共同目标，非有形资源互相协助涉及园艺、技术、劳务、家政服务、医疗服务等诸多行业。

（3）基于网络平台的市场再分配模式

在网络出现以前，人们所能接触到的群体都是基于相同的需要和利益，因此很难达成共享产品。虽然二手商品循环再利用理念已经深入人心，但想要准确地找到真正的目标，却是一件非常困难的事情。然而，互联网的出现突破了传统社会所不能跨越的时间与空间的限制，使旧货的流通成为世界上普遍存在的一种现象。

（4）基于社交网络的协同生活模式

共享经济为我们提供了一种以社交媒体为基础的合作生活模式，我们不仅可以得到我们需要的东西，也可以和更多的人建立起互信，并不断地和他们保持着联系。Facebook和微信等社交平台可以让用户在真实的生活中与家人、朋友、同事分享自己的人生经历，从而形成了“熟人”之间的协作消费。这样的合作模式可以让好友之间形成点对点、点对面的协作生活方式，从而形成一种社会型的共享经济模型。

7.4.2 代表案例：小猪短租

1.小猪短租公司业务简介

小猪成立于2012年，于2012年8月正式上线，是国内依托于分享经济，为消费者提供个性化的住宿服务的网络平台。小猪以分享经济为己任，致力于发掘具有潜在价值的闲置住房资源，搭建诚信、安全的在线交流与交易平台，并通过清洁、智能家居等服务网络，构建一个大生态的绿色居住平台。小猪提倡个性化的住宿模式，已筹备好一系列“住进花店”“住进剧场”“城市之光”“书店住宿计划”“乡村美宿”等特色活动，提倡多元化、趣味盎然的生活。小猪的房源，有一般的民宿，也有隐藏在城市里的四合院、花园洋房、百年老楼、绿色火车房、森林木屋、星空房等。在小猪平台上，房东们可以共享闲置房源、房间、沙发、帐篷等，为租客们提供与传统酒店不同的更有人文情怀、更有家庭氛围、更具性价比的住宿方式，同时也能让租客们结识更多志同道合的朋友，体验当地的文化和生活的乐趣。通过共享房屋改变中国人的住宿，是小猪奉行的企业理念。小猪将继续坚守美好的价值观，推动中国住宿方式上的进步。

小猪短租发展沿革见表7-4。

表7-4 小猪短租发展沿革

事件时间	事件内容
2012年8月2日	小猪网站正式上线运营
2012年8月20日	58同城引入首家短租网站与小猪达成战略合作
2016年6月	小猪短租宣布更名为小猪，同时，推出新的slogan——“居住自由主义”
2017年4月26日	小猪正式推出商旅住宿业务
2018年3月13日	小猪宣布与Booking集团旗下的Agoda达成全球战略合作伙伴关系，将在房源打通、技术与服务创新、品牌营销等领域展开合作
2018年4月19日	小猪宣布其全国第二总部落户成都。此外，小猪推出全新业务品牌揽租公社，为房东提供一站式的民宿短租经营解决方案
2018年4月24日	小猪宣布与飞猪达成深度战略合作，小猪将打通飞猪平台民宿短租频道入口，提升飞猪优质民宿房源的供给，为平台用户提供“先住后付”服务
2018年6月21日	阿里巴巴旗下旅行品牌飞猪上线民宿短租频道，小猪成首批房源提供方
2019年9月	小猪宣布携手飞猪，“猪”联璧合，推出超级品牌日活动，打造民宿品牌的双11狂欢节
2020年7月	小猪民宿和字节跳动旗下办公套件飞书宣布达成战略合作，小猪企业版已正式入驻飞书，成为首家入驻飞书的民宿预订平台
2020年7月	小猪民宿联合小红书宣布达成战略合作
2021年9月22日	飞猪宣布战略投资小猪民宿

资料来源 根据小猪官网资料编写。

2.小猪短租商业模式分析

（1）价值主张

小猪主张打造一个以分享为目的，人性化的、充满人情味的在线社交短租平台，面向具有旅游、过渡性居住需求的年轻人。小猪志在提供创意性、多元化、高性价比、高品质的房源，并不断提升服务质量，最大限度地满足年轻用户群体的个性化需求。以短租产业为基础，小猪形成了包括专业化管家、智能家居、沉浸式家庭影院及烛光晚餐等产业在内的生态圈。

（2）关键业务

关键业务主要涉及产品、运营、业务三方面。在产品上，小猪在国内拥有公寓、民宿、家庭旅馆等多种房源，房东可在平台上免费发布闲置房源信息，房客在平台随时搜索并挑选心仪房源。

在运营方面，2016年，小猪短租推出了管家服务，为业主提供规范化的清洁服务。业主订购后，由小猪保洁团队上门进行清洁工作，清洁的项目多达19个。小猪在2018年推出“揽租社区”，为业主提供短租的一站式服务，如果业主遇到了经营上的问题，可以向小猪短租寻求帮助。另外，该平台还会为租户提供在线优化的入住流程，以及在房源端的智能门锁，为租户提供放心有保障的住宿环境。

在业务方面，小猪迅速拓展海外市场，拓展了日本和泰国等热门旅游目的地，并积极拓展其他海外市场。近年来，公司在北京、上海等一线城市建设了商业服务系统，在热门旅游城市开展了民宿营销，拓展了其核心业务。

（3）重要合作伙伴

小猪短租的发展离不开社交媒体平台、保险公司、信用评级机构以及融资方等的支持，这些也是小猪短租重要的合作伙伴。

小猪与携程、闲鱼、飞猪、马蜂窝等主流媒体平台进行广泛的合作，既拓展了营销渠道，也整合了其他平台的用户。通过与“乡村民宿”“共享空间”等企业合作，小猪短租品牌的知名度不断提高，并促进了“个性化”的理念的传播。与保险公司众安和泰康合作，为房东与房客购买人身财产保险，并提出虚假房源可获得赔偿、违规收费须赔付房款双倍、取消订单房客无损失、支付平台第三方担保系统，这些保障措施使双方在平台上交易更安心，减轻了双方后顾之忧；通过与信用评估公司合作，引进业主和租户之间的相互认可和芝麻信用评分，为双方建立起信任的基础；通过与金融机构合作，小猪短租已经完成了F轮融资，其融资规模不断增长，这是对其发展前景的最好肯定。

同时，为了拓展海外市场，小猪短租圈地海外，2018年3月宣布与知名的全球在线旅游平台Agoda（安可达）达成全球战略合作伙伴关系。双方将在房源打通、技术和服务创新、品牌营销等方面进行全方位的合作。此次合作将为旅客提供酒店以外的更多的住宿选择，满足消费者的多样化和个性化需要，为全球用户提供优质服务。

以年轻人为目标客户群体，小猪与700 Bike、取暖等品牌携手打造“城市漂流”活动，让更多年轻人入住当地家庭，体验都市生活，体验“人性化的住宿”，既为品牌做了推广，又为年轻用户树立了小猪年轻化的形象。

（4）核心资源

目前，小猪短租在中国已经有超过20万套的个人业主的个性化住房，以满足不同的租户场景需要，同时也有强大的线下团队为其提供服务。

小猪短租将其自身的基础建设作为核心能力。所谓的基础建设，就是在安全、信任、用户体验等各方面，为房东房客双方提供一系列的管理制度、产品设计和服务保障。在此过程中，实行双向实名制、建立双向点评，以及提供保险、住房保障等，都将为房主和房客建立诚信和互信打下坚实的基础。在基础建设方面的投资，使房东和使用者能够更好地进入C2C的短期租赁市场，这也是其核心优势，且难以迅速复制和追赶。

（5）客户细分

小猪的目标人群是20～39岁的人群，包含白领、学生、外出旅游人群等，他们大多喜欢新鲜事物、追求高性价比的住宿和个性化的服务。

在短租领域不断拓展的同时，小猪也为用户提供全新的个性化服务。以文艺青年为目标，小猪推出了“名人公寓”“城市之光”、“乡村美宿”等个性化房源。为商务旅客服务，小猪创新推出发票无忧、7×24小时入住保障、卫生投诉先行赔付等针对性服务。

（6）客户关系

用户可通过小猪官方网站、小猪APP、客服中心等咨询、反映问题或提供建议，也可和线下工作人员联系沟通，小猪短租能够及时了解顾客需求、发现问题并高效率解决。

小猪的服务人员会定期邀约房东，邀请他们参与市场推广，教他们如何迎接陌生人，如何和陌生人打交道，如何体现出人性化的居住理念。同时，小猪还在平台上开设“房东”专栏，将房东日记、房客点评、预订记录等内容呈现给需求方，方便用户选择。通过与房东的互动，小猪团队能够即时获取到客户的第一手资料，并在第一时间发现他们的需求，并持续提高他们的体验质量。

小猪短租还在成都正式推出了“揽租公社”的新业务板块，利用其成熟的平台生态，搭建智能化众包服务网络，为房东提供一站式的民宿短租经营解决方案，涵盖设计、软装、保洁、商城、物联网设备、智能化管理等环节。此次升级，既可以将小猪短租的优势资源整合起来，又可以使其运行更加智能高效。

（7）渠道通路

小猪短租主要是在网上为房东和房客建立一个社会化的平台，在线下组建一个专业的运营队伍。租户可在小猪短租网站、APP界面上选择民宿、四合院、树屋等短租房屋，依据房源照片、描述、点评等信息辨别真伪。

口碑营销也是小猪长期传播宣传所沿用的方法，这种沿着人脉进行传播，通过口碑一点点渗透到大众生活中的营销模式，逐步改变国人的消费习惯，滚动开拓房源的方法无疑是行之有效的。

（8）成本构成

从成本上来说，小猪短租因为是房东提供房子，所以它不需要花费太多的资金，主要是平台的运营和管理成本、劳动力成本。短租平台的宣传、推广以及维护都需耗费一定的成本。此外，小猪的线下服务支持团队开销也是一大费用支出。

（9）收入来源

小猪短租的收入主要来源于融资收入和业务收入。在融资收入上，2012—2019年小猪共获得7轮融资，为其拓展新业务提供了充足的资金支持。从营业收入看，小猪短租以佣金为主要收入来源。小猪短租是一个平台，可以为有空房的房东和有临时居住需求的租客提供一个平台，客户在预订了一个房间之后，平台会支付房费的20%作为订金，然后在平台上支付尾款，从预订到退款，只收取10%的手续费。对于租客来说，没有任何的手续费。

3.小猪短租SWOT分析

（1）优势

① 房源丰富，为客户提供多样化选择。小猪的房屋多为个人房源，有四合院、花园洋房、绿皮火车房、森林木屋等。还有名人房东的房子，比如最美女排国手花店住宿，还有著名老导演的四合院。“城市之光”书屋计划于2016年1月启动，至今小猪已经与20家书店联手，打造了富有人文气息的房子，进一步丰富了共享经济的精神内涵。5月，“乡村美宿”项目正式启动，为可持续旅游发展提供了有力的支持。因此，小猪房屋的较高的个性化程度也是吸引租户的一个主要原因。

② 较低的交易成本，具有价格优势。在传统的酒店行业发展初期，往往需要花费大量的资金，包括土地成本、建筑成本、人力资源成本等。与传统酒店相比，小猪在价格上具有明显的优势。因为小猪是一种“轻资产”的结构方式，即将闲置的资源直接租出去，不需要花费大量的资金来扩展房源，并且具有较低的边际成本。低成本直接表现在低价上，高品质且价格公道的房源，对消费者来说，具有极大的诱惑力。

③ 个性化的产品和体系化的服务，注重用户体验。小猪为房主和租户提供了一个更为安全、可靠的网上交易平台。对于房东而言，小猪除了提供免费的宣传平台外，还安排了一支专门的团队，负责业主的房子拍照、培训、清洁并免费提供家庭财产综合保险；对租户而言，小猪为租户提供了一个可以让租户获得更多细节信息的平台，而它的“租户保障计划”则可以确保租户的人身和财产安全。另外，房主和租户都要经过真实的身份验证，可以看到彼此的交易信息，也可以互相交流。总之，通过搭建网络平台，小猪可以实现房东和租户之间的信息匹配，从而得到双方的双向选择机会。这一特殊的居住体验，让业主和租户之间的关系更加紧密，同时也能满足双方的社会需要。

（2）劣势

① 服务水平参差不齐。小猪提供的是非标准化的房源，对于环境卫生条件并

无标准化的要求，所以房客在入住时会因为房主不同而得到不同的服务，平台需要进一步对房源的质量加以规范。

② 盈利空间受限且模式单一。小猪短租的目标群体是对住宿有过渡性需求的年轻群体，他们往往对于性价比追求更高。但是如果只是将服务瞄准该群体，就会使产品和服务的发展受限，可盈利空间就会被挤压，同时小猪短租仅对房东端抽取交易额10%的佣金。

③ 信用安全问题。相对于国外完善的信用体系，国内的社会信任及共享理念都较低。调查显示，仅有两至三成人相信陌生人，把空闲的房子进行出租，确实能让闲置资源得到合理利用，但是同时也让陌生的人进了家门，可能会出现安全隐患。

（3）机遇

① 我国共享经济理念逐步深入。共享单车、共享汽车、共享充电宝等，早已进入我们的日常生活。我国发展共享经济具有得天独厚的条件：一是转型发展的强大需求，共享经济是解决交易成本高、资源效率低、产品不对路、服务水平差等供给侧问题的重要突破口。二是网民大国优势，在共享经济领域用户量可轻松拔得全球头筹。三是中国互联网领先企业的成长路径为共享经济初创企业提供了经验和信心。此外，政府宽松的政策环境更是为共享经济发展提供了成长的土壤。

② 新一轮消费升级，中国旅游市场发生转变。根据国家旅游局发布的统计数字，“80后”和“90后”确实是旅游市场的主要代表，而青年群体所呈现的“时代”和“个性化”的特性，使得旅游消费呈现出“新气氛”，而住宿这个不可或缺的旅游环节也迎来了转型升级的契机。在旅游成为时尚、出行成为常态的今天，传统旅馆的标准化服务很难满足租客的个性化要求，而具有价格和体验优势的民宿更是备受租客青睐。

③ 互联网的高速发展，社交网络的打造。互联网尤其是5G技术的发展，对万物互联的发展提供更显著的优势条件。社会化网络的普及为小猪共享短租的经济模型奠定了基础。随着移动社会网络的日趋成熟，网上租赁平台上的用户和陌生人逐渐建立起了互信关系，从共享信息到共享资产。

（4）挑战

① 国内信用体系不完整。爱彼迎在海外市场的成功发展，很大程度上依赖于国外较为完善的社会诚信制度，而国内的信用信息共享平台尚不完善，且缺少一套完善的诚信法律制度来保障个人信息、解决纠纷问题。缺少一套行之有效的信用监管体系，会导致业主与使用者的信任危机，从而导致诸如小猪短租平台的使用效率下降。

② 国内短租平台的竞争激烈。最近两年，途家、木鸟短租、游天下短租等短租平台迅速发展，虽然这些公司的规模都很小，但在本土发展的同时，也能更好地了解中国消费者的消费特点。其中，途家以B2C模式为核心，通过几十亿元的融

资，从开发商手中获得房源，并为客户提供装修、酒店等方面的统一服务。在提供标准化服务的同时，途家还在2016年6月收购了蚂蚁短租，以填补其在C2C方面的不足。除了其他强有力网络短租平台，小猪同时还面对着传统酒店的另一个挑战。传统酒店为了迎合新的时代发展趋势，积极推动自身转型升级，试图推出多样化的品牌，为消费者提供个性化服务，以适应不同人群的需求。以凯悦为例，在2015年推出凯悦嘉轩、凯悦嘉寓进军中档市场，并在2016年推出了Unbound Collection by Hyatt品牌打造高质量的精品酒店。

③ 相关法律法规不健全。俗话说，“无规矩不成方圆”，个性民宿的发展离不开标准的束缚，小猪短租未来的发展之路是标准化和产业纵向一体化。由于针对短租市场的法律法规尚未出台，短租行业存在服务质量良莠不齐的问题。

4.小猪短租商业模式总结

小猪短租的商业模式很好地瞄准了顾客的需要，以闲置的房屋和配套设施为中心，进行了准确的定位。小猪短租在资源配置、经营模式等方面，对传统的营销模式进行了彻底变革，将住宿、社交、互联网、共享等理念融为一体：通过撬动短租消费和资源共享市场，打造社交平台，塑造一体化流程，建立绿色平台生态系统。在类似的平台上，小猪短租的C2C特性是最显著的，是一种更具活力、更年轻的共享经济实践。

研讨：

1.哪些因素促进了小猪短租等短租平台的诞生？小猪短租以创新博出路，驱动小猪短租不断进行创新的动力源有哪些？

2.与传统酒店业模式相比，共享房屋有哪些优势？

本章小结

本章我们基于盈利模式特征将商业模式分为免费广告、免费增值、诱饵模式和共享经济等商业模式，分别从概念、发展现状、类型和特征介绍了四大商业模式。另外，本章还列举了各大商业模式典型的商业案例，诸如今日头条、腾讯视频、亚马逊Kindle、小猪短租等案例，基于商业模式画布和SWOT分析法进行商业模式分析。

思考与实践题

1. 尝试使用PEST分析方法对上述相关案例进行分析。

2. 免费通常作为第二次销售的铺垫，试举例生活中常见的免费模式，并进行归纳总结。

课程思政讨论

“诚信”对于国家而言，有助于维持公共秩序与公平，对于市场而言，有助于保持平稳的运转机制。中国人讲究“滴水之恩，涌泉相报”，不少人秉持传统的义利观，然而仍有不良商家恰恰利用人们传统心理，存心设计“免费陷阱”以此牟利，诚信道德缺失。此外，“诚信危机”已成为我国共享经济发展的道德“瓶颈”，相较于国外完善的信用体系，国内的社会信任及共享理念都较低。诸如小猪短租案例，其中房客的征信数据难以获取，也无法依靠社交网络来判断房客，加大了小猪对用户端的审核难度。在这种情况下，房东与房客之间更需要有高度信任感，房客需相信房源信息真实安全，同时房东需相信房源被文明使用。当下国家前进发展，诚信问题不容忽视，国家要完善相关法律法规、提升诚信缺失惩戒力度、构建社会征信体系、开展个体诚信教育。

研讨：对比国内小猪短租与国外爱彼迎的商业模式，围绕如何打造高质量房主和客源互信效用展开讨论。

第8章 基于核心资源特征的互联网商业模式

8.1 大数据商业模式

8.1.1 大数据商业模式概述

1. 大数据商业模式创新概念和发展

在大数据的驱动下，各个行业的发展方式和模式都发生了巨大的变革。随着信息技术向泛在、融合、智能、绿色等方向发展，网络通信、计算、软件、服务等领域取得了重大突破，对整个IT行业产生了颠覆性和创新性的影响。以数据为中心的产业技术革新，必将对各行各业的主要业务产生深远的影响。而在大数据领域，一种全新的业务模式正在悄然兴起。

随着数字经济时代的到来，大数据日益被认为是企业的重要资产之一。国内外企业（如亚马逊、阿里巴巴、海康威视、吉利等）纷纷推出大数据产品和平台，利用大数据设计并提供全新的产品与服务以驱动形成新的商业模式。大数据背景下，产品和服务朝着实时化、个性化方向发展。大数据催生出全新的产品类型，也在催生出新兴产业，如大数据服务产业、云计算产业等高科技产业，这为商业模式创新提供了机遇。

2. 大数据商业模式创新类型

（1）数据租售模式

数据租售模式的产生将定位在大数据的采集和整理阶段，通过收集、整理、过滤、校对、打包、发布等一系列流程后，实现数据的增值，这就是数据租售模式。例如，导航地图、动态交通信息及汽车综合信息服务提供商，通过在基于静态的地图数据基础上，不断加入实时动态的交通信息、丰富的生活信息和全面的地理信息，向市场提供专业的电子地图数据产品和服务，建成可循环更新的电子地图数据采集更新体系。

（2）知识租售模式

知识租售模式的产生将定位在大数据的整理和分析阶段，通过采编各类信息和数据，形成有价值的知识，并建设和维护数据平台，通过各类渠道将知识传递、推广并销售出去，这就是知识租售模式。

知识租售模式之所以能够成为企业竞争的法宝，是因为企业结合终端业务比竞争对手更及时、更客观地提供相关信息和资讯给广大用户，可以抢占更多的市场份额。而这一模式的关键成功因素是采编各类数据、信息和资讯，要做到这一点，企业应建设和维护大型数据平台，并协同多种渠道进行信息和资讯的推广。

（3）数字媒体模式

数字媒体模式的产生主要定位于媒体产业上，利用数据挖掘技术帮助客户开拓精准营销市场，盈利于客户增值部分的分成，这就是数字媒体模式。这类模式的企业成长非常快，一般擅长数据挖掘分析技术，帮助一些数据大户如银行、运营商等开展新的业务。

数字媒体模式的产品和企业借助基于大数据的领先数据挖掘技术，实现跨媒体的广告调度，帮助广告主不断积累和复用自己的营销数据库，实现了营销活动的持续性和科学管理。这一模式的关键成功因素是基于大数据分析和挖掘而累积的互联网知识，而其基于知识模式的经济价值和社会价值还远远没有发掘出来，其发展空间不可估量。

（4）数据驱动模式

数据驱动模式将定位于某一具体行业，通过大量行业数据的汇集支撑，对数据进行挖掘分析后预测相关主体的行为，以拓展相关业务模式，这就是数据驱动模式。最典型的是小额信贷公司，在大数据时代，评估小微企业甚至个人还款能力的技术手段有了巨大进步，通过分析目标企业往来的交易数据、信用数据、客户评价数据等，可以掌握其需要的资金量，甚至可以测算它们可能的还款时间，大大降低了放款风险。目前基于数据分析的小额信贷公司如雨后春笋般成长，国内代表性的公司是阿里巴巴旗下的阿里巴巴金融。

（5）租赁数据空间模式

租赁数据空间模式将定位于大数据计算基础设施上，通过出租一个数据虚拟空间，从简单的文件存储，逐步扩展到数据聚合平台，这就是数据空间出租模式。

数据空间出租模式为个人和企业用户提供了文件同步、备份、共享工具。另外，也可以很方便地分享给其他人。而自动备份的功能则大大提高了文件的安全性。这一模式的关键成功因素是平台的开发和维护，因为这一模式普通的运作方式是后台自动备份指定的文件夹内容到云空间上，所以往往需要一个功能十分强大的开发平台来支撑。

3.大数据商业模式特征

（1）以顾客需求为中心，去中介化，将顾客置于中心地位。随着大数据时代的到来，消费者的分散、在线、个性化、分群的特点，要求企业在制定经营模式时，充分考虑顾客的需求，以顾客为中心。

（2）以大数据为核心资源。大数据是一个企业的核心资源，它已经成为一个公司的基本要素之一。

（3）以数据分析为核心能力。大数据是企业的核心资源，如何利用大数据为企业赋能，是大数据商业模式首要解决的问题。因此，大数据的分析应用就成为一个企业的核心竞争力。

（4）跨行业协作。在大数据时代，各行各业的竞争与合作都在发生着变化，原本互不相干的产业开始有了合作的可能，而这一切都是由大数据所带来的，这种信息既能有创意地颠覆商业模式，又具有强大的整合功能。

（5）依托平台发展。大数据背景下，市场环境在发展和变化，各个行业也不是单独去运行的，不再具有原本那么大的局限性，只在自己的小领域内发展，各行业之间的合作开始变得频繁且深入。企业开始更多地关注平台建设，以大数据为依托的线上平台能够起到拓展客户源、吸引更多合作伙伴、创造更多合作机会的巨大作用。

8.1.2 大数据商业模式案例：极光

1.极光公司业务简介

从互联网诞生之日起，数据就源源不断地进入其中，随着网络应用的不断深入，“大数据”一词已经从一个概念的层次逐步在各个垂直领域中得到广泛的应用，它可以真正帮助企业解决长期困扰的问题，成为未来发展的利器。

无论是互联网金融企业信用评估、风险管控，还是传统商户在电商挑战下向“新零售”方向的转型升级，均需要大数据作为利器给予一臂之力，这就给了众多大数据服务企业“用数据改变世界”的机会。

极光（Aurora Mobile）成立于2011年，是中国领先的客户互动和营销科技服务商。成立之初，极光专注于为企业提供稳定高效的消息推送服务，凭借先发优势，已经成长为市场份额遥遥领先的移动消息推送服务商。随着企业对客户触达和营销增长需求的不断加强，极光前瞻性地推出了消息云和营销云等解决方案，帮助企业实现多渠道的客户触达和互动需求，以及人工智能和大数据驱动的营销科技应用，助力企业数字化转型。

极光自成立以来专注于为APP开发者提供稳定高效的消息推送、统计分析、即时通信、社会化分享组件和短信等开发者服务，至今已经服务了超过70万款移动应用，累计覆盖超过130亿个移动终端，月独立活跃设备超过9亿，产品覆盖了中国国内90%以上的移动终端。基于积累的海量数据，极光拓展了在大数据领域的产品，包括极光效果通和极光数据服务。

极光公司于2011年推出了“JPush”作为其核心产品，成为国内第一个提供云计算的第三方推送服务平台。第二年，“极光推送”投入上线。目前，极光的推送服务覆盖了40多亿手机用户，提供稳定、精准的毫秒级信息推送，每月活跃人数达到5亿，日推送信息超过5亿，手机APP中有三分之一以上都有极光的身影。“极光推送”上线以来，在产业上的大量投资和数据积累，为极光在大数据领域的发展打下了坚实的基础。

极光公司发展沿革见表8-1。

表8-1　　　　　　　　　极光公司发展沿革

事件时间	事件内容
2011年	极光成立
2012年	公司旗下核心产品极光推送（JPush）正式问世，这是国内首个为移动应用开发者提供专业、高效的消息推送服务的产品
2013年	开启SaaS服务的商业化探索
2014年	完成A轮融资400万美元
2015年	完成由复星锐正领投、IDG和Mandra Capital跟投的B轮千万美元融资。推出了即时通信服务极光IM
2016年	完成了由国海证券、TCL、Mandra Capital、复星、金光集团、汉鼎宇佑等机构投资的数千万美元的C轮融资，同时将业务拓展至开发者服务、精准营销和数据服务三大体系
2017年	获得了富达国际（Fidelity International）数千万美元的D轮投资，同时“极光效果通”这一以数据驱动效果的广告平台正式上线，商业地理数据产品“极光iZone”随后也投入市场
2018年	2018年7月26日，极光登陆纳斯达克，股票交易代码为JG，正式开启大数据布局全新篇章
2019年	开启战略转型，确定以开发者为中心及全面向SaaS业务转型的战略目标
2020年	极光企业文化升级
2021年	完成向SaaS业务转型的战略目标

资料来源　根据极光官网资料编写。

2.极光商业模式分析

（1）价值主张

极光以帮助企业与其客户建立智慧和紧密联系为使命，以成为中国对企服务领域最有价值企业为愿景，帮助企业实现多渠道的客户触达和互动需求，以及人工智能和大数据驱动的营销科技应用，助力企业数字化转型。

（2）客户细分

极光的主要客户群体包括两大类：一是移动开发者，包括没有数据规模要求、使用免费“个推SDK（Software Development Kit，软件开发工具包）”的普通开发者，以及有特殊需求、需要定制化服务或者需要使用其他SDK产品的客户；二是垂直领域的客户，包括广告主、品牌商、政府等需要大数据服务解决方案的客户，面向这类客户的服务大多是个性化的，客户按需付费。

(3) 客户关系

极光通过个性化定制，并按市场需求进行柔性生产，帮助企业与客户实现信息互通、价值共享，促使企业的价值主张按客户个性化需求转型。

建立极光社区，致力于区块链专业知识传递、技术输出、项目测评分析、梦想孵化、企业链改以及各种区块链落地应用的解决方案。大部分的基础问题都可以通过社区版面搜索解决。

(4) 分销渠道

① 线下自有销售团队。

② 口碑社交传播。

③ 线上极光统一消息系统（UMS）快速构建消息管理中台，实现多渠道、多通道的统一消息发送、管理和统计。

(5) 关键业务

极光是移动大数据领域的领军企业，其客户涵盖开发者、广告主以及其他垂直领域的转型企业主。利用开发者服务，获得海量的数据，并对其进行加工处理，标注数据，建立数仓，以对数据实现变现。

开发者服务主要面向开发人员，为其提供所需的核心应用内功能，包括极光推送、极光统计、极光即时通信、极光短信、极光分享、极光认证、极光物联网和极光魔链。极光主要是以免费的基本推送为主，并将APP和设备的数据库建设起来。以极光推送（Jpush）为代表的开发者服务是公司的核心业务线，它可以帮助开发人员和用户进行交互，并由此提高产品的DAU（Daily Active User，日活跃用户数）。

精准营销，基于前期开发者服务积累大量多维数据，利用数据仓库及“效果通”营销平台，极光为广告客户提供有针对性的营销解决方案。

SaaS产品以及面向SaaS的行业应用服务。极光提供海量的APP应用运营数据，助力企业主、投资者实现全方位的对标分析、行业机会洞察。

(6) 核心资源

极光以海量的大数据作为核心资源，累计移动应用安装量178.6万，月度独立活跃设备数量14.4亿，向移动开发者提供消息推送和用户画像服务，在帮助APP开发者和运营者实现精细化运营的同时，依托SDK丰富基础数据。

同时，极光将大数据分析能力作为核心能力，将SDK积累的海量数据进行脱敏、筛选、清洗、处理和分析，构建数据标签等基础模型并包装成公共服务，提供给各个业务研发部门。

(7) 重要合作伙伴

重要合作伙伴包括支付宝、哈啰出行、美团、字节跳动、懂球帝、爱奇艺、联想、碧桂园等。

(8) 成本结构

极光的成本包括研发费用（支持SaaS业务扩张的云成本费用）、销售及市场推广费用、管理费用等。为帮助移动应用开发者节约开发和维护的成本，轻松实现毫秒级的精准推送，极光不断加大研发费用投入，升级产品服务。此外，广告宣传和推广费用也是极光不小的开支项。

（9）收入来源

极光的营业收入主要来自开发者服务、SaaS产品和精准营销收入三部分。

① 开发者服务收入。其包含两部分：第一部分是原有的订阅服务收入；第二部分是增值服务收入。开发者的订阅服务指的是极光为APP开发者提供包括推送、统计、通信云服务、短信、认证、魔链分享等SDK服务，以满足开发者的运营需求，并根据相关服务收取费用。开发者增值服务则包括“极光联盟”服务和广告SaaS业务。

② SaaS产品收入。极光的SaaS业务不断增长，收入和利润不断增长，是目前和未来收入增长的主要推动力。

③ 精准营销收入。精准营销服务在极光业务中逐渐淡化，极光欲通过发展核心业务降低对风险高、利润低的精准营销业务的依赖，借此实现战略转型。

3.极光SWOT分析

（1）优势

① 极光推送行业领先，客户资源丰富。极光积累了广泛的线上线下移动数据，开发者服务在2018年年底达到10.4亿月活，覆盖约90%的中国移动设备，具有到达率高、时效性好的优势，解决开发者客户痛点。

② 精准化营销数据的变现价值及渠道价值。极光效果通是精准营销的核心产品，专注于移动效果广告，通过超过500个用户行为标签，构建全面的用户画像，通过众多定向条件精准锁定目标人群。在移动营销产业链中，公司结合开发者服务形成的合作优势自建SSP（Supply Side Platform，供应方平台），结合数据赋能有望切割更大的广告预算份额。公司2018年研发投入1.34亿元，同比增长86%，加大AI、人工智能研发投入，赋能精准化营销变现。

③ 行业内双寡头竞争格局稳固，居于行业领先地位。极光在第三方推送服务商市场中按APP合作量拥有53.8%的市占率，与A股上市公司每日互动在推送SDK第三方服务领域形成双寡头竞争格局。二者业务重点不同，极光精准营销为主要变现业务，2018年收入的80%来自精准营销服务；每日互动营收主要来源于开发者服务，而开发者服务收入主要来自通知用户唤醒的轻推送业务，2018年该业务毛利率达92.8%。极光以开发者服务为数据基石，运用开发者服务积累的大数据提供多元化的数据解决方案产品。国内大数据服务方兴未艾，依托开发者服务积累海量数据，极光的数据解决方案业务市场空间较大。

④ 专业的技术支持。具有完善的开发者工具包，多年的开发者服务技术积累，数据安全，服务稳定，且系统稳定可靠，日均百亿级访问架构，支持10亿级的高并发访问，多点备份保证系统稳定。

（2）劣势

①“极光联盟”覆盖的DAU与其他市场玩家的规模相比仍较小。广告行业对于规模效应十分重视，DAU数量越多，越能吸引需求方投放广告，若规模有限，商业化也相对困难。

② 在行业应用方面，极光提供的服务更偏向于定制化，这与市场中投资者喜欢的标准化SaaS产品有很大差别，标准化的SaaS产品，极易推广和复制，定制化的渗透速度相对缓慢。

（3）机遇

① 国家政策倾斜。2015年发布的《促进大数据发展行动纲要》肯定了大数据在推动经济转型发展、重塑国家竞争优势过程中的重要地位。其后一系列如《大数据产业发展规划》（2016—2020年）、党的十九大报告、2019年《政府工作报告》等文件，都体现出政府对“推进大数据产业健康发展”以及“深化大数据在各行业的应用”的高度重视，大数据产业面临重要的战略机会窗口。

② 大数据产业规模不断增长。随着互联网、智能设备的广泛应用，近年来大数据呈现爆发式增长，为大数据产业的发展提供了基础；而分布式计算、机器学习、流式实时计算、数据挖掘等大数据分析技术的逐步成熟和推广，使大数据得以资产化，大数据价值被挖掘。数据量和数据分析技术是大数据产业发展的动力，因此，大数据产业规模不断增长。数据智能的爆发，意味着大数据与多元领域更深层次、更广维度、更高价值的融合，是大数据产业实现战略升级、商业模式创新、高质量发展的重要途径。

③ 5G提供强有力的技术支持。与4G相比，5G可以实现1平方千米支持100万个传感器联网，实现大连接；数据传播方面，5G可以提升1～2个数量级，控制速率提升30倍，在实现高可靠、高宽带的同时实现低时延。此外，5G还能释放VR和AR，促进数字孪生的发展。5G支撑的大连接、高可靠、高宽带、低延时、边缘计算、数字孪生等，满足了数据智能对数据的量级和计算能力的需求。此外，随着更多智能设备联网传入云端，5G的推广还为数据智能的应用落地提供了更丰富的应用场景。

（4）挑战

① 跨领域行业认知。与各多元领域的深入融合，需要数据智能企业切入各应用场景，而因此带来的业务多元化和资源分散，给企业的商业模式创新和核心技术能力管理带来巨大的挑战。此外，从技术导向提供技术支持转变到业务导向提供定制化服务，需要数据智能企业与客户密切合作，共创价值；还需要企业深入各应用场景，为技术创新的商业化找到更合适的应用场景。因此，突破对相关领域的行业认知，是数据智能企业在不同领域实现技术创新商业化的又一大挑战。

② 来自不同领域的竞争。一方面有阿里、腾讯、百度等巨头参与各垂直领域；另一方面各垂直领域存在众多创新型中小企业，面临错综复杂、似争似合的市场关系。

4. 极光商业模式总结

极光是中国领先的移动开发者服务提供商，自成立以来专注于为APP开发者提供稳定高效的消息推送、一键认证以及流量变现等服务，助力开发者的运营、增长与变现。同时极光的行业应用已经拓展至市场洞察、金融风控与商业地理服务，致力于为各行各业节约开发成本，提高运营效率，优化业务决策，助力企业数字化转型。

研讨：

1. 极光为什么选择基于大数据的商业模式？极光的业务范围有哪些？

2. 结合案例，归纳总结极光这家基于大数据的企业的商业模式的构成要素有哪些。

3. 极光目前面临着哪些问题和挑战？你认为极光应该制定怎样的发展战略应对这些问题和挑战。

8.2 人工智能商业模式

8.2.1 人工智能商业模式概述

1. 人工智能商业模式概况和发展

在今天这个时代，最大的产业风口和最热的词条，莫过于人工智能，投资界普遍将其称为互联网的下半场，无论是阿里、腾讯，还是百度、360，互联网大咖们都纷纷推出了自己的人工智能时代战略构想。不过，真正能够让人工智能成为新一轮风口的是2017年7月20日国务院公布的《新一代人工智能发展规划2030》，这一规划要求，到2030年中国人工智能产业竞争力达到国际领先水平，人工智能核心产业规模超过1万亿元，带动相关产业规模超过10万亿元。不管传统的能源、餐饮，还是新兴的新零售、物联网，都肯定与人工智能紧密相连。

2. 人工智能商业模式创新分类及特征

在人工智能时代，商业模式会有5种类型是最为典型的：生态构建者、技术算法驱动者、应用聚焦者、垂直领域先行者和基础设施提供者[①]。

类型1：生态构建者

模式特征就是，全产业链生态+场景应用作为突破口。这一模式的关键成功因素是：大量计算能力投入，积累海量优质多维数据，建立算法平台、通用技术平台和应用平台，以场景应用为入口，积累用户。

类型2：技术算法驱动者

模式特征就是，技术层+场景应用作为突破口。这一模式的关键成功因素是：深耕算法和通用技术，建立技术优势，同时以场景应用为入口，积累用户。

① 阿里云研究中心. 阿里研究院重磅报告：人工智能的五大商业模式［R］. 杭州：阿里云研究院，2016.

类型3：应用聚焦者

模式特征就是，场景应用。关键成功因素是：掌握细分市场数据，选择合适的应用场景，建立大量多维度的场景应用，抓住用户；同时，与互联网公司合作，有效结合传统商业模式和人工智能技术。

类型4：垂直领域先行者

模式特征就是，杀手级应用+逐渐构建垂直领域生态。关键成功因素是：在应用较广泛且有海量数据的场景中，能率先推出杀手级应用，从而积累用户，成为该垂直行业的主导者；通过积累海量数据，逐步向应用平台、通用技术、基础算法拓展。

类型5：基础设施提供者

模式特征就是，从基础设施切入，并向产业链下游拓展。关键成功因素是：开发具有智能计算能力的新型芯片，如图像、语音识别芯片等，拓展芯片的应用场景；在移动智能设备、大型服务器、无人机（无人驾驶汽车）和机器人等设备设施上广泛集成运用，提供更加高效的运算能力和更低成本的服务，与相关行业进行深度融合。

这5种类型涵盖了从前端应用，到中间技术平台搭建，到最底层的基础设施建设的全产业链。

8.2.2 人工智能商业模式案例：阿里无人酒店

1.阿里无人酒店业务简介

酝酿2年的阿里无人酒店菲住布渴（FlyZoo Hotel）于2018年12月18日正式开业，整栋楼没有一个服务员，却比任何一家酒店更安全、更干净、更舒适。

菲住布渴酒店坐落在杭州阿里巴巴西溪园区东门的“亲橙里”商业区，是世界上第一个采用面部识别技术的酒店，具有多种智能技术。酒店共有290个房间，共有10类房型。在入住之前，用户可以通过“菲住APP”在手机上预订，然后抵达酒店大厅，在机器人的指引下，前往酒店。大厅采用了具有高科技感的互动式景观屏幕。宾馆没有接待处，顾客凭身份证到大厅自助设备办理入住手续。在大厅的机器人行李员可以使用电子身份卡帮助旅客把行李送到房间。智能电梯和无触门控可实现人脸识别。系统会自动打开房门，一进门，天猫精灵智能管家就可以对室内温度、灯光、窗帘、电视等进行语音操作，并提供机器人送餐服务。客人可通过客房管家发出送餐、送水等服务指示，随后，“天猫小精灵”将送至客房。在餐厅用餐的时候，用户也可以在菲住APP上预订食品，并由智能机器人将其送到餐桌上。在吧台上，一只巨大的机械臂可以调制20多种鸡尾酒，而脸部识别装置则会自动把顾客的消费记录在房间内。酒店设有健身房，将智能科技与互动环境相结合，为使用者打造独一无二的健身体验。用户退房只要在菲住APP上按一下就可以了，不需要等待查房。

阿里无人酒店，联合酒店行业三大顶尖公司，由阿里巴巴集团旗下飞猪、首旅酒店集团、石基信息三方共同出资成立。通过三方强强合作，为中国酒店提供专业的一站式解决方案，依托于阿里巴巴强大的生态系统以及自主知识产权的系统研发与数据产品的应用快速迭代，汇聚全行业精英团队，由来自酒店业、OTA、互联网、软件开发及线下运营的资深专家深入了解酒店运营全环节。

2.阿里无人酒店商业模式分析

（1）价值主张

以技术创新赋能酒店的经营实力，打造出最具特色的入住体验。利用人工智能设备和智能机器人，为酒店客户提供入住、导游、餐饮、客房服务等服务。充分利用自己的优势，掌握顾客的个性化需要，让酒店的入住环境更具生活气息，让客人身临其境地融入其中，提高个人体验价值感。

（2）客户细分

根据入住目的划分，人们出于不同的原因来到智慧酒店——参加婚礼、商务会议、外出旅行等，他们每个人都会有一套独特的需求和期望。

（3）客户关系

智慧酒店工作人员定期会与客人互动，由此建立有关客户的信息库。在开发客人角色时，这些信息会派上用场。在客人入住期间，工作人员为他们提供帮助，因此更容易收到关于智慧酒店及其服务的投诉和赞美。这些有助于了解客人的行为以及其他定性方面，例如他们的动机和挫折。

重视住客点评分析，管理者浏览客人评论，深入了解他们的想法和他们重视的事物类型，甚至他们讨厌的事物。当访问这些评论时，负面评论通常比正面评论更有帮助，为管理者指明需要注意或改变的特定领域。此外，工作人员意识到提供全面反馈的必要性，以优化自身服务，提升酒店口碑。

（4）分销渠道

分销渠道包括搜索引擎、社交媒体、OTA旅游平台（飞猪、携程、去哪儿网等）和菲住APP等。

（5）关键业务

未来酒店的关键业务为智慧酒店客房服务。服务是酒店业应该高度重视的一部分，所谓好的服务就是能够满足客人的期望，提高客人入住体验的服务。酒店智能客控系统除了体贴入微、一丝不苟之外，还可以帮助酒店客房更好地提升客人体验，保持良好的服务标准。智能客房是在互联网影响之下物联化的体现，与普通客房相比，智能客房不仅具有传统的居住功能，还兼备建筑、网络通信、信息家电、设备自动化等，提供全方位的信息交互功能。阿里未来酒店依托天猫精灵进行客房内部智能控制，客房已经完全实现了“智能语音服务”。客房引进并使用了众多智能家居产品，例如杜拉维特智能马桶、智能电子秤、智能温控、智能遮光窗帘、智能彩色LED灯和智能液晶电视等。

（6）核心资源

“菲住布渴”是阿里的一个内部孵化项目，它是由各个部门共同努力打造的一套完整的服务系统，可以最大限度地解决用户在使用过程中遇到的问题。智能机器人的设计由达摩研究院和人工智能实验室进行，飞猪负责酒店的用户体验，智能场景事业部负责酒店的数字化运营平台、智能服务中心和场景的开发。阿里的电商平台为客人提供了酒店的家具和床品，而天猫则为客人提供了多种类型的房间。

（7）重要合作伙伴

喜达屋旗下已有酒店成为阿里旅行·去啊“未来酒店”信用住的首批试点酒店，喜达屋已成为阿里巴巴“未来酒店”战略在国际酒店集团领域的重要伙伴。

支付宝与“未来酒店”无缝衔接。支付宝扫码支付后，无论是否在网上预订，都可以无须刷卡进入酒店，只要扫描二维码，就能即时进行信用判断，达到600分后，立即开始体验信用生活，不用交押金即可直接领房卡入住，退房时也不用等查房和排队付款，将房卡交给前台即可离店，房费将通过支付宝自动扣除。这将极大地提高饭店的经营效率。对酒店而言，即便不能体验“信用住”，但由于二维码会自动生成用户付款并通过支付宝进行交易，避免了人工录入的错误以及假币、找零等问题。

（8）收入来源

菲住布渴的收入包括客房出租、餐饮提供、出售商品及其他服务项目所取得的收入等。

（9）成本结构

菲住布渴的成本包括获客成本、运营成本和研发成本等。由于大众的消费观念以及对数字化服务的接受转变较慢，消费群体受限，致使菲住布渴这类人工智能酒店获客成本较高。此外，智能设备需要有电力及互联网等技术方面的支持，同时酒店也需要不断对设备进行优化升级，从而为消费者提供极致的体验，因此带来了较高的运营研发成本。

3.阿里无人酒店SWOT分析

（1）优势

① 新颖个性的消费体验。菲住布渴是世界上首家提供全场景识别和大规模AI智能应用的酒店，它以智能的体验和设备，让住户感受到一种既酷又舒服的服务。酒店共有290间客房，有7个不同国家的主题房，提供各种体验商品，消费者可在天猫上订购。儿童房间和二次元房间可以满足不同的人的需要。“刷脸”“自动结算”“语音交互”等新的服务模式，都具有很高的科技含量和吸引力，这也符合当今年轻人对于新奇体验和极致享受的追求。

② 实时数据记录，构建用户画像。从用户通过APP浏览酒店预订信息到办理入住再到退房，酒店内部的各个智能设备都会对用户的行为轨迹进行记录并形成用户画像。对客户进行深层次分析，酒店管理系统通过大数据分析协助酒店运营，为每位客户提供与众不同的极致体验。

③ 酒店运营效率高，节约用户时间。无人酒店的消费场景更加贴近用户需求，无须门店排队、身份验证、现金交易等操作。在手机APP上预订之后无论何时都可以入住酒店，改变了传统酒店预订后留房时间的限制。引入人脸识别、自助入住的模式节省了用户排队等待的时间成本和前台员工成本。同时，智能系统也将使酒店管理质效实现飞跃式的突破，实现人工成本和能耗的双重降低。

（2）劣势

① 技术存在稳定性的问题。宾馆房间中的语音互动和面部识别精度高达80%，但无法100%地辨识使用者的行为。智能机器人为使用者搬运货物时，会出现数据混乱、数据丢失等问题。目前，语音识别、深度学习、生物识别等领域的研究仍处于起步阶段。

② 缺乏情绪体验。酒店行业的发展趋势是“以家为本”，而无人旅馆摒弃了传统的“情感服务”，忽略了人与人之间的情感沟通，使其难以形成“黏性”，难以形成与用户的感情纽带。传统旅馆可以为顾客提供诸如推荐和指引等其他社会服务，但这些以情景、情感和精神为基础的人性化服务，却是无人旅馆所不具备的。未来的旅馆，不仅仅是一台冷冰冰的机器，更需要人性化的人机互动。

③ 设施和服务趋同，缺乏特色。当前，在智慧酒店的建设与经营中，大多侧重于智能化，这就导致了在基础设施和服务等方面的趋同化，酒店服务千篇一律，缺乏特色。不同的宾馆提供的服务相类似，使顾客体验水平低，从而产生“审美疲劳”，长期来看，会对智慧酒店的发展产生一定的不利影响。如何准确定位、坚持“精品+特色”的发展道路、制定差异化战略规划、实现个性化发展，是当前智慧酒店规划与建设的重要课题。要突出服务的高端定位、对环境的完美要求，必须注重酒店的商业性质和舒适服务的特点。

④ 我国目前对智能设施的发展还不够充分，且投入与产出比率较低。智能化酒店投资大，但由于高新技术的迅速发展和更新换代，对智能化设备的投资也随之增加，但目前大多数酒店企业只注重高科技设施的使用，加上高科技管理人才缺乏，导致对高科技设施功能开发和使用力度不够，造成资源浪费，投入与产出效益较低。另外，通过智能平台进行酒店的市场营销，可以深化酒店的品牌传播，促进消费者购买，实现高收益，但是酒店在智能化的基础上，没有充分利用智能服务，使得酒店的信息化建设和运营效率低下。比如，一些宾馆在智能软件、电子产品等方面的发展不足，致使其性能不稳定，出现了大量的故障，造成了服务质量的下降，给客户造成了不必要的困扰，同时也让消费者对智能技术的使用提出了疑问，从而对智能化技术的推广造成了负面的影响。

⑤ 消费群体受限。智慧酒店更多的是为能够较快接受新鲜事物的新一代年轻人服务的，而对年轻人而言，智能酒店是一种先进、优质的体验。相反，对于老年人来说，很少会选择智能酒店作为出行的体验，因为线上预订、刷脸、智能语音交互等功能，老年人是无法接受的。而且高昂的入住价格，性价比太低，很多人都会因为价格的原因而放弃。

（3）机遇

① 5G时代来临。可真正做到随时联络，减少员工成本，减少服务失误，即时有效地交流，有效地减少顾客与酒店之间的冲突，提升服务的效率与品质。通过实时的多媒体交互，让酒店和其他相关人员之间的关系变得更加紧密。同时，5G也能够将军事级别、安全加密级别高的安全技术应用于全球酒店产业体系，从而更好地保障酒店员工和宾客的隐私。有人猜测，这项技术可以避免个人资料的泄漏。酒店要确保客户的资料不外泄，这是对客人的尊重和负责，这是酒店的一项重要的工作，如果能做到这一点，不仅能让客人对酒店的印象更好，还能让酒店的形象更上一层楼。

② 政府对此给予了一定的支持。近几年，网络产业迅速发展，促进了各个行业的信息化。2016年，中共中央办公厅、国务院办公厅印发了《国家信息化战略发展纲要》，要求增强信息产业的国际竞争能力，重点推进重点行业数字化、网络化、智能化，全面建立协同创新的信息系统。电子政府是推动现代化进程的一支重要力量，它是推动现代化进程的重要动力。作为旅游“最后一公里”的酒店行业，在信息技术迅猛发展的今天，正在经历着信息化的变革，发展旅游酒店的信息化可以为旅游业提供更好的服务。

（4）挑战

① 智慧酒店对人才提出新要求。智慧酒店是基于大数据和物联网发展背景下的产物，作为跨界发展的代表之一，智慧酒店对人才，尤其是管理级别的高端专业人才的素质和能力提出了新要求。面对整个行业智慧化发展的趋势，智慧酒店的发展离不开专业“智慧人才”的管理，但目前新型智慧酒店的管理人才空缺较大，面对数字化、科技化的发展要求，酒店行业急需新的行业人才来引领新时代的到来，培养更多适应行业发展的高素质技能型人才是推动行业创新发展的重要动力。因此，在未来的发展之中，无论是酒店还是高校，都应积极探索培养适合自身发展需要的专业人才，以适应新环境对人才能力和素质提出的新要求。

② 注重客户个人信息的隐私安全。在大数据的作用下，人工智能酒店的信息化水平越来越高，大部分的客人都是通过互联网来发送身份信息和付款的，而酒店的管理人员也将客户的信息保存在数据库中。这就给智能酒店的经营带来了新的要求，即在确认客户的身份信息的前提下，如何保证客户的隐私不被侵犯，成为一种新型的智能酒店应重视的问题。所以，在智能酒店的系统设计中，应该着重于数据的保护和客户的信息安全，为客户的入住提供保障。

③ 制定新的行业标准。支持全场景识别的智慧酒店、微信入住智慧酒店以及5G联合智慧酒店等都是一种新兴产品，目前尚处在摸索与发展的阶段，还没有制定出相应的产业标准。但是，随着酒店智能化水平的不断提升，智能化酒店的数量和规模都在逐步扩大，各酒店智能化程度也各不相同，而智慧酒店所涉及的产业和行业范围也与以往不同，因此，政府要及时关注并统筹相关部门出台相应的行业标准，引领和规范新型智慧酒店的建设。

④ 巨大的资金链条。以信息化为基础的酒店建设，必须建立面向对象的SOA（Service-Oriented Architecture，面向服务的架构）和ERP数据体系。未来，酒店将采用物联网技术将各房间串联起来，为客人提供全方位的智能家庭体验。不过，要做到这一点，除了技术上的限制之外，还要考虑到设备、维护、员工培训、安保等方面的投入。和科技比起来，酒店的信息化改造要花费更多的钱，这是大部分酒店，特别是中等档次酒店都要考虑的问题。

4.阿里无人酒店商业模式创新总结

人工智能是未来酒店发展的必然趋势，人脸识别、语音管家、智能机器人、智能APP等技术将逐步在各大酒店中普及，进而促进传统酒店的转型。数字化、智能化的酒店系统解决方案，为酒店服务安装了一个智能的头脑。当然，在智能酒店发展的同时，也存在着技术设备不稳定、服务创新不强、情感服务缺乏、缺乏个性化服务等问题。因此，在满足客户需求的前提下，智慧酒店需要不断提高技术服务水平，优化客户的情绪体验，为客户提供更加智能、安全、可靠、个性化的优质服务。

研讨：

1.归纳总结阿里无人酒店的商业模式的构成要素有哪些。

2.结合案例，菲住布渴目前面临着哪些问题和挑战？你认为菲住布渴应该制定怎样的发展战略应对这些问题和挑战。

8.3 区块链商业模式

8.3.1 区块链商业模式特征

1.区块链商业模式创新概述

近年来，由于数字货币潮流的掀起，区块链这一底层技术也逐渐引起人们的重视。由于其分散、去信任、集体维护、可靠存储等特点，目前已被广泛地用于虚拟货币领域。自从比特币问世，到现在为止，已经有超过1 600种的虚拟货币在世界范围内形成了一个巨大的生态圈，包括产生、存储和交易。但是总体来说，这个产业还处在起步阶段，离实现真正的价值应用还有很长的一段路要走。区块链经济的核心是商业逻辑与组织形态的重组，所以要在不同的产业中找到一个具体的应用案例，才能体现出它的价值。

2.区块链商业模式特征

（1）去中心化

这里所提到的去中心化实质是区块链技术最核心的一环，相当于去除了中介部分，以达到用户各自独立的点对点联结。其以点对点技术为基础而形成的整体分布式账簿形态来体现。相互独立的个体点对点联结，就需要去除中心。

（2）去信任化

信任问题在去中心化后首先出现，失去了中间平台的担保，点对点相对独立的个体可通过共识网络所组成的系统实现一定程度的自治，进而能够在最大程度上实现互信。

（3）开放自主性

分布式账簿的网络连接形式给予相对独立的个体极大的自主权，个体和组织是否选择进入区块链网络完全取决于自身，再加上区块链技术来源以及可选择性都使得这一系统中的各个区块能够在最大程度上自主地经营自己的身份以及内容。

（4）真实有效性

个体以及组织所流通的信息利用区块链和时间戳技术，可同时受到多方的监督和验证，而且还都是无法更改的，此时的真实有效性能够最大程度地彰显出来。

（5）高效性

通过共识机制以及智能合约来构建的区块间交易和数据流动体系都具有非常高的自动化属性，就能够在最大程度上减少各方面的成本，有效地提高交易的效率。

3.区块链商业模式类型

（1）原生型的区块链应用：直接基于去中心化的区块链技术，实现价值传递和交易等应用，例如数字货币。

（2）“区块链+”模式：将传统的场景和区块链底层协议相结合，以便提高效率，降低成本。预计区块链在各行业的应用将以第二种模式为主。

8.3.2 代表案例：天河国云

1.天河国云业务简介

湖南天河国云科技有限公司（以下简称天河国云）由一批国防科技大学转业博士创办于2015年，是国内最早涉足区块链领域的行业领军企业、国家高新技术企业、湖南省龙头企业，是湖南省区块链协会会长单位，获批建设国家技术标准创新基地（长株潭）区块链标准创新中心，是湖南省区块链和分布式记账技术标准化技术委员会秘书处单位。公司致力于将区块链技术和实体经济相融合，多年来深耕于区块链底层技术研究，推动产业集成创新和融合应用，为政府部门和企业打造结合场景的区块链应用，目前已在电子数据存证、数据共享、供应链金融、工业互联网安全等16个领域落地应用。

天河国云承担国家部委区块链重大项目十余项，牵头编制区块链行业6项地方标准、2项国家/行业标准，在区块链底层技术方面拥有68项发明专利、37项软著，并入围2020年全球区块链发明专利排行榜TOP100。2018年、2019年、2020年连续三年位居中国区块链百强企业前15位。2021年，天河国云区块链底层技术研发被写入湖南省政府工作报告。

天河国云发起成立国内首家区块链安全技术检测中心，开发了国内首创的区块链安全技术检测手段；自主研发的一站式版权服务平台——优版权，已有100万+

作品进行了版权存证确权，创立了一种版权运营新模式；具有自主知识产权的“天河数通”，是数据要素市场化改革的一款先驱性高效数据共享产品，已广泛应用于政务、文创、制造业等行业场景，技术水平处于行业领先地位。

天河国云发展沿革见表8-2。

表8-2 天河国云发展沿革

事件时间	事件内容
2015年10月	公司成立，正式布局区块链、大数据方向
2015年12月	建设高性能计算服务平台，基于区块链技术打造文创基础云平台
2016年7月	与国家超算广州中心签订战略合作协议；启动区块链底层公链开发技术论证
2016年11月	与国家超级计算长沙中心签订战略合作协议
2017年7月	开发GBI区块链资讯信息平台
2017年9月	打造区块链信息服务平台，开拓区块链安全业务
2017年12月	区块链底层公链测试链上线运行；启动链上DAPP开发
2018年5月	与长沙经开区共建区块链产业园；区块链底层公链上线运行
2018年12月	被评为中国区块链百强企业
2019年7月	文创版权公共服务平台优版权正式上线
2019年12月	2019年度区块链百强企业名列前15位
2020年1月	“天河链控-天河工业互联网安全云平台”正式发布
2020年12月	2020年度区块链百强企业名列第8位；当选湖南省区块链协会会长单位
2021年1月	天河国云区块链底层技术被写入湖南省政府工作报告
2021年11月	登陆湖南股权交易所科技创新专板
2021年12月	成立北京分公司，让初心使命扎根首都；牵头组建的全省首家省级区块链技术创新中心正式成立

资料来源 根据天河国云官网资料编写。

2.天河国云商业模式

（1）价值主张

天河国云面向各类客户，以“让区块链赋能产业、服务社会、改变生活”作为企业使命，专注于区块链核心技术研发和产品的创新，致力于将区块链底层技术下沉至市场，开发区块链+场景应用解决方案。

（2）客户细分

根据天河云国发展至今所面对的目标市场，从政府事务、互联网经济、文化创意扩展到医疗、金融、农业，应用场景不断地革新，可将其面对的客户划分为个体消费者、医院、农产品的供应商与分销商等。

（3）渠道通路

天河国云主要通过天河国云网站、天链云网站、TH-BaaS（Blockchain as a Service，区块链即服务）平台、优版权网站与客户进行接触、沟通。此外，社交媒体和微信公众号也是天河国云面向普通消费者的重要渠道之一。

（4）客户关系

天河国云运用区块链、密码学、互联网信息安全、大数据、云计算、人工智能、金融等方面技术构建可扩展的区块链生态，并通过专家一对一服务，第一时间解答难题，针对不同场景提供应用解决方案，与政府和许多企业都建立了良好的客户关系，例如为中电互联公司打通数据流与信息流通道、参与BAT区块链安全技术检测。通过“优版权”的版权确权，天河国云获取了大量用户。

（5）关键业务

提供区块链技术接入、数据分布式存储、高性能计算、安全技术检测等底层技术服务。还在政务、版权、工业互联网、大数据、医疗、金融、农业等方面提供多样化服务。

（6）核心资源

高素质人力资源团队和强大的技术能力构成了天河国云的核心资源。一方面拥有来自国防科大、阿里巴巴、腾讯、华为等的优秀人才；另一方面拥有技术上的核心竞争力，包括开发了天河数通、天链云、区块链安全技术检测、TH-BaaS等技术。

（7）重要合作

天河云国与互联网科技公司建立了合作伙伴关系，如阿里云、浪潮科技公司等，同时与政府建立了双向紧密合作的伙伴关系，先后与中科院、国家互联网应急中心、湖南省通信管理局、国家超算长沙中心签订战略合作协议。另外，与国内高校（国防科大、湖南大学、北京大学、北京邮电大学等）也加强了产学研合作。

（8）成本结构

天河国云的成本包括获客成本、研发成本、网站运营成本、公司管理成本等。天河云国拥有的核心技术自主可控，加之政府对其的大力支持，获客成本较低。由于各个互联网科技巨头公司如BAT，技术迭代较快，且已经进军区块链+场景应用市场，所以天河云国在技术创新层面的成本较高。

（9）收入来源

其收入来源主要包括技术接入收入、技术提供收入以及版权确权收入。一方面，客户使用BaaS平台、UDFS分布式存储系统时需要交付相关的技术使用费用；另一方面，为企业定制技术收取的费用以及“优版权”提供版权保护服务收取的费用也是重要的收入来源。此外，2019年，天河文链获得天舟文化千万元级投资。

3. 天河国云SWOT分析

（1）优势

当前政府重视区块链技术的开发，天河国云承担国家部委区块链重大项目十余项，进行基于公链关键技术研究；业务涉及范围较广，包含政务、版权存证、安全、大数据、医疗等领域；与多个国家超算中心达成合作，具有持续的技术开发能力，拥有区块链技术发明专利56项，打造了一批基于新一代信息技术的融合应用基础设施。

（2）劣势

技术人才需求量大，且技术研发成本高；区块链+场景应用落脚点还在不断探索；区块链技术在日常生活中较少接触，天河国云的社会整体认知程度不高。

（3）机遇

随着5G数字化的发展，区块链行业具有巨大的前景；天河国云底层技术被列入2021年湖南省政府工作报告，受到政府支持；与国内高校在多方安全计算、云际AI、同态加密等技术方向进行产学研合作。

（4）挑战

同行业竞争对手BAT发展迅猛，尤其北京、上海、杭州、深圳的资本市场更加活跃，发展态势处于领先地位；隐私保护、智能合约漏洞、使用者密钥保护、算力攻击将导致平台安全、应用安全问题。

4. 天河国云商业模式总结

天河国云作为首家入住湖南省长沙市星沙区块链产业园的区块链企业，其业务范围非常广泛。在产业方面，天河国云是一家提供区块链底层技术的服务商，不仅为用户提供区块链技术接入服务，也提供不同场景解决方案。同时，天河国云深耕底层技术，与各大超算中心建立合作关系，开发了属于自己的底层技术平台，包括天河数通、天链云、区块链安全技术检测中心、TH-BaaS等，逐步形成区别于其他区块链企业的技术优势。随着客户需求的不断攀升，底层技术服务与各个领域的应用场景的结合成为天河国云的核心竞争力，天河国云已经在政务、工业、文创、司法、金融、医疗等领域开发了不同解决方案，例如党政一体化办公平台、智慧档案平台（政务）、国家电子合同备案平台、优版权、长沙市妇幼保健院电子健康证、荆门市掇刀人民医院电子病历等。目前天河国云主要面向政府、企业和普通大众提供区块链技术解决方案和行业应用方案，已经具备底层公链、联盟链、智能合约到上层应用的一整套技术及平台自主开发能力。

研讨：

1. 结合案例，归纳总结天河国云这家区块链企业的商业模式的构成要素有哪些。

2. 结合案例，天河国云目前面临着哪些问题和挑战？你认为天河国云应该制定怎样的发展战略应对这些问题和挑战。

本章小结

本章我们基于核心资源特征将商业模式分为大数据商业模式、人工智能商业模式和区块链商业模式，分别从概念、发展现状、类型和特征介绍了三大商业模式。另外，本章还列举了各大商业模式典型的商业案例，诸如极光推送、菲住布渴酒店、天河国云等案例，基于商业模式画布和SWOT分析法进行了商业模式分析。

思考与实践题

1. 尝试使用PEST分析方法对上述相关案例进行分析。

2. 针对物联网、云计算、大数据、人工智能及区块链之间的相关关系进行讨论。

课程思政讨论

科学技术的发展使我们的社会进入了大跨步发展时代。物联网、云计算、大数据、人工智能、区块链技术极大地提升了人们生产生活效率，有力地带动整个国民经济的发展。然而隐藏在强大的技术背后，也存有一定的隐患。一篇题为《外卖骑手，困在系统里》暴露出了智能算法的弊端，太过于重视效率而缺乏人为关怀，由于规定的配送时间越来越短，外卖骑手也越来越难，超速、闯红灯、逆行……外卖员遭遇交通事故的数量急剧上升。外卖骑手聚集的百度贴吧中，有骑手写道："送外卖就是与死神赛跑，和交警较劲，和红灯做朋友。"在未来人机协作的社会过程中，人和系统应该如何合作，以达到最优结果，值得我们进行深入思考。科学技术更像是一把双刃剑，科技工作者要将社会责任感置于首位，把握正确发展方向，发挥科技对人类社会的正面效应，体现人文关怀，实现人与自然和谐相处以及人类社会的可持续发展。

研讨：企业在技术利用方面应该采取何种措施，以实现效率和社会责任共赢的局面？

参考文献

[1] AFUAH A, TUCCI C L. Internet business models and strategies: Text and cases [M]. 2ed.New York: McGraw-Hill, 2003.

[2] AL-DEBEI M M, AVISON D.Developing a unified framework of the business model concept [J]. European Journal of Information Systems, 2010, 19 (3): 359-376.

[3] AL-DEBEI M M, FITZGERALD G.The design and engineering of mobile data services: Developing an ontology based on business model thinking [C]. IFIP Working Conference on Human Benefit through the Diffusion of Information Systems Design Science Research, 2010.

[4] AL-DEBEI M M, EL-HADDADEH R, Avison D.Defining the business model in the new world of digital business [C]. AMCIS 2008 Proceedings, 2008: 300.

[5] ALT R, ZIMMERMANN H-D.Introduction to special section-business models [J]. Electronic Markets, 2001, 11 (1): 1019-6781.

[6] ANDERSSON B, BERGHOLTZ M, EDIRISURIYA A, et al. Towards a reference ontology for business models [C]. International Conference on Conceptual Modeling, 2006: 482-496.

[7] 佚名. B2B模式的主要类型有哪些?[EB/OL]. (2022-09-27)[2022-09-30]. https: //www.ihimall.cn/b2b2cyy/3257.html.

[8] BARNEY J B. Resource-based theories of competitive advantage: A ten-year retrospective on the resource-based view [J]. Journal of Management, 2001, 27 (6): 643-650.

[9] BETTIS R A, PRAHALAD C K. The dominant logic: Retrospective and extension [J]. Strategic Management Journal, 1995, 16 (1): 5-14.

[10] BOUWMAN H, FIELT E.Service innovation and business models [M]. New York: Springer Books, 2008.

[11] BOUWMAN H. The sense and nonsense of business models [C]. International Workshop on Business Models, HEC Lausanne, 2002.

［12］杨夕．C2B有哪几种存在模式［EB/OL］.（2016-03-11）［2022-09-30］. http：//www.xpw888.com/info/8/11899.htm.

［13］ CHAFFEY D. E-business and E-commerce management：Strategy, implementation and practice［M］. San Antonio：Pearson Education，2007.

［14］ CHESBROUGH H，Rosenbloom R S. The role of the business model in capturing value from innovation：Evidence from Xerox Corporation's technology spin-off companies［J］. Industrial and Corporate Change，2002，11（3）：529-555.

［15］ CHESBROUGH H. Business model innovation：Opportunities and barriers［J］. Long Range Planning，2010，43（2-3）：354-363.

［16］ DE CESARE S，LYCETT M，PAUL R J. Actor perception in business use case modeling［J］. Communications of the Association for Information Systems，2003，12（1）：15.

［17］ DENGER K，WIRTZ B. Die digitale revolution［J］. Gablers Magazin，1995，9（3）：20-24.

［18］ DIJCK J V. The culture of connectivity：A critical history of social media［M］. New York：Oxford University Press，2013.

［19］ ECONOMIDES N. The economics of networks［J］. International Journal of Industrial Organization，1996，14（6）：673-699.

［20］ GHAZIANI A，VENTRESCA M J. Keywords and cultural change：Frame analysis of business model public talk，1975-2000［C］. Sociological Forum，2005：523-559.

［21］ GORDIJN J，AKKERMANS H，VLIET H V. Business modelling is not process modelling［C］. International Conference on Conceptual Modeling，2000：40-51.

［22］ GORDIJN J，AKKERMANS H. Designing and evaluating e-business models［J］. IEEE Intelligent Systems，2001，16（4）：11-17.

［23］ GRIEVES M W. Product lifecycle management：The new paradigm for enterprises［J］. International Journal of Product Development，2005，2（1-2）：71-84.

［24］ HEDMAN J，KALLING T. The business model concept：Theoretical underpinnings and empirical illustrations［J］. European Journal of Information Systems，2003，12（1）：49-59.

［25］ JANSSEN M，KUK G，WAGENAAR R W. A survey of web-based business models for e-government in the Netherlands［J］. Government Information Quarterly，2008，25（2）：202-220.

［26］ JOHNSON G，SCHOLES K，WHITTINGTON R. Corporate strategy［M］. London：Prentice Hall，1999.

［27］ KALLIO J，TINNILÄ M，TSENG A. An international comparison of operator-driven business models［J］. Business Process Management Journal，2006，12（3）：

281-298.

[28] KAMOUN F.Rethinking the business model with RFID [J]. Communications of the Association for Information Systems, 2008, 22 (1): 35.

[29] LEEM C S, SUH H S, KIM D S.A classification of mobile business models and its applications [J]. Industrial Management & Data Systems, 2004, 104 (1): 78-87.

[30] LINDER J C, CANTRELL S. Changing business models: Surveying the landscape [J]. A Institute for Strategic Change, 2000, 15 (1): 142-149.

[31] MACINNES I. Dynamic business model framework for emerging technologies [J]. International Journal of Services Technology and Management, 2005, 6 (1): 3-19.

[32] MAGRETTA J.Why business models matter [J]. Harvard Business Review, 2002, 80 (5): 86-92.

[33] MAHADEVAN B. Business models for internet-based e-commerce: An anatomy [J]. California Management Review, 2000, 42 (4): 55-69.

[34] MÄKINEN S, SEPPÄNEN M. Assessing business model concepts with taxonomical research criteria: A preliminary study [J]. Management Research News, 2007, 35 (6): 12-17.

[35] MANSFIELD G M, FOURIE L C. Strategy and business models-strange bedfellows? A case for convergence and its evolution into strategic architecture [J]. South African Journal of Business Management, 2004, 35 (1): 35-44.

[36] MANYIKA J. Getting AI right: Introductory notes on AI & society [J]. Daedalus, 2022, 151 (2): 5-27.

[37] MAYFIELD A.What is social media [EB/OL]. (2019-09-10) [2022-08-30]. https: //max.book118.com/html/2019/0910/5104121202002124.shtm.

[38] MORRIS M, SCHINDEHUTTE M, ALLEN J.The entrepreneur's business model: Toward a unified perspective [J]. Journal of Business Research, 2005, 58 (6): 726-735.

[39] MUKHOPADHYAY S K, SETOPUTRO R. Reverse logistics in e-business: Optimal price and return policy [J]. International Journal of Physical Distribution & Logistics Management, 2004, 34 (1): 70-89.

[40] NAKAMOTO S. Bitcoin: A peer-to-peer electronic cash system [J/OL]. Online Paper, https: //bitcoin.org/bitcoin.pdf, 2008.

[41] OBAR J A, WILDMAN S. Social media definition and the governance challenge: An introduction to the special issue [J]. Telecommunications Policy, 2015, 39 (9): 745-750.

[42] OSTERWALDER A, PIGNEUR Y, TUCCI C L.Clarifying business models: Origins, present, and future of the concept [J]. Communications of the Association for

Information Systems, 2005, 16 (1): 1.

[43] OSTERWALDER A, PIGNEUR Y.Business model generation: A handbook for visionaries, game changers, and challengers [M]. Hoboken : John Wiley & Sons, 2010.

[44] PATELI A G, GIAGLIS G M.A research framework for analysing ebusiness models [J]. European Journal of Information Systems, 2004, 13 (4): 302-314.

[45] PATELI A. A framework for understanding and analysing ebusiness models [C]. BLED 2003 Proceedings, 2003: 4.

[46] PIASCIK R, VICKERS J, LOWRY D, et al.Technology area 12: Materials, structures, mechanical systems, and manufacturing road map [M]. Washington: NASA Office of Chief Technologist, 2010.

[47] PORTER M E, MILLAR V E. How information gives you competitive advantage [J]. Harvard Business Review, 1985, 63 (4): 149-174.

[48] PORTER M E.Competitive Strategy [M]. New York: Free Press, 1980: 324-425.

[49] PORTER M E. Strategy and the Internet [J]. Harvard Business Review, 2001, 79 (3): 62-78.

[50] PRAJOGO D, OLHAGER J.Supply chain integration and performance: The effects of long-term relationships, information technology and sharing, and logistics integration [J]. International Journal of Production Economics, 2012, 135 (1): 514-522.

[51] RAJALA R, WESTERLUND M. Business models—A new perspective on firms' assets and capabilities: Observations from the Finnish software industry [J]. International Journal of Entrepreneurship and Innovation, 2007, 8 (2): 115-126.

[52] RAPPA M. Managing the digital enterprise [EB/OL]. [2022-08-25]. http: //digitalenterprise.org/index.html.

[53] RAYPORT J F, SVIOKLA J J. Exploiting the virtual value chain [J]. McKinsey Quarterly, 1996 (1): 20-36.

[54] SARACCO R.Digital transformation white paper [R]. IEEE Digital Reality Initiative, 2019.

[55] SEDDON P B, LEWIS G, FREEMAN P, et al. Business models and their relationship to strategy [M]. Australia: Elsevier.2004: 11-34.

[56] SHAFER S M, SMITH H J, LINDER J C.The power of business models [J]. Business Horizons, 2005, 48 (3): 199-207.

[57] STÄHLER P. Business models as an unit of analysis for strategizing [C]. International Workshop on Business Models, Lausanne, Switzerland. 2002, 45 (7): 2990-2995.

[58] STRACHEy C.Time sharing in large fast computers [J]. Communications of

the ACM，1959，2（7）：12-13.

［59］TEECE D J.Business models，business strategy and innovation［J］. Long Range Planning，2010，43（2-3）：172-194.

［60］TIMMERS P.Business models for electronic markets［J］. Electronic Markets，1998，8（2）：3-8.

［61］TRACY L，MICHAEL R. Social media marketing［M］. Englewood：Prentice Hall，2012.

［62］VENKATRAMAN M，HENDERSON J C.Real strategies for virtual organizing［J］. Sloan Management Review，1998，40（1）：33-48.

［63］金，莫博涅. 蓝海战略：超越产业竞争开创全新市场［M］. 吉宓，译. 北京：商务印书馆，2005.

［64］WEHRLI H P，WIRTZ B W. Mass customization und kundenbeziehungs management［J］. Jahrbuch der Absatz-und Verbrauchsforschung，1997，43（2）：116-138.

［65］WEIHRICH H.The TOWS matrix—A tool for situational analysis［J］. Long Range Planning，1982，15（2）：54-66.

［66］WEISER M. The computer for the 21st century［J］. ACM SIGMOBILE：Mobile Computing and Communications Review，1999，3（3）：3-11.

［67］WEISER M.The computing for the 21st century［J］. Scientific American，1991，265（3）：94-105.

［68］WERNERFELT B. A resource-based view of the firm［J］. Strategic Management Journal，1984，5（2）：171-180.

［69］WIRTZ B W.Digital business models［M］. Cham：Springer International Publishing，2019.

［70］WIRTZ B W.Electronic business［M］. Berlin：Springer-Verlag，2001.

［71］WIRTZ B W. Technologie-innovationen，marketingstrategien und preismanagement im handel［J］. THEXIS，1995，12（4）：46-51.

［72］XU M，CHEN X，KOU G.A systematic review of blockchain［J］. Financial innovation，2019，5（1）：14.

［73］YUAN Y，ZHANG J J. Towards an appropriate business model for m-commerce［J］. International Journal of Mobile Communications，2003，1（1-2）：35-56.

［74］ZHU K，KRAEMER K L，XU S.The process of innovation assimilation by firms in different countries：A technology diffusion perspective on e-business［J］. Management Science，2006，52（10）：1557-1576.

［75］加斯曼，弗兰肯伯格，奇克. 商业模式创新设计大全：90%的成功企业都在用的55种商业模式［M］. 聂茸，贾红霞，译. 北京：中国人民大学出版社，2017.

[76] 钺之星咨询．商业模式——渠道通路［EB/OL］.（2022-02-23）［2022-08-30］．https：//baijiahao.baidu.com/s？id=1725536381517113596&wfr=spider&for=pc.

[77] 百度百科．客户细分［EB/OL］.（2021-07-17）［2022-08-30］．https：//baike. baidu. com/item/% E5%AE% A2%E6%88%B7%E7%BB% 86%E5%88%86/10076186？fr=aladdin.

[78] 百度知道．利基市场的利基战略适用中国企业［EB/OL］.（2016-05-12）［2022-08-30］．https：//zhidao.baidu.com/question/1513813719248578700.html.

[79] 卞月娇．大数据背景下苏宁商业模式研究［D］．天津：天津商业大学，2019.

[80] 常铭．C2B供应链模式及定制化生产企业案例分析［J］．物流工程与管理，2022，44（1）：73-75.

[81] 陈菡，张佳林，罗冬秀．拼多多的崛起路径与创新机理［J］．财会月刊，2021（1）：155-160.

[82] 陈新旭，刘胜强，顾恒．基于众包平台的猪八戒网络公司盈利模式研究［J］．财会通讯，2019（11）：86-89.

[83] 陈应龙．双边市场中平台企业的商业模式研究［D］．武汉：武汉大学，2014.

[84] 成榕，赵航．京东商城发展研究［J］．中国市场，2021（15）：30-36.

[85] 成蕴琳．B2B电子商务模式的演进及创新发展［J］．商业经济研究，2015（26）：77-79.

[86] 程絮森．电子商务模式及案例［M］．北京：清华大学出版社，2021.

[87] 佚名．从百万到千万级的服务跃升，一品威客的硬核逻辑［EB/OL］.（2022-08-19）［2022-08-25］．https：//page.om.qq.com/page/OdJtcLpgh-8r7PBk289G1W4w0？source=cp_1009.

[88] 崔茂辉．网红经济——直播带货［J］．商场现代化，2020（12）：5-7.

[89] 佚名．大数据产业下的商业模式创新［EB/OL］.（2014-06-04）［2022-08-25］．https：//blog.csdn.net/cigang4063/article/details/100688252.

[90] 戴妙欣．腾讯视频营销策略研究［D］．乌鲁木齐：新疆大学，2019.

[91] 丁靖．基于区块链的商业模式创新方法与应用研究［J］．商业文化，2021（20）：44-45.

[92] 丁文倩，湛军．价值共创视角下的电商平台商业模式创新——以京东商城与苏宁云商为例［J］．中国商论，2021（6）：23-25.

[93] 段晨．基于3W2H模型的闲鱼商业模式研究［J］．价值工程，2019，38（19）：10-12.

[94] 冯鹏程．人工智能、去技能化与劳动就业［D］．武汉：中南财经政法大学，2020.

[95] 付菡．基于非住布濎模式的智慧酒店发展研究［J］．旅游纵览（下半

月），2019（16）：69，72.

［96］郭梦仪. 共享单车之殇：成本高企 盈利受困［N］. 中国经营报，2016-12-26.

［97］郭敏. 迅雷免费增值商业模式价值创造研究［D］. 郑州：河南财经政法大学，2021.

［98］郭上铜，王瑞锦，张凤荔. 区块链技术原理与应用综述［J］. 计算机科学，2021，48（2）：271-281.

［99］何琳. 在线短租企业商业模式分析——以小猪短租为例［J］. 现代商业，2016（9）：44-45.

［100］何悦. 媒体主导的免费广告研究——以淘宝试用中心为例［J］. 今传媒，2012，20（11）：68-69.

［101］胡望斌，钟岚，焦康乐，等. 二手电商平台商业模式演变机理——基于价值创造逻辑的单案例研究［J］. 管理评论，2019，31（7）：86-96.

［102］天风证券. 极光（JG.US）推送第三方服务龙头，数据变现空间广阔［EB/OL］.（2019-05-30）［2022-08-25］. https：//www.zhitongcaijing.com/content/detail/208054.html.

［103］贾茹. 移动互联网对大学生主流意识形态教育影响及对策研究［D］. 太原：中北大学，2021.

［104］贾雨桐，彭芳菲，姜泓宇，等. O2O外卖平台商业模式及其发展前景分析——以美团外卖为例［J］. 物流工程与管理，2019，41（11）：3.

［105］蒋雪柔. O2O模式下"美团外卖"的"蓝海"战略分析［J］. 经营与管理，2018（5）：27-29.

［106］海飞门，习移山，张晓泉. 数字跃迁［M］. 北京：机械工业出版社，2020.

［107］赖炜. 中外社交媒体发展历史之比较研究［J］. 青年记者，2019（32）：2.

［108］李东. 商业模式构建：互联网+时代的顶层布局路线图［M］. 北京：北京联合出版公司，2016.

［109］李婕佳，全玲. 淘宝直播平台盈利模式研究［J］. 商展经济，2021（4）：26-28.

［110］李雷雷. 阿里巴巴B2B业务商业模式创新研究［D］. 青岛：中国海洋大学，2015.

［111］李尚智. 新媒体环境下腾讯视频营销策略的研究［D］. 南昌：江西师范大学，2020.

［112］林金治. 快手短视频营销的SWOT分析［J］. 中国商论，2020（2）：55-56.

［113］刘慧峰. 短视频平台商业模式研究——以抖音为例［J］. 商业文化，

2020（26）：24-25.

［114］刘诗杨．长尾理论视角下音乐平台运营策略研究——以“网易云音乐”为例［J］．浙江艺术职业学院学报，2021，19（1）：65-74，56.

［115］刘雪．基于SWOT法的腾讯视频网络自制剧发展分析［J］．视听，2015（12）：13-14.

［116］刘洋．互联网消费金融［M］．北京：北京大学出版社，2016.

［117］刘洋．消费金融论［M］．北京：北京大学出版社，2018.

［118］卢耀坤．数字阅读零售平台的品牌营销特点研究——以亚马逊Kindle中国为例［J］．国际品牌观察，2021（5）：64-66.

［119］吕萌，施代玲．数字媒介环境下腾讯视频的传播策略研究［J］．视听，2017（10）：96-97.

［120］吕映含．走进世界级的“裁缝铺”——红领集团C2M商业模式的解构［D］．广州：暨南大学，2018.

［121］孟炯，郭春霞．大数据赋能的C2B个性化定制决策范式［J］．创新科技，2021，21（8）：67-78.

［122］米思睿．“今日头条”发展策略探析［D］．北京：北京印刷学院，2017.

［123］牟焕森，沈绮珊，宁连举．短视频平台型企业商业化转型的商业模式创新——以快手为例［J］．企业经济，2021，40（1）：71-81.

［124］缪珂，肖亦奇，施斌．新中产生活情境下智能家居产品设计策略研究［J］．包装工程，2021，42（18）：410-415.

［125］齐雯．网络团购商业模式研究：基于Groupon［J］．人力资源管理，2010（10）：93.

［126］齐永智，张梦霞．共享经济与零售企业：演进、影响与启示［J］．中国流通经济，2016，30（7）：66-72.

［127］邱柳方．“电商黑马”拼多多的商业模式探析［J］．国际商务财会，2021（11）：34-37，41.

［128］邱新平．基于大数据应用的网络直播商业模式创新研究［J］．决策咨询，2022（2）：90-96.

［129］佘思琳．国内在线短租平台SWOT分析——以小猪为例［J］．现代商业，2016（32）：30-31.

［130］苏朝晖．客户关系管理［M］．2版．北京：高等教育出版社，2016.

［131］孙大珩．互联网企业成功因素分析［D］．上海：上海交通大学，2010.

［132］孙文婷．“美团外卖”商业模式发展前景分析［J］．合作经济与科技，2020（15）：94-96.

［133］孙雯雯．移动新闻客户端商业模式探究——以“今日头条”为例［J］．人文天下，2021（1）：36-39.

［134］佚名．淘宝直播哪里广告最好？有什么渠道？［EB/OL］．（2021-12-19）

[2022-08-25]. https：//www.maijia.com/article/506165.
[135] 田丰畅，黄孝章. 基于SWOT分析的抖音短视频研究 [J]. 中国商论，2020（22）：15-17.
[136] 汪炜，周宇. 中国股市“规模效应”和“时间效应”的实证分析——以上海股票市场为例 [J]. 经济研究，2002（10）：16-21，30-94.
[137] 王国星. 共享经济下小猪短租商业模式研究 [D]. 邯郸：河北工程大学，2020.
[138] 王磊. 信息分享和服务策略双渠道供应链运作机制探讨 [J]. 商业经济研究，2016（4）：45-46.
[139] 王利芬，李翔. 穿布鞋的马云：决定阿里巴巴生死的27个节点 [M]. 北京：北京联合出版公司，2014.
[140] 王琳琳. 腾讯视频会员业务的营销策略研究 [D]. 长春：吉林大学，2021.
[141] 王荣华，赵宇萍. 线上二手平台商业模式比较——以闲鱼与转转为例 [J]. 市场周刊，2018（4）：3-5.
[142] 王轩. 大学生艺术资源的网络平台整合实践研究 [J]. 艺术科技，2017，30（8）：72.
[143] 王耀福. 云计算商业模式创新研究 [D]. 北京：北京邮电大学，2021.
[144] 王友友. 多边平台——互联网最后一个平台 [EB/OL].（2020-11-18）[2022-08-25]. https：//www.sohu.com/a/432754917_100217347.
[145] 王竹君. 社交电商的新格局 [J]. 国际公关，2022（3）：84-89.
[146] 魏炜，朱武祥，林桂平. 商业模式的经济解释：深度解构商业模式密码 [M]. 北京：机械工业出版社，2012.
[147] 闻中，陈剑. 网络效应与网络外部性：概念的探讨与分析 [J]. 当代经济科学，2000（6）：13-20.
[148] 吴超云，余昌彬，卢长宝. 众包平台的商业模式探究——以一品威客平台为例 [J]. 大庆师范学院学报，2019，39（4）：65-71.
[149] 吴吉义，李文娟，黄剑平，等. 移动互联网研究综述 [J]. 中国科学：信息科学，2015，45（1）：45-69.
[150] 吴启迪. 多边市场条件下互联网行业竞争规则适用研究：以相关市场界定为中心 [J]. 北京政法职业学院学报，2017（2）：87-93.
[151] 郗颖. “免费+付费”模式下视频网站的发展空间——以腾讯视频为例 [J]. 西部广播电视，2017（7）：6.
[152] 谢宏武，胡迪. 网红直播带来的经济效益分析——以淘宝直播为例 [J]. 电脑知识与技术，2017，13（29）：296-298.
[153] 许丹. 共享经济模式对商贸流通企业采购与供应链影响的实证分析 [J]. 商业经济研究，2022（2）：47-49.

[154] 薛成. 慧聪网B2B线上交易问题及对策研究 [D]. 上海：上海交通大学，2016.

[155] 闫凯璐. 拼多多平台发展状况分析及对策研究 [J]. 现代商业，2018（28）：123-124.

[156] 叶亚露. 传统产业的数字化变革 [D]. 杭州：浙江大学，2017.

[157] 叶钟灵. 纪念摩尔定律50周年 [J]. 电子产品世界，2015，22（8）：3-5.

[158] 工业和信息化部电信研究院. 移动互联网白皮书 [R]. 北京：工业和信息化部电信研究院，2011.

[159] 佚名. 尚品宅配：C2B + OAO模式 [J]. 新营销，2017（1）：1.

[160] 于疆. 我国C2C电子商务行业商业模式研究 [D]. 杭州：浙江工业大学，2009.

[161] 于兴中. 网络团购商业模式及相应调查研究 [D]. 北京：北京邮电大学，2011.

[162] 余永文. 跨境电商平台运营模式分析及对策建议——以eBay平台为例 [J]. 商场现代化，2021（12）：22-24.

[163] 岳丽雪. C2B模式下家居业营运资金管理问题及优化研究 [D]. 天津：天津财经大学，2020.

[164] 张敬飞. 慧聪网基于客户关系管理的网络营销策略研究 [D]. 北京：华北电力大学，2008.

[165] 张宁，郭君，尹韶平，等. 数字孪生技术发展现状及其在水下无人系统中的应用展望 [J]. 水下无人系统学报，2022，30（2）：137-146.

[166] 张琦. 传统媒体两类直播带货的形势探析 [J]. 新闻传播，2021（17）：43-44，47.

[167] 张涛，黄缘缘，周筱莲. 从企业内信息共享到供应链企业间信息共享影响策略的中介作用 [J]. 商业经济研究，2015（26）：97-99.

[168] 张文平. 大数据背景下的物联网智能家居研究 [J]. 电子元器件与信息技术，2022，6（1）：85-86.

[169] 赵佳. 自我提升的马太效应 [M]. 太原：山西教育出版社，2010.

[170] 赵佳鹏. 考虑网络外部性与策略型消费者的产品定价研究 [D]. 上海：东华大学，2021.

[171] 赵婧娴. 智慧酒店中的用户体验设计——以菲住布渴为例 [J]. 设计，2020，33（17）：63-65.

[172] 赵晓婷. 猪八戒网发展战略研究 [J]. 河北企业，2020（7）：111-112.

[173] 赵艳. 长尾理论视域下我国农村数字电商发展的影响因素分析——以“拼多多”为例 [J]. 商业经济研究，2021（16）：141-144.

[174] 佚名. 数字化时代下的商业模式（二）[EB/OL].（2020-11-26）

[2022-08-30]. https://zhuanlan.zhihu.com/p/311469742.

[175] 中国信息通信研究院. 人工智能治理白皮书 [R]. 北京：中国信息通信研究院，2020.

[176] 周毅. 基于双边平台商业模式的企业并购投资研究 [D]. 北京：对外经济贸易大学，2014.

[177] 智通财经网. 转型成效与股价低迷形成强烈对比，极光（JG.US）怎么了？[EB/OL].（2021-06-25）[2022-08-25]. https://baijiahao.baidu.com/s?id=1703542341395665206&wfr=spider&for=pc.